Tariq Ali
Pakistan

Schriftenreihe   Band 741

Tariq Ali

Pakistan

Ein Staat zwischen Diktatur und Korruption

Aus dem Englischen von Michael Bayer

bpb:
Bundeszentrale für politische Bildung

Tariq Ali, Jahrgang 1943, Studium der Politik und Philosophie in London.
Er arbeitet als Schriftsteller, Filmemacher und Journalist.

Die Originalausgabe erschien 2008 unter dem Titel *The Duel. Pakistan on the Flight Path of American Power* bei Scribner, New York
© Tariq Ali 2008

Bonn 2008
Lizenzausgabe für die Bundeszentrale für politische Bildung
Adenauerallee 86, 53113 Bonn

© der deutschsprachigen Ausgabe Heinrich Hugendubel Verlag, Kreuzlingen/München 2008

Umschlaggestaltung: Michael Rechl, Kassel
Umschlagfoto: © Polaris/laif

Satz: EDV-fotosatz Huber/Verlagsservice G. Pfeifer, Germering
Druck und Bindung: GGP Media GmbH, Pößneck
ISBN 978-3-89331-913-8
www.bpb.de

*Für Tahira, Tauseef, Kamila und Mishael,
vier Generationen von Lahoris*

Inhalt

Vorwort 9

1. Pakistan mit sechzig:
   Ein Flächenbrand der Verzweiflung 15

2. Die Anfänge Pakistans:
   Die Tragödie einer Geburt 47

3. Das Washington-Quartett 71
   3.1. Militärdiktator Nr. 1
        Der Mann, der Feldmarschall sein wollte 71
   3.2. Militärdiktator Nr. 2
        Der General, der ein Land verlor 93
   3.3. Militärdiktator Nr. 3
        Der Soldat des Islam 122
   3.4. Militärdiktator Nr. 4
        Der General als »Chief Executive« 162

4. Das Haus Bhutto:
   Tochter des Westens 191

5. Auf der Flugroute der amerikanischen Macht 229

6. Operation Enduring Freedom:
   Die Illusion eines »guten Krieges« 259

7. Epilog:
   Gibt es einen Neuanfang für Pakistan? 295

Anmerkungen 321
Namensregister 331

Vorwort

Bücher haben ihr eigenes Schicksal. Dies ist meine dritte Untersuchung über Pakistan. Die erste, *Pakistan: Military Rule or People's Power,* aus dem Jahre 1969 prognostizierte den Zerfall des Landes. Sie wurde in Pakistan verboten. Kritiker aller Richtungen, selbst diejenigen, denen das Buch gefiel, hielten es für übertrieben. Tatsächlich trat nur einige Jahre danach genau dies ein. Etwa ein Jahrzehnt später schrieb ich dann *Can Pakistan Survive?* (»Kann Pakistan überleben?«). Das Fragezeichen hatte ich dabei ganz bewusst gesetzt. Trotzdem rührte dieses Buch in General Zias Pakistan an einen äußerst wunden Punkt. Diese Frage überhaupt zu stellen, galt als unzulässig. Der General selbst war darüber genauso wütend wie ein Großteil der Bürokraten, die sich wie üblich als willige Werkzeuge jeder Art von Despotismus herausstellten. Zia griff das Buch und auch mich persönlich auf einer Pressekonferenz in Indien scharf an, was von der Verkaufsabteilung des Verlags sehr begrüßt wurde. Auch dieses Buch wurde zwar verboten, aber zu meinem größten Vergnügen wurde es in Pakistan auf schamlose Weise als Raubdruck in mehreren Ausgaben verbreitet. Inzwischen werden in diesem Land – zumindest vorerst – keine Bücher mehr verboten, was ich als Erleichterung und einen kleinen Schritt nach vorne empfinde.

Als ich das Land im Jahre 1963 verließ, bestand es noch aus Ost- und Westpakistan. Acht Jahre später sagte sich der Osten los und wurde zum unabhängigen Bangladesch. Die Bevölkerung von Westpakistan zählte damals etwa 40 bis 45 Millionen Menschen. Seit dieser Zeit stieg sie ständig in ungeheurem Maße an und nähert sich inzwischen bereits der 200-Millionen-Marke. Die Mehrheit der Bevölkerung ist dabei noch keine dreißig Jahre alt.

Dieses Buch befasst sich vor allem mit der bereits seit Langem andauernden Auseinandersetzung zwischen der von den Vereinigten Staaten unterstützten politisch-militärischen Elite und den Bürgern des Landes

Pakistan. In früheren Zeiten stellte das US-Außenministerium die Sekundanten für dieses Duell, aber seitdem US-Truppen im benachbarten Afghanistan stehen und auch immer wieder einmal amerikanische Bomben auf Häuser und Siedlungen auf der pakistanischen Seite der Grenze fallen, hat dieser Konflikt eine viel direktere Form angenommen. Sollte sich dieser Prozess fortsetzen, wie es manche in Washington bereits planen und befürworten, könnte dies zu ernsthaften Verwerfungen führen, die die viel gepriesene Einheit der pakistanischen Militärführung gefährden könnten. Die in diesem Lande zu allen Zeiten höchst kontroversen Beziehungen zu Washington stellen jetzt also eine konkrete Bedrohung der pakistanischen Armee dar. Politische Kommentatoren in den Vereinigten Staaten und eine Clique von amerikahörigen Pakistanern behaupten immer wieder, dass dieses Land von »dschihadistischen Terroristen« bedroht werde und sich in ihm eine islamistische Revolution anbahne. Diese wilden Behauptungen verfolgen nur das einzige Ziel, die USA zu einer Besetzung des Landes zu verleiten, wodurch allerdings die Machtübernahme der »Heiligen Krieger« zu einer sich selbst erfüllenden Prophezeiung würde.

Den wichtigsten Aspekt dieses Duells stellen dabei weniger die bewaffneten Kämpfe in Wasiristan, über die in der Presse so viel berichtet wird, als der tiefe Graben zwischen der Mehrheit des pakistanischen Volkes und seinen korrupten, kaltschnäuzigen Führern dar. Dieses Duell wird oft ohne Waffen und manchmal nur in den Köpfen ausgefochten, aber es hört niemals auf. Die tiefe Feindschaft gegenüber den Vereinigten Staaten hat wenig mit Religion zu tun, sondern beruht auf dem Wissen, dass Washington bisher noch jeden Militärdiktator unterstützt hat, der sich an die Spitze dieses Landes setzte. Angesichts der weiter wachsenden strategischen Bedeutung Pakistans steht zu befürchten, dass Amerika diese Tradition fortsetzen wird, da Washington das Militär als die einzige funktionierende Institution dieses Landes betrachtet, ohne je irgendein Anzeichen von Verständnis dafür zu zeigen, warum das so ist. Dieses Buch könnte auch in dieser Hinsicht hilfreich sein.

Weshalb interessiere ich mich eigentlich immer noch so sehr für Pakistan? Ich wurde dort geboren und ging dort zur Schule. Ein Großteil meiner Familie wohnt weiterhin dort, und wenn ich nicht gerade wieder einmal Einreiseverbot habe, besuche ich mein Heimatland regelmäßig. Ich treffe mich gerne mit alten Freunden und Bekannten, vor allem jetzt, da die meisten, die bisher wichtige Posten innehatten, im Ruhestand sind und deshalb offen sprechen und auch wieder lachen können. In Pakistan fühle ich mich niemals allein. Ein Teil von mir ist noch immer mit Erde, Bäumen und Menschen dort verbunden. Selbst in schlechten Zeiten bin ich deshalb noch willkommen.

Ich liebe die Berge. Man kann sie nicht mit Wolkenkratzern überziehen und zwingen, wie Dubai auszusehen. Palmen, der Kitsch der Golfregion und der Himalaja passen einfach nicht zusammen, obgleich einige nicht aufhören, sie doch noch zusammenbringen zu wollen. Mit den Städten ist es allerdings völlig anders. Sie haben sich über die Jahre sehr verändert. Planlos errichtete Viertel voller hässlicher Gebäude haben die meisten größeren Städte weitgehend zerstört. Edward Stone, einer der US-Architekten, die die neue Hauptstadt Islamabad in den späten Sechzigerjahren mit erbauten, war über deren Lage direkt auf einer geologischen Verwerfungslinie und auf wenig tragfähigem Boden äußerst unglücklich. Er riet deshalb, keine Häuser mit mehr als drei Stockwerken zu errichten. Allerdings verwarf der damalige Militärdiktator diesen Rat ... Als das Land im Jahre 2005 von einem schweren Erdbeben erschüttert wurde, gerieten die Gebäude in ganz Islamabad in Bewegung. Ich erlebte später einige Nachbeben, die noch schlimm genug waren.

Aber es war nicht nur das Erdbeben, das Pakistan damals in Mitleidenschaft zog. Diese letzte Tragödie brachte andere, ältere Wunden ans Tageslicht. Eine latente gesellschaftliche Krankheit hatte das Land befallen und wurde nun allgemein sichtbar. Das Erdbeben mit seinen Zehntausenden von Opfern offenbarte ein Land, dessen Kennzeichen korrupte Bürokraten, Offiziere und Politiker, zutiefst verrottete Regierungen, vom Staat geschützte Mafiaorganisationen und die Riesenprofite der Heroinindustrie und des Waffenhandels waren. Fügt man dem noch die brutale Heuchelei der islamistischen Parteien hinzu, die die Staatsreligion für ihre Zwecke ausbeuten, vervollständigt sich dieses Bild. Vor diesem Hintergrund erlebten viele gewöhnliche Bürger dieses Landes, die von dem Missbrauch von Privilegien und der Habsucht der Eliten nicht weiter überrascht waren, diese Katastrophe. Als man Schüler einer staatlichen Schule in Lahore, die Spielsachen für Kinder sammelten, fragte, wer sie zum Dank besuchen und ihnen eine kleine Rede halten sollte, entschieden sie sich einstimmig gegen jeden Politiker, Armeeoffizier oder zivilen Bürokraten. Sie wollten einen Arzt.

Nichts von alldem erklärt natürlich mein Verlangen, gerade über dieses Land zu schreiben. So sehr ich die Herzlosigkeit, die Korruption und den Narzissmus dessen verkommener Herrschaftsschicht verachte, konnten diese doch nie meine Einstellung gegenüber meinem Heimatland verändern. Zu allen Zeiten empfand ich tiefen Respekt und große Zuneigung gegenüber dessen einfachen Menschen, die trotz der hohen Analphabetenrate schon immer besser wussten, was ihrem Lande nützt, als diejenigen, die seit 1947 über sie herrschen. Jeder unabhängig denkende pakistanische Journalist oder Schriftsteller wird diese Einschätzung bestätigen.

Man kann dem Volk weder für die Tragödien des Landes, noch für das Gefühl von Hoffnungslosigkeit (das es in Anbetracht einer scheinbar unveränderbaren Unterdrückung überfällt) einen Vorwurf machen. Eher überrascht, dass sich nicht mehr Leute den radikalen religiösen Gruppen anschließen. Tatsächlich halten die meisten Pakistaner unbeirrt Abstand zu ihnen, wie es jede Wahl, auch die letzte vom Februar 2008, unzweifelhaft bewiesen hat. Wenn man ihnen dazu die Gelegenheit gibt, stimmen sie im Allgemeinen für diejenigen, die sozialen Wandel und Reformen versprechen, und gegen die jeweiligen Machthaber.

Mein langjähriger Lektor Colin Robinson, der mich zuerst bei Verso, später beim New-Press-Verlag und jetzt bei Scribner unterstützte, war lange vor mir davon überzeugt, dass ich dieses Buch schreiben sollte. Sein Instinkt war anscheinend weit besser als der meine. Während ich an diesem Buch arbeitete, pickte sich Mary-Kay Wilmers, die Herausgeberin und strenge Geschmackswahrerin der *London Review of Books,* ein Stück aus der entstehenden Arbeit heraus, in dem es um Benazir Bhuttos Rückkehr in ihr Heimatland ging, um es in ihrer Zeitschrift zu veröffentlichen. Tatsächlich war es ziemlich kritisch, wie die Leser dieses Buches entdecken werden. Zwei Wochen nachdem ich diesen Aufsatz abgeliefert hatte, wurde dann der Gegenstand meiner kritischen Bemerkungen umgebracht. Eigentlich hätte es der Anstand erfordert, zumindest den Ton etwas abzumildern. Allerdings widerstand ich trotz meiner Trauer und meinem Zorn über ihren Tod dieser Versuchung. Ich folgte dabei den Worten Lessings: »Wer nur darauf denkt, die Wahrheit unter allerlei Larven und Schminke an den Mann zu bringen, der möchte wohl gern ihr Kuppler sein, nur ihr Liebhaber ist er nie gewesen.« Und die Wahrheit ist in Pakistan ein rares Gut, das gewöhnlich nur im Flüsterton verbreitet wird. Wir schulden es diesem Volk, dass wir unsere Meinung frei und offen äußern. Der Tod Benazir Bhuttos, die ich viele

Jahre lang gut gekannt habe, war zweifellos tragisch. Trotzdem war er für mich kein Grund, meine Einschätzung über sie zu ändern. Die Tatsache, dass sie ihrem Mann die Führung ihrer Partei übertrug, bis ihr Sohn volljährig sein würde, war ein trauriges Zeugnis des Zustands der pakistanischen »demokratischen« Kräfte und bestätigte nur noch mein Urteil. Dieses Land muss endlich von allen Uniformen und Dynastien Abschied nehmen.

Mein Dank gilt neben einzelnen alten Freunden zahlreichen Pakistanern aus allen Schichten der Bevölkerung, von einfachen Fischern und Bauern über Gewerkschafter und Beamte bis zu Generälen, die mir während meiner Reisen in den letzten paar Jahren ohne Hemmungen ihre Meinung mitteilten. Sie hier beim Namen zu nennen, wäre freilich kein freundlicher Akt. Wie immer geht mein besonderer Dank an die Herausgeberin der *New Left Review,* Susan Watkins, meine Wegbegleiterin über beinahe drei Jahrzehnte, die trotz all ihrer Freundlichkeit immer fest ihre Prinzipien vertritt, wie viele ihrer Autoren (einschließlich meiner Person) schon feststellen konnten.

Als ich dieses Buch zu schreiben begann, fragte mich ein Londoner Freund: »Ist es nicht etwas verwegen, ein Buch anzufangen, während die Würfel noch in der Luft sind?« Wenn ich gewartet hätte, bis sie gefallen sind, hätte ich nie irgendetwas über Pakistan schreiben können.

Tariq Ali

1. Pakistan mit sechzig:
Ein Flächenbrand der Verzweiflung

Das 20. Jahrhundert hat es mit Pakistan nicht gerade gut gemeint. Vor allem in den letzten drei Jahrzehnten erlebte man einen unverwurzelten, immer schwächer werdenden Staat, der allmählich auf das Niveau eines stagnierenden und tückischen Sumpfs herabsank. Hier und dort blühten zwar offizielle und inoffizielle Geschäfte, aber sie waren nicht das Ergebnis von Bildung, der Technologie oder Wissenschaft. Eine winzige Zahl von Menschen erwarb riesige Vermögen. Die Eröffnung einer Porschevertretung in Islamabad löste im Jahre 2005 wahre Jubelstürme aus und wurde als weiteres Zeichen dafür gefeiert, dass das Land endlich in der Moderne angekommen sei. Dabei vergaß man die neuesten Unterernährungsstatistiken, die eine erstaunliche Tatsache enthüllten: Die Durchschnittsgröße der Bürger Pakistans nimmt immer mehr ab! Laut den letzten Zahlen des Ernährungsfonds der Vereinten Nationen weisen 60 Prozent aller pakistanischen Kinder unter fünf Jahren mehr oder weniger gravierende Entwicklungsstörungen auf.

In diesen Jahren kümmerten sich nur sehr wenige Reiche um das Schicksal der Unterprivilegierten. Die Bedürfnisse der kleinen Leute, deren schäbiges Leben und Flucht in die Religion, der florierende Schwarzmarkt, die bewaffneten Auseinandersetzungen zwischen verschiedenen Muslimparteien, der Krieg an der Westgrenze und die Ermordung politischer Führer berührte die wohlhabenden Kreise kaum. Der Donner des Geldes übertönte alle anderen Geräusche. Die meisten etablierten Parteien machten es dem Westen nach und distanzierten sich von jeder Ideologie. Dafür zeichneten sie sich mehr und mehr durch Günstlingswirtschaft, Filz und seelenlose Parteigänger aus. Ihr Organisationsziel wird inzwischen rein persönlich definiert: Sinekuren, Geld, Macht und ein unbedingter Gehorsam gegenüber dem Führer, oder in einigen Fällen, gegenüber der Armee als kollektivem Führer. Die Bonzen aller Parteien stehen jedem echten Talent feindlich gegenüber.

Politische Posten oder Parlamentssitze werden nur ganz selten nach Verdienst vergeben. Ein anständiger und sauberer Charakter oder ein scharfer Verstand sind dagegen fast immer Ausschlusskriterien für jede Karriere.

Wenn ein Mensch sechzig wird, schaut er oder sie in den Spiegel und ist entweder erfreut oder voller Unbehagen. Es ist schade, dass ein Land sich nicht auch im Spiegel betrachten kann. Deshalb braucht es Künstler, Dichter, Filmemacher oder Schriftsteller.

2007, das sechzigste Jahr nach der Gründung Pakistans, als die Macht des Diktators allmählich zu bröckeln begann, schien mir ein guter Augenblick zu sein, das Land wieder einmal zu erleben und zu beobachten. Die Städte in der Ebene sollte man eigentlich im August, wenn die Regenzeit sie in ein riesiges Dampfbad verwandelt, eher meiden. Als ich noch dort lebte, flohen wir in dieser Zeit gewöhnlich in die Berge, wo die frischen Himalajawinde die Temperaturen immer in erträglichem Rahmen halten. Im Jahre 2007 entschied ich mich aber, in den heißen Städten zu bleiben. Die Monsunzeit ist zwar eine Herausforderung für Körper und Geist, trotzdem muss man sie von Zeit zu Zeit erleben, und sei es nur, um alte Erinnerungen aufzufrischen. Am schlimmsten ist dabei zweifellos die alles lähmende Feuchtigkeit. Nur selten sorgen kurze, aber gewaltige Gewitterstürme für eine gewisse Erleichterung: Alles wird plötzlich ganz still, der Himmel verdunkelt sich, die ersten Donnerschläge klingen wie entfernte Bombentreffer und dann bricht der Regen los. Alle Wasserläufe, von den kleinen Rinnsalen bis zu den großen Flüssen, treten nach kurzer Zeit über die Ufer. Auch die Straßen der Städte werden überschwemmt und unpassierbar. Regelrechte Abwasserströme ergießen sich nicht nur durch die Slums, sondern auch durch die wohlhabenden Viertel. Der Gestank überwindet alle Klassengrenzen. Selbst diejenigen, die sich daran gewöhnt haben, die Strecke zwischen ihren klimatisierten Wohn- und Arbeitsräumen in klimatisierten Autos zurückzulegen, können diesem Geruch nicht völlig entkommen.

Dabei könnte der Kontrast zwischen dem Klima und der hoffnungslosen Welt der offiziellen Politik nicht größer sein. Letztere stellt eine einzige große, öde Wüste dar, in der sich nicht einmal mehr *eingebildete* Oasen zeigen. Überall im Volk herrscht Desillusionierung und Verbitterung. Die großen Plakatwände, die für den Kult des Großen Führers (General Musharraf) oder eines Kleinen Führers (provinzielle Schattengestalten ohne jede eigene Persönlichkeit) werben sollen, erregen in ihrer albtraumhaften Art nur noch Übelkeit und Überdruss. Eine frühere Quelle der Legitimation, die Kultivierung einer leidenschaftlichen Feindschaft gegenüber Indien und dem Hinduismus, ist inzwischen ebenfalls versiegt. Die Feierlichkeiten am 14. August, dem Unabhängigkeitstag des Landes, wirken inzwischen noch viel künstlicher und irritierender als in früheren Zeiten. Eine Kakophonie bedeutungsloser Slogans vermag niemanden mehr zu beeindrucken. Zahllose von Klischees strotzende Artikel voller chauvinistischer Selbstbeweihräucherungen wechseln sich in den Zeitungsbeilagen mit abgestandenen Fotografien des Gründers der Nation Mohammed Ali Jinnah und des Nationaldichters Allama Iqbal ab, die man bereits hundert Mal zuvor gesehen hat. Das staatliche Fernsehen zeigt gleichzeitig eigentümliche Ausbrüche übertriebenen Selbstlobs und langweilige Diskussionsrunden, die uns alle daran erinnern, was der Gründungsvater Jinnah gesagt oder auch nicht gesagt hat. Gewöhnlich folgt dem ein großes Gejammer über die perfide Art, wie Lord Mountbatten und dessen »promiskuitive« Frau Edwina (deren Liebesaffäre mit dem indischen Staatschef Jawaharlal Nehru von pakistanischen Großsprechern als wichtiges politisches Ereignis dargestellt wird) Indien bei der Verteilung der Beute bevorzugt hätten. Tatsächlich stimmt das sogar, aber wen bekümmert das heutzutage noch? Das seltsame Paar lässt sich nun wirklich nicht für das Wrack verantwortlich machen, zu dem das Land inzwischen geworden ist. Hinter vorgehaltener Hand gibt es natürlich zahlreiche selbstkritische Stimmen. Erstaunlich oft ist dabei auch die Meinung zu hören, dass man diesen Staat nie hätte gründen sollen.

Einige Jahre nach dem Auseinanderbrechen des Landes im Jahre 1971 verfasste ich *Can Pakistan Survive?* Es wurde vom damaligen Diktator Zia-ul-Haq, dem schlimmsten, den dieses leidgeprüfte Land jemals hatte, öffentlich gerügt und danach verboten. Unter seiner Herrschaft wurde das Land stark »islamisiert« und seine politische Kultur brutalisiert, was bis zur öffentlichen Auspeitschung von Dissidenten führen konnte. Tatsächlich hinterließ er ein politisches Vermächtnis, welches das Land bis zum heutigen Tag zu prägen scheint. Später hat man mir erzählt, dass dieses Buch auch von einigen Generälen aufmerksam gelesen wurde. Darin argumentierte ich, dass einige der Minderheitenprovinzen sich ebenfalls abspalten könnten, wenn die alte Regierungspolitik beibehalten würde. Am Schluss bliebe dann nur noch der

Punjab übrig, um wie ein Hahn auf dem Mist herumzustolzieren. Viele, die mich damals empört als Verräter und Renegat schmähten, stellen sich inzwischen die gleiche Frage. Ich erzähle ihnen dann, dass es für ein solches Bedauern inzwischen zu spät sei. Das Land existiere nun einmal. Sein Überleben garantieren aber weder irgendeine geheimnisvolle »Pakistanideologie« noch die Religion, sondern zwei andere Faktoren: seine nuklearen Kapazitäten und die Unterstützung durch Washington. Wenn sich die USA für eine Art Balkanisierung Pakistans entscheiden sollte und eine Abspaltung der Nordost-Grenzprovinz plus der Vereinigung mit dem von der NATO besetzten Afghanistan betreiben sollte, würde wohl China auf den Plan treten, um den bestehenden Staat zu schützen. Andererseits hat sich der Hauptwiderspruch des Landes in letzter Zeit noch vertieft: In Tausenden von Dörfern und Slums gibt es weiterhin weder Elektrizität noch fließendes Wasser. Der hölzerne Pflug und der Kernreaktor existieren nebeneinander her. Das ist der wahre Skandal!

Am 60. Geburtstag des Landes (wie bereits an seinem 20. und 30. Geburtstag) kämpfte ein hart bedrängtes Militärregime um sein Überleben: An seiner Westgrenze herrschte offener Krieg, während es daheim unter »Heiligen Kriegern«, Anwälten und Richtern zu »leiden« hatte. Allerdings schien nichts davon die jungen Heißsporne in Lahore zu stören, die entschlossen waren, diesen Tag auf ihre eigene Weise zu feiern. Bereits früh am Morgen übernahmen junge Männer auf Motorrädern als Stier und Stierkämpfer in einem die Straßen, um dem jährlich wiederholten Brauch der Selbstmordrennen zu frönen, so als ob der einzige Grund zum Feiern ihr Recht auf einen selbst bestimmten Tod wäre. Im Jahre 2007 erreichten allerdings nur sieben von ihnen dieses Ziel, eine weit geringere Zahl als in den Jahren davor. Vielleicht ist das sogar eine recht vernünftige Weise, eine Auseinandersetzung zu feiern, bei der sich mehr als eine Million Menschen gegenseitig zu Tode hackten, während das zerbröckelnde britische Empire sich auf seinen Abzug nach Hause vorbereitete.

Gleichzeitig nahm an diesem Unabhängigkeitstag ein weiterer aus der Reihe der uniformierten Despoten in Islamabad eine Militärparade ab und hielt dabei eine schlechte Rede, die offensichtlich ein gelangweilter Bürokrat verfasst hatte. Selbst die Speichellecker in seiner Umgebung konnten beim Zuhören kaum das Gähnen unterdrücken. Auch die in stolzer Formation über die Versammlung dahinfliegenden F-16-Kampfflugzeuge vermochten das Publikum nicht mehr zu begeistern.

Schulkinder wedelten mit ihren Fähnchen, ein Militärorchester spielte die Nationalhymne, die ganze Schau wurde im Fernsehen live übertragen – und dann war sie auch schon wieder vorbei.

Der gesamte Westen zeichnet sich durch einen einseitigen Blick auf Pakistan aus. Die europäischen und nordamerikanischen Zeitungen vermitteln den Eindruck, als ob das Haupt-, wenn nicht das einzige Problem Pakistans die durch die Berge des Hindukusch schleichenden bärtigen Fanatiker wären, die nach Ansicht dieser Blätter kurz davor stehen, die Macht im gesamten Land zu übernehmen. Des Weiteren sei es nur General Musharraf zu verdanken, dass diese Heiligen Krieger die Hand noch nicht am Abzug eines nuklearen Zünders hätten. Als im Laufe des Jahres 2007 immer deutlicher wurde, dass der General in einem Morast von ungelösten Schwierigkeiten untergehen könnte, verschaffte ihm das hilfreiche US-Außenministerium ein unter zu hohem Luftdruck stehendes Rettungsboot in Gestalt von Benazir Bhutto. Viele von uns begannen sich schon Monate vor ihrer tragischen Ermordung im Dezember 2007 zu fragen, ob nicht beide gemeinsam untergehen könnten.

Tatsächlich ist die Gefahr eine Machtübernahme der Dschihadisten in Pakistan äußerst gering. Ein Staatsstreich der religiösen Extremisten ist nur möglich, wenn ihn die Armee (wie in den 1980er-Jahren) unterstützt – so wie zu der Zeit, als General Zia-ul-Haq das Erziehungs- und das Informationsministerium der Jamaat-i-Islami übertrug, was schlimme Folgen zeigte: Islamistische Banden zerschlugen die gesamte demokratische Opposition in den Universitäten und Propagandisten der Jamaat übernahmen wichtige Posten in den Medien des Landes. Die ernsten Probleme Pakistans werden dagegen gewöhnlich in Washington sowohl von der US-Regierung als auch den Finanzinstituten ignoriert. Das Fehlen einer gesellschaftlichen Grundinfrastruktur führt zu Hoffnungslosigkeit und Verzweiflung. Trotzdem schließt sich nur eine winzige Minderheit dem bewaffneten Dschihad an.

In den Zeiten der Militärregierungen Pakistans schließen sich drei Gruppen zusammen: die militärischen Führer, eine korrupte Clique nur auf ihren eigenen Vorteil bedachter Politiker und Geschäftsleute, die auf saftige Kontrakte und die Übernahme von staatlichem Land aus sind. Sie alle sind inzwischen zu Großmeistern der Täuschung geworden, denen es immer wieder gelingt, ihre eigenen kleinen Rivalitäten und Eifersüchteleien zugunsten eines übergeordneten Schlechten zu verbergen. Das Band, das sie alle eint, ist das Geld und die ursprüngliche Besitzakkumulation in Stadt und Land. Politiker, die vom Militär links liegen gelassen werden, fragen sich sofort, was sie falsch gemacht haben und versuchen dann, alle diesbezüglichen Missverständnisse aufzuklären und die Gunst der Militärs zurückzuerlangen. Die Herrschaftselite des Landes hat die vergangenen sechzig Jahre damit verbracht, ihren unrechtmäßig erworbenen Reichtum und ihre Privilegien zu verteidigen und der oberste Staatsführer (ob uniformiert oder nicht) wurde und wird unweigerlich durch ihre Schmeicheleien vergiftet.

Und die offizielle Opposition? Leider produziert dieses System MNAs, Mitglieder der Nationalversammlung, des pakistanischen Parlaments, die im Allgemeinen ebenfalls auf das schnelle Geld spekulieren. Einerseits brutal und ungehobelt, andererseits von listiger Unverfrorenheit, sind sie Experten im Heranzüchten von Geldeintreibern. Tatsächlich wären sie äußerst komische Gestalten, hätten sie nicht diese Gefährlichkeit: Auf eine geschmeidige Art überfreundlich, wenn man ihre Bedürfnisse befriedigt, werden sie jedoch erbarmungslos, wenn sie nicht bekommen, was sie wollen. Womit haben die Menschen dieses Landes solche Leute verdient?

Die Korruption ist allgegenwärtig in Pakistan. Die kürzlich ermordete Benazir Bhutto und ihr Witwer Asif Zardari hatten nach zwei Amtszeiten ein Vermögen in Höhe von 1,5 Milliarden US-Dollar angehäuft. Dem zweimaligen Premierminister Nawaz Sharif und seinem Bruder gelang es wohl aufgrund ihrer intimen Kenntnisse des Wirtschaftskreislaufs, das Doppelte dieser Summe zu erwirtschaften. Diesem Vorbild eifern natürlich auch die kleineren Politiker und Bürokraten nach. Ihre Kollegen in den Streitkräften hatten ebenfalls wenig Mühe, sich mehr oder weniger große Vermögensvorteile zu verschaffen. Dabei müssen vor allem die Armen die Lasten tragen, aber auch die Mittelschicht ist betroffen. Anwälte, Ärzte, Lehrer, kleine Geschäftsleute und Händler werden von einem System benachteiligt und gelähmt, in dem Vetternwirtschaft und Bestechung die Trumpfkarten darstellen. Einige verlassen das Land. Allein in den Vereinigten Staaten arbeiten inzwischen 20 000 pakistanische Ärzte. Andere arrangieren sich dagegen mit dem System und gehen Kompromisse ein, die sie zutiefst zynisch werden lassen.

Unterdessen gewinnen auch die Islamisten an Anhängerschaft, obgleich sie von einer Übernahme der Staatsgewalt noch meilenweit entfernt sind. Die hartnäckigen und rücksichtslosen Missionare der Tablighi Jamaat (TJ) sind dabei besonders erfolgreich. Der Name »Tabligh« bedeutet »Verbreitung des wahren Islam«. Die Sekte weist dabei viele Ähnlichkeiten mit den wiedergeborenen christlichen Fundamentalisten in den Vereinigten Staaten auf. Menschen aus allen gesellschaftlichen Gruppen schließen sich ihr an, da sie auf eine Reinigung von all ihren Sünden hoffen. Das TJ-Hauptquartier in Pakistan befindet sich in einer großen Missionsstation in Raiwind. Einst ein von Weizen-, Mais- und Senfsamenfeldern umgebenes winziges Dorf, ist es inzwischen zu einem beliebten, angesagten Vorort Lahores geworden, in dem sich die Sharif-Brüder (als sie in den 1990er-Jahren an der Macht waren) einen Palast nach Art der Golfstaaten bauen ließen. Die TJ wurde 1926 von Maulana Ilyas gegründet, einem Religionsgelehrten, der im orthodoxen sunnitischen Seminar in Deoband im indischen Uttar Pradesh ausgebildet worden war. Zuerst waren ihre Missionare vor allem in Nordindien tätig, heute gibt es dagegen auch große Gruppen in Nordamerika und Westeuropa. Die TJ hofft die Genehmigung zum Bau einer Moschee in Ostlondon zu bekommen, die in der Nähe der Olympischen Spielstätten von 2012 liegen würde. Es wäre die größte Moschee in ganz Europa. In Pakistan verfügt die TJ über großen Einfluss. Besonderes Aufsehen erregte die Rekrutierung von Mitgliedern der pakistanischen Cricketmannschaft: Inzamam-ul-Haq und Mohammed Yousuf sind aktive Vertreter der TJ-Sache in Pakistan, während der Cricketstar Mushtaq Ahmed in Großbritannien für die Sekte wirbt. Ein weiterer Triumph war gerade nach dem 11. September die Anwerbung Junaid Jamsheds, des charismatischen Sängers der ersten erfolgreichen Popgruppe Pakistans, *Vital Signs*. Er sagte sich daraufhin von seiner Vergangenheit los und singt jetzt nur noch Andachtslieder, sogenannte *Naats*.

Die Tablighis betonen ihre Gewaltlosigkeit und bestehen darauf, dass sie nur den wahren Glauben verbreiten möchten, um Menschen auf den rechten Lebensweg zu führen. Dies mag durchaus so sein. Aber es ist auch klar, dass einige jüngere männliche Anhänger nach einiger Zeit von all diesen Dogmen, Zeremonien und Ritualen gelangweilt sind und sich danach mehr dafür interessieren, eine Kalaschnikow in die Hand zu bekommen. Viele Beobachter halten deshalb die Missionslager der Tablighi für Orte, wo bewaffnete Gruppen, die an der pakistanischen Westgrenze und in Kaschmir kämpfen, große Rekrutierungserfolge erzielen.

Die Staatsführung und das Establishment hatten lange Zeit nichts gegen die Islaminterpretation etwa der Tablighi. Tatsächlich stellen nicht diese Gruppierungen eine Bedrohung für Musharrafs Herrschaft dar. Es waren die Juristen, welche die Handlungsfähigkeit des Regimes praktisch lahmlegten. Am 9. März 2007 setzte Musharraf den Obersten Richter des Landes Muhammad Chaudhry ab, um eine gegen ihn gerichtete Untersuchung zu beenden. Die Vorwürfe gegen Chaudhry waren in einem Brief des Pro-Regierungsanwalts Naeem Bokhari zusammengefasst. Seltsamerweise fand dieser binnen kurzer Zeit weite Verbreitung. Auch mir wurde eine Kopie als E-Mail zugesandt. Ich fragte mich damals, ob da tatsächlich etwas im Busch sei, hielt den Brief dann aber doch für den Ausdruck persönlicher Frustration. Tatsächlich wurde jedoch schon bald deutlich, dass er Teil eines größeren Plans war. Das Schreiben begann mit ein paar persönlichen Beschwerden, bediente sich danach aber einer recht extravaganten Rhetorik:

»My Lord, unsere anwaltliche Würde wird von Ihnen ständig aufs Gröbste verletzt. Wir werden rau, unfreundlich, schroff und auf gehässige Weise behandelt. Man hört uns nicht an. Man hindert uns daran, unsere Sache auf geeignete Weise vorzubringen. Wir können unseren anwaltlichen Pflichten kaum nachkommen. Das Gericht Nr. 1 wird im Anwaltszimmer nur noch als das ›Schlachthaus‹ bezeichnet. Wir werden von der von Ihnen angeführten Richterschaft auf die aggressivste Weise eingeschüchtert. Alles, was wir von Ihnen erfahren, sind Arroganz, Aggression und Feindseligkeit.«

Der folgende Absatz hätte mich schon damals darauf hinweisen sollen, was hier tatsächlich vorging:

»Mit besonderem Schmerz erfüllt mich die weite Beachtung, die die auf Veranlassung Ihrer Lordschaft unter dem Banner der Grundrechte vom Obersten Gericht aufgegriffenen Fälle finden. Diese Verhandlungen ließen sich leicht und ohne Mühe auch an den Bezirksgerichten führen. Des Weiteren schmerzt mich die Presseberichterstattung über das Oberste Gericht im Falle der Rückführung einer [entführten] Frau. Im Anwaltszimmer bezeichnet man diese als ›Medienzirkus‹.«

Der Oberste Richter Chaudhry begann damals gerade, das Regime in ernste Verlegenheit zu bringen. Er hatte in einer Reihe von wichtigen Fragen gegen die Regierung entschieden. Eine davon war die überstürzte Privatisierung der Stahlfirma Pakistan Steel Mills in Karatschi, ein Lieblingsprojekt des damaligen Ministerpräsidenten Shaukat (»Shortcut«) Aziz. Der Fall erinnerte an das Russland unter Jelzin. Wirtschaftsfachleute hatten den Wert des Unternehmens auf 5 Milliarden Dollar geschätzt. Tatsächlich wurden dann 75 Prozent der Aktien für 362 Millionen Dollar an ein regierungsfreundliches Konsortium verkauft, das aus der Versicherungsgesellschaft Arif Habib Securities (Pakistan), der Al-Tuwairqi-Gruppe in Saudi-Arabien und den russischen Eisen- und Stahlwerken Magnitogorsk bestand. Die Privatisierung war allerdings innerhalb des Militärs ganz und gar nicht populär und auch der scheidende Firmenchef Haq Nawaz Akthar beschwerte sich, dass »die Fabrik mehr Geld eingebracht hätte, wenn man sie als Schrott verkauft hätte«. Allgemein nahm man an, dass der Präsident und der Ministerpräsident ihren Freunden einen Gefallen tun wollten. Ein Börsenhändler in Karatschi erzählte mir, dass Arif Habib Securities, die jetzt 20 Prozent der Pakistan Steel Mills besitzt, als Tarnunternehmen Shaukat Aziz' eingerichtet wurde. Dem saudi-arabischen Stahlriesen Tuwairqi, der 40 Prozent der Aktien erwarb, werden enge Beziehungen zu Musharraf nachgesagt. So erschien er auch zur Eröffnung eines Stahlwerks, das die Saudis auf einem Gelände von fast 90 Hektar errichtet hatten, das sie von den benachbarten Pakistan Steel Mills gepachtet hatten. Jetzt gehört ihnen ein großer Teil des Gesamtunternehmens.

Als der Oberste Gerichtshof darauf bestand, dass »verschwundene« politische Aktivisten dem Gericht vorgeführt werden müssten, und sich obendrein weigerte, Vergewaltigungsanklagen einfach fallen zu lassen, wuchs in Islamabad die Besorgnis, dass der Oberste Richter auch die Präsidentschaft eines Militärs für verfassungswidrig erklären könnte. Man geriet in Panik. Es entstand Handlungszwang. Der General und sein Kabinett entschieden sich, Chaudhry einzuschüchtern, indem sie ihn seines Amts enthoben. Am 9. März 2007 wurde der Oberste Richter verhaftet, einige Stunden in eine Einzelzelle gesteckt, von Geheimdienstleuten gefoltert und im staatlichen Fernsehen vorgeführt. Aber anstatt einzuknicken und einer generösen Ruhestandsregelung zuzustimmen, bestand der Richter darauf, sich selbst zu verteidigen und löste dadurch eine bemerkenswerte Bewegung zur Verteidigung einer unabhängigen Justiz aus. Das war eine Überraschung. Die pakistanischen Richter sind bekanntermaßen äußerst konservativ und haben bisher noch jeden Staatsstreich unter dem Vorwand einer vorgeschobenen »Notwendigkeitsdoktrin« abgesegnet. Als Musharraf die Macht übernahm, weigerten sich zwar einige Richter, einen Treueid auf ihn abzulegen und traten zurück, allerdings nicht Chaudhry, der ein Jahr später im Januar 2000 an das Oberste Gericht berufen und 2005 dessen Vorsitzender wurde. Vor seiner Ernennung gab es wenig oder gar keine Hinweise darauf, dass es sich bei ihm um einen Kämpfer für eine unabhängige Justiz handeln könnte.

Als ich im April 2007 Pakistan besuchte, nahmen die Proteste gegen seine Absetzung täglich zu. Nachdem sich die Unruhen anfangs auf die 80 000 Anwälte des Landes und einige Dutzend Richter beschränkt hatten, griffen sie bald auf weitere Kreise über. Dies war durchaus unüblich in einem Land, dessen Bewohner sich von der Herrschaftselite zunehmend entfremdet hatten. Gerade die Anwälte gingen zur Verteidigung der verfassungsmäßigen Gewaltenteilung auf die Straße. In fast jeder Stadt fanden Demonstrationen statt; der Anblick schwarz gekleideter Männer, denen ganze Reihen bewaffneter Polizisten entgegentraten, wurde zu einer Alltäglichkeit. Die unabhängigen Fernsehsender Geo, Indu, Aaj und andere berichteten ständig von diesen Ereignissen. Musharraf und seine Minister mussten sich kritischen Interviews stellen, während denen sich der Präsident bestimmt nach der vergleichsweisen Zurückhaltung von CNN und BBC World sehnte. Tatsächlich rügte er immer wieder Journalisten, dass sie ihn nicht mit derselben Ehrerbietung behandelten, wie sie Bush und den europäischen Staatsführern von den westlichen Sendern entgegengebracht würden.

Dieser Kampf hatte etwas angenehm Altmodisches an sich: Es ging weder um Geld noch um Religion, sondern um Prinzipien. Karrieristen der Opposition (von denen einige tückische Angriffe gegen das Oberste Gericht organisiert hatten, als sie noch an der Macht waren) versuchten allerdings, diese Sache im eigenen Sinne auszunutzen. »Glauben Sie nur nicht, dass die sich alle plötzlich geändert haben«, sagte mir damals Abid Hasan Manto, einer der angesehensten Anwälte des Landes. »Sie sind aus demselben Holz geschnitzt wie der Rest der Eliten. Andererseits kann zur rechten Zeit fast alles als Funke dienen.«

Es wurde den meisten Bürokraten in der Hauptstadt Islamabad schnell klar, dass Chaudhrys Verhaftung ein Riesenfehler gewesen war.

Aber wie oft in einer solchen Krise gaben die Machthaber diesen nicht zu und bemühten sich auch nicht, ihn zu korrigieren, sondern entschlossen sich, Stärke zu zeigen. Das erste Ziel waren die unabhängigen Fernsehsender. In Karatschi und anderen Städten des Südens hörten drei Kanäle plötzlich auf zu senden, als sie gerade Berichte über die Demonstrationen zeigten. Dies führte zu einer großen allgemeinen Empörung. Am 5. Mai fuhr Chaudhry von Islamabad nach Lahore, um dort eine Rede zu halten. Unterwegs hielt er in jeder Stadt an, um sich mit seinen Anhängern und Unterstützern zu treffen. Er brauchte insgesamt 26 Stunden für eine Fahrt, die normalerweise nur drei oder vier Stunden dauert. Währenddessen plante Musharraf in Islamabad den Gegenschlag.

Der Richter wurde danach am 12. Mai in Karatschi, der größten Stadt des Landes, erwartet, in der eine brodelnde, anarchische Masse von 15 Millionen Menschen lebt. Die politische Macht in Karatschi ruht in den Händen der MQM (Muttahida Qaumi Movement/Vereinigte Volksbewegung), einer zugegebenermaßen ziemlich anrüchigen Partei, die 1984 während Zias Diktatur gegründet wurde. Sie entstand aus einer Studentenvereinigung, die Altaf Hussain im Jahr 1978 gebildet hatte, deren Mitgliedschaft auf Urdu sprechende Studenten der Provinz Sindh beschränkt war. Es handelte sich dabei um die Kinder von Muslimen, die 1947 aus Indien geflohen waren und in Pakistan eine neue Heimat gesucht hatten. Viele von ihnen blieben arm und wurden beruflich diskriminiert. Die neue Organisation griff auch als Partei diese Ressentiments auf und verschaffte denen, die unter ihnen zu leiden hatten, eine Stimme. Allerdings erlangte sie bald auch zweifelhaften Ruhm wegen ihrer Beteiligung an Schutzgelderpressungen und Gewaltaktivitäten. Politisch wurde sie von Musharraf in jeder Krise loyal unterstützt.

Ihr Anführer Altaf Hussain floh in den 1990er-Jahren aus dem Land, um einer drohenden Anklage zu entgehen. Er erhielt in Großbritannien Asyl und führt nun seine Organisation vom sicheren London aus, da er im Falle seiner Rückkehr nach Pakistan Racheakte vonseiten seiner vielen Gegner befürchten müsste. In einer Videoansprache an seine Anhänger in Karatschi kurz vor Chaudhrys Ankunft dort sagte er: »Wenn man gegen die gegenwärtige, demokratisch regierte Regierung Verschwörungen aushecht, muss sich jeder einzelne Parteiarbeiter und Aktivist der MQM ... dem entgegenstellen und die demokratische Regierung verteidigen.« Auf Anweisung aus Islamabad entschieden sich die örtlichen Führer der MQM, die Ansprache des Richters dadurch zu verhindern, dass sie ihn auf dem Flughafen festhielten. Seine Anhänger wurden währenddessen in verschiedenen Teilen der Stadt tätlich angegriffen, wobei fast fünfzig Menschen das Leben verloren. Als Aaj-TV Aufnahmen dieser Gewalttaten ausstrahlte, wurde der Sender von bewaffneten MQM-Freiwilligen angegriffen, die dessen Gebäude ganze sechs Stunden lang beschossen und Autos auf dem Parkplatz in Brand setzten.

Als die höheren Polizeiführer, der Chefminister und der Gouverneur der Provinz jedes Eingreifen verweigerten, wurde ein erfolgreicher Generalstreik ausgerufen, der das Regime noch weiter isolierte. Im August 2007 veröffentlichte die pakistanische Menschenrechtskommission unter dem Titel *Blutbad in Karatschi* einen verheerenden Bericht, der in großer Ausführlichkeit bestätigte, was jedermann bereits wusste: Polizei und Armee hatte man befohlen, absolut nichts zu unternehmen, während die bewaffneten MQM-Anhänger in der ganzen Stadt randalierten:

»... Aus Sicht der institutionellen Integrität des Staates erscheint es besonders bedenklich, dass der gesamte Sicherheitsapparat des Staates fast zwanzig Stunden lang praktisch verschwand und die bewaffneten Kader einer Partei die Stadt dadurch tatsächlich vollständig übernehmen konnten. Das Schauspiel einer *entwaffneten* Polizeitruppe, die den Anweisungen von *bewaffneten* Parteikadern zu folgen hatte, war dabei höchst beunruhigend, vor allem da an staatlichen Schlüsselstellen sitzende Verantwortliche dabei nur noch ihre völlige Hilf- und Machtlosigkeit ausdrücken konnten.«

Musharraf, der verzweifelt versuchte das Land wieder in den Griff zu bekommen, musste sich nun mit der Möglichkeit auseinandersetzen, dass die Volksbewegung zur Verteidigung des Obersten Richters außer Kontrolle geraten könnte, vor allem wenn sich die Ereignisse von Karatschi auch noch anderswo wiederholen sollten. Da er die Folgen einer weiteren Repression fürchtete, blieb ihm nur noch die Alternative, zum Rückzug zu blasen. Die Berufung des Obersten Richters gegen seine Suspendierung wurde schließlich vor dem Obersten Gericht zugelassen und verhandelt. Am 20. Juli erging der einstimmige Beschluss, ihn wieder einzusetzen, während man gleichzeitig beobachten konnte, wie zutiefst beschämte Regierungsanwälte das Gerichtsgebäude eiligen Schrittes verließen. Ein frisch gestärkter Gerichtshof machte sich danach sofort an die Arbeit. Hafiz Abdul Basit war ein »verschwundener« Gefangener, den man wegen »Terrorismus« verhaftet hatte, ohne dass danach irgendeine konkrete Anklage erhoben worden wäre. Der Oberste Richter lud nun Tariq Pervez, den Generaldirektor der pakistanischen Bundespolizei, vor und fragte ihn äußerst höflich, wo sich dieser Gefangene denn gerade aufhalte. Pervez antwortete, er habe keine Ahnung und habe von diesem Basit noch nie gehört. Der Oberste Richter wies den Polizeichef daraufhin an, Basit innerhalb von 48 Stunden dem Gericht vorzuführen: »Entweder liefern Sie uns den Gefangenen oder Sie gehen selbst ins Gefängnis!« Zwei Tage später wurde Basit dem Gericht überstellt und kurz danach freigelassen, da die Polizei keinerlei substantielle Beweise gegen ihn vorlegen konnte. Washington und London waren darüber überhaupt nicht glücklich. Sie waren beide davon überzeugt, dass Basit ein Terrorist sei, der auf ewige Zeiten im Gefängnis bleiben sollte, ein Schicksal, das ihm in Großbritannien oder den USA zweifellos geblüht hätte.

Das Oberste Gericht entschied sich dann, über sechs Petitionen gegen Musharrafs Entscheidung zu verhandeln, sich um die Präsidentschaft zu bewerben, ohne zuvor den Oberbefehl über die Armee niederzulegen. Obwohl das Parlament bereits im Jahre 2004 ein Gesetz verabschiedet hatte, das es Musharraf erlaubte, auch als Präsident Armeechef zu bleiben, hatte das Oberste Gericht einer Rechtsbeschwerde gegen diese Entscheidung zugestimmt, da der Text dieses Gesetzes im Widerspruch zur Verfassung stehe. Außerdem gab es da noch ein Zeitproblem: Laut pakistanischer Verfassung darf ein Präsident nur zwei Amtszeiten ausüben. Musharraf hatte die Präsidentschaft im Juni 2001 angetreten. 2002 folgte dann eine Volksabstimmung, deren Ergebnis er als »demokratisches Mandat« bezeichnete und die deshalb nach Ansicht seiner Gegner eine zweite Amtszeit einleitete. Darüber hinaus war er bereits über 60 und hätte deshalb nach geltenden Regierungsbestimmungen eigentlich als Generalstabschef in den Ruhestand treten müssen. Danach hätte er sich aber zwei Jahre lang um kein Wahlamt bewerben dürfen. Kein Wunder also, dass in Islamabad jetzt große Nervosität herrschte. Die Anhänger des Präsidenten befürchteten schlimme Konsequenzen, wenn das Gericht gegen ihn entscheiden sollte. Die Ausrufung des Ausnahmezustands hätte aber die Unterstützung der Armee erfordert. Informelle Kanäle signalisierten jedoch zu diesem Zeitpunkt, dass die Generäle so kurz nach dem Karatschi-Massaker nur ungern eingegriffen hätten. Sie versteckten sich hinter der höflichen Ausrede, der »Krieg gegen den Terror« nehme die Armee gerade so sehr in Beschlag, dass gegenwärtig nicht genug Reserven zur Aufrechterhaltung von Recht und Ordnung in den Städten zur Verfügung stünden. Später sollten sie aber auf Anraten der US-Botschaft ihre Meinung in dieser Frage ändern.

Als die Justizkrise zumindest zeitweise beendet war, machte sich gleich eine weit gefährlichere bemerkbar. Die meisten heutigen dschihadistischen Gruppen sind die Bastardgeschöpfe pakistanischer und westlicher Geheimdienste. Sie entstanden in den 1980er-Jahren während General Zias Herrschaft, um im Interesse des Westens einen Krieg gegen die »gottlosen« Russen zu führen, die damals Afghanistan besetzt hielten. Seit dieser Zeit genießen diese islamistischen Gruppen die offene oder stillschweigende Unterstützung des pakistanischen Staates. Ein Nutznießer war der islamische Geistliche Maulana Abdullah, der Land bekam, um im Herzen Islamabads unweit der Regierungsgebäude eine Medrese zu errichten. Bald wurde dieses Grundstück so vergrößert, dass man darauf zwei unterschiedliche Koranschulen (eine für männliche und eine für weibliche Studenten) bauen und die danebenliegende Lal Masjid, die Rote Moschee, erweitern konnte. Diese Maßnahmen wurden mit staatlichen Geldern finanziert, sodass die Regierung der eigentliche Eigentümer dieser Einrichtungen und des gesamten Grundstücks war.

In den 1980er und 1990er-Jahren wurde dieser Komplex dann zu einem Durchgangslager für junge Heilige Krieger auf ihrem Weg in den Kampf nach Afghanistan und später Kaschmir. Abdullah machte aus seinen Ansichten auch keinerlei Geheimnis. Er sympathisierte mit der saudisch-wahhabitischen Interpretation des Islam und war während des irakisch-iranischen Kriegs nur zu gerne bereit, zur Tötung von schiitischen »Ketzern« in Pakistan aufzurufen. Die Schiiten stellen 20 Prozent der islamischen Bevölkerung in Pakistan. Vor Zias Diktatur gab es zwischen ihnen und der sunnitischen Mehrheit kaum Feindschaft. Abdullahs Unterstützung ultrasektiererischer, antischiitischer Terrorgruppen führte dann zu seiner eigenen Ermordung im Oktober 1998. Mitglieder einer rivalisierenden islamistischen Gruppierung brachten ihn um, kurz nachdem er in seiner eigenen Moschee gebetet hatte.

Seine Söhne Abdul Rashid Ghazi und Abdul Aziz übernahmen danach die Kontrolle über die Moschee und die beiden Religionsschulen.

Die Regierung stimmte zu, dass Aziz die Freitagsgebete leiten sollte. In seinen Predigten unterstützte er oft al-Qaida, obwohl er nach dem 11. September mit seinen Aussagen vorsichtiger wurde. Oft nahmen höhere Regierungsbeamte und Armeeoffiziere an seinen Freitagsversammlungen teil. Der gelehrtere und verbindlichere Rashid mit seinem schmalen, hageren Gesicht und zottigen Bart verrichtete dagegen die Öffentlichkeitsarbeit, wobei es ihm immer wieder gelang, ausländische und örtliche Journalisten für sich einzunehmen.

Als die Armee im Jahr 2004 unter schwerem US-amerikanischem Druck eine Offensive in den Stammesgebieten an der afghanischen Grenze startete, begannen sich die Beziehungen zwischen den Brüdern und der Regierung rapide zu verschlechtern. Besonders Aziz war ausgesprochen wütend. Als laut Rashid »ein pensionierter Oberst der pakistanischen Armee uns das schriftliche Gesuch überreichte, in einer Fatwa klarzulegen, wie aus Sicht der Scharia der Krieg der Armee gegen die Stammesleute einzuschätzen sei«, zögerte Aziz keinen Augenblick. Er erließ eine Fatwa, die erklärte, dass es einer islamischen Armee *haram* (»verboten«) sei, ihr eigenes Volk zu töten, »dass kein Armeeoffizier, der während einer solchen Operation getötet wird, ein muslimisches Begräbnis erhalten darf« und dass »die Kämpfer, die in den Auseinandersetzungen mit der pakistanischen Armee fallen, Märtyrer sind«. Innerhalb weniger Tage nach der Veröffentlichung dieser Fatwa hatten sich fast 500 »Religionsgelehrte« öffentlich hinter sie gestellt. Trotz schweren Drucks des pakistanischen Militärgeheimdiensts ISI, weigerten sich die Brüder, sie zurückzuziehen. Die Antwort der Regierung darauf fiel überraschend milde aus. Zwar wurde Aziz der Status eines offiziellen Imams dieser Moschee entzogen und sogar ein Haftbefehl gegen ihn erlassen, aber dieser wurde niemals ausgeführt und die Brüder konnten ihre Arbeit unbehelligt fortsetzen. Vielleicht war der ISI der Ansicht, dass sie sich künftig noch einmal als nützlich erweisen könnten.

Der 1948 von Offizieren der drei Teilstreitkräfte des pakistanischen Militärs gegründete ISI (Inter-Services Intelligence) war ursprünglich ein gewöhnlicher Nachrichtendienst, der auf das Sammeln und die Analyse von Informationen vor allem über Indien und lokale »kommunistische Subversionen« spezialisiert war. Seine Größe und sein Budget wuchsen während des ersten Afghanistankrieges gegen die Sowjetunion ungeheuer an. Er arbeitete zu dieser Zeit eng mit den US-amerikanischen, französischen und britischen Geheimdiensten zusammen und spielte, wie wir später in diesem Buch noch näher sehen werden, eine zentrale Rolle bei der Bewaffnung und Ausbildung der Mudscheddin und später bei der Einschleusung der Taliban nach Afghanistan. Da er keine größere Autonomie als die CIA oder DIA in den Vereinigten Staaten genoss, operierte der ISI jederzeit mit der absoluten Zustimmung des pakistanischen Oberkommandos.

Schon vorher hatte die Regierung behauptet, eine terroristische Verschwörung aufgedeckt zu haben. Am 14. August sollten angeblich Bombenanschläge auf militärische Einrichtungen einschließlich des Obersten Hauptquartiers in Rawalpindi und Regierungsgebäuden in Islamabad durchgeführt werden. Im Laufe der Untersuchungen fand man dann in Abdul Rashid Ghazis Wagen Maschinengewehre und Sprengstoff. Erneut wurden Haftbefehle gegen beide Brüder erlassen. Dieses Mal wurden sie sogar verhaftet. Allerdings überredete dann der Minister für religiöse Angelegenheiten Ijaz-ul-Haq, General Zias Sohn, seine Kollegen, die Geistlichen zu begnadigen. Im Gegenzug würden diese eine schriftliche Entschuldigung ausstellen, in der sie versprachen, sich künftig an keinem bewaffneten Kampf mehr zu beteiligen. Rashid behauptete allerdings, dass diese sogenannte Verschwörung inszeniert worden sei, um sich beim Westen anzubiedern. Gleichzeitig forderte er den Minister für religiöse Angelegenheiten in einem Zeitungsartikel auf, zu beweisen, dass er, Rashid, tatsächlich dieses schriftliche Versprechen abgegeben habe, das der Minister angeblich von ihm verlangt habe. Er bekam keine Antwort.

Im Januar 2007 entschieden die Brüder, sich künftig mehr auf die Innen- als auf die Außenpolitik zu konzentrieren, und verlangten die sofortige Einführung des Scharia-Rechts. Bisher hatten sie sich damit begnügt, die US-Politik gegenüber der islamischen Welt zu verdammen und Amerikas örtlichen Schutzpolizisten Musharraf für seine Hilfe beim Sturz der Talibanregierung in Afghanistan zu tadeln. Sie unterstützten – wenigstens öffentlich – auch nicht die erst kurz zuvor erfolgten drei Anschläge auf Musharrafs Leben, aber es war kein Geheimnis, dass sie sein Überleben bedauerten. Ihre Stellungnahme vom Januar dieses Jahres war als offene Provokation des Regimes gedacht. Aziz stellte darin ihr Programm vor: »Wir werden in Pakistan niemals Musik und Tanz zulassen. Alle, die sich für solche Aktivitäten interessieren, sollten nach Indien ziehen. Wir sind des Wartens müde. Ab jetzt heißt es: Scharia oder Märtyrertum.« Sie fühlten sich noch mehr bedroht, als die Regierung zwei Moscheen abreißen ließ, die illegal auf öffentlichem Land gebaut worden waren. Als man sie darüber informierte, dass auch Teile der Roten Moschee und der Religionsschule für Frauen niedergerissen werden sollten, sandten die Brüder Dutzende von Schülerinnen in schwarzen Burkas aus, um eine Kinderbücherei neben ihrem Seminar zu besetzen. Die Geheimdienste schien diese Aktion kurzzeitig völlig zu überraschen. Man handelte danach schnell ein Ende der Besetzung aus.

Die Brüder forderten die staatlichen Autoritäten auch später heraus. In den auf dem Moscheegelände liegenden geschlechtergetrennten Medresen führten sie die Scharia ein und veranstalteten eine öffentliche Verbrennung von Büchern, CDs und DVDs. Danach richteten die Frauen in der Medrese ihre Empörung gegen Islamabads Edelbordelle, wobei sie sich vor allem gegen »Tantchen Shamim« richteten, eine bekannte Kupplerin und Puffmutter, die »anständige« Mädchen für unanständige Zwecke anbot und zu deren Kunden die gute Gesellschaft der Stadt einschließlich einiger gemäßigter Religionsführer gehörte. Das Tantchen führte das Bordell wie ein Büro: Es gab reguläre Geschäftszeiten und sie schloss ihr Etablissement am Freitagmittag, damit ihre Kunden die nächste Moschee besuchen konnten, bei der es sich ausgerechnet um die Rote Moschee, die Lal Masjid, handelte. Die Moralbrigaden stürmten nun das Bordell und »befreiten« die Frauen. Die meisten dieser Mädchen waren gebildet, einige waren alleinerziehende Mütter, andere Witwen, wieder andere in einer verzweifelten finanziellen Lage. Die festen Geschäftsstunden waren ganz in ihrem Sinne gewesen. Tantchen Shamim floh aus der Stadt; ihre bisherigen »Angestellten« suchten sich anderswo eine ähnliche Arbeit, während die Mädchen der Medrese ihren Sieg feierten.

Dieser Triumph ließ die Brüder noch kühner werden. Als Nächstes nahmen sie sich Islamabads gehobene Massagesalons vor, die allerdings nicht alle käufliche Liebe anboten. In einigen arbeiteten chinesische Staatsbürgerinnen. Ende Juni wurden sechs dieser Chinesinnen entführt und in die Moschee gebracht. Der chinesische Botschafter war darüber überhaupt nicht begeistert. Er informierte Präsident Hu Jintao, der sich noch weit weniger begeistert zeigte. Peking machte sonnenklar, dass man eine sofortige Freilassung seiner Staatsbürgerinnen wünsche. Beauftragte der Regierung begaben sich daraufhin in die Moschee, um den Brüdern die Wichtigkeit der strategischen Partnerschaft zwischen

China und Pakistan nahezubringen – und die Frauen wurden freigelassen. Das Massagegewerbe versprach, dass künftig nur noch Männer andere Männer massieren würden. Damit war der Ehre Genüge getan, obwohl diese Abmachung dem Koran absolut widersprach, der die Todesstrafe für Homosexuelle fordert. Die liberale Presse bezeichnete diesen Feldzug gegen das Laster als Talibanisierung Pakistans, was die Geistlichen der Roten Moschee ausgesprochen ärgerte. »Rudy Giuliani schloss die Bordelle, als er Bürgermeister von New York wurde«, sagte Rashid. »War das etwa auch eine Art von Talibanisierung?« Wenn Rashid noch leben würde, hätte er sicherlich den »Rücktritt« des New Yorker Gouverneurs Spitzer mit ganzem Herzen unterstützt.

Musharraf, den die Entführung der chinesischen Frauen verärgert und kompromittiert hatte, verlangte eine endgültige Lösung dieser Krise. Der saudi-arabische Botschafter in Pakistan Ali Saeed al-Awad Asseri begab sich daraufhin in die Moschee und sprach neunzig Minuten mit beiden Brüdern. Sie begrüßten ihn herzlich und teilten ihm mit, dass sie ja nur die Einführung der saudischen Gesetze in Pakistan wünschten. Dagegen könne er ja nun wirklich nichts haben. Der Botschafter lehnte es ab, sich nach dem Gespräch der Presse zu stellen, weswegen seine Antwort nicht bekannt ist. Seine Vermittlung war jedenfalls ein Fehlschlag gewesen. Jetzt trat Plan B in Kraft.

Am 3. Juli riegelten die paramilitärischen Rangers das Ende der Straße vor der Moschee mit Stacheldraht ab. Einige Koranschüler eröffneten das Feuer, wobei ein Ranger zu Tode kam. Einmal in Gang gekommen, setzten die Medresenzöglinge das benachbarte Umweltministerium in Brand. Sicherheitskräfte gingen an diesem Abend mit Tränengas und Maschinengewehren gegen sie vor. Am nächsten Morgen verhängte das Regime eine Ausgangssperre über dieses Gebiet. Gleichzeitig begann eine Belagerung der Roten Moschee, die insgesamt eine Woche dauern sollte und deren Bilder von Fernsehsendern in die ganze Welt übertragen wurden. Der publicitysüchtige Rashid war vermutlich begeistert darüber. Die Brüder glaubten, sich retten zu können, indem sie die Frauen und Kinder auf dem Moscheegelände als Geiseln hielten. Einige kamen allerdings frei und Aziz wurde verhaftet, als er versuchte, in eine Burka gehüllt zu fliehen. Eine Woche später wurde er allerdings in aller Stille entlassen, um in sein Dorf zurückzukehren.

Am 10. Juli stürmten Fallschirmjäger den Moscheekomplex. Rashid und mindestens 100 seiner Anhänger starben während der anschließenden Kämpfe. Auch elf Soldaten kamen ums Leben und mehr als 40 wurden verwundet. Danach wurden einige Polizeistationen überfallen. Aus den Stammesgebieten waren dunkle Drohungen zu hören. Maulana Faqir Mohammed, ein führender Talibananhänger, rief Tausenden von bewaffneten Stammeskriegern zu: »Wir bitten Allah, Musharraf zu vernichten, und werden die Gräueltaten in der Lal Masjid rächen.« Auch Osama Bin Laden meldete sich zu Wort, nannte Musharraf einen »Ungläubigen« und erklärte, »dass es nun für jeden Muslimen eine Pflicht ist, ihn zu entfernen«.

Ich hielt mich im September 2007 gerade in Pakistan auf, als Selbstmordattentäter militärische Ziele, darunter einen Bus mit ISI-Angestellten, angriffen, um Rashids Tod zu rächen. Allerdings war im Land als Ganzem die Reaktion auf diese Ereignisse ziemlich gedämpft. Die Führer der MMA, einer Koalition religiöser Parteien, die bis März 2008 die nordwestliche Grenzprovinz regierte und auch in Belutschistan in der Provinzregierung saß, gaben zwar einige hässliche Stellungnahmen ab, unternahmen aber sonst nichts. Am Tag nach den Ereignissen in Islamabad fand in der Provinzhauptstadt Peschawar eine Demonstration statt, an der gerade einmal tausend Menschen teilnahmen. Selbst hier war die Stimmung kaum aufgeheizt. Es gab keine schrille Glorifizierung der Märtyrer. Der Gegensatz zu der Kampagne zur Wiedereinsetzung des Obersten Richters hätte größer nicht sein können. Drei Wochen später versammelten sich in der punjabischen Stadt Kasur 100 000 Menschen, um des 250. Todestags des großen, im 17. Jahrhundert lebenden Dichters Bulleh Shah zu gedenken, einem aus der Reihe der großen skeptischen Sufidichter, die jede organisierte Religion ablehnten und jede Form von »Rechtgläubigkeit« scheuten. Bulleh Shah verglich die Mullahs einmal mit kläffenden Hunden oder einem krähenden Hahn. Als Antwort auf die Frage eines Gläubigen nach seiner eigenen religiösen Identität verfasste er diese Zeilen:

Wer weiß, was ich bin,
Weder ein Gläubiger in der Moschee,
Noch ein Ungläubiger, der Tonfiguren verehrt,
Weder Moses noch Pharao,
Weder Sünder noch Heiliger;
Wer weiß, was ich bin ...

Die Tatsache, dass dieses und ähnliche Gedichte in ganz Pakistan regelmäßig rezitiert werden, ist ein weiteres Anzeichen dafür, dass die Dschihadisten in einem Großteil des Landes nicht sehr populär sind. Genauso wenig wie die Regierung. Die Geschichte der Roten Moschee wirft mehrere Fragen auf, die bis heute unbeantwortet blieben. Warum handelte die Regierung nicht bereits im Januar, als die Militanten zum ersten Mal das Moscheegelände verließen? Wie konnten die Geistlichen ohne Wissen der Regierung ein solch riesiges Waffenlager anlegen? Wusste der ISI, dass sich in dieser Moschee ein solches Arsenal verbarg? Wenn ja, warum unternahm er dann nichts? Welche Beziehungen bestanden zwischen den Geistlichen und den Regierungsbehörden? Warum ließ man Aziz wieder frei und erlaubte ihm, unbehelligt und ohne Anklage in sein Heimatdorf zurückzukehren?

Ich fragte mich, ob nicht vielleicht in Peschawar, der unweit des Khyberpasses und der afghanischen Grenze liegenden Hauptstadt der Nordwest-Grenzprovinz, Antworten auf diese Fragen zu finden seien. Ich hatte diese Stadt mehr als ein Vierteljahrhundert lang nicht mehr besucht, seit sie in den 1980er-Jahren zum Hauptquartier des antisowjetischen Dschihad geworden war und ihr Gouverneur, ein enger Vertrauter General Zias, den Heroinhandel verteidigt hatte. Damals, im Jahre 1973, hatte ich ganz ohne Pass die afghanische Grenze überquert und war wieder nach Pakistan zurückgekehrt, nur um zu sehen, ob das immer noch möglich sei. Erfreut über diesen erfolgreichen Versuch hatte ich dann den Bus nach Rawalpindi genommen. Ich erinnere mich noch an den atemberaubend schönen blutroten Sonnenuntergang, der den ganzen Himmel erfüllte, als wir den Indus auf der Brücke von Attock überquerten.

Die alte Brücke löst bei mir immer Erinnerungen an meine Kindheit und Jugend aus. Der Anblick des unter ihr hindurchfließenden wilden Stroms ruft mir dann die Vergangenheit ins Gedächtnis, als immer wieder Eroberer aus Europa und Zentralasien schon lange vor Alexander dem Großen auf ihrem Weg nach Süden durch diese Gegend zogen. Wie viele Soldaten starben wohl, als sie den Fluss auf ihren behelfsmäßigen Flößen überqueren wollten? Der Mogulkaiser Akbar hatte nur etwas weiter stromaufwärts an der Stelle, wo der Kabulfluss mit lautem Getöse in seinen berühmteren Vetter mündet, eine riesige Festung erbaut. Die darin stationierte Garnison hatte die strategische Aufgabe, alle Invasoren abzuwehren, lokale Rebellionen niederzuschlagen und ganz sicherlich auch, von den durchziehenden Händlern Zoll zu verlangen.

Auch 34 Jahre später konnte ich auf der Autofahrt nach Islamabad meine Begeisterung über diesen Anblick nicht unterdrücken. Ich hielt das Auto an, um einen Blick auf den Fluss und die darüberliegende Festung zu werfen. Dieses Fort ist heute ein berüchtigtes politisches Gefängnis, ein Folterzentrum mehrerer aufeinanderfolgender pakistanischer Regierungen – und zwar nicht nur solcher, die vom Militär geleitet wurden. Allerdings gelang es mir diesmal nicht, die beiden schwarzen Felsen zu entdecken, die nach meiner Erinnerung direkt unter der Festung aus dem Fluss ragten. Wo waren sie geblieben? Vielleicht waren sie nur von der alten Brücke aus dem 19. Jahrhundert aus zu sehen, einem Meisterwerk der viktorianischen Ingenieurskunst, das von Ruinen aus der Mogulzeit umgeben war, zu denen auch ein alter Grabstein gehörte, den man allgemein das »Grab der Prostituierten« nannte (eine Königin hatte angeblich die Lieblingsmätresse ihres Mannes dort begraben lassen), was uns Kinder regelmäßig zum Kichern brachte.

Die beiden Felsen waren nach den beiden Brüdern Kamal-ud-Din und Jamal-ud-Din benannt, die man auf Befehl des großen Mogulkaisers von ihrer Spitze in den Fluss hinuntergeworfen hatte. Akbars Toleranz gegenüber abweichenden Meinungen wird für gewöhnlich weit übertrieben. Zwar hatte Akbar, selbst ein Moslem, in einer Zeit, als in Europa die katholische Inquisition Angst und Schrecken verbreitete, festgelegt, dass »jeder sich der Religion anschließen darf, die ihm gefällt«. An den Religionsgesprächen, die er in Agra veranstaltete, nahmen Hindus, Muslime, Christen, Parsen, Jains, Juden und selbst die Atheisten der Carvaka-Schule teil, die immerhin behaupteten, die Brahmanen hätten die Totenfeiern nur erfunden, um eine »Einkommensquelle« zu haben.

Allerdings konnte er sich, wenn seine Macht herausgefordert wurde, auch über seine eigenen Verfügungen hinwegsetzen. Vor allem die rebellischen Paschtunen aus Wasiristan und ihre unbotmäßige Philosophie erregten seinen Zorn. Die Brüder waren Mitglieder einer im 16. Jahrhundert entstandenen muslimischen Sekte, der Roshnais, der »Erleuchteten«, die von ihrem Vater Pir Roshan gegründet worden war. Sie lehnten alle Offenbarungsreligionen und somit auch den Koran ab. Außerdem sprachen sie sich gegen Glaubensvermittler wie Propheten oder Könige aus. Der Schöpfer war ein einziges Wesen und jeder Mensch sollte deshalb auch eine rein individuelle Beziehung zu ihm aufnehmen.[1] Die Religion war also eine persönliche Sache zwischen Allah und dem jeweiligen Gläubigen.

Akbar versuchte zu dieser Zeit seine eigene synthetische Religion zu schaffen, die die verschiedenen Glaubens- und Klassenschranken überwinden und Indien einen sollte. Die Verfolgung dieser Sekte hatte jedoch nichts mit irgendeiner ideologischen Rivalität zu tun. Vielmehr waren die Erleuchteten in der Bauernschaft der Gegend ausgesprochen beliebt. Außerdem wurden ihre Ansichten und ihre Lebenseinstellung oft dazu benutzt, Rebellionen gegen die Zentralgewalt zu rechtfertigen. Dies konnte nun der Mogulherrscher, der die Stadt Peschawar als Militär- und Handelsstützpunkt gegründet hatte, auf keinen Fall hinnehmen.

Die Einwohnerschaft Peschawars hat sich in den letzten dreißig Jahren verdreifacht und beträgt nun bereits über drei Millionen. Die meisten seiner Neubürger bestehen aus drei Generationen von Flüchtlingen, ein Ergebnis der von den Großmächten Sowjetunion und USA angezettelten, miteinander verbundenen afghanischen Kriege des 20. und 21. Jahrhunderts. Die von den Briten errichtete Kolonialstadt war als Sitz einer Garnison geplant, die die nordwestliche Grenze Britisch-Indiens gegen zaristische und bolschewistische Machenschaften und Gefährdungen schützen sollte. Diese Funktion nimmt sie in erweiterter, leicht abgeänderter Form noch heute wahr.

Trotz Peschawars Grenzlage hatte die *New York Times* unrecht, als sie in einem Artikel vom 18. Januar 2008 behauptete, dass »Kampf und Rechtlosigkeit seit Jahrhunderten die Struktur dieser Grenzstadt prägen«. Diese Ansicht geht auf den Hofsänger des Britischen Empire Rudyard Kipling zurück, dessen Beschreibungen noch heute viele fälschlicherweise für historisch korrekte Berichte halten. In einem Kabelbericht, den er am 28. März 1885 aus Peschawar, einem Ort, den er als »Stadt der üblen Gesichter« bezeichnete, an die *Civil and Military Gazette* in Lahore sandte, beschrieb er die Feindschaft gegenüber der britischen Präsenz mit folgenden drastischen Worten:

> »Unter den Lampen vor den Ständen des Zuckerwerk- und des Butterschmalzhändlers ist das Gedränge am dichtesten und das Stimmengewirr am lautesten. Hunde-, Schweine-, Wiesel- und Ziegengesichter, die umso abscheulicher sind, da sie auf menschlichen Körpern sitzen und mit menschlicher Intelligenz begabt sind, versammeln sich im Lichtkreis der Lampen, wo man sie dann eine halbe Stunde am Stück in aller Ruhe studieren kann.

Pathanen, Afridis, Logas, Kohistaner, Turkmenen und Hunderte andere Unterabteilungen der ungestümen afghanischen Rasse bilden zwischen dem Stadttor und dem Ghor Kutri eine riesige menschliche Menagerie. Geht ein Engländer an ihnen vorbei, schauen sie ihn mit düsteren Blicken an und spucken oft auf den Boden, wenn er sie passiert hat. Ein stämmiger, schmerbäuchiger Lümmel mit geschorenem Kopf und üppigem Specknacken befolgt diesen religiösen Ritus besonders inbrünstig. Dabei begnügt er sich nicht mit dessen nachlässiger Durchführung, sondern produziert einen aus tiefstem Herzen kommenden Auswurf, der für seine Kameraden ebenso erfrischend sein muss, wie er jeden Europäer anekelt... Dabei ist er nur einer von 20 000. Die Hauptstraße ist voller solcher großartiger Gaunergestalten und hübscher Rohlinge. Der Betrachter bekommt den Eindruck, es mit wilden Tieren zu tun zu haben, die man im Augenblick daran hindert, zu morden und Gewalttaten zu begehen, die sich aber ständig gegen diese Behinderung auflehnen.«

Tatsächlich gab es im 19. und frühen 20. Jahrhundert nur dann Probleme in dieser Stadt, wenn das Britische Empire wieder einmal Krieg in Afghanistan führte. Obwohl die Briten versuchten, durch Verhängung des Kriegsrechts eine nach Unabhängigkeit strebende nationalistische Strömung zu vernichten und zu entschärfen, und auch leichtere Vergehen mit drakonischen Strafen ahndeten, griff die größte einheimische Bewegung des 20. Jahrhunderts ausdrücklich zu friedlichen Mitteln. Ghaffar Khan und Dr. Khan Sahib, zwei Brüder aus einer Grundbesitzerfamilie in Charsadda, entschlossen sich im Jahr 1930, einen politischen, gewaltlosen Kampf gegen die Briten zu beginnen. Die Rothemdenbewegung, wie man sie bald überall wegen der Farbe der Hemden ihrer Anhänger und nicht wegen ihrer politischen Ansichten nannte (ihr Vorbild war Gandhi und nicht Lenin), breitete sich schnell in der ganzen Region aus. Ghaffar Khan und seine Gefolgsleute suchten jedes einzelne Dorf auf, um die Bauern dort gegen das Empire zu organisieren, sodass sich selbst im entlegensten Weiler Ableger dieser Bewegung bildeten.

Die britischen Behörden, die das schnelle Anwachsen dieser Organisation beunruhigte, entschlossen sich, die Bewegung »im Keim zu ersticken«. Dies führte im Jahre 1930 zum berüchtigten Massaker im Kissa-Khani[Geschichtenerzähler]-Basar, wo sich etwa tausend Rothemden versammelt hatten, um Führer des Indischen Nationalkongresses zu empfangen, und dann hören mussten, dass die Briten diese an einer Einreise in die Nordwestprovinz gehindert hatten. Die örtliche Kongresspartei hielt eine Massenversammlung ab und forderte einen sofortigen Boykott aller in britischem Besitz befindlicher Läden. Der Gouverneur ordnete die Verhaftung von Ghaffar Khan und anderer Führer der Bewegung an. Rechtsgrundlage war der Abschnitt 144 der Verordnung zur öffentlichen Sicherheit, die jede Ansammlung von mehr als vier Personen auf öffentlichen Plätzen verbot. Ein Gesetz, das auch heute noch in Südasien öfters Anwendung findet. Die Demonstranten weigerten sich, den Basar zu verlassen. Daraufhin eröffneten die Truppen das Feuer, wobei 200 Aktivisten getötet wurden. Noch mehr Menschen drängten auf die Straße, sodass sich die Truppen zurückziehen mussten. Vier ganze Tage lang stand Peschawar unter der Kontrolle seiner Bewohner, wobei bis zum Eintreffen der britischen Entsatztruppen keinerlei Gewalttaten zu vermelden waren. Das Massaker und sein Nachspiel beschrieb der Kolonialoffizier Sir Herbert Thompson als typisches Beispiel »eines Kindes, das über seinen eigenen Wutanfall so sehr erschrickt, dass es danach gerne wieder in die sichere Hand seines Kindermädchens zurückkehrt«.[2]

Trotz des extensiven Einsatzes von Polizeispitzeln und eingeschleusten Agenten konnten die Briten Ghaffar Khan und seinen Anhängern keine einzige Gewalttat nachweisen, was sie allerdings nicht davon abhielt, die Führer und Aktivisten dieser Bewegung ständig zu schikanieren, einzukerkern und sogar körperlich zu misshandeln. Das Kissa-Khani-Massaker vergrößerte noch die Unterstützung für die Rothemden; die Tatsache, dass Ghaffar Khan auch als gläubiger Moslem an ein vereinigtes, laizistisches Indien glaubte, machten Mahatma Gandhi und Jawaharlal Nehru auf ihn aufmerksam. Die Rothemden bewarben sich daraufhin in aller Form um eine Aufnahme in die Kongresspartei und diese stimmte zu. Als Folge davon gewann der Kongress seit 1937 in der Nordwestprovinz mehrmals hintereinander die Wahlen. Nehru schrieb später in seiner Autobiografie:

»Es war überraschend, in welchem Maße dieser Pathane die Idee der Gewaltlosigkeit verinnerlicht hatte, und dies in der Theorie sogar weit mehr als viele von uns. Und weil er an sie glaubte, gelang es ihm, sein Volk davon zu überzeugen, wie wichtig es war, trotz aller Provokationen friedlich zu bleiben ... Die Selbstdisziplin, die die Bevölkerung der Grenzprovinz 1930 und in den folgenden Jahren zeigte, war absolut erstaunlich ...«

Eine breite muslimische Mehrheit zog es also vor, von der Muslimliga und der Pakistan-Idee Abstand zu halten, obgleich die Liga sich später auch in dieser Provinz mithilfe der imperialen Bürokratie, der Polizei sowie einer Mischung aus Schikanen und Gewalt eine Basis aufbauen konnte. Die Briten, die zu allen Zeiten die Gegensätze zwischen den Hindu- und den Moslemgemeinschaften eifrig gefördert hatten, begegneten den Rothemden irritiert. Im Werk eines anderen hohen britischen Kolonialbeamten, Sir Olaf Caroe, nahm dieses Erstaunen die Gestalt eines reaktionären Mystizismus an. Caroes im Allgemeinen durchaus lesenswerte Geschichte der Paschtunen (oder Pathanen, wie sie die Kolonialisten nannten), enthält solche seltsamen Aussagen wie: »... Es ist kaum vorstellbar, dass der traditionelle Pathane sich mit einer Hindu-Führerschaft abfinden könnte, die so viele ja für scheinheilig, pharisäerhaft und doppelzüngig halten ... Wie also hätte er sich einer Partei mit einer solchen indischen, ja sogar brahmanischen Ausrichtung anschließen können ...?« In dem Buch ist leider noch mehr entsprechender Unsinn zu finden. Diejenigen Paschtunen, die sich weigerten, das Spiel der Briten zu spielen, wurden mit äußerster Brutalität behandelt.

Ein US-amerikanischer Journalist, der diesen Konflikt verfolgte, fragte in einem Interview Mahatma Gandhi: »Was halten Sie von der westlichen Zivilisation?« Der alte Fuchs lächelte. »Ich finde, das wäre eine gute Idee«, antwortete er dann, wobei er vor allem an die Behandlung der paschtunischen Nationalisten dachte. Die Agenten der Briten bestachen einige Stämme, während ihre Propagandisten das Gerücht verbreiteten, Ghaffar Khan, ein frommer Moslem, sei in Wirklichkeit ein heimlicher Brahmane. Die Führer der Kongress-Partei durften die Provinz nicht mehr besuchen, während der pro-britischen Muslimliga alle Türen offen standen. Dass diese Bevorzugung vonseiten der Briten von einer Mehrheit der Paschtunen abgelehnt wurde, ist ein Zeichen der Stärke von Ghaffar Khans Bewegung. Seine Ideen von Gewaltlosigkeit und einem vereinigten unabhängigen Indien waren in dieser Region tief gegründet. Es würde Jahrzehnte der Bestechung und Unterdrückung brauchen (die auch nach der Gründung Pakistans noch weitergingen), bis sie endgültig ausgerottet waren – mit katastrophalen Folgen.

Das Stereotyp des Paschtunen als »kindlichem«, aber »edlem Wilden« taucht in der Kolonialliteratur immer wieder auf, nicht zuletzt in Kiplings Kurzgeschichten und seinem unterdrückt homoerotischen Roman *Kim*. Nachdem sich die Briten selbst fest davon überzeugt hatten, dass diese alten Kriegerstämme unfähig seien, rational zu denken, und deswegen für immer unter Kuratel gehalten werden mussten, waren sie ehrlich überrascht, als sich herausstellte, dass dies ganz und gar nicht der Fall war. Allerdings wurden in der kolonialen Geschichtsschreibung Paschtunen weiterhin mit Gewalt gleichgesetzt.

Die Spannungen und gewalttätigen Unterströmungen des heutigen Peschawar haben nur wenig mit den früheren Jahrhunderten zu tun. Sie sind ein direktes Ergebnis der ständigen Kriege im benachbarten Afghanistan, deren Einflüsse auf Pakistan, China und die USA/EU im nächsten Kapitel behandelt werden. Pakistans Nordwest-Grenzprovinz – die North West Frontier Province (NWFP) – ist die einzige Provinz, die einen rein geografischen Namen trägt und der man auf diese Weise ihre ethnisch paschtunische Identität vorenthält.

Seit Oktober 2002 wurde sie von der Muttahida Majlis-e-Amal (MMA) regiert, einer Einheitsfront, die aus der Jamaat-i-Islami (JI), der Jamiatul-Ulema-Islam (JUI) und vier kleineren religiösen Sektenparteien besteht. Bei den Wahlen von 2008 erlitt die MMU allerdings eine schwere Niederlage. Obwohl sie die NWFP dominiert hatte, erhielt die islamistische Koalition nur 15 Prozent der Stimmen, ist also noch weit davon entfernt, in der Gesamtnation durch die Wahlurne an die Macht zu kommen. Die beiden Parteien dieser Koalition haben einen völlig unterschiedlichen Charakter. Die JI zeichnete sich immer schon durch eine strengere Religionsauffassung aus. Sie wurde 1941 in Lahore als Antwort auf die Muslimliga und die Pakistanresolution gegründet. Ihr Gründer Abul Ala Maududi (1903–1979) betrachtete sie von Anfang an ganz bewusst als »Gegen-Liga«. Maududi war ein hochangesehener Theologe, dessen Verbindungen zu den Wahhabiten Saudi-Arabiens in die Zeit vor der Gründung Pakistans zurückgingen. Basis der JUI waren dagegen die Nordwestprovinz und Belutschistan. Ihr Führer Mufti Mahmood (1919–1980) war ein gerissener Politstratege, der durchaus auch einmal Bündnisse mit säkularen Nationalisten einging, wenn es seinen Zielen diente. Die Ursprünge dieser Gruppe lagen im Seminar von Deoband, das im Indien vor der Teilung als Zentrum der sunnitischen Orthodoxie galt. Beide Parteien betrachteten die Geburt Pakistans als eine säkulare nationalistische Verschwörung gegen die »echten Wahrheiten des Islam«.

Die JI ist wahrscheinlich die bestorganisierte politische Gruppierung des ganzen Landes. Für ihren inneren Aufbau nahm sie sich die traditionellen kommunistischen Parteien zum Vorbild. Bis heute unterhält sie in jeder größeren Stadt eine Zellenstruktur. Die JUI war dagegen traditioneller und beschränkte sich auf die Grenzprovinzen, wo sie immer stark von Verwandtschaftsbeziehungen abhängig blieb. Während des Kalten Krieges stand die JI aufgrund ihrer engen Verbindungen zu Saudi-Arabien fest auf westlicher Seite, während die JUI mit den prosowjetischen pakistanischen Gruppierungen flirtete. Heute behaupten beide, Washington feindlich gegenüberzustehen, wobei die Gegensätze weitgehend taktisch und auf bestimmte Gegenden beschränkt erscheinen. Beide Parteien wären wahrscheinlich zu einer ernsthaften Vereinbarung mit Washington bereit und betrachten wie die ägyptische Muslimbruderschaft die NATO-freundlichen Islamisten, die die heutige Türkei regieren, als mögliches Modell für ihre künftigen Beziehungen. Die Auffassung, es handele sich bei ihnen um fanatische Islamisten, die unbedingt das Kalifat wiedererrichten wollen, ist nachgerade lächerlich. Da sie in der sozioökonomischen Sphäre über keinerlei Handlungsspielraum verfügen, haben sie sich dazu entschieden, ihre islamistische Identität dadurch zu beweisen, dass sie für eine Einführung des Scharia-Gesetzes eintreten, gemischte Bildungseinrichtungen wie die Universität von Peschawar (wo die Geschlechterbeziehungen seit der Gründung des Landes relativ entspannt sind) aufs Korn nehmen, Frauendarstellungen auf Werbetafeln übermalen, Videoläden bedrohen, usw. Während einer sechzigminütigen Diskussion mit einem JI-Ideologen, die ich vor ein paar Jahren im pakistanischen Sender CNBC führte, fragte ich ihn, warum sie so von Frauen besessen seien. Warum ließen sie diese nicht in Frieden? Warum versuchten sie, ihre Bilder auszulöschen? Seine Antwort erinnerte mich an eine radikale Feministin aus den Siebzigerjahren (als bei uns im Westen Kampagnen gegen Pornografie und Sexshops große Mode waren): »Wir mögen es nicht, wenn man Frauen als Sexobjekte behandelt. Mögen Sie das?« Ich gab zu, dass es mir genauso gehe, aber dass es wohl kaum eine Lösung sei, ihre Abbildungen zu übermalen. Und wie sei es mit den Männern, hakte ich höflich nach. In diesem Moment wechselte der Moderator der Sendung sofort das Thema. Er nahm an, ich beziehe mich auf die vom Koran verbotene männliche Homosexualität, die in diesem Land weit verbreitet und vor allem in den Grenzgebieten tief verwurzelt ist, was manche sogar auf die Invasion Alexanders des Großen und der damals im Lande zurückgebliebenen Griechen zurückführen. Allerdings gibt es dafür noch andere, weit banalere Gründe. Tatsächlich bezog ich mich nicht nur auf die Homosexualität, sondern auf Männer als Sexobjekte für Frauen. Warum sollte man so etwas tolerieren? Ich hoffte, noch über das sprunghafte Wachstum von Sexvideos und Pornofilmen seit dem Wahltriumph der MMA reden zu können, aber dazu fehlte die Zeit.

Der allgemeine Abscheu vor der traditionellen Politik führte zu einem moralischen Vakuum, das durch Pornofilme und die verschiedensten Arten von Religiosität aufgefüllt wurde. In einigen Gegenden gibt es einen engen Zusammenhang zwischen Religion und Pornografie: Die höchsten Verkaufszahlen von Pornovideos gibt es in den Städten Peschawar und Quetta, Hochburgen der religiösen Parteien. Die Talibanführer in Pakistan nehmen zwar immer wieder die entsprechenden Videoläden ins Visier, aber die Händler gehen dann einfach in den Untergrund. Man sollte nicht glauben, dass der Großteil dieser Pornofilme aus dem Westen kommt. Dafür gibt es eine blühende Industrie in Pakistan mit ihren eigenen lokalen männlichen und weiblichen Stars. Die sexuelle Frustration hat das ganze Land voll im Griff.

Um über den Zustand der Provinz zu diskutieren, traf ich mich mit einer Gruppe von örtlichen Intellektuellen, Journalisten und laizistisch-nationalistischen Politikern, von denen sich einige als Erben der alten Tradition der Rothemden betrachten (obwohl diese Hemden inzwischen etwas beschmutzt sind). Ghaffar Khans Sohn und Enkel wurden ebenfalls von der Krankheit angesteckt, die traditionellerweise die pakistanischen Politiker befällt: Sie gaben jedes Prinzip und Programm auf und kungelten mit dem Militär und der Muslimliga, um die Interessen der eigenen Partei (Awami National Party – ANP) zu befördern. Wir trafen uns im Ghaffar Khan Centre, in dem sich sowohl das Hauptquartier dieser Partei als auch eine Bibliothek samt Konferenzzentrum befindet. Unsere Diskussion drehte sich um die MMA, die Taliban und die Besetzung Afghanistans durch die USA und die EU. Man vertrat die Ansicht, dass die Erfolge der MMA nur auf deren Unterstützung durch das Militär zurückzuführen seien. Außerdem hätten viele Wähler eine Stimme für sie als Stimme für den Koran betrachtet. Dies war ohne Zweifel teilweise richtig, ließ aber die mageren Ergebnisse der vorherigen ANP-

Regierung in dieser Provinz außer Acht. Dies war angesichts des Orts und der Umstände dieses Gesprächs verständlich, sollte aber von der Partei berücksichtigt werden, wenn sie wieder an die Spitze kommen will. Immerhin ist sie die einzige säkulare Kraft der ganzen Region und verfügt über einige Kader, die auch das größere Bild zu sehen vermögen. Sie wissen, dass sie einen Strategieplan benötigen und dass sie ständig wandelnde Positionen und alle politischen Purzelbäume schnell in die Katastrophe führen könnten. Das geschriebene Programm der Partei hat sich über die Jahre kaum geändert. Seine Ziele sind immer noch Landreformen, soziale Gerechtigkeit, usw. Allerdings haben sich diese hehren Ziele inzwischen von der politischen Praxis so weit entfernt, dass dies zu einem gerüttelt Maß an Zynismus geführt hat. Darüber hinaus hat die Partei jetzt auch ihre antiimperialistische Rhetorik aufgegeben und setzt wie die PPP ihre Hoffnung auf eine längere US-Präsenz in der Region, um religiöse Gegner loszuwerden.

Einige Kernprobleme der Nordwest-Grenzprovinz haben mit dem benachbarten Afghanistan zu tun. Afrasiab Khattak, der intelligenteste Führer der ANP, ist sich sicher, dass die schlimmste Periode in der Geschichte der Region während General Zias Diktatur begann, als das Land mit Heroin, westlichen und Mossad-Agenten sowie ungeheuren Mengen von Waffen und Bargeld überschwemmt wurde, um die sowjetischen Truppen zu bekämpfen, die damals Afghanistan besetzt hielten. Dies ist sicher richtig. Genauso richtig ist allerdings auch, dass einige der wichtigsten Führer der ANP einschließlich Ajmal Khattaks damals die sowjetische Invasion von ganzem Herzen begrüßten und sich während ihrer Dauer in Afghanistan niederließen. Diese Ansicht wurde damals leider von vielen Anhängern der pakistanischen Linken geteilt. Einige bekannte pakistanische Kommentatoren, die die Besetzung des Nachbarlandes durch die USA und die NATO im Jahre 2001 unterstützten, hatten ähnlich begeistert reagiert, als die sowjetischen Truppen 1979 über den Oxus nach Süden marschiert waren.

Das Scheitern der NATO-Besatzung hat sowohl die Taliban als auch den Heroinhandel wiederbelebt und ganz Nordwestpakistan destabilisiert. Die wahllose Bombardierung der Grenzregionen durch US-Drohnen hat viel zu viele Zivilisten getötet. Das spielt vor allem in einer Region eine besondere Rolle, in der die Kultur der Blutrache noch immer fest verankert ist. Die für die (von der NATO eingesetzte) Karzai-Regierung so typische Korruption und Vetternwirtschaft ist in letzter Zeit wie ein unbehandelter Tumor gewachsen und hat viele Afghanen verprellt, die den Sturz Mullah Omars noch begrüßt und auf bessere Zeiten gehofft hatten. Stattdessen konnten sie beobachten, wie sich Karzais Kollegen öffentliches Land aneigneten und darauf Luxusvillen errichteten. Westliche Hilfsgelder, die für den Wiederaufbau des Landes bestimmt waren, wurden von deren örtlichen Verwaltern abgezweigt, um sich selbst noble Häuser zu bauen. Bereits im zweiten Jahr der Besatzung gab es einen großen Bauskandal. Kabinettsminister beschafften sich und ihren Kumpanen erstklassige Grundstücke in Kabul, wo die Grundstückspreise nach der Okkupation in schwindelnde Höhe gestiegen waren, da die Besatzer und ihre Anhänger meinten, unbedingt in einem Stil leben zu müssen, an den sie sich inzwischen gewöhnt hatten. Karzais Kollegen bauten ihre von NATO-Truppen geschützten Villen direkt vor den Augen der vielen Armen dieser Stadt.

Darüber hinaus ist Karzais jüngerer Bruder Ahmad Wali Karzai inzwischen zu einem der größten Drogenbarone dieses Landes aufgestiegen. Als sich Präsident Karzai im Jahr 2006 bei einem Treffen mit seinem pakistanischen Amtskollegen über Pakistans Unfähigkeit beklagte, dem Schmuggel zwischen beiden Ländern ein Ende zu bereiten, schlug ihm General Musharraf vor, er könne ja mit gutem Beispiel vorangehen und sein Brüderchen unter Kontrolle bringen.

Nicht alle Paschtunenstämme in Pakistan und Afghanistan haben die ihnen von den Briten aufgezwungene Durandlinie als Grenze anerkannt. Wenn also gegen die NATO kämpfende Guerillas in die unter pakistanischer Kontrolle stehenden Stammesgebiete fliehen, liefert man diese nicht Islamabad aus, sondern gibt ihnen Kleidung und Essen, bis sie nach Afghanistan zurückkehren, oder man gewährt ihnen wie etwa den al-Qaida-Führern dauerhaft Schutz. Darum geht es auch bei den ständigen Kämpfen im südlichen Waziristan. Washington möchte mehr Gefangene oder Leichen sehen und hat das Gefühl, dass Musharrafs Übereinkommen mit den dortigen Stammesältesten einer Kapitulation vor den Taliban gleichkomme. Dies macht die Amerikaner vor allem deshalb wütend, weil die pakistanischen Militäraktionen direkt vom US-Regionalkommando für den Nahen Osten und Zentralasien CENTCOM finanziert werden und sie glauben, dass sie für ihr Geld nicht die entsprechenden Leistungen bekommen. Dabei sind die 10 Milliarden Dollar, die Pakistan seit dem 11. September für seine Unterstützung des »Kriegs gegen den Terror« erhalten hat, nicht einmal eingerechnet.

Das Problem besteht darin, dass einige Elemente innerhalb des pakistanischen Militärgeheimdienstes glauben, sie könnten Afghanistan nach dem Ende der *Operation Enduring Freedom* zurückgewinnen. Aus diesem Grund weigern sie sich standhaft, ihre Verbindungen zu den Guerilla-Führern aufzugeben. Sie glauben sogar, dass sie die Amerikaner schließlich sogar dabei unterstützen werden. Bekanntlich hat ja auch Karzai bereits erste Fühler nach den Taliban ausgestreckt. Ich bezweifle allerdings die Gangbarkeit eines solchen Weges, da es in dieser Region auch noch andere wichtige Mitspieler gibt. So übt der Iran einen starken Einfluss auf Herat und Westafghanistan aus. Gleichzeitig erhält die Nordallianz Waffen von den Russen. Indien ist die stärkste Regionalmacht. Die einzige stabile Lösung wäre die regionale Garantie eines stabilen Afghanistans und die Bildung einer nationalen Regierung nach einem Abzug der NATO.

Selbst wenn Washington eine geläuterte Version der Taliban akzeptieren sollte, würden das die anderen auf keinen Fall tun. Der daraufhin neu aufflammende Bürgerkrieg würde dann zu einem endgültigen Zerbrechen des Landes führen. Wenn dies geschieht, könnten sich die Paschtunen auf beiden Seiten der Durandlinie dazu entschließen, ihren eigenen Staat zu gründen, was dann natürlich auch die territoriale Integrität Pakistans gefährden würde. Obgleich dies heute noch weit hergeholt erscheinen mag, könnte auch der Stämmebund, den das heutige Afghanistan darstellt, in mehrere Kleinstaaten auseinanderfallen, von denen jeder unter dem Schutz einer größeren Macht stehen würde.

Das am schwersten zu lösende und explosivste Problem der pakistanischen Kernlande ist dagegen die soziale und gesellschaftliche Ungleichheit. Diese ist im Übrigen auch ein Grund für die starke Zunahme der Medresen. Gäbe es nämlich ein einigermaßen anständiges staatliches Bildungssystem, müssten arme Familien ihre Söhne und Töchter nicht irgendwelchen Geistlichen anvertrauen, in der Hoffnung, dass wenigstens eines ihrer Kinder Essen, Kleidung und Ausbildung erhält. Und wenn es wenigstens Ansätze eines Systems der Gesundheitsversorgung gäbe, könnte man viele Krankheiten heilen, die das Ergebnis von schlechter Ernährung und Armut sind. Keine Regierung seit 1947 hat viel zur Minderung dieser Ungleichheit getan. Die Vorstellung, dass die kürzlich verstorbene Benazir Bhutto, die tatsächlich ja auf Musharrafs Schulter saß, jemals den Fortschritt verkörpert hätte, ist genauso lachhaft wie die Erwartung Nawaz Sharifs, dass Millionen Menschen ihn freudig empfangen würden, als er im Juli 2007 auf dem Flughafen von Islamabad eintraf. Tatsächlich sind die Aussichten für dieses Land im Moment ausgesprochen düster. Gegenwärtig gibt es keine ernsthafte politische Alternative zur Militärregierung.

Ich verbrachte meinen letzten Tag in Karatschi in einem Dorf in der Nähe der Korangi-Bucht. Die Regierung hatte dessen Mangrovengebiet, in dem es von Krebsen und Hummern nur so wimmelte, einem Unternehmer überschrieben, der dort eine Diamond City, eine Sugar City und weitere Monstrositäten nach Vorbild der Golfstaaten bauen möchte. Die Fischer hatten sich lange gegen diesen Eingriff in ihre Rechte gewehrt, ohne allerdings allzu viel Erfolg zu haben. »Wir brauchen einen Tsunami«, meinte einer von ihnen halb im Spaß, halb im Ernst. Wir sprachen dann über ihre Lebensverhältnisse. »Alles, wovon wir träumen, sind Schulen für unsere Kinder, eine Gesundheitsstation mit guten Arzneimitteln in unseren Dörfern, sauberes Wasser und ein Stromanschluss in unseren Häusern«, sagte eine Frau. »Ist das etwa zu viel verlangt?« Niemand verlor nur ein einziges Wort über Glauben und Religion.

Auch bei den Wahlen vom Februar 2008 wurde die Religion kaum erwähnt. Allgemein hatte man angenommen, dass auch diese in großem Maßstab manipuliert werden würde. Dann aber hatte Musharrafs Nachfolger als Armeechef, General Ashraf Kayani, den ISI und seine berüchtigte »Wahlabteilung« angewiesen, sich aus der Sache völlig herauszuhalten. Dies hatte dramatische Auswirkungen. Trotz des Wahlboykotts einiger Parteien und der insgesamt geringen Wahlbeteiligung (40 Prozent und darunter) betrachteten diejenigen, die zur Wahl gingen, das Ganze als eine Abstimmung über Musharraf und stimmten gegen dessen Fraktion der Muslimliga. Die gemeinsamen Gewinner waren die Sharif-Brüder und der, wie die BBC berichtete, »Witwer Bhutto«, ein Ausdruck, den sie offensichtlich seinem eigenen Namen vorzog. Musharraf hätte eigentlich zurücktreten müssen, entschied sich aber, an der Macht festzuhalten. Dabei half ihm der US-Botschafter, der den »Witwer« zu sich zitierte und ihn an die Absprachen erinnerte, die er mit dessen verstorbener Frau getroffen hatte. Es kann wohl keinen Zweifel geben, dass die dynastischen Politiker, sowohl der Witwer, als auch Ghaffar Khans Enkel, Washingtons Vorgaben getreulich erfüllen werden.

2. Die Anfänge Pakistans: Die Tragödie einer Geburt

Das Ganze fing sehr schlecht an. Drei höllische Monate lang wurden Teile Indiens von einer irrationalen Stimmung beherrscht, die in vielerlei Formen Ausdruck fand. Ströme von Blut flossen, als sich Hindus, Muslime und Sikhs in Nord- und Ostindien – im Punjab und in Bengalen – gegenseitig abschlachteten. All dies geschah in Vorbereitung auf den großen Tag, den 14. August 1944, an dem Indien in aller Eile von einem zusammenbrechenden Imperium aufgeteilt werden sollte. Tatsächlich war die Freude an diesem Augusttag nicht sehr groß. Die Menschen auf beiden Seiten – in Nord- und in Ostindien – waren immer noch wie betäubt. Sie zählten ihre Toten und dachten an das Heim, das sie zurücklassen mussten. Einige Muslime, die aus Delhi und anderen Orten nach Pakistan geflohen waren, waren tief enttäuscht und wollten zurückkehren – nur um festzustellen, dass ihre ehemaligen Wohnungen und Läden bereits von anderen in Besitz genommen worden waren. In den alten Bahnhöfen des neuen Pakistan wimmelte es von Männern und Frauen, die wie tot auf dem Boden lagen, wobei ihre provisorische Lagerstatt oft blutgetränkt, voller Urin und Exkremente war. Alle litten Hunger. Einige hatten sich mit Cholera angesteckt. Andere lechzten nach Wasser. Es gab nicht genug Flüchtlingslager, geschweige denn andere Unterkünfte. Die für die Teilung Verantwortlichen hatten eine Katastrophe dieses Ausmaßes nicht vorausgesehen.

Auf der anderen Seite herrschten dieselben Verhältnisse. Viele Sikhs und Hindus aus den Gegenden, die jetzt zu Westpakistan gehörten, waren nach Indien geflohen. Massenvergewaltigungen waren an der Tagesordnung. Männer aus allen drei Glaubensgemeinschaften vergingen sich regelmäßig an jungen Mädchen im Alter von zehn bis sechzehn Jahren. Wie viele mögen dabei gestorben sein? Wie viele Kinder verschwanden? Wie viele Frauen wurden entführt? Die Schätzungen der Todeszahlen bewegen sich zwischen ein und zwei Millionen. Niemand kennt sie genau. In einem einzigen Grab kann eine ganze Familie liegen und der Brauch, die Toten zu verbrennen, machte eine Zählung praktisch unmöglich. Heutzutage würde man das Ganze »ethnische Säuberung« oder »Völkermord« nennen. In den Jahren 1947 und 1948 sprach man von einem »Ausbruch kommunaler Gewalt«.

Alle Teilungen auf ethnischer oder religiöser Grundlage führen gewöhnlich zu gegenseitigen Gewalttaten. Allerdings verstanden die damaligen Politiker in keiner Weise, welch ungeheuren Folgen ihre Entscheidungen haben würden. Erstaunlicherweise schien selbst der schlaue und gewiefte Anwalt Mohammed Jinnah, der nun als Quaid-i-Azam[3] dieses neue Land anführte, die Logik seiner eigenen Argumente zu verkennen. Noch im Mai 1946 hatte er nicht geglaubt, dass die Schaffung eines von Indien getrennten islamischen Staates zu einer Teilung Bengalens und des Punjab führen würde, wo die drei Glaubensgemeinschaften etwa gleich viele Mitglieder hatten, wobei im westlichen Punjab die Muslime überwogen. Er hatte sogar geschrieben, dass die Teilung dieser beiden Provinzen zu »katastrophalen Folgen führen würde«. Dies war sicherlich richtig, aber es war gleichzeitig reines Wunschdenken, zu glauben, dass sie vermieden werden könnten, wenn man sich auf eine Teilung entlang religiöser Linien einigen würde. Der Große Führer stellte sich Pakistan als kleinere Version von Indien vor, mit dem kleinen Unterschied, dass die Muslime dort in der Mehrheit sein würden. Anscheinend hatte er sich niemals gefragt, warum Hindus und Sikhs jetzt etwas akzeptieren sollten, was er für sich immer abgelehnt hatte, nämlich unter der Mehrheit einer anderen Glaubensgemeinschaft zu leben. Als sie dann von dieser Masse von Flüchtlingen überrollt wurde, geriet die Führung der Muslimliga in Karatschi in Panik und teilte den indischen Muslimen mit, dass der neue Staat nicht für alle Muslime, sondern nur für die aus dem östlichen Punjab bestimmt sei. Die Muslime in Delhi und Uttar Pradesh sollten bleiben, wo sie waren. Dies machte gerade Pakistans erster Premierminister Liaquat Ali Khan deutlich, der selbst zur Landbesitzerklasse von Uttar Pradesh gehörte. In Wirklichkeit wollte er damit ausdrücken, dass es in seinem Staat keinen Platz für die Muslime aus der Mittelschicht und der unteren Mittelschicht der angesprochenen Regionen gab. Aber niemand hörte auf ihn. Muslimflüchtlinge aus Delhi und anderen Provinzen strömten weiterhin in das neue Land. Die unteren Schichten hatten anscheinend das Gerede von der Schaffung einer »separaten Heimstatt« für Indiens Muslime wörtlich genommen. Sie hatten nicht begriffen, dass es ein Staat für die Landbesitzer sein sollte. Tatsächlich wollten diese Muslime ihre heimatlichen Dörfer und Städte ja gar nicht verlassen, um anderswo einer unsicheren Zukunft entgegenzugehen. Die Pogrome und die Angst vor ihnen ließen ihnen aber keine andere Wahl.

Die Muslimliga wurde 1906 von muslimischen Konservativen gegründet, als eine Abordnung von ihnen um ein Gespräch mit dem britischen Vizekönig Lord Minto ersuchte und dieses dann auch gewährt bekam. Sie versicherten dabei dem Empire ihre unverbrüchliche Treue, verlangten aber gleichzeitig Berufsquoten und besondere Wahlbezirke und -listen für Muslime. Hintergrund war die Furcht der muslimischen Gewerbetreibenden und Freiberufler, dass sie gegenüber der Hindumehrheit ins Hintertreffen geraten könnten, wenn die Briten eine positive Diskriminierung zu ihren Gunsten ablehnen würden. Die Politik der Liga änderte sich in den folgenden Jahren ähnlich wie ihre soziale Zusammensetzung immer wieder. Erst im Jahre 1940 verabschiedete sie die Lahore-Resolution, in der sie einen eigenen, separaten Staat für die indischen Muslime verlangte, womit allerdings ganz klar nicht alle Muslime gemeint waren, da dies als undurchführbar galt.

Der Zusammenstoß von Myriaden von Wünschen und Absichten lässt manchmal etwas entstehen, das eigentlich niemand wollte. Und so kam es, dass am Morgen des 14. August 1947 eine Gruppe von überraschten Männern aufwachte und sich an der Spitze eines ganz neuen Staates namens Pakistan vorfand. Sie hatten sich in Karatschi, seiner damaligen Hauptstadt, versammelt. Einst ein kleines Fischerdorf in der Provinz Sindh, wurde es später zum Heimathafen eines Teils der Königlich Indischen Marine, wodurch seine Einwohnerzahl immer weiter wuchs. Wenige der hier Versammelten hatten geglaubt, dass so etwas je passieren könnte. Hinter vorgehaltener Hand flüsterten sie sich zu, dass die Idee eines unabhängigen Pakistan eigentlich nur ein Druckmittel gewesen sei, um der großen Muslimminderheit in einem unabhängigen Indien institutionelle Absicherungen zu verschaffen.

Die Geschichte hatte einen anderen Verlauf genommen. Jetzt hatten sie ein eigenes Land. Die meisten von ihnen waren angepasste Karrieristen, wenn nicht sogar Trittbrettfahrer, die aus muslimischen Grundbesitzerfamilien stammten, immer freudig mit dem britischen Empire kollaboriert hatten und erst vor Kurzem zur Muslimliga gestoßen waren. Ihre Gehirnzellen waren durch mangelnden Gebrauch recht rostig geworden.

In den guten alten Tagen hatte ihnen ja die höhere imperiale Beamtenschaft das Denken abgenommen. Sie selbst hatten nur von oben kommende Anordnungen und Vorstellungen an ihre eigenen Untergebenen weitergeben müssen. Als sie es nun mit echter Unabhängigkeit zu tun hatten, wurde ihre mangelnde Substanz offenbar. In den folgenden Jahren würden die meisten von ihnen vollkommen auf ihre Vernunft verzichten, sich den stärkeren Bataillonen anschließen und von Ehrgeiz zerfressene, nach der Macht strebende Generäle unterstützen. Gleichzeitig würden sie die Wankelmütigkeit der Demokratie beklagen, der sie in Wirklichkeit niemals eine Chance gegeben haben. Der Grund dafür lag auf der Hand. Im Herzen des neuen Landes gab es einen unlösbaren strukturellen Widerspruch. Die religiöse Zugehörigkeit der Bewohner war das Einzige, was Westpakistan und seine mehrheitlich muslimischen Provinzen – Punjab, Sindh, Belutschistan, Nordwest-Grenzprovinz – mit Ostpakistan verband, das den Teil Bengalens umfasste, in dem die Muslime in der Mehrheit waren. Das Ergebnis war ein souveräner Staat, der aus zwei territorialen Einheiten bestand, die nicht nur durch geografische, sondern auch durch sprachliche, kulturelle, gesellschaftliche und ethnische Unterschiede voneinander getrennt waren und deren einzige Verbindung die Religion und die staatliche Luftfahrtgesellschaft darstellte. Diese künstliche Struktur, in der zwischen dem »nationalen« Machtzentrum und der Mehrheit der Bevölkerung über 1600 Kilometer eines feindlichen indischen Territoriums lagen, wurde vorerst von der Armee und der Beamtenschaft zusammengehalten, die beide die bengalische Mehrheit wie eine Kolonialbevölkerung behandelten. Der absurde Versuch, Urdu zur verbindlichen Staatssprache des neuen Staates zu erklären, musste aufgegeben werden, als wütende bengalische Menschenmassen Krawalle anzettelten, als Jinnah im Jahre 1948 Dhaka zum ersten und letzten Mal einen Besuch abstattete. Ganz im Gegensatz zu den Punjabis weigerten sich die Bengalen, einer Herabstufung ihrer eigenen Sprache zuzustimmen. In den ersten Jahren Pakistans versuchten die neuen Herrscher hartnäckig, eine Mehrheit der Bürger ihres Landes daran zu hindern, eine Rolle bei der Ausgestaltung ihrer eigenen Zukunft zu spielen. Die wichtigste Richtlinie für Jinnahs Erben bestand darin, die Bengalen immer unter Kontrolle zu halten. Aus diesem Grund verzögerten sie die Annahme einer neuen Verfassung um fast ein Jahrzehnt, da sie befürchteten, das allgemeine Wahlrecht für jeden erwachsenen Bürger werde der bengalischen Bevölkerung einen Vorteil verschaffen.

Gerade zu dieser Zeit tauchte ein weiterer großer Mitspieler auf: Die Vereinigten Staaten von Amerika begannen damals allmählich die Rolle zu übernehmen, die zuvor das britische Empire gespielt hatte. Obwohl sie andere Bedürfnisse hatten und es darüber hinaus vorzogen, auf indirekte Weise mithilfe gefügiger einheimischer Politiker und Generäle zu herrschen, wurden sie bald ähnlich fordernd. Dabei ging es niemals darum, die wahren Bedürfnisse Pakistans zu erkennen und zu befriedigen. Wie für ihre britischen Vorgänger hatten auch für die US-Amerikaner die eigenen Interessen absoluten Vorrang.

Wenn man heute auf diese Zeit zurückblickt, wird ein weiterer Aspekt klar. Obwohl ein einflussreicher Teil der britischen imperialen Bürokratie in Indien die Vorstellung eines Gegensatzes zwischen einer »Muslimkultur« und einer »Hindukultur« benutzte, um mit diesem Argument eine Teilung in zwei »unterschiedliche Nationen« zu befördern, spielte bei der Aufspaltung des Subkontinents tatsächlich der Zweite Weltkrieg die entscheidende Rolle. Während das Zentrum des britischen Empires in diesem Krieg um seine Existenz kämpfte, forderte die Kongresspartei Mahatma Gandhis und Jawaharlal Nehrus die sofortige Unabhängigkeit, damit ein freies Indien sich entscheiden könne, ob es sich an den Kriegsanstrengungen beteiligen wolle oder nicht. Die Briten waren über diese Forderung empört und lehnten sie ab. Der Kongress brach daraufhin jeden Kontakt zu den Briten ab und boykottierte deren Institutionen. Die Kolonialmacht war noch weit weniger begeistert, als Gandhi nach der Eroberung Singapurs durch die Japaner im August 1942 die »Quit India«-Bewegung in Gang setzte, die die Briten aufforderte, das Land sofort zu verlassen. Als das britische Kabinett die Unabhängigkeit nach Kriegsende anbot, wies Gandhi dies mit der bissigen Bemerkung zurück, dies komme ihm vor »wie ein Blankoscheck von einer zahlungsunfähigen Bank«. Tatsächlich glaubte er wohl, dass die Briten den Krieg in Asien verlieren würden und man dann die indische Unabhängigkeit mit den Japanern aushandeln müsse. In Gegensatz dazu stand die Muslimliga immer loyal zu den Briten und unterstützte deren Kriegsanstrengungen. Die Briten meinten, sich hierfür revanchieren zu müssen. Pakistan war also eigentlich ein großes Dankeschön der Briten an die Muslimliga. Hätte die Kongresspartei eine ähnliche Strategie angewandt, wäre das Ergebnis vielleicht ganz anders ausgefallen. Man mag sich gar nicht ausdenken, wie die Geschichte in diesem Fall verlaufen wäre. Als man sich aber einmal auf die Idee einer Teilung geeinigt hatte, wurden alle Bewegungen, die dieser entgegenstehen konnten, mit sanfter Gewalt beiseitegeschoben. Einer der am wenigsten diskutierten Aspekte in den zwanzig Monaten, die der tatsächlichen Teilung vorangingen, war eine ganz Indien erfassende Streikwelle, bei der die Klasse eine größere Rolle als irgendein Separatismus spielte. So traten im Punjab muslimische Bauern den muslimischen Grundbesitzern entgegen. Das bedeutendste Ereignis dieser Welle war die Flottenmeuterei vom Februar 1946, die die gesamte Königlich Indische Flotte paralysierte und das Gespenst der Flottenmeutereien heraufbeschwor, die die Russische Revolution von 1917 und den Triumph von Lenins Bolschewistischer Partei auf den Weg gebracht hatten. Die Matrosen besetzten ihre Schiffe; der Streik dehnte sich von Bombay bis nach Karatschi und Madras aus. Konteradmiral Godfrey drohte damit, seine eigenen Schlachtschiffe bombardieren zu lassen, aber das war nur ein Ausdruck ohnmächtiger Wut. Im Streikkomitee saßen Hindus, Muslime und Sikhs. Alle arbeiteten einträchtig zusammen. Dann traten die Politiker auf den Plan. Sowohl die Kongresspartei als auch die Muslimliga unterstützten die Briten und halfen ihnen, den Streik einzudämmen. Nehru war darüber unglücklich. »Es war eine schwere Entscheidung«, meinte er später. Jinnah richtete seinen Appell ausdrücklich an die Matrosen seiner eigenen Glaubensrichtung: »Ich rufe die Muslime auf, sofort aufzuhören und keine weiteren Unruhen anzuzetteln, bevor wir nicht in der Lage sind, diese äußerst schwierige Situation zu lösen.« Aus Solidarität mit den Matrosen wurde dann in Bombay ein Generalstreik ausgerufen, der die Stadt und die örtliche Industrie lähmte. Bei dessen Niederschlagung eröffneten von britischen Offizieren angeführte Soldaten und Polizisten das Feuer und töteten 500 Menschen. Die indischen Politiker waren zwar etwas beschämt, übten aber nur gedämpft Kritik. Der Dichter Sahir Ludhianvi stellte daraufhin die Frage: »Oh Führer unserer Nation, sagt uns/Wessen Blut ist dies?/Wer ist hier gestorben?«[4]

Zusätzlich zu diesem Flottenaufstand meuterten 300 Sepoys in Jabalpur. Im März 1946 starteten die sonst so treuen Gurkhas in Dehradun eine Revolte. Im April traten 10 000 Polizisten in den Streik. Gandhi wurde jetzt ausgesprochen nervös und bezeichnete den gemeinsamen Streik von Hindus und Muslimen als »unheilige Kombination« gewisser Elemente beider Glaubensgemeinschaften. Sie zu unterstützen, hieße »Indien dem Pöbel auszuliefern. Selbst wenn ich 125 werden könnte, möchte ich eine solche üble Vereinigung nicht erleben müssen. Lieber würde ich mich selbst den Flammen übergeben.«[5] Die stetig steigenden Klassenspannungen halfen also, das Schicksal des Kontinents zu bestimmen. Jeder wollte nun ganz schnell eine Lösung finden, bevor die Lage für alle drei Seiten – die Briten, die Kongresspartei und die Muslimliga – völlig außer Kontrolle geraten würde. In aller Eile traf man eine Vereinbarung.

Einige Anwälte und eine Gruppe von klugen Geschäftsleuten (die mehr an einer Vergrößerung ihres Einflusses und einer Vermehrung ihrer Vermögenswerte als an irgendeiner historischen Größe interessiert waren) hatten die Muslimliga bisher mit Verstand und Geld beliefert, deren Organisation aber niemals kontrolliert. Die wichtigsten Führer waren Männer mit konservativem Temperament, aber durchaus modernen Ansichten.[6] Wenige von ihnen hatten irgendwann einmal zivilen Ungehorsam gegen die Kolonialherren geleistet oder mitgeholfen, Bauernvereinigungen oder Gewerkschaften zu organisieren. Da sie sich ihrer begrenzten nationalistischen Referenzen durchaus bewusst waren, hatten sie einige symbolische Proteste wie den sogenannten »Tag der direkten Aktion« inszeniert, der einige Monate vor dem Abzug der Briten stattfand. Daraufhin durften sie ein paar Stunden im Gefängnis verbringen, worüber sie dann für den Rest ihres Lebens reden konnten.

In London versammelte sich am Vorabend der Teilung das Labour-Kabinett in der Downing Street 10 in düsterer Stimmung zu einer Sondersitzung. Den Vorsitz führte Premierminister Clement Attlee, einziger Tagesordnungspunkt war die wachsende Krise in Indien. Der Staatssekretär für Indien war äußerst bedrückt. Die Suche nach einem Weg, in letzter Minute das Blutvergießen zu stoppen, das die Aufspaltung des Subkontinents verursachte, war erfolglos geblieben. Im Sitzungsprotokoll kann man lesen: »Mr. Jinnah war sehr bitter und entschlossen. Er wirkte auf den Staatssekretär wie ein Mann, der weiß, dass er getötet wird und deshalb darauf besteht, Selbstmord zu verüben, um dem zu entgehen.« Sicher war er nicht der Einzige. Die Weigerung der Kongressführer, eine Reihe von Vorschlägen zu akzeptieren, die die Einheit des Subkontinents hätten bewahren können, hatte ihm keine Alternative gelassen.

Noch im März 1946 war Jinnah zu einem ehrenvollen Kompromiss bereit gewesen, aber die kurzsichtigen und arroganten Führer der Kongresspartei (Gandhi war in diesem Fall eine positive Ausnahme und hatte vorgeschlagen, Jinnah zum ersten Ministerpräsidenten eines vereinigten Indien zu ernennen) hatten ihn mit Ausflüchten abgespeist, woraufhin diese Gelegenheit für immer vertan war. Hätte Jinnah ein paar Jahre in die Zukunft schauen können, hätte er vielleicht auf dieses Experiment verzichtet. Der von ihm gegründete Staat würde niemals zur Ruhe kommen. Jinnah war allerdings selbst von einem ganzen Schwarm junger aufgeregter Männer umgeben, die immer von einem »neuen Geist« sprachen, ohne jemals erklären zu können, was das eigentlich sein sollte. Heute ist es endgültig zu spät, die Uhr zurückzudrehen, aber man sollte sie endlich doch nach der südasiatischen Zeit stellen.

Die Geburt Pakistans wurde von den meisten, die darauf hingearbeitet hatten, für eine große Errungenschaft gehalten. Aber die Gefahren solcher »großer Errungenschaften« erkennt man erst, wenn deren Größe, so sie denn jemals wirklich existiert hat, längst zu Staub zerfallen ist. Die meisten modernen Staaten brauchen Jahrzehnte, um eine eigene Identität zu entwickeln. Die Machthaber Pakistans dagegen versuchten, eine solche mit Gewalt zu schaffen, und beschädigten dabei die bereits bestehenden Identitäten der Regionen, aus denen sich dieser neue Staat zusammensetzte. Punjabis, Paschtunen, Sindhis und Belutschen war zwar in ihrer Mehrheit Muslime, aber die Religion, obgleich sie auch kulturell sehr wichtig war, stellte nur einen Aspekt ihrer Gesamtidentität dar. Sie war keineswegs so stark, sich über alle anderen Faktoren hinwegsetzen zu können. Historisch gesehen war der Islam für die meisten dieser Nationalitäten im Wesentlichen eine Reihe bestimmter Rituale. Er gab den Menschen vor allem das Gefühl, Teil einer größeren Geschichte zu sein. Für die Bauern waren die Vermittler des wahren Glaubens nicht die Mullahs, sondern die großen mystischen Poeten, deren Verse in allen diesen Gegenden gesungen und gefeiert wurden. In den Anfangsjahrzehnten des neuen Staates war die Religion nie eine ideologische Sache. Eine Ausnahme machten hier nur eine Handvoll Geistliche und die beiden politischen Parteien, über die wir im letzten Kapitel gesprochen haben, die orthodoxe Jamaat-i-Islami (JI, die »Partei des Islam«) und die Jamiatul-Ulema-Islam (JUI, die »Partei der islamischen Gelehrten«). Aber selbst diese Organisationen bekannten sich zum Universalismus und hatten sich gegen die Schaffung eines separaten Muslimstaates ausgesprochen. Jinnah nannten sie bezeichnenderweise Kafir-i-Azam (der Große Ungläubige), was diesen angeblich ausgesprochen amüsierte. Der Gang der Ereignisse führte allerdings dazu, dass sich beide Gruppierungen schnell mit der neuen Realität anfreundeten, wobei die JI sogar zu einem strengen Wächter der »Pakistanideologie« wurde und diese vor allen Laizisten, Kommunisten, Liberalen und jedem anderen schützen wollte, der der Ansicht war, dass die Entwicklung in diesem Land in die absolut falsche Richtung laufe.

Die Schrecken der Teilung konnten von den dafür Verantwortlichen nicht angesprochen werden. Es blieb den Dichtern und Romanschriftstellern überlassen, das Leiden der Vielen in Worte zu fassen. Drei Beispiele sind hier besonders bemerkenswert. Zuvorderst wäre hier Faiz Ahmed Faiz (1911–1984) zu nennen, der zusammen mit Pablo Neruda und Nazim Hikmet das vielgerühmte Triumvirat radikaler Dichter des 20. Jahrhunderts bildete, die eine gemeinsame Erfahrung von Gefängnis und Exil teilten. Faiz war einer der größten südasiatischen Dichter der Moderne. Punjabi durch Geburt, verfasste er doch die meisten seiner Gedichte auf Urdu. Das kurz nach den Massakern des Augusts 1947 entstandene Gedicht »Freiheitsdämmerung« drückte die Trauer, Verzweiflung und Wut treffend aus, die damals viele Menschen empfanden.

Dieser pockennarbige Tagesanbruch,
Diese Dämmerung im Banne der Nacht,
Dies ist nicht das so lange ersehnte Licht
Nach dem die Freunde in der Hoffnung strebten,
Dass irgendwo in der Wüste des Himmels
Die Sterne an ihr endgültiges Ziel gelangen
Und das Schiff des Grams den Anker lichten werde ...

Es ändert sich die Manier unserer Führer,
Sexuelle Freuden sind nun erlaubt, Trauer ob der Teilung verboten.
Diese Kur hilft nicht der fiebernden Leber, dem stechenden Herzen
oder dem unsteten Auge.
Diese sanfte Morgenbrise,
Woher ist sie gekommen?
Wohin ist sie entschwunden?
Die Straßenlaterne offenbart nichts Neues.
Die schwere Nacht wiegt noch dasselbe.
Herz und Auge warten auf Erlösung;
Vorwärts, wir haben unser Ziel noch nicht erreicht ...

Saadat Hassan Manto (1912–1955), einer der begabtesten Urdu-Kurzgeschichtenschreiber, die der Subkontinent hervorgebracht hat, betrachtete die Massaker mit einem noch distanzierteren Auge. Ähnlich wie Faiz konnte auch er schmerzliche Ereignisse in große Literatur verwandeln. Dabei ergriff er niemals Partei. Er schrieb mit einer leidenschaftlichen Distanz und beschrieb den Sommer 1947 als eine Zeit äußerster Verrücktheit. Für Manto war es eine Krise der menschlichen Natur, ein plötzlicher Zusammenbruch der Moral und jedes moralischen Verhaltens, der auch die Struktur seiner Geschichten über die Teilung bestimmte. Die Angst, die ganz Nordindien in den Monaten vor dieser Teilung erfasste, war für die meisten Menschen dort ein zutiefst traumatisches Erlebnis.[7] Mantos Geschichten helfen uns zu verstehen, warum dies so war.

Er starb in Lahore, als ich elf Jahre alt war. Ich bin ihm nie begegnet, habe mir allerdings immer gewünscht, dass ich einmal mit ihm hätte sprechen können. Auf seinen späteren Fotografien fällt einem besonders die große Melancholie auf. Er wirkt erschöpft, wohl eine Folge seiner Traurigkeit und seiner zerstörten Leber. Aber es gibt auch andere, frühere Porträts, auf denen einem ein intelligentes, leicht maliziöses Gesicht entgegenblickt, in dem besonders die funkelnden Augen und eine sympathische Unverfrorenheit auffallen, die einen durch die dicken Gläser seiner Brille anzuspringen scheint und mit der er alle Moralapostel, Konfessionspolitiker und Mitglieder des Zentralkommissariats der Progressiven Schriftsteller in die Schranken weist. »Macht doch, was ihr wollt«, scheint er ihnen sagen zu wollen. »Mir ist das völlig egal.« Er selbst hätte niemals formelhafte Literatur im Namen irgendeines »sozialistischen Realismus« verfasst.

Manto schrieb »Toba Tek Singh« unmittelbar nach der Teilung. Die Geschichte spielt im *Pagalkhana*, dem Irrenhaus von Lahore. Wenn ganze Städte ethnisch gesäubert werden, wie könnten ausgerechnet die Irrenanstalten dem entgehen? Die die Übergabe der Macht vorbereitenden Beamten teilen nun den Hindu- und Sikh-Verrückten mit, dass sie zwangsweise in Anstalten in Indien überführt würden. Die Insassen machen einen kleinen Aufstand. Sie umarmen sich und weinen. Sie wollen nicht voneinander getrennt werden und müssen mit Gewalt auf die Lastwagen gezwungen werden, die sie zu ihren neuen Irrenhäusern bringen sollen. Einer von ihnen, ein Sikh, regt sich dermaßen auf, dass er auf der Demarkationslinie, die jetzt Pakistan von Indien trennt, stirbt. Konfrontiert mit der Verrücktheit der wirklichen, der »normalen« Welt, fand Manto die wirkliche Normalität nur noch im Irrenhaus. Bombay war die Stadt, die er liebte, aber er war gezwungen, nach Lahore zu ziehen. Einige Zeit später schrieb er folgende Zeilen:

»Mein Herz ist heute schwer vor Kummer. Eine seltsame Lustlosigkeit hüllt mich ein. Als ich vor mehr als vier Jahren meiner anderen Heimat Bombay Lebewohl sagen musste, empfand ich dieselbe Art von Traurigkeit. Auch damals lag diese seltsame Lustlosigkeit in der Luft, ähnlich der, die die verlorenen Schreie der Drachen hervorrufen, die ziellos über den Frühsommerhimmel fliegen. Selbst die lauten Rufe ›Lang lebe Pakistan‹ und ›Lang lebe Quaid-e-Azam‹ hatten in meinen Ohren einen melancholischen Klang.
Die Radiowellen trugen damals Tag und Nacht die Gedichte von Iqbal auf ihren Schultern und waren bald gelangweilt und erschöpft vom Gewicht ihrer Last. Andere Sendungen behandelten die seltsamsten Themen: Wie stellt man Schuhe her ... Wie züchtet man Geflügel ... Wie viele Flüchtlinge sind in den Lagern angekommen und wie viele leben jetzt noch dort.«

Faiz stammte aus der Region, die später Pakistan wurde. Manto übersiedelte von Indien dorthin. Amrita Pritam (1919–2005), eine geborene Sikh, war jünger als die beiden anderen. Sie wurde in Gujranwala, einer kleinen Stadt im Punjab, geboren, ging aber in Lahore zur Schule. Ihr Vater war ein Lehrer, der auch Gedichte schrieb. Amrita schrieb auf Punjabi (der göttlichen Sprache der Sikhs) und veröffentlichte ihre erste, allseits gelobte Gedichtsammlung mit siebzehn. Sie wollte Lahore und ihre vielen muslimischen Freunde nicht verlassen, wurde aber durch die erbarmungslose Welle der Geschichte über die neue Grenze gespült. Schwer traumatisiert durch die Teilung, die einen Großteil ihres Werks prägen sollte, beschwor sie Waris Shah (1706–1798), den großen mystischen Liebeslyriker des Punjab, dessen Epos *Heer-Ranjha*, die Ballade einer unmöglichen Liebe, elterlicher Tyrannei und erzwungener Ehe, auf beiden Seiten der mitten durch den Punjab gehenden Grenze immer noch äußerst beliebt ist und dort so regelmäßig aufgeführt wird wie Shakespeare. Pritam beschrieb die Teilung des Punjab als ein Gift, das eine gemeinsame Kultur zerstört habe:

Heute bitte ich Waris Shah:
»Sprich zu uns aus deinem Grab,
Entrolle ein neues, ein anderes Blatt
Deines Buchs der Liebe.
Eine Tochter des Punjab schrie laut auf,
Du hast ja selbst unsere Wände mit deinen Klagen bedeckt.«
Heute weinen Millionen Töchter
Und rufen dir zu, Waris Shah:
»Steh auf, du Chronist unseres inneren Schmerzes
Und schau auf deinen Punjab;
Übersät sind die Wälder mit Leichen
Und voller Blut ist der Chenab.«
Unsere fünf Flüsse sind vergiftet
Und doch bewässern ihre Wasser die Erde ...

Dichter und Schriftsteller drückten nur die Unzufriedenheit aus, die ganz Pakistan erfüllte. Sie zerschlugen das Bild, das die Führung des Landes von sich selbst entwickelt hatte, ohne dass dies allerdings etwas genutzt hätte. So eignete sich die Muslimliga das geistige Erbe des längst verstorbenen Muhammed Iqbal (1877–1938) an, des großen Dichters der vorhergegangenen Generation, der in Heidelberg studiert hatte und stark von der deutschen Philosophie beeinflusst war, was seine spätere Hinwendung zur Metaphysik erklärt. Iqbal schrieb viel über den Islam. Er war gläubig, aber nicht fromm, und stand in der Tradition der Sufidichter des Punjab, von denen alle die Mullahs verachtet hatten. Als er noch lebte, schmähten ihn die Prediger als »Abtrünnigen«, »Ketzer« und »Ungläubigen«. Nach seinem Tod mumifizierten sie ihn zu einer Ikone des neuen Staates, einer kulturellen Entsprechung des Großen Führers, und verminderten dadurch die Wirkung seiner Dichtungen, indem sie ihn als eine Art plumpen Erweckungsprediger darstellten. Einige von uns, die in den ersten Jahrzehnten Pakistans aufwuchsen, wurden dadurch von ihm entfremdet. Erst später tadelte der radikale Literaturkritiker Sibte Hassan unser Banausentum und lehrte uns, Iqbals Werke, vor allem seine »heimlichen« Gedichte, zu schätzen. Eines passt auch noch in die heutige Zeit, obwohl es von einer früheren Art der Globalisierung handelt, die der, in der wir gegenwärtig leben, vorausging:

Monarchie heißt bekanntlich Zwang.
Aber auch Handel ist Zwang,
Der Laden des Händlers unverzichtbar für Krone und Thron.
Profit aus dem Handel, Tribut durch Besatzung,
Der Welteroberer ist auch ein Kaufmann,
Töten ohne Krieg eine Strategie.
In der Rotation seiner Maschinen lauert der Tod.

Neben der verborgenen oder offenen Kritik seiner Dichter gab es für das neue Land noch weitaus ernstere Probleme. Wie würde es ohne seinen imperialen Vater überhaupt funktionieren können? Welches waren seine globalen Prioritäten und – am wichtigsten – woher sollte das notwendige Geld kommen? Nicht überraschend hatte Indien den Löwenanteil des bisher gemeinsamen Staatsvermögens für sich beansprucht. Dann gab es da noch die Personalfrage. Wer würde die Armee und den öffentlichen Dienst, zwei entscheidende Hinterlassenschaften des britischen Empire leiten? Einige von Jinnahs Kollegen erzählten gerne eine populäre Anekdote aus der Mogulzeit, die immer noch als Höhepunkt der Muslimherrschaft galt, obwohl praktisch alle Mogulherrscher mit ihrer Vorliebe für Wein, Frauen und Haschisch nicht gerade Mustermuslime gewesen waren. Ein Mogulkaiser soll einmal einen hoch angesehenen Gelehrten in den Audienzsaal seines Palastes bestellt haben, um ihm Folgendes mitzuteilen: »Ich möchte dich zum *Qadi* (ein Oberrichter mit weitreichenden administrativen Befugnissen) dieser Stadt machen.« Der gelehrte Mann gab ihm zur Antwort: »Eure Majestät, für diesen Posten bin ich nicht geeignet.« Der überraschte Herrscher fragte ihn, warum dies so sei. »Überlegt Euch doch einmal, ob das, was ich gerade gesagt habe, falsch ist. Wenn es stimmt, dann müsst Ihr das so akzeptieren. Und wenn es eine Lüge ist, solltet Ihr genau darüber nachdenken, ob es angemessen wäre, einen Lügner zum Obersten Richter dieser guten Stadt zu ernennen.«

Allerdings gab es nicht viele Leute in diesem neuen Staat, die sich selbst als ungeeignet für einen ihnen angebotenen Posten bezeichnet hätten. Dieser Staat war ja nicht zuletzt gerade deswegen geschaffen worden, um es ihnen zu ermöglichen, ohne die jetzt ja fehlende Konkurrenz der Hindus und Sikhs leichter Karriere zu machen. Stattdessen war es ab jetzt ihre Pflicht, ständig auf der Hut zu sein und sicherzustellen, dass die niederen Klassen der Muslimbevölkerung keine Ausbildung bekommen würden, die es ihnen erlaubte, dieses neue Machtmonopol in Frage zu stellen. Dies blieb bis heute eine der wichtigsten Kontinuitäten dieses Staates.

Selbst in den schwierigen ersten Monaten nach der Unabhängigkeit dachten die meisten Männer an der Spitze nur an sich. Junge Pakistaner sollten sich da keine Illusionen machen. Die Lage ist seitdem zwar noch weit schlimmer geworden, aber eine Goldene Zeit hat es in diesem Land nie gegeben.

Nehmen wir den Großen Führer Jinnah: Ein bezeichnendes Bild seiner Prioritäten ergibt sich aus einem vertraulichen Bericht Paul H. Allings, des Connecticut Yankees, der als erster US-Botschafter in das neue Land geschickt wurde. Bei seinem Antrittsbesuch informierte Alling seine Gastgeber, dass die USA »sich der Schwierigkeiten bewusst sind, die eine neue Nation bedrängen« und deshalb »ein tiefes Mitgefühl für die vielen Probleme haben, vor denen Pakistan steht.« Allerdings hatte dieses Mitgefühl auch seine Grenzen: Die Vereinigten Stabschefs hatten eine frühere Anfrage der pakistanischen Regierung verächtlich abgelehnt, als diese Washington um zwei Milliarden Dollar bat, um damit die Armee zu modernisieren.

Trotzdem wurde der Botschafter zu einem Picknick mit Jinnah und dessen Schwester Fatima eingeladen. Da er annahm, dass dabei wichtige Staatsangelegenheiten besprochen würden, bereitete er sich möglichst gut vor, bevor er die Geschwister aufsuchte, die in der Nähe ihres Strandhauses auf Sandspit auf der Barkasse des Generalgouverneurs auf ihn warteten. Das Gespräch drehte sich dann jedoch um eine ganz bestimmte Art, eine Nation »aufzubauen«. Jinnah galt allgemein als Stenz, als etwas steifer, aber allzeit wie aus dem Ei gepellter edwardianischer Gentleman, der sich immer von der vulgären Welt des Kommerzes, aber auch den Massenkämpfen um die Unabhängigkeit ferngehalten hatte. Schicklichkeit und Etikette waren ihm äußerst wichtig. Das traf allerdings weniger auf Fatima zu, einer dünnen Frau mit verhärmtem Gesicht, die wusste, dass ihr Bruder nicht mehr lange zu leben hatte und sie ihre eigene Zukunft absichern musste. Da sich seine Frau und Tochter geweigert hatten, Bombay zu verlassen, führte Fatima ihm nun den Haushalt. Während turbantragende Bedienstete Tee und Gurkensandwiches servierten, wollte Jinnah wissen, wie der Botschafter mit der Suche nach einem Grundstück für die neue US-Botschaft und deren Mitarbeiter vorankomme. Alling antwortete, man sei dabei auf gutem Wege:

»Sowohl er als auch seine Schwester erkundigten sich dann, ob wir nicht an ihrem Haus ›Flagstaff‹ interessiert seien, von dem er mir einige Tage zuvor mitgeteilt hatte, dass es zum Verkauf stehe. Ich erklärte ihnen, dass wir bereits seit Längerem den Kauf einer Botschafterresidenz in der Bonus Road 1 ins Auge gefasst hätten – lange bevor wir erfahren hätten, dass ›Flagstaff‹ erhältlich sei – und die entsprechenden Verhandlungen inzwischen bereits so weit fortgeschritten seien, dass wir von diesem Geschäft nicht mehr zurücktreten könnten.

Er fragte mich dann, ob ›Flagstaff‹ nicht auch für die Nutzung durch andere Angehörige unserer Botschaft geeignet sein könnte. Ich gab ihm zur Antwort, dass wir diese Möglichkeit durchaus erwogen hätten, dass aber unser Gebäudeexperte meine, dass der Kauf eines solch ausgedehnten Anwesens für untergeordnetes Personal nicht zu rechtfertigen sei. Ich fügte dann noch hinzu, dass wir in der Tat nur am Kauf einiger kleinerer Wohnungen oder Häuser interessiert seien, woraufhin er sagte, er werde uns die Beschreibung von einem oder zwei solcher Immobilien zukommen lassen. Ich konnte jedoch spüren, dass Mr. Jinnah und seine Schwester enttäuscht waren, dass wir ›Flagstaff‹ nicht erwerben konnten ...«[8]

Der Vater der Nation starb kurz darauf im September 1948. Alling hatte schon ein paar Monate zuvor das Land verlassen, um einen neuen diplomatischen Posten anzutreten. Einige Wochen vor seiner Abreise ließ das aufmerksame US-Außenministerium Jinnah ein kleines Geschenk als Zeichen seiner Wertschätzung zukommen. Vier Deckenventilatoren, jeder mit einem Durchmesser von über 30 Zentimetern, kamen in »Flagstaff« an und wurden mit Freuden akzeptiert. Die Arbeit des Grundstückssachverständigen der Botschaft war also nicht ganz vergeblich gewesen.

Dies war weder für das Land noch für seine Beziehungen zu Washington ein verheißender Anfang. In den folgenden Jahren sollte dieses »Flagstaffen« epidemische Ausmaße annehmen, wobei Politiker und höhere Armeeoffiziere miteinander um unverdiente Einkünfte konkurrierten. Gleichzeitig würde die Herrschaftselite Seufzer der Erleichterung und Freude ausstoßen, dass Washington sie als bezahlte Gefolgsleute in seinen Himmel einließ und ihr Land jetzt eine US-Satrapie in einem Kontinent sein durfte, der während eines Großteils des 20. Jahrhunderts von Kolonialkriegen und Revolutionen zerrissen worden war. Miltons Satan war davon überzeugt, dass es besser sei, »in der Hölle zu regieren, als im Himmel zu dienen«. Pakistans Regierende bewiesen, dass es möglich ist, beides gleichzeitig zu tun.

Jinnah war Generalgouverneur von Pakistan geworden, ohne je eine bedeutendere Parteiorganisation oder gar eine Massenpartei aufzubauen. Die sogenannten »Vereinigten Provinzen« des kolonialen Indien, in denen ein Großteil der muslimischen Mittelklasse lebte, für die er sprach, waren ja nicht Teil des neuen Staates geworden. Da ihm die Provinzen Westpakistans weitgehend fremd waren, bestätigte er die Grundbesitzer und Feudalherren in diesen Provinzen weitgehend als dortige Repräsentanten seiner Partei. Aus diesem Grund verfügte die Herrschaftselite Pakistans nie über eine verlässliche politische Partei, die fähig gewesen wäre, die Massen zu kontrollieren. Die Muslimliga verkam bald zu einem Haufen korrupter und zänkischer Clanführer, die sie auf Dauer in Misskredit brachten. Pakistan wurde somit von Anfang an von seiner Beamtenschaft und seiner Armee dominiert, die beide bereits den Briten treu gedient hatten. Die obersten Ränge beider Körperschaften bestanden aus Mitgliedern der elitären Oberklasse, die vom britischen Empire handverlesen und für ihre Aufgaben ausgebildet worden waren. Im ersten Jahrzehnt nach der Teilung war die zivile Beamtenschaft in Pakistan politisch absolut tonangebend. Der Civil Service of Pakistan (CSP), der pakistanische öffentliche Dienst, bildete eine abgeschlossene Oligarchie von etwa 500 Spitzenbeamten, die den gesamten Staat unter ihrer Kontrolle hielten. Tatsächlich kamen die beiden machtbewussten Staatsoberhäupter dieser Periode Ghulam Mohammed (1951–1955) und Iskander Mirza (1955–1958) aus deren Reihen. Sie manipulierten den reinen Alibiparlamentarismus dieser Zeit auf eine Weise, dass er 1958 so weit diskreditiert war, dass ein Militärputsch General Ayub Khan zum Präsidenten machte.

Die Tatsache, dass Pakistan im Namen der Religion geschaffen wurde, warf sofort neue Fragen auf. Was würde das Wesen dieses Staates sein? Konnte ein Staat, der für eine religiöse Gemeinschaft geschaffen wurde, nichtreligiös sein? Jinnah selbst war unbedingt laizistisch eingestellt. In einer denkwürdigen Rede vor der pakistanischen verfassunggebenden Versammlung vom 11. August 1947 ließ er daran nicht den geringsten Zweifel:

> »… jeder von Ihnen, ganz gleich, zu welcher Gemeinschaft er gehört, ganz gleich, welches seine Hautfarbe, Kaste oder sein Glaube

ist, ist zum Ersten, zum Zweiten und zum Letzten ein Bürger dieses Staates mit gleichen Rechten, Privilegien und Pflichten … Diese Tatsache kann ich nicht genug betonen. Wir sollten in diesem Geist unsere Arbeit aufnehmen, dann werden im Laufe der Zeit all diese Punkte des Anstoßes zwischen der Mehrheits- und der Minderheitsgemeinschaft – der Hindugemeinschaft und der Muslimgemeinschaft – denn selbst wenn es um Muslime geht, finden Sie Pathanen, Punjabis, Schiiten, Sunniten und so weiter – verschwinden … Sie sind frei, Ihre Tempel zu besuchen, Sie sind frei, in Ihre Moscheen und alle anderen Gebetsstätten in diesem Staate Pakistan zu gehen. Sie werden merken, dass im Laufe der Zeit die Hindus aufhören, Hindus zu sein, und die Muslime aufhören werden, Muslime zu sein, nicht im religiösen Sinne, denn dies ist natürlich eine persönliche Glaubensangelegenheit jedes Individuums, sondern im politischen Sinne als Staatsbürger.«

Dieser Versuch, einen von der eigentlichen Religion losgelösten muslimischen Nationalismus zu institutionalisieren, ist mit dem Zionismus vergleichbar. Ben Gurion, Golda Meir, Moshe Dayan und all die anderen unnachgiebigen und eisenharten Schöpfer des jüdischen Staates waren nicht religiös. Dasselbe galt mehr oder weniger für eine ganze Reihe von Führungspersonen der Muslimliga. Dies war einer der Gründe, warum die im eigentlichen Sinne islamistischen Organisationen des kolonialen Indien, die von Maulana Maududi angeführte Jamaat-i-Islami und die Majlis-i-Ahrar die Forderung nach einem »Pakistan« immer als »unislamisch« abgelehnt hatten. Die Majlis wurde 1929 geschaffen und war ursprünglich mit der Muslimliga verbunden. Ihr Gründer Maulana Abul Kalam Azad weigerte sich später, einen Staat Pakistan zu akzeptieren, und wurde nach der Unabhängigkeit indischer Erziehungsminister und ein enger Freund Nehrus. Die Ahraris glaubten an einen gemeinschaftsübergreifenden Nationalismus und waren lange Bündnispartner der Kongresspartei gewesen, aber einige Schlüsselfiguren trennten sich dann von Azad und entschieden sich, nach Pakistan überzusiedeln. Wie Maududi hassten sie allerdings Jinnah von ganzem Herzen. Er versuchte ja, ihnen ihre Schäfchen abspenstig zu machen. Für sie war die Idee eines säkularen muslimischen Nationalstaats eine »Kreatur des Teufels«.

Die Hauptquartiere der islamistischen Gruppen hatten alle auf dem Boden des heutigen Indien gelegen. Wären sie ihren eigenen Überzeugungen gefolgt, hätten sie dableiben und von dort aus die Idee einer islamistischen Weltrepublik verkünden müssen. Es war ja nicht so, als ob es in Indien keine Muslime mehr geben würde, auch wenn die Hindufundamentalisten durchaus versuchen könnten, dies zu erreichen. Einige verehrte Muslimführer wie Maulana Abul Kalam Azad wurden sogar zu Mitgliedern der indischen Regierung. Azad hatte die Muslime von Delhi mit seiner berühmten Ansprache, in der er sie inständig zu bleiben bat, zu Tränen gerührt. »Wie könnt ihr es ertragen, diese unsere Stadt zu verlassen, unsere Chandni Chowk, alles, was unsere Vorfahren geholfen haben zu bauen …?« Trotzdem entschieden sich Maududi und die Ahraris für Pakistan. Allerdings waren sie entschlossen, dieses von allen unislamischen Einflüssen zu reinigen und dabei mit dem Großen Führer selbst anzufangen. Auf diese Weise begann ein langer Kampf um die Seele des neuen Staates. Das Schlachtfeld, das sich die Islamisten ausgesucht hatten, war der Glaube. Sie ignorierten alle Nicht-Muslime, da diese Ungläubige waren und als solche auch nicht mit einem solchen Unsinn wie einer gleichwertigen Staatsbürgerschaft ausgestattet werden sollten. Dabei konnte sich jedoch keine der islamistischen Gruppen darauf einigen, wie ein solcher islamischer Modellstaat denn aussehen sollte, obwohl Saudi-Arabien für viele orthodoxe sunnitische Muslime einem solchen Modell doch recht nahe kam. Die schiitischen Gottesgelehrten dachten eher an eine Form der Regierung, wie sie zu Lebzeiten des Propheten geherrscht hatte, aber es war nie ganz klar, welche genauen Aufgaben dieser Staat überhaupt haben sollte und wer mit dessen Kontrolle betraut werden sollte. Andererseits stimmten die Anhänger Maududis, die Führung der Ahraris und kleinere Gruppen darin überein, dass die Muslimliga von einem Haufen Ungläubiger angeführt werde und dass der erste Außenminister des Landes Zafrullah Khan ein Abtrünniger sei, der den Tod verdiene, weil er zur ketzerischen Ahmadiyya-Sekte gehörte, für die ihrer Ansicht nach in der islamischen Gemeinschaft kein Platz war. Nachdem sie zuvor die Gründung Pakistans abgelehnt hatten, waren diese ehrenwerten Herren jetzt entschlossen, ihre Loyalität gegenüber dem neuen Staat dadurch zu beweisen, dass sie Salzsäure auf Unreine spritzten.

Die Geburt Pakistans ging einher mit einer Kampagne gegen die Ahmadiyya-Gemeinschaft. Dies war die erste Episode des langen Kampfes zwischen den Islamisten und dem Staat um die Kontrolle des Landes. Seit den frühesten Tagen nach dem Tod des Propheten Mohammed kannte die islamische Geschichte »ketzerische Sekten« und Reformbewegungen. Im 19. Jahrhundert war ein selbst ernannter Mahdi im Sudan aufgetaucht, hatte eine Guerillaarmee gebildet und mit ihr die Briten 1885 bei Khartum besiegt. Der arme General Gordon musste dabei den Heldentod für das Empire sterben.

Mirza Ghulam Ahmad, der Gründer der Ahmadiyya-Sekte, wäre dagegen nicht auf die Idee gekommen, einen bewaffneten Kampf gegen den britischen Imperialismus zu beginnen. Er wurde 1835 in Qadian als Enkel eines Muslimgenerals geboren, der unter dem legendären Sikh-Herrscher Maharaja Ranjit Singh gefochten hatte. In einem von religiösen Streitigkeiten zerrissenen Subkontinent, wo der Islam sich der Herausforderung der christlichen Missionare und der Arya Samajis (eine hinduistische Reformbewegung) stellen musste, wurde Mirza Ghulam Ahmad zu einem Religionsgelehrten, der sich in persische und arabische Handschriften vertiefte und daraus dann eine interessante Synthese entwickelte, die er in einer langen vierbändigen Verteidigung seines Glaubens und Dutzenden anderer Bücher vorstellte, von denen eines über muslimische Philosophie den russischen Schriftsteller Tolstoi zutiefst beeindruckte. Es war deshalb kein Wunder, dass der begabte Gelehrte eine große Anhängerschaft um sich scharen konnte. Er war aber ganz und gar kein Elmer Gantry. Seine Erkenntnis, dass der Islam in Indien nur noch von Ritualen besessen sei und die Glaubensinhalte vergessen habe, traf damals genau ins Schwarze.

Hätte er sich auf die Rolle eines Religionsgelehrten beschränkt, wäre Mirza Ghulam höchstwahrscheinlich eine äußerst populäre Persönlichkeit unter den indischen Muslimen geworden. Allerdings kann ein zu tiefes Versenken in jeden Glauben manchmal zu Halluzinationen führen, wie es Johanna von Orleans und Teresa von Avila bewiesen haben. 1882 verkündete Mirza Ghulam seinen Anhängern, dass er eine göttliche Offenbarung erhalten habe und mit einer ganz bestimmten Mission betraut worden sei. Er betrat damit gefährliches Terrain, da er die islamische Tradition herausforderte, gemäß derer nur der Gründer dieses Glaubens mit einer solchen Gabe gesegnet worden sei. Mirza Ghulam Ahmad bestand aber darauf, dass er solche göttlichen Botschaften erhalten habe, und verlangte auch von seinen Anhängern, seinen neuen Status anzuerkennen.

Dies war laut Ghulam Ahmad der Inhalt der Botschaft: Jesus, der Sohn Marias, war nicht am Kreuz gestorben und auch nicht zum Himmel aufgefahren, sondern von einer furchtlosen Gruppe von Jüngern vom Kreuz gerettet worden. Danach hatten sie seine Wunden versorgt und ihn aus Palästina herausgeschmuggelt. Schließlich erreichte er Kaschmir, wo er ein langes und glückliches Leben führte und eines natürlichen Todes starb. Dies war zweifellos eine gute Geschichte, aber die Offenbarung nahm am Ende dann eine gelinde gesagt surreale Wende:

Jesu Rettung und sein Asyl in Kaschmir bedeuteten natürlich, dass es keine echte leibliche Auferstehung gegeben hatte. Allerdings würde jemand anderer, der über alle Eigenschaften und Attribute Jesu verfügte, unter den Anhängern des Propheten des Islam erscheinen. Dies war nun eingetreten. Mirza Ghulam Ahmad war nach eigener Aussage genau diese Person und sollte dementsprechend als Messias begrüßt und behandelt werden, dessen Kommen ja vorhergesagt worden war. Er erklärte sich also selbst zu einem Mahdi, einer im Islam recht kontroversen Gestalt. Es handelt sich dabei um einen Erlöser, der kurz vor dem Jüngsten Tag erscheinen wird. Ahmad kündigte außerdem an, dass er jetzt den Dschihad der Vernunft beginnen werde und die Gegner des Islam durch Argumente und nicht durch Gewalt besiegen werde.

Der traditionelle Islam reagierte darauf mit einer Fülle von Fatwas, die diese neuen Ideen verdammten. Trotzdem gewann die Ahmadiyya-Sekte ständig neue Anhänger und wurde 1901 als eigene separate Muslimsekte registriert. Ihr Gründer starb im Jahre 1908. Sein Nachfolger als »Kalif« war ein anderer Gottesgelehrter. Nach dessen Tod wurde Mirza Ahmads Sohn Mirza Bashir-ud-Din Anführer der Organisation. Dies führte wie oft bei solchen Sekten zur Spaltung. Eine Gruppe, die Ahmads Lehren akzeptierte, aber seine Behauptungen, ein Prophet zu sein, zurückwies, spaltete sich ab und gründete in Lahore eine eigene Vereinigung.

Laut ihren eigenen Schätzungen gab es 1947 über 200 000 Ahmadiyyas beider Fraktionen. Sie wurden für ihren Missionseifer im Ausland bekannt. Tatsächlich hatten sie vor allem in Ost- und Südafrika einigen Erfolg. Wie die Bahai im benachbarten Iran achteten sie aufeinander, hatten ein weit höheres Bildungsniveau als der Rest des Landes und sorgten dafür, dass es keinem von ihnen jemals an Essen und einer angemessenen Unterkunft mangelte. Sie waren in praktisch allen Sphären des öffentlichen Lebens vertreten. Ihre Philanthropie wurde von vielen Leuten anerkannt, die ihrer Interpretation des Islam völlig fern standen. Der Dichter Iqbal, der sich in der islamischen Philosophie und Geschichte besser als die meisten anderen auskannte, war von der Gelehrsamkeit der Ahmadiyyas sehr beeindruckt und arbeitete auf einigen Gebieten mit ihnen zusammen.

Dagegen begannen die islamistischen Gruppen eine gewaltsame Kampagne gegen sie, griffen ihre Versammlungen an, töteten einen Armeemajor, der Ahmadiyya-Mitglied war, verlangten die Entlassung des Außenministers und bestanden darauf, dass die Sekte für nicht-muslimisch erklärt würde. Diese Bewegung hätte von der Führerschaft der Muslimliga im Punjab ganz leicht beendet werden können. Diese schloss sich allerdings aus Opportunismus dieser Kampagne an – selbst der in Oxford ausgebildete Main Mumtaz Daultana, der in seiner Jugend sogar etwas mit dem Kommunismus geflirtet hatte. Daultana verhinderte sogar, dass die Polizei der bedrängten Ahmadiyya-Gemeinschaft Schutz gewährte. Im Jahre 1953 kam es dann zu ernsthaften Unruhen. Ahmadiyya-Geschäfte wurden geplündert und ihre Moscheen angegriffen. Einige Mitglieder der Gemeinschaft verloren dabei ihr Leben. Als damals Neunjähriger war das meine erste Begegnung mit der Irrationalität. Direkt unter unserer Wohnung in Lahore war ein Bata-Schuhgeschäft, das einem Ahmadiyya gehörte, dessen Sohn mit mir zur Schule ging. Als ich eines Tages von der Schule heimkam, sah ich, wie es von einer Bande bewaffneter Rowdys angegriffen wurde. Zwar wurde niemand verletzt, aber für mich war es eine erschreckende Erfahrung.

Der wütende Provinzgouverneur forderte jetzt die Armee zum Eingreifen auf. Über Lahore wurde das Kriegsrecht verhängt. General Azam gab Befehl, Plünderer auf der Stelle zu erschießen. Innerhalb von vierundzwanzig Stunden war die Krise beendet. Maulana Maududi und andere wurden wegen Hochverrat angeklagt und Maududi zum Tode verurteilt. Das Urteil wurde allerdings auf öffentlichen Druck erst in eine lebenslängliche Freiheitsstrafe umgewandelt, wenig später wurde er entlassen.

Man richtete ein Untersuchungsgericht ein, das die Gründe für diese Unruhen erforschen sollte. Seine Vorsitzenden waren Richter Munir und Richter Kayani. Deren später veröffentlichte Bericht ist meiner Meinung nach ein Klassiker seiner Art, ein modernes Meisterwerk politischer Literatur. Er sollte zu einem Teil des nationalen Lehrplans werden, wenn tatsächlich jemals ein ernsthaftes staatliches Bildungssystem in diesem Lande eingerichtet werden sollte. Die beiden Richter begannen, muslimische Geistliche aus rivalisierenden Schulen und unterschiedlichen Gruppierungen danach zu befragen, was deren Meinung nach einen muslimischen Staat ausmache und wie sie einen Muslim definieren würden. Mit jeder neuen Antwort fiel es den Richtern offensichtlich schwerer, ihre Fassungslosigkeit zu verbergen, was auch aus ihrem Bericht hervorgeht. Alle Gruppierungen waren sich darin einig, dass ein säkularer Staat absolut unzulässig sei und Nicht-Muslime nicht als gleichberechtigte Bürger behandelt werden dürften. Damit stellte sich ein neues Problem:

»Deshalb wird die Frage, ob eine Person ein Muslim ist oder nicht, entscheidend wichtig. Aus diesem Grund baten wir die meisten führenden Ulama [Religionsgelehrten], uns ihre Definition eines Muslimen mitzuteilen. Denn wenn die Ulama der unterschiedlichen Sekten die Ahmadis für *Kafire* [Ungläubige] hielten, mussten sie ja nicht nur eine klare Vorstellung über die Gründe für eine solche Ansicht haben, sondern auch die Definition eines Muslim kennen, denn die Behauptung, dass eine bestimmte Person oder Gemeinschaft nicht zum Islam zu zählen ist, bedingt ja zwingend eine exakte Auffassung darüber, was ein Muslim ist. Das Ergebnis dieses Teils der Befragung war jedoch äußerst unbefriedigend, und wenn in den Köpfen unserer Ulama bereits über eine solche einfache Angelegenheit solch beträchtliche Verwirrung herrscht, kann man sich leicht vorstellen, wie viel größer die Meinungsunterschiede in komplizierten Angelegenheiten sein müssen ...
In Anbetracht der unterschiedlichen Definitionen, die wir von den Ulama erhalten haben, können wir nur feststellen, dass keine zwei Gottesgelehrten in dieser fundamentalen Frage übereinstimmten. Wenn wir jetzt unsere eigene Definition versuchen würden, wie es jeder dieser Gottesgelehrten getan hat, und diese Definition sich von der aller anderen unterscheidet, dann verlassen wir nach einstimmiger Meinung den Schoß des Islam. Und wenn wir die Definition eines dieser Ulama annehmen, bleiben wir nach Ansicht dieses Alim [Singular von Ulama] Muslime, sind aber nach der Definition aller anderen Ulama Kafire.«[9]

Die Forderung, die Ahmadiyyas zu Ungläubigen zu erklären, verschwand danach weitgehend aus dem Blickfeld der Öffentlichkeit. Ironischerweise war es Ministerpräsident Zulfiqar Ali Bhutto, der, als er sich 1976 von einer vereinten Opposition eingekreist fühlte, meinte, den islamistischen Parteien dadurch den Wind aus den Segeln nehmen zu können, dass er drei ihrer alten Forderungen erfüllte: ein allgemeines Alkoholverbot, die Verschiebung des offiziellen Ruhetags vom Sonntag auf den Freitag und – weit schwerwiegender – die Erklärung der Ahmadiyyas zu einer nicht-muslimischen Sekte. Diese feige Kapitulation machte natürlich jene nur noch stärker, die diese Maßnahmen als Erste gefordert hatten. Die Ahmadiyyas gelten im Gegensatz zu Pakistan in Indien, Großbritannien, Frankreich, Deutschland und Ostafrika weiterhin als Muslime. Der verstorbene pakistanische Physiker Dr. Abdus Salam hat bisher als einziger muslimischer Wissenschaftler den Nobelpreis verliehen bekommen. Da er ein Ahmadi war, wäre der vorhergehende Satz in Pakistan so nicht korrekt.

Das Pakistan, das Jinnah anstrebte, konnte sich nie entwickeln. Die geografische Einheit starb auf den Totenfeldern von Ostpakistan. Mehr als 70 Prozent der Pakistaner wurden nach der Katastrophe von 1971 geboren. Über die damaligen Ereignisse wurde der Mantel des Schweigens gebreitet. Es herrscht allgemeine Amnesie. Nur wenige haben eine Vorstellung von dem, was damals geschah. Viele wissen nicht einmal, dass es je ein ganz anderes Land gegeben hat. Der Name des Landes war die Idee Chaudhry Rehmat Alis, eines indischen Moslems, der in den Dreißigerjahren in London studierte und offensichtlich viel freie Zeit zum Nachdenken hatte. Er spielte mit den Anfangsbuchstaben der indischen Regionen mit einer muslimischen Mehrheit herum: P stand für den Punjab, A für Afghanistan (!), K für Kaschmir und S für Sindh. Unglücklicherweise bedeutet »pak« auch »rein«. Noch interessanter ist allerdings die Tatsache, dass es kein B für Bengalen oder Belutschistan gab. Könnte die vom Militär beherrschte Nuklearmacht Pakistan noch weiter auseinanderfallen, und – wenn ja – was würde das für die Region als Ganzes bedeuten? In wessen Interesse läge eine weitere Teilung? Wer seine eigene Geschichte nicht kennt und versteht, ist dazu verurteilt, sie zu wiederholen. Im Folgenden soll versucht werden, die Vergangenheit und Gegenwart in der Hoffnung auf eine bessere Zukunft zu erklären.

3. Das Washington-Quartett

3.1. Militärdiktator Nr. 1

Der Mann, der Feldmarschall sein wollte

Im Oktober 1958 – ein Jahrzehnt nach dem Tod des Großen Führers – erlitt das von ihm eingerichtete politische System den ersten schweren Schock. Die pakistanische Armee entschloss sich mit Unterstützung Washingtons zu einem Erstschlag gegen die Demokratie und rief das Kriegsrecht aus. Einige Monate später fand eine öffentliche Dichterlesung statt. Als der punjabische Lyriker Ustad Daman an der Reihe war und begann, ein Gedicht über zwitschernde Vögel zu rezitieren, riefen einige von uns aus dem Zuschauerraum: »Um Allahs willen, sag' etwas!« Diese ungehörige Provokation veranlasste ihn zu einem spontan vorgetragenen Couplet:

»Now each day is sweet and balmy,
Wherever you look, the army.«
(Jetzt ist jeder Tag angenehm und mild,
Wo immer man hinschaut, sieht man die Armee.)

Die Menge brach in lauten Jubel aus. Einige Stunden später holte ihn die Polizei ab und hielt ihn etwa eine Woche in Gewahrsam. In Pakistan waren andere Zeiten angebrochen.

Wie und warum konnte das geschehen? Im ersten Jahr nach Pakistans Gründung hatte sich eine relativ unpolitische Notabelnschicht herausgebildet, die hauptsächlich aus Großgrundbesitzern bestand, die manchmal gleichzeitig erbliche Religionsführer (die Pirs, Makhdums, usw.) waren und sich jetzt fragten, wie sie mit der neuen Situation zurechtkommen sollten. Diese neuen Herren mussten sich bald mit zwei Widersprüchen auseinandersetzen, wovon einer folgenreich sein sollte.

Der erste hatte mit der politischen Geografie des neuen Landes zu tun. Es war in zwei Teile, Ost- und Westpakistan, aufgeteilt, zwischen denen 1600 Kilometer jetzt zu Indien gehörendes Land lagen und die außer der Religion nur wenig – und manchmal nicht einmal diese – gemeinsam hatten. Wenn der Islam tatsächlich eine Nationalität darstellte (was die Muslimliga behauptete, die orthodoxen Islamisten anfänglich allerdings bestritten), würde sich dies jetzt beweisen müssen. 60 Prozent der Bevölkerung des Landes lebte ja in Ostpakistan mit seiner eigenen Sprache, Tradition, Kultur, Küche und Zeit. Der überwältigende Teil der Beamtenschaft und der Armee stammte dagegen aus Westpakistan oder war dort immer noch ansässig. Dafür gab es einen einfachen Grund. Der Punjab war vor allem seit dem Ende der Sikh-Kriege des 19. Jahrhunderts der »Schwertarm« des Raj, der englischen Herrschaft, gewesen. Ein großer Teil der einheimischen Soldaten kam damals aus den wirtschaftlich rückständigen Gegenden des Subkontinents. Die Armee galt als größte Aufstiegschance für arme Bauernfamilien, die unter dem Joch der örtlichen Grundherren litten. Die Briten beschränkten ihre Rekrutierungsbemühungen praktisch auf die Landgebiete. Sie hegten ein großes Misstrauen gegenüber dem städtischen Kleinbürgertum und hielten gerade die Bengalen für den Inbegriff dieser geschwätzigen und unzuverlässigen Schicht, die man auf jeden Fall aus jeder verantwortlichen Stellung heraushalten musste.

Im Jahre 1933 schrieb General Sir George MacMunn (1862–1952), ein mannhafter Krieger aus dem schottischen Tiefland, ein etwas kurioses Traktat mit dem Titel »Die kriegerischen Rassen Indiens«, in dem die imperialen Gründe für die Rekrutierungspraxis der Britisch–Indischen Armee in aller Deutlichkeit dargelegt wurden:

> »So wie der treue alte Unteroffizier aus dem Bauernstand sich aus der Reihe der gewöhnlichen Soldaten hochgedient hat, so stellte der junge Landbesitzerssohn den indischen Offizier, wie wir ihn kennen ... Die klugen jungen Männer mit Universitätsbildung waren dagegen für das militärische Handwerk ziemlich ungeeignet ... Die britischen Armeeoffiziere erkannten bereits vor geraumer Zeit, dass aus der indischen Intelligenz niemals Offiziere werden würden.«

Diese Regeln wurden allerdings im Zweiten Weltkrieg etwas gelockert, als es notwendig wurde, gebildete Offiziere und eine Anzahl von bisher Unerwünschten (zu denen nach Hitlers Überfall auf die Sowjetunion sogar Kommunisten gehörten) in aller Eile zu rekrutieren, um die Kriegsanstrengungen in Indien und Burma zu unterstützen. Nach dem Krieg wurden dann die meisten wieder aus den Reihen der Indienarmee entfernt. Andere gingen freiwillig. Die treuen alten Bauernsoldaten und die jüngeren Söhne der Großgrundbesitzer blieben.

Die Britische Indienarmee wurde allerdings während des Krieges stark erschüttert. Die Eroberung Singapurs durch die Japaner hatte den Mythos von der britischen Unbesiegbarkeit beendet. Außerdem gab es keine sichere Impfung gegen die Krankheit des Nationalismus und eine Anzahl von Offizieren und Soldaten (von denen einige sogar Angehörige der »Kriegerrassen« waren), die in japanische Gefangenschaft gerieten, liefen zum Feind über und gründeten die Indische Nationalarmee, die an der Seite der Japaner gegen die Briten kämpfte. Sie rechtfertigten ihr Verhalten mit der verqueren nationalistischen Logik, dass »der Feind meines Feindes mein Freund« sei, etwas, das tatsächlich fast niemals zutrifft. Alte und neue Imperien haben keine Freunde. Sie haben nur Interessen. Die bürgerkriegsähnlichen Auseinandersetzungen während der Teilung hatten das Denken der indischen Offiziere im Norden ebenfalls sehr stark beeinflusst. Sie hatten entsetzliche Massaker beobachten müssen, die sie nicht verhindern konnten, da die Briten als imperiale Macht befürchteten, dass unterschiedliche Loyalitäten zu einem absoluten Chaos führen könnten, wenn es eine Aufspaltung der Indienarmee entlang der Volkstums- und Konfessionsgrenzen geben würde. Aus diesem Grund sollte das Militär auch nicht eingreifen, um die Massaker zu beenden. Allerhöchstens durfte es den Flüchtlingen auf beiden Seiten einen begrenzten Schutz gewähren.

Die Armee selbst wurde dann zwischen den beiden neuen Staaten aufgeteilt, wodurch zwei unterschiedliche Kommandostrukturen entstanden, von denen beide zunächst noch von einem britischen General befehligt wurden. Auf diese Weise bewahrte die pakistanische Armee einen Großteil der alten kolonialen Traditionen. Dies wurde dadurch verstärkt, dass General Sir Frank Messervy und danach der alte Kolonialveteran Sir Douglas Gracey die ersten beiden Oberbefehlshaber der neuen Armee waren. Darüber hinaus blieben über 500 weitere britische Offiziere im Land, um der neuen Truppe den nötigen Schliff zu verleihen. Dies führte auf Seiten der Pakistaner natürlich auch zu gewissen Verstimmungen. Im Jahre 1950 dachten eine kleine Schar eher nationalistisch gesinnter Offiziere (zu denen ein General, Akbar Khan, gehörte) zusammen mit einer noch winzigeren Gruppe kommunistischer Intellektueller über einen möglichen Staatsstreich nach, um die prowestliche Regierung zu stürzen. Die unausgegorene Verschwörung wurde entdeckt, die Teilnehmer (einschließlich des Dichters Faiz Ahmed Faiz und der Literaturkritiker Sibte Hasan und Sajjad Zaheer) wurden ins Gefängnis gesteckt und die äußerst kleine Kommunistische Partei Pakistans verboten.

Im Gegensatz zu den Hindu- und Sikh-Abteilungen waren in der ehemaligen Kolonialarmee keine nur aus Muslimen bestehenden Einheiten erlaubt gewesen. Diese Entscheidung ging auf den antibritischen Aufstand von 1857 zurück, für den die imperiale Macht fälschlicherweise ausschließlich die alte muslimische Aristokratie verantwortlich machte. Tatsächlich handelte es sich dabei um eine protonationalistische Rebellion von Indern aus allen Schichten und Volksgruppen gegen die neuen Eroberer. Die alte Rekrutierungspolitik blieb auch noch lange nach der Teilung gültig. Auf diese Weise wurden nur sehr wenige Bengalen in die pakistanische Armee aufgenommen. Diese Politik wurde erst viel später während der teilweise erfolgreichen, obgleich politisch katastrophalen Islamisierung in den späten Siebziger- und den Achtzigerjahren geändert, die in einem der folgenden Kapitel behandelt werden wird und deren Folgen immer noch spürbar sind.

Der erste pakistanische Militärchef erfüllte alle Kriterien MacMunns. General Ayub Khan war ein großer, schnurrbärtiger, stattlicher Mann. Er stammte aus einer Familie, die sich militärisch bereits bewährt hatte. Er war Sohn eines Risaldar-Majors [ein Unteroffiziersdienstgrad] und wurde von seinen Vorgesetzten als gehorsamer und zuverlässiger Soldat geschätzt. Er sollte dieses Vertrauen vollkommen rechtfertigen und den Briten und später den Vereinigten Staaten allzeit die Treue halten. Er kam ohne größere Mühe an die Spitze, wobei ihm allerdings das Schicksal etwas half: General Ifthikar, der Graceys Nachfolger werden sollte und allgemein als scharfsinniger und unabhängiger denkender Offizier galt, war 1949 bei einem Flugzeugabsturz tödlich verunglückt. Es wäre unfair, so zu tun, als ob Ayub Khan der einzige konservativ eingestellte und willfährige britenfreundliche höhere Offizier der pakistanischen Armee gewesen wäre. Fast alle seiner gut ausgebildeten damaligen Kollegen taten es ihm gleich. Dasselbe ließe sich im Übrigen auch über ihre indischen Pendants sagen. Die Lektüre der weitschweifigen und selbstbezogenen Memoiren der Generäle, die nach der Unabhängigkeit auf beiden Seiten der indisch-pakistanischen Grenze tätig waren, ist eine langweilige und unergiebige Erfahrung. Allerdings bieten diese Bücher einen guten Einblick in die Psychologie dieser Generäle. Das goldene Zeitalter lag für die meisten von ihnen in der Vergangenheit, als sie mit ihren rosahäutigen Vorgesetzten noch Gimlets (Gincocktails) zum Lunch und einen guten Whisky nach Sonnenuntergang genießen konnten. Die Tatsache, dass sie den vorher nur Weißen vorbehaltenen Clubs erst nach der Unabhängigkeit beitreten durften, schien sie nicht besonders zu stören. Sie hatten sich an die soziale Apartheid längst gewöhnt. Sie waren glücklich gewesen, unter dem Befehl britischer Offiziere an deren Seite kämpfen zu dürfen, und würden diese Zeiten für den Rest ihres Lebens in Ehren halten. So hatte zum Beispiel Ayub Khan zu den ersten einheimischen Kadetten gehört, die nach Sandhurst geschickt wurden, als die »Indisierung« der Armee notwendig wurde. Er würde sich später voller Stolz daran erinnern, dass er »als erster ausländischer Kadett zum Corporal befördert wurde und zwei Ärmelstreifen erhielt«.

Eine Mehrheit der das neue Land beherrschenden pakistanischen Politiker hatte ihre Karriere ebenfalls im Dienste der Briten begonnen. Wie ihre ehemaligen Mentoren betrachteten sie das einfache Volk mit einer Mischung aus Abscheu und Angst. Es erstaunt deshalb kaum, dass die höheren Beamten und Armeeoffiziere als echte Erben der abgezogenen Kolonialmacht die Politiker zutiefst verachteten. Auf diesem Gebiet könnte allerdings der Unterschied zu Indien nicht größer sein. Dort war die politische Führung in den drei Jahrzehnte andauernden nationalen Kämpfen und den langen Zeiten ihrer Inhaftierung gestählt worden. Kein General oder Beamter hätte es gewagt, einen Kongressführer der ersten Generation herauszufordern. Hätte Jinnah länger gelebt, hätte er vielleicht den beiden Institutionen, der Armee und dem öffentlichen Dienst, die der Muslimliga auf allen Ebenen ihre eigentliche Bedeutungslosigkeit vor Augen führten, doch noch seine Autorität aufzwingen können. Seinem Stellvertreter Liaquat Ali Khan, Premierminister und Führer der Nation (Quaid-i-Millat) und selbst ein Flüchtling, fehlte dagegen diese Autorität völlig. Die punjabischen Grundbesitzer, die die Muslimliga beherrschten und auch das ganze Land unter ihre Kontrolle bekommen wollten, betrachteten den Premierminister als unnötiges

Hindernis ihres eigenen Aufstiegs. Es kann deshalb kaum Zweifel daran bestehen, dass sie ihn im Oktober 1951 ermorden ließen, als er gerade im Stadtpark von Rawalpindi zu einer großen Menge sprach. Sein Mörder Said Akbar wurde sofort von der Polizei erschossen. Den Befehl dazu gab Najaf Khan, ein höherer Polizeibeamter und Handlanger des damaligen Generalinspekteurs der Polizei Khan Qurban Ali Khan, der seinerseits mit führenden punjabischen Politikern und Großgrundbesitzern eng befreundet war.

Liaquats Ermordung war ein Symbol der tief verwurzelten Gegensätze, die sich zwischen der Klasse der Großgrundbesitzer und den »Eindringlingen« entwickelt hatten, die als Flüchtlinge den Jumna-Fluss überquert hatten, um in die »Heimstatt der Muslime« zu gelangen. Einige reichere Flüchtlinge bereuten später ihre Entscheidung, nach Pakistan zu kommen, aber die weniger Privilegierten hatten keine Wahl, da man sie aus ihren Heimatdörfern und -städten vertrieben hatte. Dass die Flüchtlinge im Allgemeinen kultivierter und gebildeter waren als diejenigen, die sie gegen ihren Willen aufnehmen mussten, wurde bald zu einem weiteren Streitpunkt. Dass sie oft höhere Stellen im pakistanischen öffentlichen Dienst bekleideten, vergrößerte den Groll der Einheimischen noch weiter. Man machte sich über ihre angeblich affektierte Sprache und ihre seltsamen Manieren lustig, während sie ihrerseits ihre Verachtung für die hinterwäldlerischen und ungehobelten Sindhi- und Punjabi-Politiker kaum verbergen konnten. Der kaltblütige Entschluss, Liaquat aus dem Weg zu räumen, war nicht zuletzt auch als Schuss vor den Bug seiner Miteinwanderer gedacht. Die Botschaft war ganz einfach: Ihr seid hier nur geduldet und solltet nie vergessen, dass dieses Land uns gehört! So viel zur »Heimstatt des Islam auf dem Subkontinent«. Aber es sollte noch schlimmer kommen.

General Ayub Khan war gerade in London, als Liaquat ermordet wurde. Später beschrieb er mit einem leichten Anflug von Heuchelei seinen Schock, als er dem neuen Premierminister Khwaja Nazimudin und seinem Kabinett zum ersten Mal begegnete: »… Nicht einer von ihnen erwähnte Liaquat Alis Name. Auch hörte ich von keinem von ihnen ein Wort des Mitgefühls oder Bedauerns. Generalgouverneur Ghulam Mohammed schien auch nicht bemerkt zu haben, dass das Land einen hervorragenden und fähigen Premierminister verloren hatte … Ich war erstaunt, wie gefühllos, kalt und eigensüchtig Menschen sein können … Ich bekam das bestimmte Gefühl, dass sie alle erleichtert waren, dass der

Einzige, der ihrem Ehrgeiz hätte Zügel anlegen können, von der Bühne verschwunden war ...«

Dass die höchsten Politiker des Landes nicht in heiße Tränen ausbrachen, gereichte ihnen allerdings eher zur Ehre. Nachdem sie dem Abschuss ihres Kollegen zugestimmt hatten, wäre eine solche vorgetäuschte Trauer der Gipfel der Heuchelei gewesen. Allerdings erscheint es auch ziemlich unwahrscheinlich, dass General Ayubs Geheimdienstchefs ihn nicht darüber aufklärten, wer hinter diesem Attentat stand. Wenn dies der Fall war, warum handelte er dann nicht und verlangte, dass die dafür verantwortlichen Schurken sofort allgemeine Wahlen veranstalteten? Tatsächlich war er gerade anderweitig beschäftigt und schmiedete mit dem Verteidigungsminister Iskander Mirza, einem ehemaligen General und Spitzenbeamten der britischen Kolonialverwaltung, seine eigenen politischen Intrigen. Mirza war ein geschickter Strippenzieher. Er nutzte die Schwäche der politischen Führung aus, drängte den geistig immer mehr abbauenden, unflätigen Ghulam Mohammed aus seinem Amt als Generalgouverneur, um diesen Posten, der ihn gleichzeitig zum pakistanischen Staatsoberhaupt machte, selbst zu übernehmen.

Mirza regierte mit harter Hand. Als die Bengalen im Jahr 1954 bei Provinzwahlen die örtliche, von der Muslimliga gestellte Regierung abwählten, setzte der Generalgouverneur die neu gebildete Provinzregierung ab und unterstellte ganz Ostpakistan seiner eigenen vom Militär durchgesetzten Regierungsgewalt. Dies war der erste Schritt zum späteren Auseinanderbrechen des Landes und zur Militarisierung seiner politischen Kultur. Dies ist eine höchst traurige Geschichte, die ich ausführlich in einem anderen Buch dargestellt habe.[10] Hier genügt es, zu unterstreichen, dass der Entfremdungsprozess der Osthälfte des Landes schon sehr früh begann und mit jedem Jahr schlimmer wurde. Die Vorurteile der aus dem Punjab stammenden Offiziere und Beamten gegen die Bengalen spiegelten tatsächlich die britischen Vorurteile aus der Kolonialzeit wider. Wie andere, die ihm nachfolgen sollten, brachte Mirza seine eigene Selbstüberschätzung zu Fall. Er hatte noch die Einführung einer neuen Verfassung im Jahre 1956 mit in die Wege geleitet, die Pakistan zu einer Islamischen Republik erklärte, deren erster Präsident er wurde. Mirza und Ayub institutionalisierten zusammen Pakistans Rolle als Satrapenstaat der USA im Kalten Krieg, indem sie einem ganzen Netzwerk von Sicherheitsvereinbarungen beitraten, die als Bagdadpakt und Südostasienpakt (SEATO) bekannt wurden und dazu bestimmt waren, die US-amerikanischen Interessen in beiden Regionen zu verteidigen. Ayub hatte direkt mit Washington verhandelt, um dem Land in den Jahren 1953 und 1954 ein militärisches Hilfsprogramm zu sichern und Pakistan zusammen mit Südkorea, Südvietnam und Thailand die Aufnahme in die »Freie Welt« zu verschaffen.

Der von diesen Ereignissen reichlich irritierte Schriftsteller Sadaat Hasan Manto verfasste daraufhin eine Reihe von neun satirischen »Briefen an Uncle Sam«. Den vierten schrieb er am 21. Februar 1954, ein Jahr vor seinem Tod:

»Lieber Onkel!
Ich habe Dir erst vor ein paar Tagen geschrieben und schreibe Dir jetzt schon wieder. Meine Bewunderung und mein Respekt für Dich nehmen im selben Maße zu, wie Deine Entscheidung herannaht, Pakistan Militärhilfe zu gewähren. Ich muss Dir in dieser Lage einfach einmal am Tag einen Brief schreiben.
Ungeachtet des Theaters, das Indien deswegen veranstaltet, musst Du unbedingt einen Militärpakt mit Pakistan abschließen, da Du ja ernsthaft um die Stabilität des größten islamischen Staates der Welt besorgt bist und da unsere Mullahs das beste Gegenmittel gegen den russischen Kommunismus sind. Wenn die Militärhilfe erst einmal fließt, solltest Du vor allem diese Mullahs bewaffnen. Sie werden außerdem in Amerika hergestellte Rosenkränze und Gebetsteppiche brauchen, nicht zu vergessen die kleinen Steine, mit denen sie die letzten Tropfen auffangen, wenn sie ein menschliches Bedürfnis rührt ... Ich glaube sogar, dass der einzige Zweck der Militärhilfe die Bewaffnung dieser Mullahs ist. Ich bin Dein pakistanischer Neffe und ich kenne Deine Beweggründe. Dank Deiner Art der Politikführung kann jetzt jeder zum Klugscheißer werden.
Wenn diese Bande von Mullahs nach amerikanischer Art bewaffnet sein wird, wird die Sowjetunion, die ihren Kommunismus und Sozialismus in unserem Land verhökern will, ihren hiesigen Laden schließen müssen. Ich kann mir bereits lebhaft diese Mullahs vorstellen, wie sie ihre Haare mit amerikanischen Scheren schneiden und wie sie ihre Pyjamas künftig bei strenger Beachtung der Scharia von amerikanischen Maschinen nähen lassen. Die Steine, die sie zum Abwischen der letzten Urintropfen benötigen und die zuvor von keiner anderen Hand berührt werden dürfen, werden

wie ihre Gebetsmatten ebenfalls amerikanisch sein. Jeder wird dann Dein Gefolgsmann sein und Dir und niemand anderem die Treue schwören ...«[11]

Pakistans servile Führer unterstützten im Jahre 1956 auch den englisch-französisch-israelischen Angriff auf Ägypten. Dies war völlig unnötig und man kann nur vermuten, dass sie annahmen, die Vereinigten Staaten würden sich schließlich doch noch hinter dieses Abenteuer stellen, was diese allerdings nicht taten. Ihre Unterstützung des Kriegs gegen Nassers Ägypten erzürnte die öffentliche Meinung in Pakistan und führte zu einer Welle der Wut, die sich in großen Demonstrationen im ganzen Land entlud. Interessanterweise beteiligte sich die Jamaat-i-Islami nicht an dieser Bewegung. Die politischen Parteien forderten nun einen Austritt aus den Sicherheitspakten und eine neutrale Außenpolitik. Diese Forderungen waren ausgesprochen populär. Mirza und Ayub befürchteten deshalb, dass die für April 1959 angesetzten landesweiten Wahlen zu einer Koalition führen könnten, die Pakistan aus den Sicherheitsverträgen herauslösen und sich wie das benachbarte Indien für eine bündnisfreie Außenpolitik entscheiden könnte. Die Vereinigten Staaten waren von einer solchen Aussicht noch mehr beunruhigt und befürworteten deshalb eine Machtübernahme des Militärs.

Mirza in seiner Arroganz dachte, er könnte diese Geschichte mit Ayub als loyalem Handlanger durchführen. Dabei unterschätzte er die Eigenständigkeit der Armee. Weil General Ayub bisher jede seiner Maßnahmen unterstützt hatte, glaubte der Präsident, er könne die völlige Kontrolle über das Land behalten. Auf Mirzas Veranlassung ergriff die pakistanische Armee am 7. Oktober 1958 die Macht. Sofort wurde ein von Generälen dominiertes Kabinett gebildet, dem auch einige nicht parteigebundene Zivilisten angehörten. Zu diesen zählten Mohammed Shoaib, ein langjähriger US-Agent, als Finanzminister, der brillante Anwalt Manzur Qadir als Außenminister und ein unbekannter Mann aus Sindh namens Zulfiqar Ali Bhutto als Handelsminister. Die Reaktion des Westens war durchaus positiv. So bedauerte die *New York Times* zwar die Außerkraftsetzung der Verfassung, war allerdings sonst ausgesprochen hoffnungsvoll:

»In Pakistan betonten sowohl Präsident Mirza als auch der Armeechef General Ayub Khan mit aller Deutlichkeit, dass sie wünschen und gedenken, so bald wie möglich eine gute, ehrliche und demokratische Regierung einzusetzen. Es gibt keinen Grund, ihre Aufrichtigkeit in Zweifel zu ziehen.«[12]

Einige Wochen später suchten drei Generäle den Präsidenten auf und verlasen ihm seine politische Todesanzeige. Ein fassungsloser Mirza verließ daraufhin das Land für immer und ging ins Exil nach London, wo er später starb.

General Ayub Khan wurde Pakistans erster Militärdiktator. Innerhalb von sechs Monaten wurden alle politischen Parteien und Gewerkschaften verboten. Die größte oppositionelle Zeitungskette, die Progressive Papers Limited, wurde von der Regierung übernommen, ohne dass die zahme pakistanische Presse oder irgendwelche westlichen Medien dagegen opponiert hätten. Im August 1959 erließ das Erziehungsministerium eine geheime Verfügung, deren Ziel es war, »das Einschleusen kommunistischer Literatur in das Land zu beenden und deren Veröffentlichung und Verbreitung innerhalb des Landes zu verbieten«. Alle Bildungseinrichtungen wurden angewiesen, »die Bücher in den Universitäts- und Schulbibliotheken zu überprüfen, um zu gewährleisten, dass alle unerwünschten Materialien entfernt werden«. Die entzückten Islamisten bejubelten diese Ankündigung. Als Diktatur wurde Pakistan zu einem zusehends loyalen Mitglied der »Freien Welt«. General Ayub sagte beim ersten Zusammentreffen seines Kabinetts: »Was Sie angeht, gibt es nur eine Botschaft, die in diesem Land eine Rolle spielt: die amerikanische Botschaft.« Die Vereinigten Staaten bedankten sich mit einer einstimmig vom Nationalen Sicherheitsrat angenommenen Erklärung, die auf »die Präsenz wichtiger US-Sicherheitsanlagen und -einrichtungen in Pakistan« hinwies und sich voll hinter die Machtergreifung des Militärs in diesem Land stellte:

> »Die politische Instabilität, die für die vorherigen Regierungen charakteristisch war und die Effektivität der US-Maßnahmen in Pakistan beeinträchtigte, wurde durch ein relativ stabiles Kriegsrechtsregime ersetzt … Die gegenwärtige politische Lage dürfte der Beförderung der US-Ziele dienlich sein … In Anbetracht der gegenwärtigen Stabilität – auch wenn diese zwangsweise herbeigeführt wurde – hat sich das Problem von einer kurzfristigen Dringlichkeit, die es erforderlich machte, uns in einer Krise nach der an-

deren mit einzelnen Politikern ins Benehmen zu setzen, zu einem Problem gewandelt, das es uns erlaubt, das pakistanische Potential langfristiger zu betrachten ... Es ist uns besonders wichtig, die pakistanische Regierung unseres verständnisvollen Interesses und unserer Unterstützung der von ihr vorgeschlagenen wirtschaftlichen und gesellschaftlichen Reformen zu versichern.«

Hier wurden also ganz einfach die US-Interessen allem anderen vorgezogen, ein Fehler, den Imperien seit uralten Zeiten immer wieder machen. Diese die Militärdiktatur stützende NSC-Erklärung widersprach darüber hinaus einer scharfsinnigen Analyse, die der amerikanischen Regierung damals ebenfalls vorlag. Ein streng geheimer Bericht des Büros für Geheimdienst- und Forschungsauswertung des US-Außenministeriums vom Dezember 1958 stellte die Konsequenzen einer Unterstützung der Militärdiktatur dar:

»... eine längere Zeit andauernde Militärregierung, die Ayub offensichtlich anstrebt, könnte die Spannungen zwischen den Klassen und Provinzen verstärken. Sie würde wahrscheinlich die Intellektuellen, Lehrer, Journalisten, Anwälte und weite Teile der Mittelschicht desillusionieren, deren wichtigster politischer Wunsch es schon immer war, dass Pakistan auf dem Gebiet der Demokratie mit Indien mithalten kann und nicht auf die Ebene einer nahöstlichen oder lateinamerikanischen Diktatur herabsinkt.
... Nur in einem demokratischen System könnte es Ostpakistan mit seiner Bevölkerungsmehrheit gelingen, das größere militärische und bürokratische Gewicht Westpakistans auszugleichen ... Die Aussicht einer längeren Unterdrückung der politischen Freiheit unter einer Militärherrschaft würde die Gefahr erhöhen, dass die Spannungen und die Unzufriedenheit in Ostpakistan derart zunehmen, dass sie die Einheit der beiden Landesteile gefährden könnten.«

Wer allerdings innerhalb Pakistans ähnlich argumentierte, wurde als »indienfreundlicher Verräter« oder »kommunistischer Agent« beschimpft. Ayub Khan, der sich bald darauf höchstselbst zum Feldmarschall beförderte, vertrat eine andere Demokratieauffassung, über die er dann auch bald sein Land aufklärte. In einer seiner ersten Radioansprachen an die Nation teilte der Militärdiktator seinen verwunderten »Mitbürgern« mit, dass »wir verstehen müssen, dass die Demokratie in einem heißen Klima nicht funktionieren kann. Wenn man Demokratie haben will, muss man wie etwa Großbritannien ein kaltes Klima haben.« Wenige bezweifelten, dass dies seine ehrliche Meinung war.

Derartige Bemerkungen verminderten allerdings Ayubs Beliebtheit im Westen nur wenig. Er wurde ein Liebling der britischen und US-amerikanischen Presse. Sein derbes Äußeres bezauberte sogar das berüchtigte Fotomodell Christine Keeler, die mit ihm 1961 während einer Konferenz der Premierminister des Commonwealth im Swimming Pool von Cliveden House planschte, während der notorische Gutmensch Kingsley Martin gleichzeitig im *New Statesman* ein speichelleckerisches Interview veröffentlichte. Inzwischen wurden oppositionelle Stimmen zum Schweigen gebracht und politische Gefangene gefoltert.

Im Jahr 1962 entschloss sich Ayub, etwas für seine Beliebtheit zu tun. Es zog seine Uniform aus, kleidete sich in einheimische Tracht und verkündete einer Versammlung von Bauern, die von ihren Grundherren zwangsweise zu diesem Treffen geschickt worden waren, dass es schon bald Präsidentschaftswahlen geben werde und er hoffe, dass ihn die Menschen dabei unterstützen würden. Die Bürokratie stellte in aller Eile eine politische Partei, die Convention Muslim League, auf, der alle möglichen Karrieristen sofort beitraten. Die Wahl, die dann im Jahre 1965 stattfand, wurde in großem Maße manipuliert, um den Sieg des Feldmarschalls auch tatsächlich sicherzustellen. Seine Gegenkandidatin Fatima Jinnah (die gealterte Schwester des Großen Führers) führte einen beherzten Wahlkampf, was ihr aber schließlich nicht das Geringste nutzte. Familienbeziehungen galten in diesen Zeiten nicht mehr viel. Die Handvoll von Beamten, die sich weigerten, beim Frisieren der Wahlergebnisse mitzuhelfen, wurden in Frühpension geschickt.

Währenddessen unterstützte der Westen weiterhin Ayubs Regime. Die Argumente hierfür bezogen sich hauptsächlich auf dessen Politik einer »ökonomischen Entwicklung« des Landes, die Pakistan angeblich von einer ländlichen zu einer städtischen Wirtschaft wandelte und einer Modernisierung des Landes den Weg ebnete. Dies war zumindest die Ansicht des Finanzministers Mohammed Shoaib, der Washington so nahe stand, dass die Amerikaner manchmal die Protokolle der pakistanischen Kabinettssitzungen einschließlich Shoaibs Kommentaren dazu bereits in Händen hielten, bevor sie seine Ministerkollegen überhaupt gesehen hatten. Shoaib genoss auch die Unterstützung vieler Stars des US-amerikanischen Wissenschaftsbetriebs, die das Land immer wieder besuchten. So befürwortete Gustav Papanek von der Harvard-Universität die Gründung von Unternehmen durch den Staat, die danach Privatunternehmern übergeben wurden. Er lobte die spezielle »Freie Marktwirtschaft« des Landes, die »durch eine Kombination von Anreizen und Hindernissen ein Umfeld schuf, in dem im Allgemeinen nur der Rücksichtslose Erfolg hatte, dessen ökonomisches Verhalten sich nicht allzu sehr von den Räuberbaronen unterschied, den skrupellosen Kapitalisten, die die westliche Industrialisierung des 19. Jahrhunderts prägten.«[13] Sicherlich waren es auch in Pakistan Räuberbarone, die aber im Gegensatz zu ihren europäischen Vorgängern die Unterstützung eines Steuer- und Wirtschaftssystems genossen, das das von der Landwirtschaft erwirtschaftete Produktivvermögen durch ein ganzes Netzwerk von Subventionen in die Fertigungswirtschaft umleitete.

Diese Umverteilung ging zulasten der Bauernschaft, was aber niemanden weiter störte. Die US-amerikanischen Wirtschaftsberater teilten Papaneks Ansicht, dass »zur Schaffung einer Industrie und einer Industriellenschicht große Ungleichheiten nötig waren« und dass das auf diese Weise erzeugte Wachstum zu »einer echten Verbesserung der Lage der unteren Einkommensgruppen« führen werde. Dies würde man dann später im Zeitalter der Globalisierung als »Trickle-Down-Effekt« bezeichnen. Allerdings funktionierte das damals genauso wenig, wie es heute funktioniert. Die oberen Einkommensgruppen in den Städten zahlten keine Steuern und brachten ihr Geld auf illegale Weise außer Landes. Nur sehr wenig wurde dagegen in den nichtagrarischen Produktionssektor investiert. Selbst die offizielle, von der Regierung eingerichtete Planungskommission beklagte die schlechten Angewohnheiten der städtischen Eliten in Westpakistan. Keith B. Griffin, ein Oxforder Wirtschaftswissenschaftler, der sich mit den wirtschaftlichen Problemen des Landes gut auskannte, wies in einer Untersuchung nach, dass zwischen 63 und 83 Prozent der im Landwirtschaftssektor erwirtschafteten Sparguthaben für unproduktive Extravaganzen vergeudet wurden, womit er den aufwendigen Lebensstil der Neureichen meinte. Griffin führte dann weiter aus, dass in Westpakistan »der potentielle Überschuss dieser Spareinheiten dazu verwendet wurde, mehr zu konsumieren, mehr Zierrat, Schmuck und langlebige Gebrauchsgüter zu kaufen. Darüber hinaus trieben sie die Preise für Grundstücke und landwirtschaftliche Ländereien nach oben, was es deren bisherigen Eigentümern erlaubte, sich aus dem Produktionsprozess zurückzuziehen. Oft wurden diese Überschüsse auch für den Bau von Luxushäusern genutzt oder man eröffnete mit ihrer Hilfe ein weiteres Einzelhandelsgeschäft in den bisher schon überbesetzten Basaren und Einkaufsstraßen.«[14]

Die größeren Ungleichheiten, die die Harvard-Gruppe von Neandertal-Ökonomen so bereitwillig akzeptierte, führte zu weiteren Spaltungen in dem Land. Im westlichen Teil Pakistans stellte die Elite ihren neuen Reichtum schamlos zur Schau. Zwar wurde dies von vielen kritisiert, aber wenige Kritiker nahmen das gestörte Gleichgewicht zwischen dem Ost- und dem Westteil des Landes wirklich ernst. Die Bengalen waren natürlich über diese Entwicklung überhaupt nicht begeistert. Nachdem sie zuvor schon politisch abgestraft worden waren, nur weil sie die Mehrheit bildeten, mussten sie jetzt noch beobachten, wie die durch die Juteproduktion in ihrer Region verdienten Gelder in den westpakistanischen Geldtruhen verschwanden. Dabei hatte die Ausfuhr dieser Jute während des durch den Koreakrieg ausgelösten internationalen Wirtschaftsbooms dem gesamten Land einen Handelsbilanzüberschuss verschafft. Diese Gegensätze zwischen den beiden Landesteilen wurden zur Grundlage der bengalischen Nationalbewegung. Die Forderungen der nationalistischen Awami-Liga waren eine lokale Version des uralten Prinzips »Keine Besteuerung ohne politische Mitwirkung«.

Als der zehnte Jahrestag der Herrschaft des Feldmarschalls herannahte, begannen die kriecherische Intelligenz und eine etwas fehlsichtige Bürokratie entsprechende Feierlichkeiten vorzubereiten, denen man das Motto »Jahrzehnt der Entwicklung« gab. Das Informationsministerium entschied sich für einen Feiertagstusch in Form eines Buches. Man glaubte, es werde den pakistanischen Soldaten und Staatsmann auf der Weltbühne weiter legitimieren, wenn er endlich seine Memoiren veröffentlichte. Ayub Khans *Friends Not Masters. A Political Autobiography* erschien 1967 in der Oxford University Press. 1968 kam dann die deutsche Ausgabe unter dem Titel *Erinnerungen und Bekenntnisse. Eine politische Autobiographie* im Tübinger Erdmann-Verlag heraus. Das Buch wurde von der westlichen Presse gut aufgenommen, während sich die von der Regierung kontrollierten heimischen Medien vor geheuchelter Begeisterung fast überschlugen.[15]

Grund für diese Biografie war nicht zuletzt Ayubs wachsende Unbeliebtheit. 1965 hatte ein gegen Indien gerichtetes militärisches Abenteuer in einer Katastrophe geendet. Ayub, der in diesen Fragen immer sehr vorsichtig war, hatte gezögert, einem Militärschlag gegen Indien zuzustimmen. Dann hatten ihn aber Bhutto und eine Reihe höherer Offiziere davon überzeugt, dass ein Erstschlag die Inder völlig überraschen würde und die Operation Grand Slam Kaschmir befreien werde, die umstrittene und geteilte Provinz, die beide Seiten seit 1947 für sich beanspruchten. Ayub willigte schließlich ein. Indien wurde tatsächlich kalt erwischt und den pakistanischen Truppen gelang es beinahe, ihre strategischen Ziele zu erreichen. Dann aber hielten operationelle und organisatorische Fehler und Versäumnisse den Vormarsch an und verschafften Indien die Zeit, seine Truppen heranzuführen und Pakistan zurückzuschlagen. Allerdings war dazu die größte Panzerschlacht seit dem Zweiten Weltkrieg nötig. Nach dem Sieg fielen den Indern dann 60 unversehrte pakistanische Panzer in die Hände.

Ayub war gezwungen, nach Taschkent zu reisen, wo der sowjetische Ministerpräsident Alexej Kossygin einen Waffenstillstand zwischen den beiden Ländern vermittelte. Zulfiqar Ali Bhutto, der inzwischen zum Außenminister aufgestiegen war, trat bald darauf mit der Begründung zurück, dass es geheime Zusatzprotokolle zu diesem Taschkentvertrag gebe, die ein Verrat am Recht des kaschmirischen Volkes auf Selbstbestimmung seien. Dies stellte sich zwar später als falsch heraus, aber es konnte von nun an als nützliches Argument bei Massenversammlungen verwendet werden. Als ich Bhutto ein Jahr später fragte, warum er Ayub zu diesem nicht zu gewinnenden Krieg gedrängt hatte, verschlug mir seine Antwort die Sprache: »Es war der einzige Weg, diese verfluchte Diktatur zu schwächen. Das Regime wird schon recht bald ganz auseinanderbrechen.« Bhutto hatte zu dieser Zeit bereits beschlossen, sich eine eigene politische Organisation aufzubauen und gründete deshalb im Jahr 1966 die Pakistanische Volkspartei PPP.[16] Von Anfang an war es deren Parteilinie, das Ayub-Regime zu beseitigen. Im Jahre 1967 trat Bhutto im ganzen Land auf großen Versammlungen auf, bis er schließlich verhaftet wurde. Allerdings minderte dies keinesfalls seine Zuversicht. Obwohl er sehr wohl wusste, dass seine Zelle abgehört wurde, provozierte er bei den Treffen mit seinem Anwalt Mahmud Ali Kasuri das Militär. »General Musas Tage als Gouverneur von Westpakistan sind gezählt. Wir werden ihm einen Rock anziehen und ihn wie einen Affen auf den Straßen tanzen lassen«, war dabei eine der wenigen druckfähigen Aussagen.

Als Reaktion auf die im ganzen Land wachsende Opposition entschied das Regime, dass ein wenig Ablenkung nötig sei. Im Oktober 1968 fanden aufwendige Feiern zum zehnten Jahrestag der Diktatur statt. Die in Karatschi erscheinende Tageszeitung *Dawn* schlug dabei sogar noch die offizielle Regierungspresse, als sie 69 Fotos des Feldmarschalls in einer einzigen Ausgabe veröffentlichte. Außerdem teilte man den Bürgern die glorreiche Nachricht mit, dass sich der Verbraucher in Karatschi – einer Stadt, in der es nur ganze drei Geschäfte gab, in denen Flaschenmilch verkauft wurde – jetzt zwischen Bubble Up, Canada Dry, Citra Cola, Coca Cola, Double Cola, Kola Kola, Pepsi Cola, Perri Cola, Fanta, Hoffman's Mission und Seven Up entscheiden könne. In Lahore schwärmte der Reporter der Regierungszeitung *Pakistan Times* folgendermaßen von einer Modenschau:

> »Die Mannequins wurden von der eleganten Menge mit großem Beifall empfangen, als sie mit ihren Modellkleidern über den hell erleuchteten Laufsteg schritten. Einige der Kreationen, die das Publikum mit warmem Applaus bedachte, hießen ›Romantica‹, ›Das Lösegeld des Rajas‹, ›Meeresnymphe‹ und ›Hallo Offizier‹ … Der Eleganza '69-Look wurde als eine Verbindung von Sanftem und Strengem definiert.«

Aber diese Brot-und-Spiele-Kampagne verkam bald zu einer einzigen PR-Katastrophe. Am 7. November 1968 überraschten schließlich die Studenten in Rawalpindi und Dhaka die Regierung und sich selbst, als sie in großer Zahl auf die Straße gingen. Sie forderten lautstark Freiheit und Demokratie und erinnerten dabei an die Worte des martinikanischen Dichters Aimé Césaire:

> *Es war ein Abend im November …*
> *Als plötzlich Rufe das Schweigen durchbrachen;*
> *Wir hatten angegriffen, wir, die Sklaven;*
> *wir, der Dung unter den Füßen,*
> *wir, die Tiere mit den geduldigen Hufen …*

Bald entstanden überall in beiden Landesteilen studentische Aktionskomitees. Dies war ein anderes »1968«, weit entfernt vom Glanz und Zauber dieses Jahres in Europa und den Vereinigten Staaten. Es hatte allerdings auch einen ganz anderen Charakter. Die Kluft zwischen den Aktionen der pakistanischen Studenten und Arbeiter und einer tatsächlichen Eroberung der Staatsgewalt war weit schmaler als in Frankreich und Italien, ganz zu schweigen von den Vereinigten Staaten oder Großbritannien. In Pakistan gab es keine demokratischen Institutionen. Die Parteien waren verhältnismäßig schwach. Die neue Bewegung war stärker als sie.

Das Ausmaß des Aufstands war atemberaubend: An dem fünf Monate dauernden ununterbrochenen Kampf, der am 7. November 1968 begann und am 26. März 1969 endete, nahmen in ganz Ost- und Westpakistan zwischen 10 und 15 Millionen Menschen teil. Der Staat antwortete darauf mit gewohnter Brutalität. Es gab Massenverhaftungen und die Diktatur wies die Polizei an, »Aufrührer« ohne Warnung zu erschießen. Tatsächlich verloren in den ersten paar Wochen einige Studenten ihr Leben. In den folgenden Monaten schlossen sich Arbeiter, Anwälte, kleine Ladenbesitzer, Prostituierte und Regierungsangestellte den Protesten an. Streunende Hunde, denen man den Namen »Ayub« auf den Rücken gepinselt hatte, wurden zu einem besonderen Ziel der bewaffneten Polizei.

Allerdings gab es auch bei diesen Repressionsmaßnahmen einen deutlichen Unterschied zwischen den beiden Landeshälften. Während in Westpakistan einige Hundert starben, waren es in Bengalen fast 2000, mehr als im Punjab, im Sindh, der Nordwest-Grenzprovinz und Belutschistan zusammen. Einer der bewegendsten Aspekte dieses Aufstands war die Solidarität. Wenn Studenten im Westen des Landes starben, zogen barfüßige Studentinnen aus dem östlichen Dhaka als Zeichen des Respekts und der Verbundenheit schweigend durch die Straßen. Diese sechs Monate waren die einzige Zeit in der Geschichte des vereinten Pakistan, in der sich die gewöhnlichen Menschen in beiden Teilen des Landes wirklich zusammengehörig fühlten. Ich weiß das aus persönlicher Erfahrung. Vom März bis zum Mai 1969 reiste ich drei Monate durch beide Teile Pakistans, sprach vor großen und kleinen Versammlungen und redete mit Studentenführern, die Diktatur ablehnenden Politikern, Dichtern und Gewerkschaftsfunktionären. Überall herrschte eine freudige Stimmung. Nie zuvor und nie mehr danach herrschte in diesem Land eine solche Hoffnung.

In diesen wenigen Monaten äußerte das pakistanische Volk völlig frei seine Meinung. Alles, was es seit 1947 in sich hineingefressen hatte, brach nun aus ihm heraus. Auch war die Bewegung nicht ohne Humor.

Seit Hunderten von Jahren benutzt man das punjabische Wort *chamcha* (Löffel) auch als Ausdruck für eine Regierungsmarionette oder einen Handlanger der Herrschenden. Die Ursprünge dafür liegen im Dunkeln. Einige behaupten, der Brauch gehe auf die Ankunft der Briten zurück. Die örtlichen Potentaten, die zuvor beim Essen nach Landesbrauch gekonnt ihre Finger benutzt hatten, griffen nun plötzlich zu Messer und Gabel. Unabhängig von der Richtigkeit dieser Erklärung begannen die Demonstranten, regimetreue Beamte und Politiker mit Löffeln zu begrüßen, deren Größe sich nach der Selbstherrlichkeit und dem Dünkel des jeweiligen Würdenträgers richtete. Außerdem spielte bei der Größe des Löffels auch die (meistens durchaus korrekte) Einschätzung des Volkes eine Rolle, wie weit dieser Mensch den Machthabern im Lande und in Washington in den Hintern kroch. Wenn dagegen Ayub selbst oder seine Minister in der Öffentlichkeit auftauchten, begrüßte man sie mit riesigen selbst gemachten Schlüsseln sowie mit Hunderten von normaler Größe, die man sich zuvor auf dem Basar besorgt hatte und die man nun als eine Art Schlaginstrument benutzte, um seinem Protest Ausdruck zu verleihen.

Die Versammlungen, an denen ich in Ostbengalen teilnahm, waren besonders aufgeheizt. Ich konnte dabei ganz klar den tiefen Graben erkennen, der sich zwischen den beiden Teilen Pakistans aufgetan hatte. Ich vertrat damals die Meinung, dass nur eine freiwillige sozialistische und demokratische Föderation das Land retten könne. Dies mag von heute aus utopisch erscheinen, aber in diesen aufregenden Tagen erschien alles möglich.

An einem heißen, feuchten Nachmittag im April 1969 sprach ich unter dem *Amtala*-Baum auf dem Campus zu den Studenten der Universität von Dhaka. Es war ein symbolischer Ort, an dem bereits viele politische Bewegungen geboren worden waren. Genau hier hatten die Studenten nach einer Reihe von feurigen Reden beschlossen, gegen die Diktatur zu kämpfen. Sie wollten mich nicht auf Urdu reden lassen, sondern stimmten mit überwältigender Mehrheit (zu der auch Nicholas Tomalin von der *Sunday Times* gehörte) dafür, dass ich Englisch spreche, wobei sie mir allerdings auch leicht ironisch vorschlugen, dass ich bis zum nächsten Mal Bengali lernen sollte. Es ist eine wunderschöne Sprache und ich versprach es ihnen. Allerdings ahnte ich schon, dass es ein nächstes Mal nicht geben würde. Mein politischer Instinkt sagte mir, dass die bengalischen nationalen Bestrebungen von der Armee zerschlagen werden würden und dass diese eher Pakistan zerstören würde, als eine echte Autonomie zuzulassen, geschweige denn eine Konföderation zu akzeptieren. Ich trug den Studenten an diesem Tag alle diese Argumente vor. Wenn dies aber so sei, fuhr ich fort, warum strebten sie dann nicht gleich nach völliger Unabhängigkeit? Nehmt euer Land in eure eigenen Hände. Wenn ihr es sehr schnell tut, kann ein Blutvergießen vielleicht vermieden werden. Nach diesen Worten herrschte erst einmal Schweigen. Meine Zuhörer schauten mich verblüfft an. Einer von der anderen Seite und dann noch ein Punjabi hatte das Wort »Unabhängigkeit« in den Mund genommen. Danach brachen sie in Jubel aus, ließen Sprechchöre hören und trugen mich auf den Schultern zu meinem Wagen.

Die »Lal Salaams« (»Roten Grüße«) klangen mir noch in den Ohren, als man mich noch am selben Tag zu einem Treffen mit Scheich Mujibur Rahman brachte, dem Führer der nationalistischen, aber damals noch strikt die parlamentarische Demokratie vertretenden Awami-Liga. Im März 1965 hatte die Awami-Liga in Person des Scheichs eine politische Bombe gezündet, als sie den später zu Berühmtheit gelangenden Sechs-Punkte-Plan für regionale Autonomie verkündete (der im nächsten Kapitel näher besprochen werden wird). Die westpakistanischen Führer waren darüber so geschockt, dass sie den machiavellistischsten Beamten des Ayub-Regimes, Altaf Gauhar, beschuldigten, diesen Plan konzipiert zu haben, um die Opposition zu spalten.

In diesem Moment begannen der bengalische Nationalismus und die westpakistanischen Oppositionsparteien auseinanderzudriften. Der Graben zwischen beiden wurde in den folgenden Jahren immer tiefer und der gemeinsame Kampf gegen die Diktatur stellte sich als eine nur vorübergehende Phase heraus. Scheich Mujibur Rahman wusste, dass meine eigenen Sympathien der Linken gehörten und dass ich eher dem bengalischen Bauernführer Maulana Bhashani nahestand, der mich ein paar Wochen zuvor auf eine Tour durch die Dörfer und Kleinstädte der Ostprovinz mitgenommen hatte. Damals hatte mir dieser auch von seinen Treffen mit Zhou Enlai in China erzählt, bei denen Letzterer ihn gebeten hatte, Ayub Khan nicht zu schwächen, da dieser eine Freund Chinas sei. Die Mehrheit der pakistanischen Maoisten waren diesem Rat treu gefolgt, während Bhashani erkannte, dass eine Unterstützung Ayubs politischer Selbstmord wäre. Er hatte sich dann dem Oppositionsbündnis angeschlossen, aber es war schon zu spät.

Scheich Mujib erinnerte mich nun daran, dass ich ihn vor Kurzem als Chiang Kai-Scheich bezeichnet hatte. Immerhin würde Mao ja Ayub Khan unterstützen. Trotzdem begrüßte er mich freundlich und kam danach sofort auf den Punkt.

»Stimmt es, was Sie heute gesagt haben sollen?«

Ich nickte.

»Sie sind sich sicher, dass sie Gewalt anwenden werden. Wie sicher?«

Ich erklärte ihm, dass meine Gewissheit nicht auf irgendwelchen konkreten Informationen vonseiten der Machthaber und nicht einmal auf meiner Kenntnis ihrer Psychologie beruhe, sondern auf eine einzige zentrale Tatsache zurückgehe: Die wichtigsten Exportgüter Ostbengalens seien auch für den ökonomischen Status und den Wohlstand Westpakistans absolut entscheidend. Die Autonomie des Ostens würde nun aber den Verlust der finanziellen Kontrolle durch den Westen nach sich ziehen. Er hörte aufmerksam zu, schien aber nicht vollkommen überzeugt zu sein. Vielleicht dachte er damals noch, er könne in seiner Provinz durch eine Absprache mit den Militärführern an die Macht gelangen. Seine Partei war ja prowestlich und hatte erst kürzlich ihre Verbundenheit mit Washington betont. Er glaubte vielleicht, dass Washington das pakistanische Militär dazu zwingen könnte, mit ihm zusammenzuarbeiten. Als sich Nixon und Kissinger später dann für Islamabad entschieden, war das für ihn eine äußerst bittere Erfahrung. Mujib fühlte sich zutiefst betrogen.

Die Bewegung von 1968 war überwiegen säkular, nationalistisch und antiimperialistisch. Die Studentenorganisation der Jamaat-i-Islami versuchte zwar Versammlungen (darunter auch zwei, bei denen ich in Rawalpindi und Multan sprechen sollte) gelegentlich sogar mit Gewalt zu stören oder zu sprengen, wurde aber von der Masse der Studenten abgedrängt, die Slogans wie »Der Sozialismus ist auf dem Weg« oder »Tod für Maududi« skandierten, wobei Letzteres sich auf den Führer und Cheftheologen der Islamisten bezog, der von der saudi-arabischen Königsfamilie gefördert wurde und ein überzeugter Anhänger der Vereinigten Staaten war.

Der Vietnamkrieg berührte die Pakistaner aus allen Schichten der Bevölkerung zutiefst und der Dichter Habib Jalib erntete auf den Versammlungen in diesem Jahr großen Jubel, wenn er die folgenden Zeilen rezitierte:

Ihr weltweiten Verteidiger der Menschenrechte,
Warum dieses Schweigen?
Wo seid ihr?
Sprecht!
Die Menschheit liegt auf der Folterbank,
Vietnam steht in Flammen,
Vietnam steht in Flammen.

Danach wandte sich Jalib gewöhnlich an die pakistanischen Machthaber, um sie zu warnen. Wenn sie weitermachten wie bisher, könnte sich das vietnamesische Feuer auch »dorthin, wo ihr seid« ausbreiten. »Dann werden mit Dynamit gefüllte Wolken auf euch herabregnen.«

Eine detaillierte Aufstellung der Opfer zeigt das Ausmaß der Mobilisierung. November 1968: 4 Tote und über tausend Verhaftungen; Dezember 1968: 11 Tote, 1530 Festnahmen; Januar 1969: 57 Tote, 4710 Festnahmen und 1424 Verletzte; Februar 1969: 47 Tote, 100 Festnahmen und 12 Verletzte; März 1969: 90 Tote, 356 Festnahmen und 40 Verletzte. Diese Zahlen beruhen auf Presseerklärungen der Regierung und werden deshalb im Allgemeinen als viel zu gering erachtet. Zu diesem Zeitpunkt hatte auch das militärische Oberkommando begriffen, dass sich die Massen selbst durch umfassende Repressionsmaßnahmen nicht mehr abschrecken ließen. Sie hatten ihre Angst vor dem Tod verloren. Wenn dies geschieht, werden Revolutionen möglich.

Eisenbahnarbeiter im Punjab hatten begonnen, die Gleise zu sabotieren, um Truppenbewegungen zu verhindern. In Ostbengalen wurden Polizeireviere angegriffen und Waffenlager geplündert. Eine Woche später besuchten die Mitglieder des Generalstabs mit traurigem Gesicht, aber einer ernsten Botschaft ihren Feldmarschall. Ayub verstand sofort und gab auf. Noch am gleichen Tag wurde sein Rücktritt verkündet. Sein Nachfolger, General Yahya (was auf Punjabi bei einer ganz bestimmten Aussprache Fick-fick bedeutet) Khan, gab unmittelbar nach seinem Amtsantritt bekannt, dass im Dezember 1970 die ersten allgemeinen Wahlen in diesem Land stattfinden würden. Ganz Pakistan wurde daraufhin von einer Welle der Euphorie ergriffen. Jubelnde Menschenansammlungen, die ihrer Freude mit Trommelschlägen und allen möglichen anderen Schlaginstrumenten Ausdruck verliehen, begrüßten den Sturz Ayub Khans, der, wie sich Bhutto später erinnerte, zuvor sogar daran gedacht hatte, noch einen höheren Rang als Feldmarschall zu erklimmen:

»In Ayub Khans ›goldenen Tagen‹ schlug ihm eine wichtige Persönlichkeit vor, Pakistan zur Erbmonarchie zu erklären und sich selbst zu deren erstem Monarchen zu machen. Ayub Khan nahm diesen Vorschlag überaus ernst. Er bildete einen ›Höchsten Rat‹, der nur aus zwei Männern, dem Nawab von Kalabagh und mir, bestand, der diese Möglichkeit untersuchen sollte. Eine Woche später gaben wir Ayub Khan den Text dieses Vorschlags samt allen Durchschlägen zurück und empfahlen ihm, das Ganze sofort zu vergessen. Darauf sagte er nur: ›Bhehtar sallah (Ein guter Rat)‹, um dem dann doch noch hinzuzufügen: ›So ganz unsinnig ist das aber nicht!‹«[17]

Dieser joviale, in Sandhurst ausgebildete Offizier mit seinen weltlichen Ansichten und seiner Vorliebe für seltsame Getränke, der daran gewöhnt war, Befehle auszuführen, hatte einfach das Pech gehabt, in eine Position aufzusteigen, für die er in keiner Weise geeignet war. Jetzt war seine Zeit abgelaufen. Seine übergroße Abhängigkeit von Washington und seinen einheimischen Einflüsterern hatte ihn zu Fall gebracht.

Was würde nun geschehen? Gerade einmal drei Jahre zuvor hatte Karl von Vorys, ein Politologieprofessor der University of Pennsylvania, ein 341-seitiges Buch über Pakistan mit folgenden Worten beendet:

»Erst vor sechs Jahren ist Mohammed Ayub Khan an die Spitze des pakistanischen Staates getreten. Seitdem hat er schon viel erreicht. Das Auseinanderbrechen des Landes, das 1958 noch eine akute Gefahr war, erscheint jetzt ziemlich weit entfernt.«[18] Wenigstens einer dieser drei Sätze war richtig.

3.2. Militärdiktator Nr. 2

Der General, der ein Land verlor

Die pakistanische Armee rühmt sich noch immer als vereinigende Kraft, ohne die Pakistan von der Landkarte verschwinden würde. Die Geschichte, die jetzt zu erzählen ist, legt allerdings eher das Gegenteil nahe. Im März 1969 übergab Ayub die Macht über das Land an General Yahya Khan, der versprach, innerhalb eines Jahres allgemeine Wahlen abzuhalten. Da er das Wiederaufleben der Massenbewegung fürchtete, hielt er sein Wort. Bevor wir allerdings zur verschlungenen Erzählung der pakistanischen Geschichte zurückkehren, könnte es für den Leser nützlich sein, Standort und Funktion der Armee kurz zusammenzufassen.

Die von der Armee so oft wiederholte Behauptung, sie sei von allen »Interessengruppen« des Landes unabhängig, war als falsch entlarvt worden. Ayub Khan hatte immer wieder zu politischen Winkelzügen gegriffen und so auch die Grundbesitzerklasse in die Muslimliga einzubeziehen vermocht. Sein Sohn war unter dem Dach des Militärs zum Geschäftsmann geworden und hatte ein kleines Vermögen angehäuft. Tatsächlich war jetzt vielen pakistanischen Mitgliedern der 68er-Generation die gesamte historische Rolle des Militärs und des Beamtenapparats klar geworden, die Pakistan von der britischen Herrschaft über Indien »geerbt« hatte. Diese vor allem in Pakistan in vielfältiger Weise zentrale und ganz besondere Rolle unterscheidet das Land von den Militärregierungen, wie es sie heute in verschiedenen asiatischen und afrikanischen Staaten gibt.

Die japanische Invasion und die Besetzung Südostasiens im Zweiten Weltkrieg zerschlug für eine gewisse Zeit den alten kolonialen Regierungsapparat in Burma, Indonesien und anderswo, dem ohnehin nie sehr viele Einheimische angehört hatten. Nach dem Krieg hatten die imperialen Mächte kaum Gelegenheit, diese alten Apparate wiederaufzubauen. Darüber hinaus hatten sich beträchtliche Teile der Streitkräfte und Beamtenschaften der jetzt unabhängig gewordenen Staaten zuvor an nationalen Befreiungskämpfen entweder gegen die japanischen oder gegen die europäischen Unterdrücker beteiligt.

In Afrika dagegen hatten den Kolonialverwaltungen von jeher fast nur Angehörige der Kolonialmächte angehört, sodass nach Gewährung der Unabhängigkeit die Zivilverwaltung und vor allem die Armee praktisch von Grund auf neu aufgebaut werden mussten. Auf dem indischen Subkontinent war die Lage eine andere: Hier war ein großer und mit Einheimischen besetzter öffentlicher Dienst eine absolute Notwendigkeit gewesen, da die Briten niemals aus den eigenen Reihen genug Personal hätten aufbieten können, um eine solch riesige Bevölkerung kontrollieren zu können. Aus denselben Gründen mussten sie auch eine außerordentlich große indische Armee aufbauen, deren untere, aber auch einen Teil der höheren Offiziere sie aus dem Feudaladel des Subkontinents rekrutierten. Lord Curzons Denkschrift über die Besetzung von Offiziersstellen der Armee mit Indern aus dem Jahre 1900 stellte fest, dass sich diese einheimischen Offiziere »auf die kleine Schicht des höheren Adels und des Landadels beschränken sollten … (und diese Ernennungen) auf einem durch Geburt erworbenen Adel beruhen sollten«. Ein solches Offizierskorps würde dazu dienen, »völlig legitime Ambitionen zu befriedigen und die höheren Schichten der indischen Gesellschaft und hier vor allem die alten Adelsfamilien enger und herzlicher an die britische Regierung zu binden.«[19]

Im Großen und Ganzen funktionierte dieses Schema bis zum Ende des Zweiten Weltkriegs ausgesprochen gut. Die indischen Truppen leisteten ihren imperialistischen Herren in beiden Weltkriegen hervorragende Dienste, taten sich andererseits aber auch bei der erbarmungslosen Unterdrückung heimischer Unruhen hervor. Keine andere Kolonialmacht konnte sich einer solch fähigen Sepoy-Truppe rühmen. Eine wichtige Vorbedingung für diesen Erfolg war natürlich die ethnische Heterogenität Indiens, die es den Briten erlaubte, ihre Söldnerarmee aus ausgewählten »kriegerischen Rassen« – hauptsächlich Punjabis, Sikhs, Pathanen, Rajputen, Jats und Dogras – zu rekrutieren, denen man das Niederhalten der anderen Untertanenvölker des Empire anvertrauen konnte.

Allerdings führte dann seit den 1920er-Jahren die Kongresspartei in Indien eine starke Unabhängigkeitsbewegung an, die auf dem Land eine Massenorganisation aufbaute und der es schließlich gelang, Großbritanniens imperiale Oberhoheit abzuschütteln, nachdem dessen Empire durch den Zweiten Weltkrieg tödlich geschwächt worden war. Der Kongress konnte dann den Staat aus eigener Kraft zusammenfügen und ein parlamentarisches System aufbauen und lange Jahre dominieren, das bekanntlich bis heute überlebt hat.

In Pakistan war das Szenario dagegen völlig anders. Die Muslimliga war im Vergleich zur Kongresspartei immer eine äußerst schwache Organisation. Nachdem sie ursprünglich im Jahre 1906 von islamischen Fürsten und Adligen gegründet worden war, um – wie es in ihrer Zielerklärung hieß – »unter den Muslimen Indiens ein Loyalitätsgefühl gegenüber der britischen Regierung zu befördern«, wurde sie in den 1930er-Jahren von der von Jinnah angeführten gebildeten muslimischen Mittelklasse übernommen, wobei sie damals sogar ein kurzes Bündnis mit der Kongresspartei einging. Trotzdem war sie im Allgemeinen immer eher gegen die Hindus als gegen die Briten eingestellt. Sie arbeitete im Zweiten Weltkrieg mit Letzteren zusammen und erhielt 1947 von diesen einen eigenen Staat, ohne ernsthaft um die Unabhängigkeit gekämpft zu haben. Dieser Übergang wurde von der alten Beamtenschaft selbst inszeniert, die anfänglich dann auch über die meiste wirkliche Macht verfügte. Als einige Jahre später Ayub die Zügel übernahm, umgab er sich mit einer Günstlingsclique. Sein Regime wurde danach immer mehr zu einer persönlichen Diktatur. Keinesfalls wollte er eine gemeinsame Herrschaft des Militärs institutionalisieren. Ein Jahrzehnt später war Ayubs Regime dann so unbeliebt geworden, dass es zum größten sozialen Aufstand in der Geschichte des Landes kam. Von nun an war er für die herrschende Klasse nutzlos geworden. In dieser Ausnahmelage des Jahres 1969, als die Massen durch die Straßen von Rawalpindi, Lahore, Karatschi, Dakha und Chittagong strömten und im Osten wie im Westen des Landes Aufstände und Streiks ausbrachen, setzte die Armee Ayub ab und übernahm endlich die direkte politische Herrschaft.

Das Yahya-Interregnum stellte das Ende einer langsamen Machtverlagerung dar. Natürlich blieb der öffentliche Dienst innerhalb der Regierung sehr einflussreich: Hohe Zivilbeamte befassten sich mit den vielen Problemen der Staatsmaschinerie und der Wirtschaft, welche die Kompetenzen der Armeeoffiziere überschritten. Trotzdem spielte das Militär nun die erste Geige.

Bereits im Jahre 1971 bestand die pakistanische Armee aus 300 000 Mann, die meistens aus der punjabischen und pathanischen Bauernschaft stammten, die traditionell die Infanterie für die Briten gestellt hatte. 70 000 von ihnen waren in Bengalen stationiert. Das Offizierskorps vom kritischen Rang des Oberstleutnants an aufwärts stellte eine abgeschlossene Elite dar, die äußerst sorgfältig nach ihrem Klassenhintergrund und ihrer politischen Einstellung ausgewählt wurde. Die Generäle, Brigadegeneräle und Obersten der pakistanischen Armee waren

Abkömmlinge (gewöhnlich die jüngeren Söhne) des Feudaladels und der Großgrundbesitzerklasse des Punjab und der Nordwest-Grenzprovinz mit einem kleinen Einsprengsel von reichen Einwanderern aus Gujarat und Hyderabad. Die tadellosen gesellschaftlichen Umgangsformen und Akzente dieser Gruppe, die die westlichen Journalisten so faszinierten, zeugten von ihrer Vergangenheit. Sie wurden als Rekruten des Empire in Sandhurst oder Dehra Dun ausgebildet.

Zu den punjabischen Regimentern, die die Repressionsmaßnahmen in Bengalen durchführten, gehörten Einheiten, die 1945 unter dem britischen General Gracey in Vietnam gedient hatten. General Tikka Khan, der später als der Schlächter von Dhaka bekannt wurde, hatte im Zweiten Weltkrieg in Montgomerys Nordafrikaarmee gekämpft. General »Tiger« Niazi, der im Dezember 1971 die Dokumente unterzeichnete, die Pakistans Kapitulation gegenüber Indien besiegelten, berichtete später voller Stolz in seinen Memoiren, dass er den Spitznamen Tiger »von Brigadegeneral Warren, dem Kommandeur der 161. Infanteriebrigade, für meine Leistungen in Burma während des Zweiten Weltkriegs« erhalten habe.[20] Dies war die Lage der pakistanischen Armee, als sie sich anschickte, eine Militäroffensive gegen den Ostteil des Landes durchzuführen.

In der Zwischenzeit hatte Ayub Khans unrühmlicher Abgang den Kampf von der Straße in die Wahlkampfversammlungen verlagert. Zwei politische Parteien dominierten die Szene. Im Westen hatte die von Zulfiqar Ali Bhutto angeführte Volkspartei einige der mutigsten und intelligentesten Anführer und Aktivisten der Bewegung von 1968 und 1969 gewinnen können. Ihnen war klar, dass das allgemeine, aber recht unbestimmte euphorische Gefühl, das das ganze Land ergriffen hatte, nicht lange andauern konnte, sondern in eine politische Form gegossen werden musste. Dafür war eine Partei unerlässlich und alle anderen Parteien waren entweder diskreditiert oder für die Lösung der nationalen Probleme zu unerheblich. Bhutto konnte nun den Lohn seiner klugen Vorarbeiten ernten. Im Osten brach die maoistische Linke, die zuvor weitgehend Ayub Khan wegen dessen Verbindungen zu China unterstützt hatte, fast vollständig zusammen. Darüber hinaus überließ die Schwäche der traditionellen moskautreuen Linken, die in den Medien stark, im Volk aber nur schwach verankert war, das Feld fast gänzlich der Awami-Liga. Diese Partei, die immer schon die bengalische Autonomie vertreten hatte, konnte nun die Volksbewegung für ihre Sache begeistern. Sie wurde zur Stimme des bengalischen Nationalismus und war politisch auf den Angriff vorbereitet, den man in Islamabad plante.

Bei der Teilung des Subkontinents im Jahre 1947 hatte die fast gänzlich aus Hindus bestehende ostbengalische Händler- und Grundbesitzerschicht ihre Unternehmen und ihr Land zurückgelassen und war nach Westbengalen übergesiedelt, das ein Teil Indiens war und bis heute blieb. Dieses Vakuum wurde sofort von biharischen muslimischen Flüchtlingen aus den indischen vereinigten Provinzen und nicht-bengalischen Geschäftsleuten aus dem Westteil Pakistans aufgefüllt. Die ökonomische Ausbeutung Ostbengalens, die sofort nach der Teilung begann, führte zu einem jährlichen Kapitaltransfer von etwa 3 Milliarden Rupien von Ost- nach Westpakistan. Der größte Devisenbringer des Landes war die Jute, eine in Ostpakistan angebaute Faserpflanze, die allein über 50 Prozent der Gesamtexporte des Landes ausmachte. Das eingenommene Geld wurde allerdings für den privaten Konsum und Kapitalanlagen in Westpakistan verwendet. Die von der Zentralregierung für Entwicklungsprojekte bewilligten Gelder beweisen diese Diskriminierung. Zwischen 1948 und 1951 wurden 1,13 Milliarden Rupien an Fördermitteln bewilligt, von denen allerdings nur 22 Prozent nach Ostpakistan flossen. In der Zeit von 1948 bis 1969 wurden Vermögenswerte in Höhe von 2,6 Milliarden US-Dollar aus dem Osten in den Westen transferiert. Aus diesem Grund war die westpakistanische Wirtschaft zutiefst von Ostbengalen abhängig, teilweise als Investitionsgebiet, vor allem aber als Quelle von Subventionen und als Monopolmarkt, der den vom Westen aufgestellten Regeln folgen musste. Die von der Awami-Liga formulierten Sechs Punkte, die sowohl die politische als auch die wirtschaftliche Autonomie forderten, bedrohten also die Geschäftsinteressen der westpakistanischen Kapitalisten und ihrer Unterstützer im Militär und der höheren Beamtenschaft. Die Sechs Punkte waren:

1. Ein föderales, parlamentarisches und aus allgemeinen Wahlen hervorgehendes Regierungssystem.
2. Die Bundesregierung ist nur für die Landesverteidigung und die Außenpolitik zuständig.
3. (a) Zwei getrennte, aber frei konvertierbare Währungen für die beiden Landesteile; oder (b) eine einzige Währung für das ganze Land. In diesem Fall müsste aber durch konkrete Verfassungsbestimmungen eine Kapitalflucht von Ost- nach Westpakistan verhindert werden.

4. Die Steuerhoheit liegt bei den föderalen Einheiten und nicht bei der Zentralregierung.
5. Es muss für die Landesteile getrennte Berechnungen der Außenhandelserträge geben, die der Kontrolle der jeweiligen Provinzregierungen unterliegen.
6. Die Aufstellung einer Miliz oder paramilitärischen Truppe für Ostpakistan.

Diese Forderungen waren sowohl eine Reaktion auf die weiter oben beschriebene Ausbeutung als auch der ernsthafte Versuch, die Einheit Pakistans durch eine neue Verfassungsvereinbarung zu bewahren. Als westliche Auslandskorrespondenten die Punkte als »unvernünftig« bezeichneten, reagierte Scheich Mujibur Rahman ziemlich genervt: »Hat denn die westpakistanische Regierung noch nicht begriffen, dass ich als Einziger Ostpakistan vor dem Kommunismus bewahren kann? Wenn sie sich zum Kampf entscheiden sollten, stellt man mich aufs Abstellgleis und die Naxaliten (Maoisten) werden an meine Stelle treten. Wenn ich aber zu viele Zugeständnisse mache, verliere ich meine Autorität. Ich bin in einer sehr schwierigen Lage.«[21]

Die Sechs Punkte wurden zur Charta des aufstrebenden bengalischen Bürgertums. Sie drückten dessen Wunsch nach einem eigenen regionalen Staatsapparat und einem gerechten Anteil am kapitalistischen Kuchen aus. Dies war allerdings auch genau der Grund, warum der herrschende Block in Westpakistan diese Forderungen vehement ablehnte. Die pakistanische Armee stand der Vorstellung einer bengalischen Zivilregierung grundsätzlich feindlich gegenüber, weil sie befürchtete, diese werde den überdimensionierten Militärapparat zusammenstutzen, der seit Ayubs Machtergreifung im Oktober 1958 zu einem Kennzeichen des Regimes in Islamabad geworden war. Wie wichtig für das pakistanische Offizierskorps die Beibehaltung des Status quo war, zeigt die Tatsache, dass die Militärausgaben im vorhergehenden Jahrzehnt (1958–1968) kaum weniger als etwa 60 Prozent des gesamten Staatshaushalts betragen hatten. Allein im Haushaltsjahr 1970 flossen 625 Millionen Dollar an die Streitkräfte. Als die kurzsichtigen westpakistanischen politischen Führer dieser Tatsache nicht genügend Rechnung trugen, sollten auch sie dieser Maschinerie zum Opfer fallen, denn die Armee war nicht bereit, eine Regierung zu akzeptieren, die dieses Ungleichgewicht zwischen Sozial- und Militärausgaben zu beheben gedachte.

Es hatte das Ansehen der Politiker der Awami-Liga gehoben, dass sie wiederholt die riesigen Kosten einer Militärmaschinerie angeprangert hatten, die zum überwiegenden Teil aus Nichtbengalen bestand und sich von den untersten bis zu den obersten Dienstgraden durch einen starken rassistischen und religiösen Chauvinismus gegenüber den Bengalen auszeichnete, die man als dunkelhäutig, schwach und vom Hinduismus infiziert ansah. Die pakistanische Geschäftswelt hatte ihrerseits gute Gründe, den Sechs Punkten entgegenzutreten. Zwar wurde der Osten nicht mehr als optimales Investitionsgebiet betrachtet, trotzdem blieben die Bengalen als monopolistischer Absatzmarkt und als Devisenquelle unverzichtbar. In den späten Sechzigerjahren wurden 40 bis 50 Prozent der westpakistanischen Ausfuhren zu Monopolpreisen vom Osten abgenommen. Wo sonst wäre der westpakistanische Kapitalismus seine überteuerten Erzeugnisse losgeworden?

Es gab zwei gewichtige Gründe, warum die Awami-Liga in Ostbengalen die politische Anhängerschaft weiter Kreise gewinnen konnte. Der erste war ihr Aufgreifen der nationalen Frage: Sie erkannte ganz klar den subkolonialen Status Ostpakistans. Der zweite war das Scheitern der extrem linken Parteien, die die Ayub-Diktatur auf opportunistische Weise wegen deren »Freundschaft« zu China unterstützt hatten. Der maoistische Flügel der National Awami Party (NAP) griff sogar die chinesische Behauptung auf, dass das Ayub-Regime »gewisse antiimperialistische Züge« aufweise und deshalb in mancher Hinsicht der bürgerlichen Demokratie vorzuziehen sei.

Auf diese Weise konnte sich die Awami-Liga als einzige bedeutsame Oppositionskraft der Ostprovinz etablieren. Sie machte Propaganda für ihre Sechs Punkte, sie verlangte freie Wahlen und sie organisierte Demonstrationen gegen die Ayub-Diktatur. Einige ihrer Führer, einschließlich Mujibur Rahmans, wurden in der Folge verhaftet, was ihre Popularität nur noch weiter erhöhte. Als der Anti-Ayub-Aufstand Anfang 1969 zum Sturz des Diktators und dessen Ablösung durch die Yahya-Junta führte, war es daher kaum überraschend, dass vor allem die Awami-Liga davon profitierte. Trotzdem konnte sie ihre Vergangenheit nicht so leicht abschütteln. In den Wochen, bevor die Armee Ayub zum Rückzug überreden konnte, hatte die Awami-Liga noch bereitwillig an den »Verfassungsfragen« erörternden Runde-Tisch-Konferenzen teilgenommen, die Ayub einberufen hatte, um doch noch einen Kompromiss zu erzielen. Obwohl die Liga also die Massenbewegung befördert hatte und dabei Zeuge der Wut der bengalischen Arbeiter und Bauern geworden war, blieb sie doch mit ihrer parlamentarischen Vergangenheit verbunden.

Da das Yahya-Regime den Massenaufstand in beiden Teilen des Landes nicht unterdrücken konnte, war es gezwungen, allgemeine Wahlen zu versprechen, an denen alle Erwachsenen teilnehmen konnten. Seine Berater hielten dies wohl für ein gutes Ablenkungsmanöver. Sie waren davon überzeugt, dass es der Bürokratie mit ihrer langen Erfahrung auf diesem Gebiet gelingen werde, die Wahlergebnisse auf zufriedenstellende Weise zu manipulieren. Um dieser aber genügend Zeit für ihre entsprechenden Vorbereitungen zu verschaffen, wurden die Wahlen verschoben. Vorgeschobener Grund hierfür war der katastrophale Wirbelsturm Ende 1970, der 200 000 Bengalen das Leben kostete. Allerdings verstärkte das Versagen der Armee bei der Hilfe für die Flutopfer den tiefen Groll des bengalischen Volkes noch weiter. Als die unterschiedlichen maoistischen Splitterparteien in Ostbengalen sich zum Boykott der Wahlen entschieden, die schließlich im Dezember abgehalten wurden, war der Weg frei für einen Erdrutschsieg der Awami-Liga. Von den 169 Sitzen, die Ostpakistan in der Nationalversammlung zustanden, eroberte sie 167. Gleichzeitig gewann sie 291 der insgesamt 343 Sitze des Provinzparlaments. Als Mehrheitsfraktion in der Nationalversammlung stand ihr nun die Bildung der Zentralregierung zu. Eine solche Aussicht war natürlich für die westpakistanische Herrschaftsoligarchie ein absolutes Trauma. In Anbetracht der Tatsache, dass die Awami-Liga ihren Wahlkampf auf der Basis der Sechs Punkte geführt hatte und bei Wahlreden gelegentlich sogar darüber hinausgegangen war, stand fest, dass die Armee ein Zusammentreten der neuen Versammlung verhindern würde. Dabei wurde sie von Zulfiqar Ali Bhutto unterstützt, wenn nicht sogar angeleitet, der sich weigerte, eine von der Mehrheitspartei geführte pakistanische Regierung zu akzeptieren.

Bhuttos Pakistanische Volkspartei hatte die Wahl im Westteil des Landes gewonnen und hätte jetzt eigentlich ein Übereinkommen mit den Gesamtsiegern aushandeln sollen. Bhutto aber schmollte und befahl seiner Partei, ein Sitzung des neuen Parlaments zu boykottieren, die in Dhaka, der Hauptstadt Ostpakistans, einberufen worden war, womit er der Armee die Zeit zur Vorbereitung eines Militärschlags verschaffte. Damals prägte er den Slogan: »Idhar hum, udhar tum« (»Hier sind wir und dort seid ihr«), womit er endgültig klarmachte, das er wie das Militär nicht zu einer Teilung der Macht bereit war. Dies machte den Bruch unvermeidlich. Bengalen stellte jetzt jede Zusammenarbeit mit dem Zentralstaat ein. Eine Streikwelle lähmte die Provinz. Als die Awami-Liga ihre Politik der »Non-cooperation« ausrief, verließen zum Beispiel alle bengalischen Köche, Diener und Wäscher die Armeeunterkünfte. Die Verkäufer auf den Märkten weigerten sich, den Soldaten Nahrungsmittel zu verkaufen, und die Kennzeichen von bengalischen Autos, die Armeelager besuchten, wurden in der Zeitung *The People* veröffentlicht. Schließlich wurde die Lage so prekär, dass aus Westpakistan spezielle Nahrungsmittel für die Offiziere eingeflogen werden mussten.

Im Verlauf dieser Volksbewegung waren schon vor dem Beginn der eigentlichen Invasion am 26. März 1971 Hunderte von Bengalen durch die Hand von Soldaten umgekommen, die man jetzt endgültig als Mitglieder einer aus Westpakistan geschickten Besatzungsarmee ansah. Einige der damals beteiligten Generäle behaupteten später, der angeblich über sein eigenes Volk erschrockene Mujib habe die Armee aufgefordert, diese Bewegung zu zerschlagen, diese Bitte sei aber in Wirklichkeit eine Falle gewesen, um sie noch unbeliebter zu machen. »Welch verworren Netz doch spinnt, wer sich der Täuschung bedient« (Walter Scott).

Diese früheren Demonstrationen brutaler Gewalt hätten den Politikern der Awami-Liga eigentlich begreiflich machen sollen, welche Folgen es haben würde, wenn sie das bengalische Volk nicht auf einen längeren Kampf vorbereiteten. Sie weigerten sich allerdings, die entsprechenden Konsequenzen zu ziehen, obwohl die Massen auf allen Versammlungen der Awami-Liga mit donnernden Sprechchören ihren Wunsch nach einem vollständigen Bruch mit Pakistan deutlich machten. Das sprunghaft anwachsende politische Bewusstsein des Volkes war bereits bei den riesigen Versammlungen spürbar geworden, die vor und nach den Wahlen von 1970 überall in der Provinz stattgefunden hatten. Auf jeder weiteren Entwicklungsstufe verinnerlichten die Bürger die Lektionen der Vergangenheit viel schneller als ihre parlamentarischen Führer und zeigten immer deutlicher ihren Willen, den Kolonialstaat in Ostbengalen zu bekämpfen. Jedes Mal wurden sie allerdings vom tief verwurzelten Konstitutionalismus der Führung der Awami-Liga gebremst. Dieser Konflikt zwischen der Massenbewegung und dem zahmen Reformismus ihrer offiziellen Anführer war umso tragischer, als die existierenden Organisationen der Linken nur lokal bedeutsam oder diskreditiert und deshalb nicht in der Lage waren, den Verlauf des Kampfes entscheidend zu beeinflussen.

Der angesehene indische Zeitungskommentator Ranajit Roy wies auf eine politische Gemeinsamkeit des indischen und pakistanischen Establishments hin, als er seine Sympathie für Scheich Mujibur Rahman erklärte: »Die Führerschaft der Awami-Liga entspricht in vielerlei Hinsicht der Führung unserer eigenen Kongresspartei, die ebenfalls mithilfe einer friedlichen Agitation Kompromisse mit unseren Kolonialherren zu schließen versuchte und dies schließlich auch erreichte. Unsere Unabhängigkeit war das Ergebnis eines Übereinkommens mit den britischen Herren. Scheich Mujibur versuchte, mit Islamabad eine vergleichbare Abmachung zu treffen. Wie der Kongresspartei in Indien widerstrebt es der Awami-Liga, einen Krieg zu führen, wie ihn die Umstände Bangladesch aufgezwungen haben.«

Tatsächlich wiesen diese Überlegungen unabsichtlich auf einen wichtigen Unterschied zwischen dem britischen und dem pakistanischen Kolonialismus auf dem Subkontinent hin. Der britische Imperialismus konnte einen gewissen Grad an politischer Entkolonialisierung gewähren, weil er damit in keiner Weise auf sein ökonomisches Empire verzichtete, dessen wichtigste Bestandteile das malaiische Gummi und Zinn, das mittelöstliche Öl und die indischen Plantagen waren. Dagegen berührte der Verlust der politischen Kontrolle über Ostbengalen ganz direkt die vitalen Interessen des verarmten und erbärmlichen Subkolonialismus Islamabads. Je schwächer nämlich eine Kolonialmacht ist, desto mehr ist sie auf den formellen politischen Besitz der von ihr unterjochten Territorien angewiesen. In der Geschichte des 20. Jahrhunderts gibt es hierfür ein besonders aufschlussreiches Beispiel.

Die europäische imperialistische Macht, die den längsten und hartnäckigsten Krieg um den Erhalt ihrer Überseebesitzungen führte, war eben kein Industriestaat, also weder England, noch Frankreich oder Belgien. Es war das kleine, rückständige und noch weitgehend agrarische Portugal. Lissabon kämpfte gerade wegen der enormen wirtschaftlichen und ideologischen Wichtigkeit seiner afrikanischen Kolonien so erbittert darum, Angola, Mozambique und Guinea nicht aufgeben zu müssen. Der Subkolonialismus Portugals, dessen eigene Wirtschaft weitgehend vom Anlagekapital der entwickelten Länder abhängig war, lässt sich in vielerlei Hinsicht mit demjenigen Pakistans vergleichen. Keiner der beiden Staaten verfügte über großen politökonomischen Manövrierraum: Beide waren deswegen auf ihre je eigene Weise gezwungen, zu extremen und direkten Unterdrückungsmaßnahmen zu greifen.

Diese führten in beiden Ländern zu einer massiven Krise: Das eine brach, wie in diesem Buch gezeigt wird, auseinander, in dem anderen kam es zu einer ernsthaften Spaltung des Militärs. Portugiesische Majore und Oberste standen an der Spitze der Volksbewegung, die 1974 die Diktatur Salazars in der sogenannten Nelkenrevolution zu Fall brachte.

Jede objektive Betrachtung der Awami-Liga, die ja bis heute eine bedeutende politische Kraft in Bangladesch geblieben ist, wird zu dem Schluss kommen, dass sie seit ihrer Entstehung eine säkulare, aber zutiefst konservative Partei war. Ihre ersten Jahre waren wie bei ihren westpakistanischen Schwesterparteien von parlamentarischen Manövern und Intrigen geprägt. Ihre wichtigsten gesellschaftlichen Wurzeln lagen in der Schicht der Beamten, Lehrer, kleinen Händler und Geschäftsinhaber, von denen es gerade in der ostbengalischen Gesellschaft besonders viele gibt. Ihr Gründer H. S. Suhrawardy, der 1956 auf 1957 für kurze Zeit sogar pakistanischer Premierminister werden konnte, zeichnete sich vor allem dadurch aus, dass er 1956 die englisch-französisch-israelische Invasion in Ägypten unterstützte. Er wurde zu einem der artikuliertesten Verteidiger der imperialistischen Interessen in Pakistan sowie der amerikanischen Asienpolitik. Linke Parteien und Organisationen in Ostpakistan, die dieser Politik entgegentraten, wurden von »Freiwilligen« der Awami-Liga körperlich angegriffen und ihre Versammlungen mit monotoner Regelmäßigkeit aufgelöst. Suhrawardys andere bemerkenswerte Leistung war die Oberaufsicht über den Zusammenschluss der Provinzen Belutschistan, Sindh und der Nordwest-Grenzprovinz zu einem einzigen Territorium, das vollständig vom Punjab dominiert wurde. Auf diese Weise zeigte er seinen ganzen Respekt für die »Autonomie« der westpakistanischen Provinzen.

Nach 1958 spielte Suhrawardy in den ersten Jahren der Ayub-Diktatur eine Dissidentenrolle und wurde deshalb auch kurzzeitig inhaftiert. Allerdings blieb seine Opposition immer im bürgerlich verfassungsmäßigen Rahmen. Suhrawardys unzweifelhafte Begabungen – er war ein tüchtiger Anwalt, ein geschickter politischer Strippenzieher und ein wortgewandter Unterhalter – machten ihn dem Rest der Führung der Awami-Liga haushoch überlegen. Seine Ambitionen hatten allerdings nichts mit der bengalischen Unabhängigkeit zu tun: Sein Ziel war es, die Awami-Liga zu einer gesamtpakistanischen Wahlkampfmaschine zu machen, die fähig war, als »nationale« Partei die Macht zu gewinnen und dadurch H. S. Suhrawardy zum höchsten Staatsamt emporzukatapultieren. Sein frühzeitiger Tod im Jahre 1963 setzte diesem Traum ein Ende.

Man muss sich an diese Frühgeschichte erinnern, will man die späteren Verhaltensweisen der Liga verstehen. In den restlichen Jahren des Ayub-Regimes spielte sie weiterhin eine Oppositionsrolle. Ayub selbst zog mehr als einmal in Erwägung, mit ihren Führern einen Kompromiss auszuhandeln und sie in die Zentralregierung aufzunehmen, aber die Politgangster aus der ostpakistanischen Unterwelt, auf die er sich so lange zur Aufrechterhaltung von »Recht und Ordnung« in Bengalen gestützt hatte, sabotierten erfolgreich diesen Plan, da dieser das Ende ihrer eigenen politischen Karriere bedeutet hätte.

Der Awami-Liga blieb deswegen keine andere Wahl, als in der Opposition zu bleiben. 1964 trat sie einem Mehrparteienbündnis (»Vereinigte Oppositionsparteien«) bei, um einen Kandidaten gegen Ayub ins Feld zu schicken, aber die Wahlen wurden von der Armee und dem öffentlichen Dienst manipuliert und der Feldmarschall mit einer komfortablen Mehrheit »bestätigt«. Daraufhin erlebte das Land einen inneren Zusammenbruch, den aber niemand in der Machtelite bemerkte. Von nun an würde die Awami-Liga gegen ihren eigenen Willen in eine andere Richtung getrieben werden, wobei ihr bald keine andere Wahl mehr blieb, als dem Militär frontal entgegenzutreten. Die transatlantische Presse hoffte dagegen immer noch auf einen Militärdiktator. Einige Wochen, bevor das Militär auf 75 Millionen Bengalen losgelassen wurde, unterstützte zum Beispiel der *Economist* weiterhin General Yahya: »... Wahrscheinlich wird der Präsident alles in seiner Macht Stehende tun, um die Armee zurückzuhalten. Bisher hat er sich politisch als Modellsoldat erwiesen, der sich aus dem Wahlkampf völlig heraushielt und nach der Wahl alle politischen Gefangenen freiließ.«

Jinnahs Pakistan starb am 26. März 1971, als Ostbengalen in Blut ertrank. Immerhin waren zwei westpakistanische hohe Offiziere zuvor aus Protest gegen das, was kommen würde, von ihren Posten zurückgetreten. Admiral Ahsan und General Yaqub verließen die Provinz, als ihre Appelle an Islamabad zurückgewiesen wurden. Beide Männer hatten sich strikt gegen eine militärische Lösung ausgesprochen. Bhutto dagegen befürwortete die Invasion. »Gott sei Dank, Pakistan ist gerettet«, erklärte er und nahm damit die folgende Katastrophe billigend in Kauf. Rahman wurde verhaftet und einige hundert Nationalisten und linke Intellektuelle, Aktivisten und Studenten in sorgfältig organisierten Massakern umgebracht. Die Liste der Opfer war zuvor mit der Hilfe lokaler militanter Islamisten zusammengestellt worden, deren Partei, die Jamaat-i-Islami, bei den Wahlen schwere Verluste erlitten hatte. Den Soldaten erzählte man, dass die Bengalen erst vor Kurzem zum Islam konvertiert seien und deshalb noch keine »echten Muslime« seien, weswegen ihre Gene verbessert werden müssten. Dies war die Rechfertigung der anschließenden Massenvergewaltigungen.

In Dhaka wartete Mujibur Rahman daheim auf seine Verhaftung. Viele seiner Kollegen gingen in den Untergrund. Das Militär beschoss die Universität von Dhaka mit Granaten. Artillerieeinheiten legten ganze Arbeiterviertel in Schutt und Asche. Gewerkschaftsbüros und Zeitungsredaktionen wurden niedergebrannt. Soldaten drangen in das Studentinnenwohnheim auf dem Universitätscampus ein und vergewaltigten und töteten viele Bewohnerinnen. Mit der Hilfe von Geheimdiensten und örtlichen Kollaborateuren, hauptsächlich islamischen Aktivisten, hatte man (wie 1965 in Indonesien) Proskriptionslisten von Nationalisten und Kommunisten erstellt, die jetzt abgeholt und liquidiert wurden. Ich war damals traurig und wütend zugleich. Ich hatte diese Tragödie vorausgesagt, aber immer noch gehofft, sie ließe sich vermeiden. Unmittelbar nach den Wahlen vom Dezember 1970 hatte ich geschrieben: »Werden die pakistanische Armee und die kapitalistischen Barone Westpakistans eine Erfüllung dieser Forderungen zulassen? Die Antwort lautet: Ganz klar Nein. Wahrscheinlich wird man kurzfristig Mujibur Rahman erlauben, Ostpakistans prozentuale Anteile an den Import- und Exportlizenzen zu erhöhen, und ihm einen größeren Anteil an den ausländischen Kapitalinvestitionen zugestehen. Dies sind die ›Konzessionen‹, zu denen die Armee in den kommenden Monaten bereit sind wird. Wenn Rahman sie akzeptiert, wird er an der Macht bleiben dürfen. Wenn nicht, wird die Armee ihre gewohnte Arbeit erledigen. Natürlich kann kein Zweifel daran bestehen, dass im Falle eines weiteren Militärputschs die ungeheure Unzufriedenheit der bengalischen Bevölkerung und deren Wunsch nach einem unabhängigen Bengalen hundertfach zunehmen werden ...«[22]

Die bengalischen politischen Führer hatten das Volk nicht auf diesen Gewaltausbruch vorbereitet. Hätten sie es getan, wären vielleicht viele Leben gerettet worden. Bengalische Polizisten und Soldaten hatten von Anfang an nur auf die Aufforderung gewartet, mit ihren Waffen zu desertieren und ihr eigenes Volk zu verteidigen. Jetzt läutete die Todesglocke für das Pakistan Jinnahs. Bangladesch (das »Land der Bengalen«) stand kurz vor seiner Gründung. Der Kampf, der nun zwischen bengalischen Befreiungskräften und der bewaffneten Macht des westpakistanischen Kapitals losbrach, war einerseits eine Fortsetzung der Massenbewegung von 1968/69, stellte andererseits aber auch einen qualitativen Bruch dar.

Seit Anfang 1971 gab es in Ostbengalen zwei bestimmende Politikmerkmale: einerseits die begeisterte Teilnahme des Volkes an jeder weiteren Ebene eines eskalierenden gesellschaftlichen und nationalen Kampfes, andererseits die politischen Schwächen der kleinbürgerlichen Honoratioren der Awami-Liga, deren Tradition, durch politische Winkelzüge ständig nach Kompromissen zu suchen, sie für die Führerschaft in einem wirklichen Unabhängigkeitskampf völlig ungeeignet machte. Mujib hatte zwar am 7. März 1971 vor einer Versammlung von fast einer Million Menschen gegen die Verzögerungen und Intrigen gewettert, sich aber geweigert, die Unabhängigkeit auszurufen.

Die »Operation Searchlight« (»Operation Suchscheinwerfer«) war zwar brutal, aber ziemlich ineffektiv. Die Tötung von Studenten und Intellektuellen führte eben nicht zu dem von den pakistanischen Generälen erstrebten schnellen und klaren Sieg. Als die anfängliche Attacke fehlschlug, begann das Militär mit der Hilfe örtlicher islamistischer Freiwilliger (Mitglieder der Jamaat-i-Islami), Hindus umzubringen (von denen es in Ostpakistan immer noch 10 Millionen gab) und ihre Häuser niederzubrennen. Zehntausende Menschen verloren dabei ihr Leben. Dies waren nach den Kriterien des Völkerrechts eindeutig Kriegsverbrechen.[23]

Während all dies geschah, schauten die meisten Yahya unterstützenden westlichen Regierungen weg und hofften das Beste. Als sich die Nachricht von dieser Offensive verbreitete, meuterten die hauptsächlich aus Bengalen bestehenden Grenztruppen der East Pakistan Rifles. Später wurde dann in den Propagandaverlautbarungen Islamabads immer wieder beschrieben, wie deren westpakistanischer Kommandeur Oberst Janjua mitten in der Nacht von einem bengalischen Untergebenen aufgeweckt und im Pyjama in sein Büro geführt wurde. Dort setzte man ihn auf den Stuhl des kommandierenden Offiziers, wo er von seinem Offiziersburschen erschossen wurde. Das war zwar eine äußerst hässliche Sache, aber welcher Bürgerkrieg ist das nicht? Nur wenige Leute stellten sich dabei die Frage, wie es überhaupt möglich war, dass die einzige bengalische Militäreinheit des ganzen Landes einen nicht-bengalischen Kommandeur hatte. Dies war sicherlich Teil des Problems.

In verschiedenen Teilen der Provinz bildeten sich Guerillaeinheiten, die zwar unterschiedliche politische Gruppierungen vertraten, aber gemeinsam für die Unabhängigkeit kämpfen wollten. Die stärkste von ihnen war die hauptsächlich von Nationalisten der Awami-Liga angeführte Mukti Bahini (Befreiungsarmee), aber es gab auch noch andere Gruppen, die wie die unter der Führerschaft Tipu Biswas und Abdul Matins stehende auf lokaler Ebene operierten. Manche von ihnen bezeichneten Che Guevara als ihr Vorbild. Diese Kämpfer hatten wohl unter den gegebenen Umständen keine andere Wahl. Die Herrschaftseliten in Indien wie auch in Pakistan wünschten ein rasches Ende dieses Kampfes, das aber nun nicht mehr möglich war. In diesem Stadium übte ein kleiner Kreis von Offizieren, flankiert von ein paar zivilen Beratern und Komplizen, die höchste Gewalt in Islamabad aus. Yahya Khan selbst war inzwischen zu einer schwachen und faulen Galionsfigur geworden. Später würde man sich erzählen, wie er tief in der Nacht im Zustand fortgeschrittener Trunkenheit laut lachend und völlig nackt, verfolgt von seiner allgemein als »General« Rani bekannten Lieblingsmätresse, auf die Straßen Peschawars hinausrannte und von seinen dadurch nur wenig überraschten Wachen wieder ins Haus geführt werden musste. Dies ereignete sich in der heißesten Phase des Krieges. Das alles hätte nicht einmal etwas ausgemacht, wenn Yahya erfolgreich gewesen wäre, aber sein Versagen stand der Armee deutlich vor Augen.

Zu der Clique, die die eigentliche Regierungsgewalt ausübte und die Kriegführung bestimmte, gehörten fünf hohe Generäle und einige Zivilbeamte, von denen sich keiner durch größere Kompetenz auszeichnete. Ein höherer Offizier der damaligen Zeit, General Gul Hassan, beschreibt in seinen Memoiren das Chaos, das während des Kriegs im obersten Hauptquartier herrschte: Die Meldungen waren voller Lügen, militärische Fehlschläge wurden vertuscht, die Überdehnung der Militäreinheiten machte Dhaka verwundbar, usw. Rein militärisch war das Ganze eine einzige Katastrophe. Der Oberkommandierende der Streitkräfte in Ostpakistan, General »Tiger« Niazi, hatte sich gebrüstet, er werde die Rebellion in ein paar Wochen niederschlagen, aber dies stellte sich als leeres Geprahle heraus. Gul Hassan konnte seine Verachtung für Niazi kaum verbergen, dem er gerade einmal die »Qualitäten eines Kompaniechefs« zugestehen wollte. Hassan selbst war allerdings auch kein großer strategischer Denker und entwickelte den total verrückten Plan, eine zweite Front zu eröffnen und Indien an seiner Westgrenze anzugreifen. Der beste Weg, Ostpakistan zu retten, sei ein umfassender Krieg zwischen den beiden Staaten. Dieser werde zu einem Eingreifen der UN, der USA und Chinas führen, die dann einen allgemeinen Waffenstillstand durchsetzen würden. Die ganz reelle Gefahr bestand allerdings darin, dass bei einem durchaus wahrscheinlichen Nichteingreifen der ausländischen Mächte dann auch Westpakistan in Flammen stehen würde. Seine Vorgesetzten klopften ihm auf die Schulter, lobten seine klugen Überlegungen, lehnten den Vorschlag aber dankend ab.[24] Sie waren wohl noch nicht ganz verblödet.

Die komplette Kontrolle des Staates durch die Armee warf noch weit grundsätzlichere Fragen auf. Zwar konnte die pakistanische Armee und Zivilverwaltung tatsächlich immer eine relative Autonomie gegenüber den Grundbesitzern und Geschäftsleuten Westpakistans aufrechterhalten. Umgekehrt war dies aber nicht der Fall. Letztere waren vielmehr vom militärisch-bürokratischen Komplex, der den Staat kontrollierte, zutiefst abhängig. Dieser Prozess war durch die Massenproteste der Jahre 1968 und 1969 noch beschleunigt worden. Die Oligarchie im Westen wurde sich ihrer Abhängigkeit von einem weiterhin gut funktionierenden militärischen und zivilen Staatsapparat mehr und mehr bewusst. Eine einige Armee war also über ihre rein repressive Funktion hinaus auch als politischer Sammelpunkt absolut notwendig. Die Sechs Punkte vom März 1971 hatten mitten ins Herz der oligarchischen Herrschaft im Westen getroffen. Dies erklärt auch die entschiedene Weigerung, einen Kompromiss mit der Awami-Liga zu schließen, die Heftigkeit der Aktionen gegen den Osten und die bemerkenswerte Einigkeit innerhalb der westpakistanischen Herrschaftszirkel, den Militärschlag vom 25. März sofort zu unterstützen. Darin liegt auch der Grund für die Treue der Vereinigten Staaten und ihres britischen Adjutanten zum Militärregime, obwohl dieses die »Stabilität« in Bengalen in Gefahr gebracht hatte.

Die Vereinigten Staaten versuchten, die pakistanische Diktatur zu einer gewissen »Mäßigung« zu bewegen, während sie sie sonst in jeder Hinsicht unterstützten. Trotzdem gab es auch in Washington kritische Stimmen, die über die Bedrohung ihrer globalen Interessen durch den engstirnigen Nationalismus der pakistanischen Armee ziemlich verärgert waren. Außerdem befürchteten sie, das Debakel im Osten könnte die bisher solide gefügte Kommandostruktur des pakistanischen Militärs destabilisieren.

Die von britischen Gepflogenheiten zutiefst geprägten höheren Offiziere hatten bisher die Ranghierarchie strikt beachtet. Als Ayub und Yahya 1958 bzw. 1969 die Macht ergriffen, waren beide Armeeoberbefehlshaber und handelten also quasi von Amts wegen. Ein Militärputsch im Stil des Nahen Ostens oder Lateinamerikas durch radikale jüngere Generäle oder Oberste wäre ein scharfer Bruch mit dieser ganzen Tradition gewesen. Dieser Fall konnte dann allerdings nach der vernichtenden Niederlage vom Dezember 1971 gerade noch abgewendet werden, als sich die innenpolitische Lage bereits sehr verschlimmert hatte und die himmelschreiende Unfähigkeit der Armeeführung unter den jüngeren Offizieren große Unruhe auslöste.

Der Krieg in Bangladesch war ein schwerer Schlag für die pakistanische Wirtschaft, die seit 1968 ohnehin in einer Depression steckte. Die Devisenvorräte schmolzen dahin, gleichzeitig stiegen Preise und Arbeitslosigkeit stark an. Natürlich brachen die Juteausfuhren völlig zusammen, was zu einem starken Kursverfall an der Börse von Karatschi führte. Grund für diese schwere Wirtschaftskrise waren vor allem die Kosten der Expeditionsstreitmacht in Bengalen. Die Presse schätzte sie auf etwa 2 Millionen Dollar am Tag (dies wären nach heutiger Kaufkraft 40 Millionen Dollar), eine Riesenbelastung, wenn man dem noch das chronische westpakistanische Einfuhrdefizit von monatlich 140 Millionen Dollar (dies wären heute 9 Milliarden Dollar) hinzufügte. Das Regime in Islamabad stand einem heimischen Wirtschaftsengpass gegenüber, den es nicht auf der Rechnung hatte, als es im März seine völkermörderischen Operationen begann. Es stellte einseitig die Bedienung seiner Auslandsschulden ein und benötigte große Finanzhilfen vonseiten der Vereinigten Staaten, um einen Totalbankrott abzuwenden.

Neue Gefahren lauerten an einer anderen Front: Der von Indira Gandhi angeführten indischen Regierung wurde bald klar, dass ein längerer bewaffneter Konflikt in Ostbengalen gefährliche Auswirkungen auf das indische Westbengalen haben könnte. Diese Provinz steckte schon seit drei Jahren in einer tiefen sozialen Krise. Bauernaufstände und eine allgemeine gesellschaftliche Unruhe hatten die Grenzprovinz zu einem Pulverfass werden lassen. Die indische Herrschaftselite war zwar weit stärker als ihr pakistanisches Gegenüber, war sich andererseits der gefährlichen Lage jedoch bewusst und befürchtete, dass sich diese Infektion weiterverbreiten könnte. Viele, die diesen Bericht heute lesen, wird der Gedanke erstaunen, dass ein Machthaber jemals vor einer »roten Revolution« Angst haben könnte, aber tatsächlich war dies damals der Fall. Die Stärke der Kommunistischen Partei (Marxisten) und der links von ihr stehenden maoistischen Gruppen ängstigte tatsächlich mehrere aufeinanderfolgende indische Regierungen.

Dies war einer der wichtigsten Gründe, warum Frau Gandhi mit ihrer demagogischen Antwort auf die Ereignisse in Ostbengalen nicht lange wartete. Alle indischen Oppositionsparteien forderten Neu-Delhi bereits seit Langem auf, stärker in Ostpakistan zu intervenieren. Indira Gandhi hatte es allerdings vorgezogen, die Awami-Liga finanziell zu unterstützen, gleichzeitig aber die Grenze überquerende Guerillas entwaffnen zu lassen und die auf indischem Boden errichteten sogenannten »Trainingslager« einer strikten Kontrolle zu unterwerfen. Obwohl militärisch weit überlegen, schreckte Neu-Delhi vor der Vorstellung einer Militärintervention in Ostbengalen zurück, da diese die Vereinigten Staaten und China verärgern würde und die ganze Region in ein Chaos stürzen könnte, von dem die indische Regierung befürchtete, es sei auch von ihr nicht mehr beherrschbar. Selbst wenn es der Awami-Liga gelungen wäre, einen, wie ihn Indira Gandhi nannte, »säkularen und demokratischen Staat« in Ostbengalen zu errichten, hätte die Schwäche der einheimischen Elite und das fast völlige Fehlen eines Staatsapparats sehr schnell die Frage aufgeworfen, ob das Ganze nicht doch auf eine revolutionäre Lösung hinauslaufen könnte.

Die effektivste politische Kraft in Westbengalen selbst war zu dieser Zeit (wie auch heute noch) zweifellos die Kommunistische Partei Indiens (Marxisten) mit ihren Zehntausenden von Parteiaktivisten und Millionen von Anhängern. Die zentristischen Beschränkungen dieser Partei waren allerdings immer deutlich sichtbar, obgleich die Suspendierung der Provinzregierung und die anschließende Übernahme der Regierungsgewalt in dieser Provinz durch die Zentralregierung ihr eine etwas revolutionärere Rhetorik gestattete. Ihre Führer behaupteten nun, Indira Gandhi und Yahya Khan seien Vertreter von vergleichbaren reaktionären sozialen und politischen Kräften, was sicherlich etwas unfair war. So wie Ostbengalen ganz speziell von Westpakistan ausgebeutet werde, wurde ihrer Meinung nach »Westbengalen ganz speziell von der indischen Zentralregierung ausgebeutet«. Die logische Folge dieser Ansicht wäre eigentlich die Entwicklung einer Strategie zur Errichtung eines »Vereinigten Sozialistischen Bengalen« gewesen. Eine solche Überlegung hätte allerdings einen Bruch mit der eigenen Vergangenheit bedeutet, zu dem die Communist Party of India (Marxisten) nicht fähig war. Vielleicht war das Ganze wirklich eine utopische Vorstellung und vielleicht war es meine starke utopische Ader, die mich ganz unabhängig von der CPI (M) dazu brachte die Forderung nach einer Vereinigten Sozialistischen Bengalischen Republik aufzustellen. Man beschimpfte mich daraufhin als »ultralinken Abenteurer«, eine Kritik, die von heute aus betrachtet möglicherweise ein Körnchen Wahrheit enthielt. Zu dieser Zeit erschien mir die Idee jedoch eine durchaus vernünftige Antwort auf Militärdiktatoren, kompromittierte Politiker und unsaubere Geschäftsleute.

In meiner Rolle als »ultralinker Abenteurer« kam ich 1971 als Hinduhändler verkleidet in stockdunkler Nacht in Kalkutta an. Dort wollte ich mich mit einem Kurier aus dem Kriegsgebiet treffen und mit ihm zusammen die Grenze nach Ostpakistan überqueren, um dort direkten Kontakt zur bengalischen Widerstandsbewegung aufzunehmen. Ich hatte mir zum ersten und letzen Mal meinen Schnurrbart abrasiert und erkannte mich jetzt selbst kaum wieder. Ich war mit einem falschen britischen Pass unterwegs, der einst einem Mann namens Muttabir Thakur gehört hatte, einem bengalischen Händler aus der Brick Lane im Londoner East End. Ich hatte keine Ahnung, wer er war, aber er hatte seinen Pass freiwillig zur Unterstützung des bengalischen Befreiungskampfes zur Verfügung gestellt. Ich war zu dieser Zeit immer noch pakistanischer Staatsbürger und wusste genau, dass damals wie heute ein pakistanischer Pass eine schnelle Einreise in die meisten Länder und besonders nach Indien nicht gerade erleichterte.

Aus unerfindlichem Grund hatte Sophie, die französische Genossin, die meine Haare in Paris gefärbt hatte, diesen und meinen Augenbrauen einen rötlichen Stich gegeben, sodass ich beim Blick in den Spiegel einen Serienmörder aus einem Hollywoodfilm zu sehen glaubte. Tatsächlich hatte ich einen Revolver dabei, den ich auf Umwegen von der IRA für diese Reise bekommen hatte und der nun zusammen mit etwas Munition in meinem Koffer lag.

Am Flughafen in Bombay stellte mir der Grenzbeamte die Routinefrage: »Wie lautet der Name Ihres Vaters?« Ich hatte zwar Thakurs angebliche Adresse in Kalkutta auswendig gelernt, aber diese Frage dummerweise nicht vorausgesehen. Ich geriet in Panik und antwortete ohne Nachzudenken: »Mohammed.« Der Grenzbeamte war geschockt, aber bevor er noch etwas sagen konnte, entspannte eine ältere, wohlbeleibte Parsi-Dame, die offensichtlich die Tatsache rührte, dass man dem Vater eines Hindujungen den Namen »Mohammed« gegeben hatte, die Situation, indem sie ausrief: »Wie süß!« Alle lächelten, ich erhielt einen Einreisestempel und die Zollbeamten verzichteten darauf, meinen Koffer zu öffnen.

Ich wollte über die Grenze gehen und auf der anderen Seite Kontakt zur Guerillatruppe von Abdul Matin und Tipu Biswas aufnehmen, die zum guevaristischen Flügel der bengalischen Linken gehörten, dem ich mich am meisten verbunden fühlte. Einer ihrer Anhänger hatte tatsächlich Che Guevaras Buch *Guerillakampf und Freiheitsbewegung* ins Bengalische übersetzt. Es wurde nun auch von Soldaten der Mukti Bahini gelesen, der offiziellen Befreiungsarmee, in der auch frühere bengalische Soldaten und Offiziere der pakistanischen Armee kämpften. Matins und Biswas' Kämpfer operierten angeblich zu dieser Zeit in Pabna, im Herzen der Ostprovinz zwischen dem Ganges und dem Brahmaputra, sowie im Nordosten in der Gegend von Sylhet und Mymensingh. Hier war bereits in den Jahren 1945–1947 das Zentrum des großen Tebhaga-Bauernaufstands gewesen, dessen Ziel eine Senkung der Landpachten war. Es handelte sich dabei um die bisher militanteste Sozialrevolte der armen Bauernschaft auf dem gesamten Subkontinent. Diese Tradition war augenscheinlich immer noch lebendig. In Kalkutta traf ich mich mit einem Kurier aus dem bengalischen Untergrund. Er kann nicht mehr als achtzehn Jahre alt gewesen sein, aber seine Gelassenheit und natürliche Autorität straften seine Jugend Lügen. Er machte auf mich großen Eindruck. Er erzählte mir, dass die Widerstandsbewegung jeden Tag größer und reifer werde und es ihr inzwischen sogar gelungen sei, die Hafenstädte Chittagong und Chalna lahmzulegen und damit den Handel zwischen den beiden Landesteilen fast völlig zum Erliegen zu bringen. »Bald werden wir Santa Clara einnehmen, und dann Havanna«, sagte er mit einem Lächeln. Dies war die einzige Anspielung auf seine politischen Ansichten, die ich jemals von ihm zu hören bekam. Angesichts der ganz unterschiedlichen Hintergründe der Widerstandsgruppen war es in diesen Tagen tatsächlich besser, sich nicht zu sehr für deren politische Verbindungen zu interessieren, vor allem wenn man wie ich ein Punjabi aus Westpakistan war.

Man hatte ihn angewiesen, mich an einem ganz bestimmten Punkt über die Grenze zu bringen, wonach dann andere für meinen Weitertransport sorgen würden. Er bestand darauf, dass wir keine Waffen auf diese Reise mitnehmen, weil wir von der indischen Grenzpolizei angehalten und durchsucht werden könnten. Also ließ ich – wenn auch widerstrebend – meinen Revolver in Kalkutta zurück. Als wir uns dem Grenzgebiet näherten, mussten wir immer wieder Straßensperren passieren. Es gab Anzeichen für massive indische Truppenbewegungen: viele Panzer waren zu sehen. Offensichtlich war man gerade dabei, die Grenze völlig abzuriegeln. Unterwegs warnten uns örtliche Aktivisten, dass Grenzübertritte inzwischen praktisch unmöglich geworden seien. Es blieb uns also nichts anderes übrig, als unsere Mission abzubrechen. Der Kurier behielt bei alldem immer einen kühlen Kopf. Er führte mich noch an einen sicheren Ort in Kalkutta und machte sich danach auf den Rückweg. Ich habe seinen wirklichen Namen nie erfahren. Einige Jahre später erzählte mir ein bengalischer Freund, dass er tot sei.

Eines Morgens ging ich zum Frühstück ins »Great Eastern«-Hotel, einem etwas heruntergekommenen, aber immer noch stimmungsvollen Relikt der britischen Herrschaft in Zentralkalkutta. Ich plauderte gerade mit einigen Freunden, als plötzlich ein englischer Journalist – Peter Hazelhurst von der *Times* – an unseren Tisch trat und mich anstarrte. Ich schaute auf, tat so, als ob ich ihn nicht erkennen würde und wandte mich dann wieder ab. Wir hörten zu reden auf und versteckten uns hinter unseren Zeitungen. Hazelhurst schien zuerst etwas unschlüssig, kehrte dann aber zu unserem Tisch zurück. Er sprach mich an, aber ich entschloss mich, ihn zu ignorieren. Er aber blieb hartnäckig, bestand darauf, dass er meine Stimme erkannt habe und gratulierte mir zu meiner ansonsten recht gelungenen Verkleidung. Danach drohte er allerdings, mich auffliegen zu lassen, wenn ich ihm nicht in einem Exklusivinterview erklären würde, was ich hier eigentlich mache. Ich saß in der Falle und willigte ein. Danach gab er mir vierundzwanzig Stunden, um das Land zu verlassen, und legte sogar noch eine falsche Fährte, als er in seinem Artikel schrieb, ich trüge im Moment einen Vollbart und hätte vor, nach Delhi zu reisen. Tatsächlich fuhr ich zum Flughafen und nahm das erste Flugzeug nach London. Im Verlauf dieses Interviews hatte ich die Frage gestellt, ob nicht ein Vereinigtes Rotes Bengalen die beste Lösung wäre, ein Fanal für die gesamte Region und ein Funke, der die Prärie in Brand setzen würde. Damals liebte man ja die großen Worte. Hazelhurst stimmte zu, dass die Idee eines Roten Bengalen Delhi sogar noch mehr als Islamabad ängstigen würde. In seinem Artikel gab er dann meine diesbezüglichen Aussagen korrekt wieder, was in diesen Zeiten nicht gerade häufig geschah. Diese von mir nicht einmal genau durchdachten Überlegungen stachen in ein Hornissennest. Vor allem die maoistischen Gruppierungen betrachteten sie als »kleinbürgerliche nationalistische Abweichung«. Die Aussicht eines vereinigten Bengalen alarmierte auch Washington, das ein solches Gebilde als Sprungbrett für die mögliche Vietnamisierung Südasiens betrachtete. Dies wurde besonders deutlich, als zu meinem Erstaunen, aber auch zu meiner großen Freude der folgende Kommentar in der *New York Times* erschien:

> »Mr. Alis radikale Sicht des Chaos, das gegenwärtig dem indischen Subkontinent droht, darf auf keinen Fall leicht genommen werden … Ein längerer Guerillakrieg in Ostpakistan hätte tief greifende Auswirkungen auf die benachbarte, stets gewaltbereite indische Provinz Westbengalen, die jetzt schon durch den Zustrom von mehr als drei Millionen Menschen schwer belastet ist, die vor der Terrorkampagne der pakistanischen Armee geflohen sind. Der Druck auf Ministerpräsidentin Indira Gandhi wächst, durch ein direktes Eingreifen den Versuch zu unternehmen, diese Bedrohung für Indiens inneren Frieden und seine territoriale Integrität zu beenden. Offensichtlich liegt es in niemandes Interesse, dass der bengalische ›Funke‹ einen größeren internationalen Konflikt anfacht, in den bald auch die Großmächte verwickelt wären. Auch wäre es unklug, zu erlauben, dass sich die Situation in Ostpakistan weiterhin derart verschlechtert, dass ein allmählicher politischer Zerfall des gesamten Subkontinents nicht mehr ausgeschlossen erscheint. Um Mr. Ali und seinesgleichen ihrer ›großen Gelegenheit‹ zu berauben, ist es unerlässlich, dass sich der pakistanische Präsident Yahya Khan unverzüglich mit dem gemäßigteren Scheich Mujibur Rahman und seiner Awami-Liga verständigt, die in den nationalen und den Provinzwahlen vom letzten Dezember einen überwältigenden Sieg davongetragen haben. Ein solches Übereinkommen mit Ostpakistans gewählten Vertretern sollte Vorbedingung für die Wiederaufnahme der US-Hilfe für Pakistan sein, soweit es sich dabei nicht um unmittelbare humanitäre Hilfe handelt.«[25]

Aber Yahya war inzwischen nicht mehr im Spiel. Es war die indische Ministerpräsidentin Indira Gandhi, die uns unserer »großen Gelegenheit«

beraubte. Neu-Delhi war deutlich geworden, dass die pakistanische Armee die Provinz nicht mehr lange halten konnte und dass bei einem Fortdauern des Guerillakriegs die Führung der Awami-Liga von radikaleren Elementen ins Abseits gedrängt werden könnte. Dementsprechend überschritt die indische Armee am 3. Dezember 1971 die Grenze nach Ostbengalen. Dort wurde sie von der einheimischen Bevölkerung als Befreier empfangen und unterstützt, während sie auf die Hauptstadt Dhaka vorrückte. Innerhalb von zwei Wochen zwang sie »Tiger« Niazi und den Rest seiner Kommandeure zur Kapitulation. Pakistan verlor die Hälfte seiner Marine, ein Viertel seiner Luftstreitkräfte und fast ein Drittel seiner Armee. Die Niederlage war total. Nach einigen Wochen wurde Scheich Mujibur Rahman aus seinem westpakistanischen Gefängnis entlassen und über London nach Dhaka geflogen. Da Washington befürchtete, dass in seiner Abwesenheit das Chaos ausbrechen würde, hatte es Islamabad zu seiner schnellen Freilassung gedrängt. Der besiegten Führung blieb nichts anderes übrig, als dieser Aufforderung Folge zu leisten. Ostbengalen wurde jetzt zu Bangladesch, einem Land von 70 Millionen Einwohnern. Nach ein paar weiteren Wochen zog die indische Armee aus dem neuen Staat ab, der nun seinen eigenen Staats- und Verwaltungsapparat aufbauen musste.

Der heftige Wirbelsturm, der Ostbengalen 1970, ein Jahr vor der pakistanischen Armee, verwüstet hatte, hatte 200 000 Menschenleben gefordert. Die Natur war trotzdem freundlicher als der Mensch gewesen. Scheich Mujibur Rahman bestand darauf, dass während des Krieges drei Millionen Bengalen den Tod gefunden hätten. Die pakistanische Armee bestritt diese Zahlen, ohne eigene zu liefern. Ein höherer Beamter des US-Außenministeriums, der sich vermutlich auf US-Geheimdienstberichte stützen konnte, schrieb später, dass »zwischen März und Dezember (1971) in Bengalen eine Million Menschen getötet wurden. Etwa vier Millionen Familien – also bis zu 20 Millionen Menschen – sind aus ihren Heimatorten geflohen, wobei die Hälfte von ihnen in Indien Zuflucht suchte. Zwischen ein und zwei Millionen Häuser wurden zerstört …«[26] Dies sind schockierende Zahlen, die die Massaker während der Teilung und selbst die schreckliche bengalische Hungersnot von 1943 weit in den Schatten stellen. General A. O. Mitha hatte in den Sechzigerjahren mithilfe des US-Militärs die Sondereinsatztruppe Special Service Group (SSG) aufgebaut, die Sondereinsätze hinter den feindlichen Linien (in Indien) ausführen sollte. Ihre Kommandos waren bereits lange vor dem März 1971 nach Ostpakistan gesandt worden. In seinen Memoiren beschreibt Mitha, wie er als junger, in Kalkutta stationierter Offizier das herzzerreißende Los der Hungeropfer mit ansehen musste. Als Teil der Kriegsmaschinerie entlastet derselbe General gleichzeitig die Militärkommandeure und gibt den Politikern die Schuld am Blutbad in Ostbengalen.

Nach seiner Rückkehr nach Islamabad lud der für die Führung des Krieges verantwortliche Generalstabschef General Hameed alle Offiziere im Obersten Hauptquartier zu einer Versammlung ein, um ihnen zu erklären, warum sie kapituliert und die Hälfte des Landes verloren hatten. 35 Jahre später beschrieb Mitha, der dieses Treffen von Anfang an für eine schlechte Idee gehalten hatte, aber daran teilnehmen musste, was geschah, als Hameed nach seiner Ansprache um Fragen bat:

»… Nun brach die Hölle los. Majore, Oberstleutnante und Brigadegeneräle schrien und brüllten ihn an und belegten ihn und Yahya mit den allerschlimmsten Schimpfwörtern. Der Tenor ihrer Schimpfkanonaden war, dass der Grund für die Niederlage darin zu suchen sei, dass alle hohen Offiziere sich nur noch dafür interessieren würden, wie sie noch mehr Baugrundstücke und noch mehr Land bekommen könnten … Hameed versuchte sie zu beruhigen, aber niemand wollte ihm mehr zuhören. Deshalb verließ er den Raum …«[27]

General Gul Hassan, der ebenfalls an dieser Versammlung teilgenommen hatte, berichtete später, dass »nach meiner vagen Erinnerung immer wieder die Forderung gestellt wurde, in allen Offiziersmessen den Alkohol zu verbieten«. Außerdem war er davon überzeugt, dass eine Gruppe von Verschwörern in der Armee plante, Bhutto von der Special Services Group (SSG) entweder verhaften oder töten zu lassen, wenn er nach seiner Rede vor dem Sicherheitsrat der UN aus New York nach Islamabad zurückkehren würde. Gul Hassan kommentierte diese Planungen später folgendermaßen:

»Ich weiß nicht, welch genaue Rolle für die SSG in Rawalpindi vorgesehen war, aber ich kann definitiv bestätigen, dass sie auf dem dortigen Flughafen bestimmt nicht als Bhuttos Ehrengarde hätte auftreten sollen. Hätte man dieses Drama wirklich aufgeführt, hätte es wie eine Wiederholung unserer Militäraktion in Dhaka gewirkt. Ob der Präsident (Yahya Khan) an diesen Planungen beteiligt war, vermag ich nicht zu sagen. General Mitha als ausgewiesener Fachmann auf diesem Gebiet war die natürliche Wahl, wenn es um die Durchführung dieses Komplotts ging ... Die Disziplin in der Armee stand kurz vor dem vollständigen Zusammenbruch und in der Luft schwebte der abscheuliche Geruch der Anarchie ... Der Einsatz einer SSG-Kompanie bei etwas, das man beim besten Willen nicht als Samariteraktion bezeichnen konnte, war ein solch unverantwortlicher Schritt, dass seine Durchführung durchaus zu einem Ende dieses Landes hätte führen können.«

In seinen eigenen Memoiren wies General Mitha diesen Vorwurf zurück und warf seinerseits Gul Hassan vor, er habe sich bei Bhutto anbiedern wollen und er »lüge«. Keiner von beiden konnte allerdings bestreiten, dass ihr vergnügungssüchtiger Präsident General Yahya Khan über eine monumentale politische und militärische Katastrophe »präsidiert« hatte. Nachdem er noch die Liquidierung des alten Staates abzeichnen durfte, musste er nun sein Amt aufgeben. Seine Herrschaft hatte weniger als drei Jahre gedauert. Innerhalb der Militärelite wird bis heute diskutiert, ob diese Niederlage unausweichlich gewesen sei. Etliche Hardliner sind bis heute der Meinung, das Ganze sei ein indisches Komplott gewesen, wofür man sich irgendwann einmal in Kaschmir revanchieren werde, vorausgesetzt dass man bis dahin durch die Einbeziehung Afghanistans über die nötige »strategische Tiefe« verfüge. Konkrete Aktionen auf Grundlage solch halbgarer Vorstellungen könnten allerdings auch zu einer Wiederholung des Desasters von 1971 führen und den Staat noch weiter beschädigen, wenn nicht sogar gänzlich zerstören.

Was würde nun aber nach der Abspaltung Bangladeschs mit Restpakistan geschehen? Der überwältigende Wahlsieg der Awami-Liga hatte Bhutto in den letzten Zeiten des gemeinsamen Staates kalt erwischt und seine Pläne zur Machtübernahme vereitelt. Daraufhin wurde er zum lautesten Verteidiger der traditionellen Hegemonie Westpakistans, der die Sechs Punkte auf fast hysterische Weise anprangerte und nach längeren Unterredungen mit führenden Armeegenerälen im Punjab für eine zutiefst chauvinistische Stimmung zu sorgen begann, die seine Anhänger auf einen Krieg vorbereiten sollte.

Aus den Wahlen von 1970 war Bhuttos Pakistan People's Party (PPP) als stärkste westpakistanische Partei in der neuen verfassunggebenden Versammlung hervorgegangen. Allerdings waren in Belutschistan und der Nordwest-Grenzprovinz andere kleinere Parteien mit einem starken regionalen Rückhalt in die Versammlung gewählt worden. Es war Bhutto deshalb klar, dass er bei jeder möglichen Koalition in der Zentralregierung immer nur der Juniorpartner sein würde. Wenn sich die Awami-Liga entschied, alleine zu regieren, wäre er nur noch die stärkste politische Figur im westlichen Teil des Landes gewesen. Bhutto hatte die Wahlen im Punjab und im Sindh mit einem radikalen Parteiprogramm gewonnen, das tiefgreifende Landreformen, extensive Verstaatlichungen, Nahrung, Kleidung und Wohnraum für alle, ein allgemeines Bildungssystem und ein Ende der wirtschaftlichen Macht der »22 Familien« versprach, die laut Planungskommission 70 Prozent des Industriekapitals, 80 Prozent der Banken und 90 Prozent der Versicherungswirtschaft kontrollierten. Das alles waren unwahrscheinliche Versprechungen. Aufgrund des fast völligen Niedergangs der Linken gelang es ihm allerdings, zeitweise das sozialistische Mäntelchen zu tragen. Leute, die ihm damals nahestanden – Politveteranen vom Kaliber eines Mairaj Mohammed Khan, Mukhtar Rana oder Dr. Mubashar Hussain (dem ersten Finanzminister der PPP-Regierung) – gaben später zu, dass die radikale Rhetorik wenig mehr als ein Mittel war, um Macht zu gewinnen und zu erhalten. Sie sei nie ernst gemeint gewesen und Bhutto habe oft über die ersten Beschreibungen seiner Person in der westliche Presse gelacht, in denen er als asiatischer Fidel Castro dargestellt wurde. Dies kitzelte zweifellos seine Eitelkeit, aber seine Pläne und Ideen waren von einer Revolution weit entfernt. Wenn überhaupt, glaubte er an eine Art sozialer Autokratie nach dem Muster Lee Kuan Yews in Singapur. Allerdings konnte ein Stadtstaat wohl kaum als Modell für das neue, kleiner gewordene Pakistan dienen.

Seine Parteiorganisation war eine lose Ansammlung von Feudalherren, Geschäftemachern, Anwälten und kleinbürgerlichen Trittbrettfahrern, der allerdings auch einige höchst engagierte studentische Aktivisten angehörten, die geholfen hatten, die Diktatur zu stürzen. Die Wahlerfolge der neuen Partei waren zum großen Teil auf Bhuttos Abmachungen mit den mächtigen Großgrundbesitzercliquen in einigen Provinzen zurückzuführen. (Sein Pakt mit führenden Feudalherren aus dem Sindh, zu denen er ja selbst gehörte, war hierfür ein besonders anrüchiges Beispiel.) Trotzdem griff die PPP auch echte Forderungen des Volkes nach gesellschaftlichen Veränderungen in Stadt und Land auf. Bhutto machte seine Partei zu der einzigen Organisation, mit der ein solcher Wandel möglich schien, und konnte dadurch auch die traditionelle Kontrolle der Großgrundbesitzer über die Politik des Punjab beenden. Zum ersten Mal widersetzten sich die Bauern ihren Grundherren und stimmten für Bhutto.

Damals war in den Teehäusern Lahores die witzige Bemerkung zu hören, dass in diesem Jahr »selbst ein tollwütiger Hund auf der Liste der PPP-Kandidaten« gewählt worden wäre. Dass dies nicht ganz falsch war, bewies die Wahl Ahmed Raza Kasuris, eines von Bhuttos ersten und exzentrischsten Anhängern, der später das Lager wechseln und seinen früheren Führer des Mordes bezichtigen sollte. Ich erinnere mich noch gut, wie Bhutto im Jahre 1969 an einer Hochzeitsfeier in Lahore teilnahm und Ahmed Raza im Stil eines vollendeten Butlers den Anwesenden dessen Kommen ankündigte: »Bitte erheben Sie sich für den Vorsitzenden Bhutto, der jeden Augenblick eintreffen wird.« Diese Ansage führte zu großer Heiterkeit und wurde mit anzüglichen Bemerkungen begrüßt.

Tatsächlich war der Enthusiasmus so groß und der Wunsch nach einem grundlegenden Wandel so tief, dass man in den ersten Monaten hätte viel erreichen können. Dass allerdings der Vorsitzende der Volkspartei kein Visionär war, zeigte sich an seiner Haltung gegenüber Ostpakistan. Angesichts ernsthafter Klassenspannungen innerhalb des Bhutto-Wählerblocks und der Schwäche seiner Parteiorganisation musste ein populärer Nationalchauvinismus für den Zusammenhalt der PPP herhalten, später prägte er auch Sprache und Stil ihres Führers.

Die Kommandeure, die den Krieg verloren hatten, hassten es, von Kritikern aus allen Lagern als »weinselige Generäle und blutdürstige Obristen« bezeichnet zu werden. Damit waren sie allerdings nicht allein. Westpakistanische leitende Beamte, Verantwortliche des staatlichen Fernsehens und viele andere, die sich von der chauvinistischen Euphorie hatten mitreißen lassen, befiel nun tiefe Melancholie. Anstatt das Geschehene kühl und nüchtern zu analysieren, flüchteten sie sich in ihre eigene Fantasiewelt, wobei sie gelegentlich Faiz' Gedichte zitierten, um ihre ansonsten langweiligen und gottserbärmlichen Memoiren zu beleben. Allerdings gaben sie acht, dabei niemals die drei kummerbeladenen Gedichte über das blutgetränkte Ostbengalen zu erwähnen, die Faiz nach 1971 als Stimme einer Nation verfasst hatte, die ihrer Sprache verlustig gegangen war. Das zweite dieser Gedichte war ein bittersüßes Plädoyer für Wahrheit und Versöhnung:

So wurde sichtbar mein Leid:
Sein Staub, der sich so lange in meinem Herzen sammelte,
stieg mir endlich auch in die Augen.

Die Bitterkeit war nun so klar, dass
ich auf ihn hören musste, als mein Freund
mir gebot, die Augen mit Blut zu waschen.

Sogleich war alles mit Blut umfangen –
jedes Gesicht, jedes Götterbild, überall rot.
Blut schwappte über die Sonne und wusch ab ihr Gold.

Aus dem Mond brach Blut, sein Silber erlosch.
Der Himmel versprach einen blutigen Morgen
und die Nacht weinte blutige Tränen.

Die Bäume härteten sich zu blutroten Säulen.
Alle Blumen füllten ihre Augen mit Blut.
Und jeder Blick war ein Pfeil,

Jedes durchbohrte Bild Blut. Dieses Blut
– ein Strom, der um die Märtyrer weint –
fließt voller Sehnsucht. Und voller Kummer, Wut und Liebe.

Lass es fließen. Staute man es auf,
gäbe es nur noch in Todesfarben gekleideten Hass.
Lasst dies nicht geschehen, Freunde,
bringt mir stattdessen all meine Tränen zurück,
eine Flut, um meine staubverklebten Augen zu reinigen
und dieses Blut für immer aus meinen Augen zu waschen.

Als sie das Ausmaß der Katastrophe erkannten, die sie selbst über sich gebracht hatten, übertrug die angeschlagene Armeeführung einem zur Grundbesitzerklasse gehörenden politischen Führer – Zulfiqar Ali Bhutto – die Aufgabe, den Rumpfstaat zu verwalten und ihnen aus dieser völlig verfahrenen Situation herauszuhelfen. Zu diesem Zeitpunkt hatte die »relative Autonomie« des Militärs aufgehört zu existieren. Es erschien unvorstellbar, dass sie jemals an die Macht zurückkehren könnten. Nur selten erhält ein politischer Führer die historische Chance, der Zukunft seines Landes eine auf die eigene Vision zurückgehende neue Richtung geben zu können. Die Geschichte bot Bhutto diese Gelegenheit. Würde er sie ergreifen?

3.3. Militärdiktator Nr. 3

Der Soldat des Islam

Im Jahre 1972 sorgte vor allem die Umwandlung Ostpakistans in das Land Bangladesch für Schlagzeilen. Trotzdem sollte man die Auswirkungen der Auflösung des alten Staates auf Westpakistan nicht vernachlässigen. Die drei Minderheitenprovinzen – Belutschistan, die Nordwest-Grenzprovinz und Sindh – fühlten sich verwaist und begannen, gegenüber der Zentralregierung Animositäten zu entwickeln. Die Zugehörigkeit Bengalens zu Pakistan hatte den drei Provinzen bisher immer einen gewissen Schutz vor allzu großer Bevormundung verschafft, da sie wussten, dass sie notfalls zusammen mit den Bengalen den Punjab immer überstimmen konnten. Jetzt standen sie ganz alleine da. Allerdings waren auch im Punjab nicht alle mit der Entwicklung des Landes glücklich. Die Begeisterung für Bhutto, die sich bei den Wahlen von 1970 gezeigt hatte, war zwar nie ganz verschwunden, begann aber nachzulassen. Die leidenschaftliche und hoffnungsvolle politische Atmosphäre, wie ich sie nach dem Fall der Diktatur im Jahre 1969 erlebt hatte, war jetzt durch das Wissen über die Gräueltaten in Ostpakistan vergiftet. Dabei war der Rassismus gegenüber den dunkelhäutigeren Bengalen bei gewissen Teilen der englisch erzogenen Elite weitaus stärker. Die einfachen Leute wurden allmählich unruhig. Ihre Lebensverhältnisse unterschieden sich nicht von denen ihrer ehemaligen Landsleute in Ostpakistan.

Der Krieg hatte den revolutionären Eifer der Studenten, Arbeiter und städtischen Armen stark gedämpft. Dabei hatten sie gezeigt, dass die Macht einer Militärdiktatur und deren Fähigkeit, dem Druck des Volkes zu widerstehen, vorher weit überschätzt worden waren. Sie hatten ihr Leben geopfert, um der Diktatur ihre Machtwerkzeuge zu entwinden, nur um dann erleben zu müssen, wie ihre eigenen Führer mit den Generälen kollaborierten, um einen Volksaufstand der Ostpakistaner niederzuschlagen, und dies dann noch mit den bekannt katastrophalen Folgen. Dies hatte eine doppelten Effekt. Es führte zu einer allgemeinen politischen Verwirrung und ließ die Massenspontaneität verschwinden, die ein Merkmal des Aufstands der Jahre 1968 und 1969 gewesen war.

Auch die Politik der PPP war vom bengalischen Blutvergießen nicht unberührt geblieben. Wie immer die Parteiführung es auch zu rechtfertigen suchte, irgendwie schien es nicht richtig zu sein. Aber trotz dieses Stimmungswechsels erwarteten die Anhänger immer noch etwas Positives von ihrer PPP. Der Wunsch nach einem sozialen Wandel, nach einem freieren intellektuellen und politischen Leben und einem größeren gesellschaftlichen Bewegungsraum würde niemals ganz verschwinden.

1972 war Bhutto der unangefochtene Führer eines gestutzten Pakistan. Er wusste, dass er seine Bewegung nur dadurch wiederbeleben und seine Anhänger erneut begeistern konnte, dass er die Reformen durchführte, die er ihnen im Programm der Volkspartei versprochen hatte. Diese Forderungen waren vom Volk selbst in einem Schlachtruf gegen die Jamaat-i-Islami zusammengefasst worden. Wenn die islamistischen Einpeitscher die Frage stellten: »Was bedeutet Pakistan?«, antworteten ihre Mitstreiter einstimmig: »Es gibt nur einen Gott und das ist Allah.« Die Antwort der PPP-Aktivisten auf dieselbe Frage war dagegen weit weniger abstrakt: »Nahrung, Kleidung und Unterkunft.« Dies wurde dann der offizielle Wahlkampfschlachtruf von Bhuttos Partei, der ihm die Mehrheit in Westpakistan gewinnen half. Die Islamisten schäumten, konnten aber nichts dagegen tun. In seiner ersten Ansprache an das neue Pakistan versprach Bhutto: »Meine lieben Landsleute, liebe Freunde, liebe Studenten, Arbeiter, Bauern … und all jene, die für Pakistan gekämpft haben … Wir stehen vor der schwersten Krise in der Geschichte unseres Landes, einer lebensbedrohenden Krise. Wir müssen die Scherben aufsammeln – und es sind sehr kleine Scherbenstücke – , aber wir werden ein neues Pakistan schaffen, ein wohlhabendes und fortschrittliches Pakistan.«

Wie aber ließ sich diese lebensbedrohende Krise lösen und von wem? Alles sprach dabei für Bhutto und seine Pakistanische Volkspartei. Das militärische Oberkommando war völlig diskreditiert, die rechten Parteien isoliert und in den beiden Provinzen, die nicht unter der Kontrolle der PPP standen – die Nordwest-Grenzprovinz und Belutschistan – regierte eine Koalition aus säkularen Nationalisten, die von der National Awami Party (die sich heute Awami National Party [ANP] nennt) und der JUI angeführt wurde, die sich beide für Sozialreformen und eine unabhängige Außenpolitik ausgesprochen hatten. Außerdem machte die JUI damals noch nicht die Einführung der Scharia (des islamischen Gesetzes) zur Vorbedingung einer irgendwie gearteten politischen Zusammenarbeit.

Trotz der Versprechungen und den Umständen, die für deren Umsetzung eigentlich recht günstig waren, hatte die Mehrheit der Bevölkerung kaum Vorteile von der neuen Politik. Stattdessen wurde das Land mit PPP-Propaganda überschüttet. Eher substanzlose Ideen suchte man durch einen Führerkult zu überdecken. Die tatsächlich durchgeführten Änderungen waren meist rein kosmetisch. Ein bezeichnendes Beispiel hierfür war Bhuttos Entscheidung, spezielle militärähnliche Uniformen für die Parteiführer und Regierungsmitglieder entwerfen zu lassen, die bei offiziellen Anlässen getragen werden mussten. Der Anblick einiger übergewichtiger, lächerlich gewandeter Minister erregte immer wieder große Heiterkeit. Wenige waren sich bewusst, dass die Inspiration für diesen künstlichen Pomp eher von Benito Mussolini als von heimischen Militärkapellmeistern kam. Der springende Punkt war Bhuttos Mangel an festen Überzeugungen. Er änderte ständig seine Meinung. Die Mängel auf diesem Gebiet kompensierte er zwar durch seinen scharfen Verstand und seine Intelligenz, aber dies war dann doch nicht genug.

Die Bilanz von Bhuttos fünfjähriger Amtszeit fällt deswegen auch nicht gerade berauschend aus. Vom Januar bis April 1972 regiere er das Land als oberster Kriegsrechtsverwalter. In dieser Eigenschaft erließ er am 3. Januar 1972 die »Economic Reform Order«, ein Wirtschaftsreformgesetz, durch das die Banken, Versicherungsgesellschaften und 70 andere große und kleine Industrieunternehmen verstaatlicht wurden. Dazu gehörte auch eine mittelgroße Stahlgießerei in Lahore, die der Familie Sharif gehörte, was diese auf Dauer zu Bhuttos Todfeinden machte. Gleichzeitig erhielten die Gewerkschaften mehr Rechte, als sie je zuvor gehabt hatten, und wurden ausdrücklich aufgefordert, über die Arbeitsverhältnisse in der Industrie zu wachen. Dies war zweifellos ein radikaler Schritt, der die Macht der 22 Familien brach, die bisher die Wirtschaft des Landes dominiert hatten. Trotzdem stellte sich die Frage, ob diese Maßnahmen ohne allgemeinere Reformen in anderen Lebensbereichen wirksam sein würden.

In der Innenpolitik gab es zu dieser Zeit zwei Schlüsselprobleme. Eine Mehrheit der Bevölkerung lebte auf dem Land und der Würgegriff der Grundherren hatte bisher den landwirtschaftlichen Fortschritt behindert. Die Fläche, die ein Grundherr nach dem Gesetz insgesamt besitzen durfte, die sogenannte »Land Ceiling«, wurde zwar herabgesetzt, aber die Ausführungsbestimmungen machten die Maßnahme weitgehend wirkungslos, vor allem da bei den Neuberechnungen der Obergrenze Obstplantagen, Gestüte, der Viehhaltung dienende Flächen und *Shikargas* (Jagdgebiete) nicht berücksichtigt wurden.[28] Selbst Pressekommentatoren, die der PPP im Allgemeinen durchaus gewogen waren, gaben ihrer Enttäuschung Ausdruck. Sie hatten gehofft, Bhutto würde (so wie es Nehru in Indien getan hatte) Pakistan von den vielfältigen Überresten des Feudalismus befreien, die die Modernisierung des Landes behinderten.

Warum hat er das nicht getan? Die Größe seiner eigenen Güter spielte dabei keine Rolle. Sein Cousin Mumtaz Bhutto war der Großgrundbesitzer in der Familie. Dieser gehörte aber zur Parteiführung der PPP und befürwortete zu dieser Zeit radikale Reformen. Der Grund für Bhuttos Zögern war sein politischer Opportunismus. Er hatte die punjabischen Grundbesitzer an der Wahlurne besiegt. Die Loyalität dieser Schicht galt nur sich selbst und ihrem Besitz. Viele von ihnen wechselten deshalb mit Begeisterung das Schiff und kletterten in Bhuttos strahlend neuen Dampfer. Innerhalb von sechs Monaten hatten sich einige der größten Grundbesitzer des Landes Bhutto angeschlossen. Um sie bei der Stange zu halten, gedachte er, die Drohung mit einer echten Landreform wie ein Damoklesschwert über ihnen schweben zu lassen. Dies sollte sich als einer von Bhuttos schwersten Irrtümern herausstellen. Man hatte es für selbstverständlich erachtet, dass sich durch die neuen Bestimmungen das Gesundheitswesen, die Kinderfürsorge und das Erziehungswesen verbessern würden. Die Statistik bot allerdings ein ganz anderes Bild. Die Säuglingssterblichkeit lag im Jahre 1972 als eine der höchsten des Kontinents bei 120 pro 1000 Lebendgeburten. 1977 waren die Zahlen immer noch die gleichen. Die Alphabetisierungsrate war zwar ganz leicht gestiegen, aber die Elitestruktur des Bildungswesens hatte sich in keiner Weise geändert.

Da es also an positiven Entwicklungen mangelte, hatten die unausgewogenen Enteignungen große und kleine Kapitalisten Bhutto entfremdet, ohne dass sie das Leben der Stadtbewohner wirklich verbessert hätten. Das Ganze führte nur zu einer Zunahme der staatlichen Bürokratie, begünstigte Vetternwirtschaft und massive Korruption und verschreckte die Industriellen, die mit ihrem Kapital an den Golf, nach Ostafrika, London oder New York flüchteten. Manche von ihnen würden nie zurückkommen. Die Industrieproduktion sank. Es stellte sich heraus, dass solch ein unsystematischer Reformismus keinen Erfolg haben würde.

Die gezielte Verstaatlichung von Versorgungsbetrieben, zusammen mit einem konsequenten Steuersystem und umfassenden Regulierungen wären vielleicht bessere Lösungen gewesen.

Das zweite Kernproblem war die Armee. Ihre politische Rolle war nie die einer Lobby gewesen, die versucht hätte, die Regierung zu beeinflussen, wie es zum Beispiel in den Vereinigten Staaten der Fall ist. Vielmehr war sie eine permanente Verschwörung, die ständig versuchte, die Regierung zu stürzen. Bhutto wusste das besser als die meisten. Allerdings tat er nur wenig, um die existierenden Strukturen zu verändern. Stattdessen gründete er seine eigene paramilitärische Organisation, die Federal Security Force, eine Prätorianergarde, die von dem ehemaligen General und Fantasten Akbar Khan angeführt wurde, der in den Fünfzigerjahren im Gefängnis gesessen hatte, weil er zusammen mit kommunistischen Intellektuellen einen Putsch geplant hatte. Diese Entscheidungen Bhuttos verärgerten zwar das militärische Oberkommando, ließen es aber vollkommen intakt. Allerdings gab es Säuberungen, bei denen tausend Armeeoffiziere vorzeitig in den Ruhestand geschickt wurden und einige hundert Mitglieder des öffentlichen Dienstes wegen »Korruption« entlassen wurden. Die Erkenntnis, dass beide Institutionen reformbedürftig waren, genügte allein natürlich nicht. Einziger Erfolg dieser Maßnahmen war die Unterordnung der Zivilverwaltung unter die Exekutivgewalt – was die Dinge nicht besser, sondern nur noch schlimmer machte.

Währenddessen entwarf einer der angesehensten Juristen des Landes eine neue Verfassung. Mian Mahmud Ali Qasuri war als Justizminister einer der wenigen Männer, die Bhutto Widerstand leisten konnten. Quasuri sprach sich entschieden gegen ein Präsidentialsystem aus und drängte auf eine föderale parlamentarische Lösung, bei der die Exekutive dem Parlament verantwortlich war. Dem stimmte Bhutto zwar zu, bestand aber gleichzeitig auf Bestimmungen, die es der Nationalversammlung praktisch unmöglich machten, einen Ministerpräsidenten abzulösen – eine Aufgabe, die später liebend gerne die Armee übernahm. Die neue Verfassung trat im August 1973 in Kraft. Trotz des Verlusts von Bengalen unterstützte die Führung der Volkspartei Bhutto, als dieser die gewählten Regierungen der Nordwest-Grenzprovinz und Belutschistans entließ, die Führer der National Awami Party des »Verrats« beschuldigte und sie verhaften ließ, um ihnen auf Grundlage von windigen Anklagen den Prozess machen zu lassen. Man warf ihnen vor, zusammen mit der Sowjetunion und dem Irak ein Komplott zur Aufspaltung des Irans und Pakistans geschmiedet zu haben. Die Einzigen, die hier ein Komplott geschmiedet hatten, waren der iranische und der pakistanische Geheimdienst, die dadurch die autonomen Regierungen in Pakistan zerschlagen wollten, die der Schah des Iran als »subversiv« betrachtete.

Bhuttos fataler Fehler war die Weigerung, innerhalb und außerhalb seiner Partei die Macht mit anderen zu teilen. Hätte er das mit Scheich Mujibur Rahman getan, wäre es der Armee sehr schwer gefallen, wenn nicht ganz unmöglich gewesen, nach Bengalen einzufallen und dadurch den alten Staat zu zerstören. Wäre er weitsichtiger gewesen, hätte er die Provinzführer der National Awami Party in die Zentralregierung aufgenommen. Die Weigerung, auf sein Machtmonopol zu verzichten, würde letztendlich sein Verderben sein. Aber auch schon die kurzfristigen Folgen waren katastrophal.

Die beiden gewählten Führer Belutschistans, Ghaus Bux Bizenjo und Ataullah Mengal, der Gouverneur und der Chief Minister ihrer Provinz, saßen nun im Gefängnis. Ich kannte beide gut und während eines längeren Gesprächs mit Mengal im Jahre 1981 beschrieb mir dieser die Probleme, vor denen sie damals standen:

»Als ich im Mach-Gefängnis in Belutschistan saß, trat mir unsere Lage deutlich vor Augen. Die Gefängniswärter sind die am schlechtesten bezahlten öffentlichen Bediensteten. In diesem Gefängnis gab es 120 Wärter, von denen nur ganze elf Belutschen waren. Wenn jemand dies öffentlich gemacht hätte, hätte man ihn des Verrats geziehen. Als wir 1972 unser Amt antraten, gab es insgesamt 12 000 öffentliche Bedienstete in 22 Rangstufen. Nur 3000 davon waren Belutschen. In der ganzen pakistanischen Armee gibt es nur ein paar hundert Belutschen. Im sogenannten Belutschenregiment dient kein einziger Belutsche! Die Kalat Scouts waren eine paramilitärische Truppe, die während der Ayub-Diktatur aufgestellt wurde. In ihren Reihen gab es nur zwei Männer, die tatsächlich aus Kalat stammten … Wenn Sie heute auf dem Flughafen von Quetta landen und die Stadt besuchen, werden Sie bald merken, dass 95 Prozent der Polizisten von außerhalb stammen. Als wir dieses Ungleichgewicht zu korrigieren versuchten, organisierten Bhutto und sein punjabischer Helfershelfer Khar einen Polizeistreik gegen unsere Regierung. Dies goss nur noch mehr Öl in das Feuer des Nationalismus. Vor allem die Studenten wollten jetzt aufs Ganze gehen. Bizenjo und ich sagten ihnen: ›Dies sind vorübergehende Phasen. Wir haben keine Alternative.‹ Regierungen und Militärregime sind gekommen und gegangen, aber eines hatten sie alle gemeinsam: Alle haben den Belutschen übel mitgespielt und sie unterdrückt.«

Die Belutschen waren über die Absetzung ihrer Regierung im Jahre 1973 äußerst aufgebracht; innerhalb weniger Wochen flohen mehrere hundert Studenten und Aktivisten in die Berge. Die radikaleren Nationalisten unter ihnen, die unter der Führung der marxistisch-leninistisch-guevaristisch eingestellten Oberen des Marri-Stammes standen, schlossen sich zur Belutschischen Befreiungsfront (Baluch Peoples Liberation Front [BPLF]) zusammen und begannen einen Aufstand, der vier Jahre dauern sollte. Bhutto beauftragte mit ihrer Bekämpfung die hauptsächlich aus Punjabis bestehende Armee und bewies dadurch seine Unfähigkeit, mit einer politischen Krise fertig zu werden, für die er selbst verantwortlich war. Die dadurch herbeigeführte Rehabilitierung des diskreditierten Militärs war ein weiterer schwerer Fehler. Für eine erfolgreiche Bekämpfung der Aufständischen brauchte die Armee moderne Waffensysteme, die ihnen der Schah von Persien in Form von Huey-Cobra-Kampfhubschraubern zur Verfügung stellte, die sogar von iranischen Piloten geflogen wurden. Im 19. Jahrhundert wurde Belutschistan auf Betreiben der Briten zwischen dem Iran, Afghanistan und Britisch-Indien aufgeteilt. Die neu entstandenen Staatsgrenzen behinderten natürlich das in dieser Region heimische Stammesnomadentum empfindlich. Jetzt befürchtete der Schah, dass die Rebellion die Grenze überschreiten und die Einheit seines Reiches gefährden könnte. Der Westen unterstützte Bhutto, weil er befürchtete, dass ein autonomes Belutschistan unter sowjetischen Einfluss geraten und die sowjetische Marine künftig durch die Nutzung des Hafens von Gwardur ihre globalen Ambitionen befördern könnte. Schließlich gelang es der Armee, die Rebellion zu zerschlagen. Die politischen Kosten dafür waren allerdings sehr hoch. Die Brutalität des Feldzugs hinterließ eine Provinz, die der Zentralregierung von nun an mit äußerster Feindseligkeit gegenüberstand.[29]

Die Krise in Belutschistan beschädigte Bhuttos Stellung im ganzen Land. Mit ihrer Unfähigkeit, die echten Probleme des neuen Pakistan zu lösen, bewies die PPP ihre eigene Überflüssigkeit. Viele hatten den Eindruck, dass das Land nichts aus der tragischen Lektion des Verlusts von Bengalen gelernt hatte. Man ging einfach zur Tagesordnung über und machte weiter wie zuvor, nur dass diesmal ein *ziviler* Autokrat an der Spitze stand. Das Staatsfernsehen beweihräucherte Bhutto wie einst Feldmarschall Ayub. Die Printmedien wurden streng überwacht und auch innerhalb der Volkspartei waren interne Debatten oder Diskussionen nicht gern gesehen. Das Wort des Führers reichte völlig aus. Dies führte zu einigen Rücktritten und Parteiaustritten. Später machten PPP-Dissidenten dann gelegentlich auch mit der Polizei Bekanntschaft. Das Ganze war eine einzige Bankrotterklärung. Eine innerparteiliche Demokratie hätte Bhutto, seine Partei und das ganze Land vorangebracht. Stattdessen stärkte man die Geheimdienste und gab ihnen freie Hand, die Aktivitäten der rivalisierenden politischen Parteien auszuspähen.

Bhuttos Albträume und Ängste rührten aus seiner Zeit als Minister in Feldmarschall Ayubs Regierung. Er wusste sehr wohl, dass die Geheimdienste Regierungsgegner folterten und gelegentlich politische Gefangene auch töteten. Er hatte mit eigenen Augen den eisenharten feudalistischen und reaktionären Nawab von Kalabagh beobachten können, der als Ayubs Gouverneur von Westpakistan die ganze Provinz als sein Lehen betrachtete. In seinen eigenen Dörfern duldete der Nawab keine Schulen, damit seine Bauern nicht auf falsche Gedanken kamen. Bhutto fürchtete zwar seinen autoritären Stil, aber er nötigte ihm auch Achtung ab.

Anstatt also mit dieser Vergangenheit zu brechen, formte er sie nach seinen eigenen politischen Bedürfnissen um. Sicherlich wollte er Ayub oder den Nawab von Kalabagh nicht bewusst nachahmen, aber er fürchtete den Aufstieg einer neuen Opposition. Innerlich höchst unsicher, glaubte er überall imaginäre Feinde zu erkennen. Selbstverteidigung, Eigenliebe, ein überstarker Selbsterhaltungstrieb und Vetternwirtschaft wurden zu den Hauptmerkmalen seiner Regierung. Nichts davon wäre nötig gewesen. Nicht einmal seine Feinde bestritten, dass er der begabteste politische Führer war, den das Land jemals hervorgebracht hatte. Intellektuell war er allen Generälen und Politikern um Längen voraus. Sein Verständnis der Weltpolitik ging auf profunde historische Kenntnisse zurück. Er hatte bei Hans Kelsen in Berkeley Staats- und Völkerrecht studiert; seine Frühreife hatte bei den akademischen Lehrern in

Kalifornien und Oxford großen Eindruck hinterlassen. Bhuttos Tragik bestand darin, dass er sich einbildete, aufgrund seiner geistigen Überlegenheit unfehlbar zu sein. Dies ließ ihn selbst zu seinem eigenen schlimmsten Feind werden. Die meisten seiner Anhänger waren arm. Sie wollten deshalb vor allem Chancengleichheit für ihre Kinder. Obgleich dieser Wunsch sicher nicht sofort zu erfüllen war, hätte er einen Anfang machen und die Grundlagen für eine Modernisierung des Landes legen können. Aber da es diesen Anfang nie geben sollte, erinnerten sich die einfachen Leute am Ende nur an einen mutigen Menschen, der sich für sie bei ihren traditionellen Unterdrückern eingesetzt hatte. Sie verstanden zwar dessen Wichtigkeit, wussten aber auch, dass dies nicht genügte. Einmal suchten ihn Bauernführer und Parteiaktivisten in seiner Heimatstadt Larkana im Sindh zu einem Gespräch auf. Eine Stunde lang machten sie ihm ihre Verbitterung über seine nicht gehaltenen Versprechen und das mangelnde Interesse der PPP–Großgrundbesitzer, irgendwelche Reformen durchzuführen, deutlich. Bhutto hörte sie an, ohne sie zu unterbrechen, und fragte am Ende: »Jetzt sagt mir mal ganz ehrlich. Könnt ihr euch einen anderen Ministerpräsidenten vorstellen, der sich mit euch trifft und dann schweigend euren Beschwerden zuhört?« Die Bauernführer lachten und klatschten Beifall – und das Treffen war zu Ende.

Sie hätten Besseres verdient gehabt. Die Generation, die Bhutto an die Macht befördert hatte, verfügte über enorme Reserven: Sie war leidenschaftlich, großzügig, idealistisch und konnte sich deswegen eine bessere Zukunft für alle vorstellen. Obwohl die Armen jetzt durch die Ereignisse in Bengalen moralisch angeschlagen waren, ihre Selbstzweifel betäubten oder auf die von oben geförderte Welle des Chauvinismus aufsprangen, hofften sie immer noch, dass sich die Verhältnisse in dem, was von ihrem Land übrig geblieben war, zum Besseren wenden würden. Sie wurden enttäuscht. Pakistans Problem war nie eine erleuchtete Führung, die in einem Meer voller primitiver Menschen festsaß. Gewöhnlich war es gerade umgekehrt.

Was war aber nun mit der besiegten Armee? In jenen Tagen war auf den Straßen Pakistans hinter vorgehaltener Hand oft der Stoßseufzer zu hören: Wenn Bhutto sechs oder sieben Generäle hingerichtet hätte, wäre jetzt alles in Ordnung. Selbst wenn dies tatsächlich gestimmt hätte, wie hätte Bhutto so etwas anordnen können? Immerhin hatte er die Militärintervention in Ostpakistan unterstützt. Hätte er die Nationalversammlung nach den Wahlen von 1970 nicht boykottiert und Mujib als Ministerpräsidenten des Landes akzeptiert, hätte die Armee kaum im Osten einmarschieren können. Wenn sie es trotzdem getan hätte, wäre es vielleicht auch in Westpakistan zu einem bewaffneten Aufstand gekommen, was eine völlig anderen Lage geschaffen hätte. Die Soldaten, denen man den Freibrief gegeben hatte, bengalische Frauen zu vergewaltigen und bengalische Zivilisten zu töten, hätten sich im Punjab – woher sie ja kamen – vielleicht doch etwas zurückgehalten.

Die Mehrheit im Punjab glaubte, dass Ostpakistan durch betrunkene und unfähige Generäle, verbunden mit einer indischen Militärintervention, verloren gegangen sei. Wie ich zu zeigen versuchte, ist dies eine vereinfachte und chauvinistische Sicht, die die strukturelle Ausbeutung Ostbengalens durch eine vorwiegend westpakistanische Elite nicht berücksichtigt. In Anbetracht seiner eigenen Haltung in diesem Konflikt hätte Bhutto die Generäle sicherlich nicht wegen Verrats vor Gericht stellen und hinrichten lassen können, aber er hätte doch die noch aus der Kolonialzeit stammende Grundstruktur der Armee dadurch verändern können, dass er sie drastisch verkleinerte und eine demokratischere Kommandostruktur einrichtete. Ein solcher Wandel wäre in den Jahren 1972 und 1973 auf große öffentliche Zustimmung gestoßen.

Stattdessen bastelte er im Einklang mit seinem Charakter an der Armee herum, schickte einige Generäle in den Ruhestand und förderte andere. Er ernannte General Tikka Khan, einen »Helden« des Bengalenkriegs, zum neuen Oberkommandierenden. Als dieser dann 1976 in Pension ging, beförderte Bhutto Zia-ul-Haq über die Köpfe von fünf höheren und länger dienenden Generälen hinweg zum Armeechef. Er hielt ihn wohl für einen loyalen Einfaltspinsel. Diese Einschätzung war falsch, aber selbst wenn sie richtig gewesen wäre, hätte dies kaum etwas geändert. Der fatale Irrtum bestand ja gerade darin, sich auf Personalfragen zu konzentrieren, anstatt die gesamte Institution zu reformieren. Bhutto zahlte dafür mit seinem Leben. Das Land leidet bis heute darunter.

Zia war ganz gewiss kein nützlicher Idiot. Er erinnerte mich immer an Dickens' fabelhaft erfundene Romanfigur Uriah Heep, den abscheulichen Anwaltsgehilfen aus *David Copperfield*. Auch er war ein Heuchler, dessen Körpersprache seine angebliche Bescheidenheit betonte und gleichzeitig seinen brennenden Ehrgeiz verdecken sollte. Der ihm am nächsten stehende Generalskollege, K. M. Arif, beschrieb ihn ganz ohne Ironie als »einen praktizierenden Muslim, ein Vorbild an Bescheidenheit«. Ein anderer enger »Kamerad«, General Saeed Odir, bezeichnete ebenfalls »Bescheidenheit« als eine der positiven Eigenschaften seines Chefs und »Heuchelei« als eine seiner Schwächen, ohne allerdings zwischen diesen beiden Merkmalen eine Verbindung herzustellen. Wie viele seiner älteren Kollegen hatte Zia in der britischen Indienarmee seine erste Militärausbildung erfahren. Er wurde 1924 in Jullundhur geboren und ging in Delhi zur Schule. Nach der Teilung zog er nach Pakistan, wo er immer gerne seine »bescheidene Herkunft« betonte, die ihn von den aus dem Landadel stammenden Offizieren unterschied. Nie ließ er es auch an Lob für den »Führer« fehlen, der ihn mit dem Kommando über die Armee betraut hatte.

Nachdem er in den frühen Sechzigerjahren in Fort Leavenworth in Kansas ein entsprechendes Training absolviert hatte, wurde Brigadegeneral Zia-ul-Haq Ende 1968 nach Jordanien geschickt, um die Einheimischen in die Kunst der Unterdrückung von Volksaufständen einzuführen. Ziel war in diesem Fall die palästinensische Bevölkerung, die die Mehrheit im Lande bildete und in der es damals heftig gärte. Grund hierfür war der Sechstage-Blitzkrieg vom Juni 1967, in dem die Israelis die ägyptische und die syrische Armee vernichtet, große Teile von Palästina und den Gazastreifen besetzt und dem arabischen Nationalismus einen tödlichen Schlag versetzt hatten, von dem er sich nie mehr erholen konnte. Die Palästinenser begriffen, dass sie nun eigenständig für sich selbst kämpfen mussten, und sie hatten die Schwäche Jordaniens erkannt. Die Monarchie war nach dem israelischen Sieg äußerst unbeliebt und ihr Sturz hätte den Palästinensern einen eigenen Staat verschafft. Aber es sollte nicht sein. Im September 1970 schlugen die jordanischen Truppen unter Führung Zias den palästinensischen Aufstand nieder. Zwischen 5000 und 7000 Palästinenser wurden dabei getötet. General Moshe Dayan bemerkte dazu, dass König Hussein »mehr Palästinenser getötet hat, als Israel in zwanzig Jahren töten konnte«. Der Monat ging als »Schwarzer September« in die Geschichte ein. Zia erhielt den höchsten jordanische Orden und kehrte im Triumph nach Hause zurück. Kurz darauf wurde er befördert und erhielt den Posten eines Korpskommandanten in Kharian, einer Garnisonsstadt im Punjab. Nach Auskunft seiner Freunde wollte Zia über diese Schwarze-September-Operation später nie mehr sprechen. Trotzdem wurde sie selbst von Bhutto, der die PLO öffentlich immer verteidigte, ganz klar als Routineoperation betrachtet.

Während die Elite ihm niemals die Verstaatlichungen und seine Reformrhetorik vergab, spürten die Armen wohl instinktiv, dass Bhutto auf ihrer Seite stand, obwohl er nur wenige Maßnahmen durchführte, die dieses Vertrauen rechtfertigten. Sein Regierungsstil war autoritär und seine Rachsucht schadete ihm und dem Staat. Unter seiner Aufsicht richtete der Geheimdienst Inter-Services Intelligence die berüchtigte »Wahlabteilung« ein, die der Regierung die Wahlen zu »gewinnen« half, indem sie Oppositionskandidaten einschüchterte und dafür sorgte, dass lokale Beamte Ergebnisse manipulierten. Dieser extreme Opportunismus schuf die Grundlage für alles, was sich nach ihm abspielen sollte. Er versuchte die religiöse Opposition zu bekämpfen, indem er ihre Kleider stahl: Er verbot den Verkauf von Alkohol, machte den Freitag zum offiziellen Ruhetag und erklärte die Ahmaddiya-Sekte zu Nicht-Muslimen (eine alte Forderung der Jamaat-i-Islami, die bisher von den meisten Politikern mit Verachtung gestraft worden war). Indem er sich das von seinen Feinden festgelegte Schlachtfeld aufnötigen ließ, stand seine Niederlage bereits fest. Diese Maßnahmen halfen ihm nicht, schadeten aber dem Land, weil sie eine rein konfessionelle Politik legitimierten.

Welch ein Gegensatz zur Stimmung im Jahre 1972, als sich Bhutto bei einer riesigen Kundgebung in Lahore an die Massen wandte. Er hatte die Angewohnheit, immer ein silbernes Fläschchen mit Whisky bei sich zu tragen, den er dann mit Wasser mischte und bei öffentlichen Versammlungen schlückchenweise trank. Dieses Mal nun stand eine wohlvorbereitete und strategisch günstig platzierte Gruppe von militanten Islamisten in dem Augenblick auf, als er sich seinen Drink mischte und begann zu rufen: »Was trinkst du da?« Bhutto hob das Glas hoch und antwortete: »Scherbett« (ein eisgekühltes Erfrischungsgetränk). Die Menge lachte. Die Zwischenrufer empörten sich. »Schaut her, Leute«, riefen sie. »Euer Führer trinkt *Sharab* (Schnaps), kein Scherbett.« Ein wütender Bhutto brüllte zurück: »Also gut. Ich trinke *Sharab*. Aber im Gegensatz zu euch Schwesterfickern trinke ich nicht das Blut unseres Volkes.« Die Leute standen auf und riefen auf Punjabi: »Lang lebe unser Bhutto. Lang trinke unser Bhutto.«

Es gab wenige pakistanische Politiker, die von der Weltpolitik so besessen waren wie Bhutto. Diese Kenntnisse mussten sich nur kurze Zeit, nachdem er in einem von der Niederlage gezeichneten, stark verkleinerten Land an die Macht gelangte, erstmals bewähren. Tatsächlich gelang es Bhutto, mit Frau Gandhi in Simla ein Abkommen zu schließen, das zur Freilassung von 90 000 Soldaten führte, die nach der Kapitulation in Dhaka im Jahr 1971 in Gefangenschaft geraten waren. Bald darauf organisierte er ein islamisches Gipfeltreffen in Lahore, dessen Hauptzweck es war, seiner Armee die Anerkennung Bangladeschs schmackhaft zu machen. Aber all das konnte die Selbstzweifel nicht zum Schweigen bringen und das Vakuum nicht auffüllen, das der Verlust Ostbengalens hinterlassen hatte. Bhutto entschied nun, dass Pakistans Überleben als Nation von der nuklearen Parität mit Indien abhing.

Kurz nachdem Indien seinen ersten Atomtest angekündigt hatte, rief er auf einer öffentlichen Versammlung in Rawalpindi der Menge zu: »Wir werden vielleicht tausend Jahre lang Gras essen, aber wir werden die Bombe herstellen.« Zwar wusste er genau, welcher Teil der Bevölkerung ein Jahrtausend lang von Gras leben würde, trotzdem war er der Überzeugung, dass ein neues Pakistan unbedingt auf eine große Errungenschaft stolz sein müsse. Nachdem er ihnen schon keine Nahrung, Kleidung, Bildung, Gesundheit und Unterkunft bieten konnte, würde er alles in seiner Macht Stehende tun, um dem Volk wenigstens eine Bombe zu schenken. Dies sollte zum Grundstein eines neuen pakistanischen Nationalismus werden, der vor der Abtrennung Bengalens so nicht möglich gewesen wäre. Es war eine wahrhaft tödliche Entscheidung.

Der Plan, in den Besitz einer Atombombe zu kommen, konnte natürlich nur ganz im Verborgenen ausgeführt werden. Nichts durfte darüber in den Medien erscheinen. Außerdem sah sich Bhutto als das Genie, das dieses Vorhaben leiten würde, welches für ihn fast die Qualität einer Befreiungstat hatte. Bei aller nötigen Geheimhaltung hätte ein erstes Treffen mit den Physikern des Landes kaum an einem unpassenderen Ort stattfinden können, als an einem Platz, den Bhutto sonst gern für seine heimlichen Rendezvous nutzte. Es handelte sich um das Anwesen von Nawab Sadiq Hussain Qureshi, einem Großgrundbesitzer in Mulian, der zufälligerweise auch einer meiner Vettern zweiten Grades war. Die Stadt selbst war für den Geschmack und die Süße ihrer Mangos, einen glühend heißen Sommerwind, Sufischreine und eine Tradition der Ziegelherstellung bekannt, die bis in die frühe Mogulzeit zurückging. Qureshi war erst seit Kurzem ein Anhänger Bhuttos. Man konnte sich darauf verlassen, dass er über die Angelegenheit Schweigen bewahren würde.

Als man den führenden Wissenschaftlern des Landes – insgesamt nicht mehr als ein halbes Dutzend Männer – erklärte, warum man sie herbeizitiert hatte, wollten sie es erst nicht glauben. Das Ganze sei leeres Gerede, meinten sie, eine unter Haschischeinfluss entstandene Fantasterei. Vor allem der Vorsitzende der pakistanischen Atomenergiekommission, Dr. I. H. Usmani, gab ganz offen seine Skepsis zu erkennen. Er wusste, dass Indien auf diesem Gebiet Pakistan zwei Jahrzehnte voraus war und dass »Pakistan einfach nicht die Infrastruktur für ein solches Programm hatte. Ich rede hier gar nicht einmal über die Fähigkeit, 10 Kilogramm Plutonium zu bekommen. Ich meine die echte Infrastruktur. In Pakistan gab es damals keinerlei metallurgische Industrie. Aber wenn Sie Politpoker spielen und Ihnen die Karten fehlen, müssen Sie eben den Einsatz erhöhen.«

Man erinnerte Bhutto an das geringe Niveau der meisten naturwissenschaftlichen Studienabgänger. Man riet ihm, das Ganze zu vergessen. Bhutto ignorierte die Einwände und wandte sich über ihre Köpfe hinweg an eine jüngere, mutigere Gruppe von Physikern, Männern wie Munir Ahmed Khan, Samar Mubarakmand und Sultan Bashirudin Mahmood, die hungrig auf Erfolg und auf staatliche Fördermittel waren. Sie waren deshalb gerne bereit, sich in dieses surrealistische Abenteuer eines politischen Führers hineinlocken zu lassen, dessen Geist von der Vision eines über der pakistanischen Wüste aufsteigenden Atompilzes besessen war. Bald schloss sich ihnen ein weiterer muslimischer Nationalist, A. Q. Khan, an, der nach der Teilung aus Indien geflohen war und deshalb dieses Land abgrundtief hasste. Dies waren die Männer, die die pakistanische Bombe bauen würden. Und so geschah es, dass in dem abgelegenen Kahuta Bhuttos Nuklearstaat geboren wurde. Bis heute befindet sich dort das Atomforschungszentrum und die Atomfabrik des Landes.

Während die Wissenschaftler voller Elan ihrer Arbeit nachgingen, hatte Bhuttos Selbstherrlichkeit im benachbarten Islamabad dazu geführt, dass sich alle seine Gegner unter dem Dach der Pakistan National Alliance vereinigt hatten. Alle warteten gespannt auf die nächste Wahl. Trotz all seiner Fehler hätte Bhutto wahrscheinlich die Wahlen von 1977 auch ganz ohne staatliche Eingriffe, wenn auch mit einer geschrumpften Mehrheit gewonnen. Darüber herrscht allgemeine Übereinstimmung. Allerdings waren seine speichelleckerischen Anhänger in der Staatsverwaltung und dem ISI nicht bereit, irgendwelche Risiken einzugehen. Ihre Manipulationen waren dabei so offensichtlich und plump, dass die Opposition auf die Straße ging und weder Bhuttos Witz noch sein Sarkasmus dieses Mal ausreichten, die Krise zu entschärfen. Auch die Vereinigten Staaten begannen sich jetzt von ihm abzuwenden. Washington hatte Bhutto immer für unzuverlässig und nicht vertrauenswürdig gehalten und war von den Schaumschlägereien seiner schlaffen Partei und den großen Menschenmassen, die ihn sehen wollten, nie sehr beeindruckt gewesen. Jetzt hatten die Amerikaner Angst, dass er bald über die Bombe verfügen könnte. Sie wollten ihn weghaben, und das möglichst bald.

Im Juni 1977 erklärte Bhutto kurz vor seinem Sturz durch das Militär dem Parlament: »Ich kenne die Bluthunde, die hinter meinem Blut her sind.« Außerdem warf er dem US-amerikanischen Außenminister Cyrus Vance vor, sich in die inneren Angelegenheiten Pakistans einzumischen. In seinen in der Todeszelle entstandenen Memoiren *If I am Assassinated* behauptet er, dass Henry Kissinger ihn während seines Besuchs in Pakistan im August 1976 gewarnt habe, dass er in der Nuklearfrage nachgeben müsse, »sonst machen wir aus Ihnen ein schreckliches Beispiel«. Sowohl Bhutto als auch Kissinger gingen mit der Wahrheit manchmal sparsam um, aber diese Bemerkung wurde kürzlich erst bestätigt. Ein Journalist der pakistanischen Wirtschaftszeitung *Business Recorder* zitiert dabei einen (anonym bleibenden) höheren Beamten des pakistanischen Außenministeriums, der bei dieser Begegnung zugegen war.

> »... Kissinger wartete eine Weile und sagte dann in einem durchaus kultivierten Ton: ›Eigentlich bin ich nicht gekommen, um Ihnen einen Rat zu geben, sondern um Sie zu warnen. Die Vereinigten Staaten haben zahlreiche Bedenken gegen Pakistans Atomprogramm. Aus diesem Grund haben Sie keine Wahl, als dem zuzustimmen, was ich Ihnen sage.‹ Bhutto lächelte und fragte: ›Angenommen, ich weigere mich, was dann?‹ Henry Kissinger wurde plötzlich todernst. Er schaute Bhutto in die Augen und stieß dann in aller Schärfe hervor: ›Dann machen wir aus Ihnen ein schreckliches Beispiel!‹ Bhutto schoss das Blut ins Gesicht. Er stand auf, streckte Kissinger die Hand hin und sagte: ›Pakistan kann auch ohne den US-Präsidenten leben. Jetzt wird Ihr Volk sich einen anderen Verbündeten in dieser Region suchen müssen.‹ Dann drehte sich Bhutto um und verließ den Raum ...«[30]

Wenn das stimmt, müssen wir uns fragen, was sich zwischen Februar und August 1976 abgespielt hat. Als sich Bhutto im Februar dieses Jahres zu einer Versammlung der Vereinten Nationen in New York aufhielt, traf er sich am 26. des Monats auch mit dem amerikanischen Außenminister. Das inzwischen freigegebene Protokoll dieser Unterredung bietet einige interessante Einblicke. Bhuttos Versuche, den Vereinigten Staaten unerbetene Ratschläge zu erteilen, wie sie mit der kubanischen Intervention in Angola hätten umgehen müssen (nämlich mit einem energischen militärischen Gegenschlag), irritierte zusammen mit einigen anderen Bemerkungen Kissinger, der es vorzog, seinen Vorgänger Brzezinski für alle früheren Fehler verantwortlich zu machen. Es folgte eine weitschweifige Diskussion über die Weltpolitik und die US-amerikanische Strategie, in der der Satrap seine Besorgnis ausdrückte, dass die imperiale Macht von ihren Feinden für schwach gehalten werden könnte. Laut Bhutto ging eine Entspannungspolitik zu weit, die es »Winzlingen wie Kuba« gestattete, mit 10 000 Mann in Angola einen Sieg zu erringen. »Es waren 12 000 Kubaner« korrigierte ihn Kissinger, als er geschickt jeden Vorstoß Bhuttos parierte. Aus dem Protokoll geht hervor, dass Kissinger bei diesem Treffen nicht nur Bhutto bei Laune halten, sondern vor allem das Nuklearprojekt Pakistans ansprechen wollte. Der folgende Ausschnitt zeigt, dass beiden Seiten die Position des anderen bewusst war. Allerdings blieb der Ton freundlich (wenn auch manchmal von Bhuttos Seite aus etwas servil). Keinesfalls wurden irgendwelche Drohungen ausgestoßen:

BHUTTO: Herr Außenminister, ich bin mir sicher, dass Ihnen die Rolle gefallen hat, die wir in der Debatte über den Nahen Osten gespielt haben.
AUSSENMINISTER KISSINGER: Ja. Das wussten wir zu schätzen. Wenn ich mich mit solchem Nachdruck über die Themen Entspannung, Angola und die Erosion der zentralen Autoritäten ausgelassen habe, dann deshalb, weil ich Sie für einen der Weltführer halte, die uns verstehen.
BHUTTO: Nach dieser Bemerkung möchte ich Sie nicht dadurch provozieren, dass ich das Thema Atomreaktoren anschneide.
AUSSENMINISTER KISSINGER: ... Unsere Sorge gilt vor allem der Frage, wie Wiederaufarbeitungsanlagen an einem gewissen Punkt benutzt werden. Ich habe Ihnen bereits im letzten Jahr ge-

sagt, dass wir es sehr begrüßten, dass Sie auf ein Nuklearpotential verzichtet haben. Das ermöglichte es uns und gab uns gute Argumente, Sie auf andere Weise zu unterstützen.

Im weiteren Verlauf der Unterredung drückte Kissinger seine Besorgnis aus, dass sich eine atomare Wiederaufarbeitungsanlage nach ihrer Fertigstellung leicht in eine andere Richtung entwickeln könnte, wogegen Bhutto etwas unaufrichtig einwandte, dass der Westen dann ja leicht Druck ausüben könnte, um diesen Prozess sofort zu stoppen. Kissinger konnte dieses Argument nicht überzeugen. Als ihm Bhutto erklärte, dass sich Pakistan verpflichtet habe, seine Wiederaufarbeitungsanlage niemals zu missbrauchen, entgegnete ihm sein Gesprächspartner, er sei »nicht an Worten interessiert«, sondern befasse sich nur »mit Realitäten«. Ein Land, das solche Anlagen besitze, könne ein binationales Abkommen zu jeder Zeit ganz leicht kündigen.

Einige Zeit davor hatte man Bhutto darüber informiert, dass die Vereinigten Staaten dem Iran atomare Wiederaufarbeitungsanlagen zu liefern gedächten, die Pakistan und andere Staaten in der Region ja dann mitbenutzen könnten. Diese brillante Idee war in den Köpfen zweier wichtiger Mitarbeiter der Ford-Regierung entstanden, die Jahre später unter einem anderen republikanischen Präsidenten eine noch größere Rolle spielen sollten: Dick Cheney, damals Stabschef des Weißen Hauses, und Donald Rumsfeld, der schon damals Verteidigungsminister war. Ersterer ist zum Zeitpunkt, da ich dieses Buch schreibe, ein eifriger Befürworter der Idee, die iranischen Atomkraftwerke zu bombardieren, was das Pentagon bisher vehement abgelehnt hat. Dass hinter dem damaligen Plan von Cheney und Rumsfeld vielleicht nicht nur die strategischen Bedürfnisse der Vereinigten Staaten standen, wird aus einer vor Kurzem erschienenen Untersuchung deutlich, deren Verfasser darauf hinweisen, dass »dieses erste vorgeschlagene US-Atomgeschäft für US-Unternehmen wie Westinghouse und General Electric äußerst lukrativ gewesen wäre, die mit diesem Projekt 6,4 Milliarden Dollar verdient hätten«.[31] Cheney und Rumsfeld waren nie große Anhänger des Konzepts der Uneigennützigkeit. Strategische und geschäftliche Interessen waren für sie immer untrennbar miteinander verbunden.

Bhutto war natürlich nicht daran interessiert, gegenüber dem Iran die zweite Geige zu spielen, und lehnte den Vorschlag ab. Andererseits war er auch nicht allzu sehr an einer Wiederaufarbeitungsanlage interessiert. Alles was er wollte, war die Bombe. Diese Anweisung hatte er auch den pakistanischen Wissenschaftlern gegeben. Zwischen den beiden Treffen muss Kissinger vom US-Geheimdienst erfahren haben, was wirklich vor sich ging. Kissingers Empörung, so schamlos belogen worden zu sein, brachte ihn dann wohl dazu, den »Paten« zu spielen. Seine Wut war also nicht nur imperial, sondern ganz persönlich. Seit 1973 hatte Kissinger die Kampagne für eine Aufhebung des US-Waffenembargos gegen Pakistan angeführt und Henry Byroade als US-Botschafter in das Land geschickt, um diesen Prozess zu beschleunigen und gleichzeitig die nuklearen Ambitionen der Pakistaner unter Kontrolle zu halten. Byroade bestätigte das später in einem Interview:

JOHNSON: ... Also 1973 sind Sie nach Pakistan gegangen.
BYROADE: Das stimmt. Ich wollte eigentlich in Ruhestand treten, aber dann hat mich Henry Kissinger dazu überredet, nach Pakistan zu gehen. Ich ging aus einem ganz bestimmten Grund dorthin, und ich plante, 18 Monate dort zu bleiben. Seit zehn Jahren hatten wir Pakistan mit einem Waffenembargo belegt, das auf den indisch-pakistanischen Krieg zurückging. Meiner Meinung nach war das auf die Dauer gegenüber Pakistan sehr unfair, da Indien sich, wenn es Waffen brauchte, vor allem an die Sowjetunion, aber auch noch an eine ganze Reihe anderer Staaten wenden konnte ... Kissinger sagte zu mir: »Das ist unfair, und wir müssen dieses Embargo aufheben, aber das wird wegen der Indienlobby und alldem nicht ganz leicht.« Und dann sagte er: »Also Sie gehen dorthin und bleiben lange genug, um glaubhaft zu sein, und dann kommen Sie heim und sprechen mit den Leuten auf dem Kapitol darüber, und dann sehen wir mal, ob wir dieses Embargo nicht doch aufheben können.«
... Sehen Sie, es ist recht leicht, solche Sachen zu verhängen; Indien und Pakistan beginnen einen Krieg, unsere Waffen sind darin verwickelt, also »Bingo, Embargo!«. Das war eine saubere Lösung, aber wenn es darum geht, es wieder aufzuheben, ist das etwas ganz anderes. Aber wir schafften das während Bhuttos Besuch. Wir bekamen zwar vom Kapitol ein wenig Beschuss ab, aber der war auszuhalten. Also, wir hoben das Embargo auf und konnten zum ersten Mal ihre militärische Ausrüstung wieder auffüllen. Ich wollte eigentlich wieder heimkehren, aber dann begann Pakistan diese

Nukleargeschichte, die mich grenzenlos ärgerte. Ich blieb also und kämpfte dagegen an. Ich versuchte zwei Jahre lang zu verhindern, dass diese Sache ein Problem zwischen unseren beiden Ländern wird. Insgesamt war ich etwa vier Jahre dort.
JOHNSON: Vier Jahre, war da Bhutto noch an der Macht?
BYROADE: Bhutto steckte in Schwierigkeiten, in großen Schwierigkeiten, als ich ging, aber er war immer noch an der Macht.
JOHNSON: General Zia, war er derjenige, der ...
BYROADE: Als ich ging, war er Generalstabschef und dachte meines Erachtens noch nicht daran, die Macht zu übernehmen ...[32]

Im Jahr 1976 hatte Bhutto Zia zum Stabschef ernannt. Es ist möglich, wenn auch unwahrscheinlich, dass Byroade, dessen Verbindungen zum US-Militär bis zum Zweiten Weltkrieg zurückreichten, nichts von den Kontakten des Pentagon und des US-Militärgeheimdienstes DIA zu Zia wusste, die auf dessen Zeit in Fort Leavenworth zurückgingen und 1970 in Jordanien aufgefrischt wurden. Militärputsche in Pakistan finden, wenn überhaupt, dann nur selten ohne die stillschweigende oder ausdrückliche Zustimmung der US-Botschaft statt. Bhuttos »Verrat« in der Nuklearfrage war der Hauptgrund, warum die Vereinigten Staaten grünes Licht für seinen Sturz gaben.

In der Nacht vom 4. auf den 5. Juli 1977 schlug General Zia los, um einer Vereinbarung zwischen Bhutto und den Oppositionsparteien zuvorzukommen, die zu neuen allgemeinen Wahlen geführt hätte. Nachdem er sich mit den USA geeinigt hatte, dass Bhuttos Herrschaft unhaltbar geworden war, war Zia nicht bereit, eine Annäherung zwischen den beiden bisher miteinander rivalisierenden politischen Gruppierungen zu dulden. Er rief das Kriegsrecht aus, erklärte sich selbst zum Obersten Kriegsrechtsverwalter, versprach Neuwahlen innerhalb von neunzig Tagen und nahm Bhutto in »Schutzhaft«. Bhutto war fassungslos. Im Januar 1977 hatte ich Pakistan besucht und nach meiner Rückkehr eine Serie von drei kurzen Artikeln für den *Guardian* verfasst, in denen ich eine Machtübernahme des Militärs voraussagte. Die Redaktion hielt das für so weit hergeholt, dass sie nicht veröffentlicht wurden. Dasselbe Argument wiederholte ich in Oxford gegenüber Benazir Bhutto, worauf sie erwiderte, dass ihr Vater zwar einem Attentat zum Opfer fallen könnte, dass es aber niemals einen Putsch geben werde, »da wir Zia in der Tasche haben«. Ich bat sie, ihrem Vater mitzuteilen, dass in Pakistan noch nie ein General in der Tasche eines zivilen Politikers gesteckt habe.

Die Armee hatte sich auf große öffentliche Proteste eingestellt und stand bereit, sie niederzuschlagen, fühlte sich aber dann durch die gedämpften Reaktionen bestätigt. Aus diesem Grund setzte sie am 28. Juli 1977 Bhutto wieder auf freien Fuß. Er begann sofort eine Polittour durch das ganze Land und wurde überall von großen Menschenmassen begrüßt. In Lahore kam eine halbe Million Menschen, um ihn zu empfangen. Sie zerstörten damit die Illusion des Militärs, dass er eine diskreditierte und verbrauchte politische Kraft darstelle. »Zwei Männer, ein Sarg«, bekam Zia nun von seinen Kollegen zu hören. Zia begriff, dass Bhutto jede Wahl gewinnen würde, die nicht auf extreme Weise manipuliert war. Wenn dies geschähe, wäre Zias eigene Zukunft zu Ende. Dieses Mal sorgte er dafür, das Bhutto niemals wieder freikam.

Am 3. September 1977 wurde Bhutto in Lahore verhaftet und der »Anstiftung zum Mord an Ahmed Raza Kasuri« angeklagt, einem früheren PPP-Mitglied, das zur Opposition übergelaufen war. Im November 1974 hatte eine Gruppe von Bewaffneten das Feuer auf das Auto eröffnet, in dem Kasuri und sein Vater saßen. Letzterer kam dabei ums Leben. Kasuri warf Bhutto vor, er sei für diesen Angriff verantwortlich, aber ein Sonderuntersuchungsgericht überprüfte die Anschuldigungen und wies sie zurück. Kasuri trat dann wieder der Volkspartei bei und war von April 1976 bis zum April 1977 deren Mitglied. Als man ihm dann bei den unglückseligen Wahlen vom März 1977 einen Platz auf der Kandidatenliste der Partei abschlug, verletzte ihn diese Zurückweisung zutiefst. Nach Zias Putsch ließ Kasuri die Vorwürfe gegen Bhutto wiederaufleben, die die Militärs nun dazu benutzten, daraus ein Mordmotiv zu konstruieren. Am 13. September 1977 wurde Bhutto von zwei Richtern des zuständigen Obergerichts – K. Samdani und Mazharul Huq – gegen Kaution aus der Haft entlassen. Vier Tage später wurde er in Karatschi aufgrund von Kriegsrechtsbestimmungen erneut verhaftet.

Der Mordprozess begann im September 1977 vor dem High Court (Obergericht) von Lahore. Die zwei Richter, die ihn gegen Kaution entlassen hatten, wurden vom Prozess ausgeschlossen. Der Vorsitzende Richter Maulvi Mushtaq war ein enger persönlicher Freund von Zia und sein Benehmen auf der Richterbank sprach allen Regeln einer ordentlichen Prozessführung Hohn. Selbst Journalisten, die Bhutto nicht besonders mochten, waren von Mushtaqs Rachsucht und Häme geschockt. Er hatte den Auftrag, Bhutto zu erniedrigen und zu beleidigen, und kam diesem Auftrag während des ganzen bis zum März 1978 dauernden Prozesses nach. Das einzige Belastungsmaterial gegen Bhutto waren Aussagen, die auf Hörensagen beruhten. Einer der Anklagezeugen war Masood Mahmood, der frühere Chef der Federal Security Force. Man hatte ihm Straffreiheit versprochen, er bekam hinterher eine neue Identität, einen Haufen Geld und ein Luxusapartment in Kalifornien, wo er in den späten Neunzigerjahren starb. Zu den ausländischen Prozessbeobachtern gehörten auch der britische Kronanwalt John Mathew und der frühere Justizminister der Vereinigten Staaten Ramsey Clark. Beide stimmten darin überein, dass es in Großbritannien und den USA in einem solchen Fall nie zu einem Prozess gekommen wäre, da die Anklage nur auf den unbestätigten Aussagen eines begnadigten Komplizen beruhte.[33] Bhutto und vier weitere Angeklagte wurden am 18. März 1978 zum Tode verurteilt. Die anschließende Berufung beim Obersten Gericht des Landes dauerte mehrere Monate. Bei seiner Anhörung am 20. Mai 1978 schockte Bhuttos Aussehen die Beobachter. Er hatte viel Gewicht verloren und sah regelrecht ausgemergelt aus. Seine Rede dauerte drei Stunden. Er verteidigte seine politische Ehre, weigerte sich aber, auf die Mordanklage näher einzugehen. Mit dem Finger zeigt er auf Zia und seine Generäle, die entschieden hätten, ihn aus dem Weg zu räumen. Am Schluss schaute er die Richter voller Verachtung an und sagte: »Jetzt könnt ihr mich hängen.« Das Oberste Gericht lehnte eine Revision des Urteils mit 4 gegen 3 Stimmen ab. Einen Richter, den das Militär für unzuverlässig hielt, hatte man zuvor in den Ruhestand versetzt. Als ein zweiter krank wurde, vertagte man sich nicht wie üblich bis zu seiner Genesung, sondern schloss ihn aus dem Prozess aus. Der Oberste Richter Anwarul Haq stimmte sich jeden Tag mit dem Militärdiktator ab. Eine ausführliche 200-seitige abweichende Stellungnahme des Richters Safdar Shah zerpflückte die von der Anklage vorgebrachten Beweismittel. Shah, mit dem ich viele Stunden in London verbrachte, offenbarte später, dass man ihn vor und während des Prozesses bedroht habe, und ihm angekündigt hatte, dass seine Verwandten in der Armee darunter zu leiden hätten, wenn er sich nicht ordentlich betrage. Er sagte mir: »Ich schämte mich, einem Obersten Gericht anzugehören, das nach der Pfeife des Militärs tanzte.«

Bhutto wurde am 4. April 1979 um 2 Uhr morgens im Bezirksgefängnis von Rawalpindi gehängt. Am Tag zuvor hatten ihn seine Frau Nusrat und seine Tochter Benazir zum letzten Mal besucht. Beide Frauen hatten eine mutige Kampagne gegen die Diktatur geführt und saßen deshalb immer wieder selbst einige Zeit im Gefängnis. Er sagte ihnen, wie stolz er auf seine Familie sei. Keine der beiden Frauen durfte an seinem Begräbnis teilnehmen. Einige Jahre später wurde das Gefängnis, in dem Bhutto gehängt wurde, auf Befehl Zias abgerissen.

Zia hatte die Unterstützung des militärischen Oberkommandos (nur ein General hatte sich dagegen ausgesprochen) und – natürlich – der Vereinigten Staaten.[34] Die Vorstellung, Zia hätte Bhutto hängen lassen, wenn sich Washington dagegen ausgesprochen hätte, ist lächerlich. US-Agenten in der Region (darunter auch der »Ethnologe« und Afghanistan-Experte Louis Dupree) hatten einer Reihe von pakistanischen Offiziellen mitgeteilt, dass Bhutto verzichtbar sei und bald nicht mehr im Weg stehen werde.

Der Justizmord an dem pakistanischen Führer machte ihn zu einem Märtyrer und sorgte dafür, dass sein Erbe bewahrt wird. Washington hatte gedacht, dass die pakistanische Armee alle Gedanken an eine Nuklearmacht Pakistan aufgeben werde, wenn Bhutto nicht mehr da sei. Hier täuschten sich die Amerikaner gewaltig. Tatsächlich hatte Bhutto nie auf die politische Kontrolle über die kerntechnischen Anlagen verzichtet und die Generäle penibel davon ferngehalten. Einer von Zias ersten Befehlen war dann die Übernahme der Nukleareinrichtungen in Kahuta durch das Militär. Seit 1971 waren die Militärs von Rachegedanken besessen. Als Revanche für den Verlust Bangladeschs würden sie nun versuchen, Kaschmir mit allen Mitteln zu destabilisieren und dann in Besitz zu nehmen. Auf dieses lange umstrittene Gebiet erhoben sowohl Indien als auch Pakistan von Anfang an Anspruch, was wir später noch näher betrachten werden. Es sah fast so aus, als ob die pakistanischen Generäle ihrer eigenen Propaganda glaubten, wonach »Hindus und Verräter« für den Abfall Bengalens verantwortlich seien. Das Trauma dieser militärischen Niederlage hatte eine dauerhafte Narbe auf der Seele vieler Offiziere hinterlassen, die nicht daran gewöhnt waren, für sich selbst zu denken. Ein geschwächter Militärapparat war bereit, große Risiken einzugehen, um seinen Stolz wiederzugewinnen.

Bhuttos Entscheidung, auf Indiens Nukleartest mit der Entwicklung einer »muslimischen Bombe« zu antworten, gefiel der Armee genauso gut wie denjenigen, deren finanzielle Unterstützung unverzichtbar sein würde. Dazu gehörte nicht zuletzt Muammar al-Gaddafi, der exzentrische und unberechenbare Staatschef Libyens, der sich manchmal unangemeldet aus Tripolis herüberfliegen ließ (und damit den Protokollchef in Islamabad in Panik versetzte), um einfach wieder einmal mit seinem lieben Freund Bhutto zu frühstücken und sich dabei zu erkundigen, welche Fortschritte die Arbeit an der Bombe mache. Gaddafi war auch der einzige arabische Führer gewesen, der ernsthaft versucht hatte, Bhuttos Leben zu retten. Zia hatte ihm versprochen, das Urteil in eine lebenslängliche Gefängnisstrafe umzuwandeln, und ihm dann später erzählt, er sei dabei leider von seinen Generalskollegen überstimmt worden.

Nachdem Bhutto aus dem Weg geräumt war, konnte das Militär jetzt den ganzen Nuklearprozess bis zum erfolgreichen Abschluss kontrollieren. Ob es ihnen gelungen wäre, Washington auf Dauer an der Nase herumzuführen, wenn es nicht schließlich eine entscheidende Veränderung in dieser Region gegeben hätte, erscheint äußerst fraglich. Aber das geopolitische Erdbeben, das die Sowjetunion auslöste, als sie im Dezember 1979 das benachbarte Afghanistan besetzte, lieferte den pakistanischen Wissenschaftlern jetzt die Deckung, hinter der sie es ihren indischen Kollegen gleichmachen und den Atomkern spalten konnten. Zia-ul-Haq selbst wurde vom Westen reingewaschen. Jetzt war er nicht mehr nur eine zeitweilige Notwendigkeit. Während er bisher als schäbiger und brutaler Militärdiktator galt, wandelte er sich nun zum unverzichtbaren Verbündeten, der die Grenzen der freien Welt gegen die gottlosen Russen verteidigte. Allerdings hatte die religiöse Verwandtschaft bisher kaum etwas an der Feindschaft der afghanischen Führer gegenüber ihrem Nachbarn im Osten ändern können. Der Hauptgrund hierfür war die Durandlinie, die den Afghanen im Jahr 1893 vom britischen Empire als Grenze zwischen Britisch-Indien und Afghanistan aufgezwungen worden war, nachdem die Briten das Land nicht hatten unterwerfen können. Diese willkürliche Grenzlinie mitten durch die Berge hatte ganz bewusst die paschtunische Bevölkerung der Region auf zwei unterschiedliche Staaten aufgeteilt. Damals legte man allerdings auch fest, dass nach dem Modell von Hongkong nach hundert Jahren alles, was jetzt zur Nordwest-Grenzprovinz von Britisch-Indien wurde, an Afghanistan zurückfallen würde. Trotzdem erkannte keine Kabuler Regierung die Durandlinie an, genauso wenig wie sie die britische und später pakistanische Kontrolle über dieses Gebiet akzeptierte.

Als Zia im Juli 1977 an die Macht kam, waren 90 Prozent der Männer und 98 Prozent der Frauen im benachbarten Afghanistan Analphabeten;

5 Prozent der Landbesitzer (von denen die meisten auch Stammesführer waren) besaßen 45 Prozent der Anbaufläche. Außerdem hatte das Land das niedrigste Pro-Kopf-Einkommen in Asien. Die Mehrheit der Landbevölkerung war bettelarm. Vergleiche mit anderen Staaten erschienen absurd in einem Land, in dem die entscheidende Einteilung der Bevölkerung damit zu tun hatte, ob sie zweimal am Tag oder einmal am Tag zu essen hatte oder ob sie hungern musste. Unter diesen Verhältnissen war es kaum überraschend, dass Fatalismus und Religion in diesem Land tief verwurzelt waren. Die winzige intellektuelle Elite – Monarchisten, Liberale, Republikaner, Kommunisten – die das politische Leben in Kabul bestimmte, war stark von lokalen Händlern, Geschäftsleuten und Stammesführern abhängig. Mit dem Geld der Ersteren konnte man Letztere bestechen. Es gelang den afghanischen Herrschern ihre Unabhängigkeit zu wahren und sich die Briten vom Leib zu halten. Die Geografie hatte Pakistan eine neutrale Haltung im Kalten Krieg diktiert. Es unterhielt freundschaftliche Beziehungen zu Moskau und Neu-Delhi. Einige paschtunische Hindus waren während der Teilung lieber nach Kabul übergesiedelt, als nach Indien geflüchtet: die afghanischen Herrscher waren in Religionsfragen weit toleranter als ihre Nachbarn.

Ein seltsamer historischer Zufall wollte es, dass im Jahr der Machtergreifung Zia-ul-Haqs in Pakistan die Parcham(»Fahnen«)-Kommunisten in Afghanistan, die 1973 den Militärputsch Prinz Dauds unterstützt hatten, der zu einer Ausrufung der Republik geführt hatte, Daud ihre Unterstützung entzogen und sich mit anderen kommunistischen Gruppierungen zur Demokratischen Volkspartei Afghanistans (DVPA) vereinigten. Trotz ihres Namens hatte sie weder etwas mit dem einfachen Volk zu tun, noch war sie demokratisch. Ihre einflussreichsten Kader waren auf strategische Weise in der Armee und Luftwaffe konzentriert.

Die Regierungen der Nachbarländer wurden bald in die Krise hineingezogen, die sich über Daud zusammenbraute. Der Schah Persiens befürchtete eine kommunistische Machtübernahme und empfahl – wobei er wohl auch die Meinung Washingtons weitergab – ein entschlossenes Durchgreifen: Massenverhaftungen, Exekutionen, Folter, und stellte Daud dafür auch gleich Einheiten des Sawak, seiner bewährten Foltereinheit, zur Verfügung. Darüber hinaus versuchte der Schah, Daud zu bestechen. Wenn er die Durandlinie als endgültige Dauergrenze Afghanistans zu Pakistan anerkennen würde, würde der benachbarte Iran seinem Land 3 Milliarden Dollar schenken und dafür sorgen, dass Pakistan alle feindliche Aktionen in den Stammesgebieten einstellt. Die pakistanischen Geheimdienste hatten (selbst unter Bhutto) afghanische Exilanten bewaffnet und gleichzeitig dem traditionellen Muster folgende Stammesaufstände unterstützt, deren Ziel die Wiedererrichtung der Monarchie war. Daud war durchaus versucht, das Angebot des Schahs anzunehmen, aber die Kommunisten in den Streitkräften, die eine iranische Repression wie in Belutschistan befürchteten, organisierten einen Präventivschlag und ergriffen im April 1978 die Macht. In Washington brach daraufhin Panik aus. Diese polarisierte sich noch, als klar wurde, dass ihr altbewährter Verbündeter – der sich selbst überschätzende Schah – kurz davor stand, zusammen mit seinem Thron gestürzt zu werden.

Jetzt wurde Zias Diktatur endgültig zum Dreh- und Angelpunkt der US-Strategie in dieser Region. Aus diesem Grund gab Washington auch grünes Licht für Bhuttos Hinrichtung und sah bewusst über das Nuklearprogramm des Landes hinweg. Die Vereinigten Staaten wollten ein stabiles Pakistan, kostete es, was es wollte. Zia begriff seine neue Rolle gut und wies General Akhtar Abdul Rahman, den Generaldirektor des ISI, an: »Das Wasser in Afghanistan muss mit der richtigen Temperatur kochen.« Rahman, ein effizienter, bigotter, kaltblütiger Offizier, richtete daraufhin das afghanische Büro des ISI ein, das mit den US-Geheimdiensten zusammenarbeitete und über unbegrenzten Nachschub an Finanzmitteln und Waffen verfügte. Das Ziel war klar: Man wollte eine »Bärenfalle« aufstellen, wie es der amerikanische Sicherheitsberater Zbigniew Brzezinski nannte. Der Plan bestand darin, die afghanische Regierung zu destabilisieren, in der Hoffnung, damit ihre sowjetischen Beschützer in den Konflikt hineinzuziehen.

Derartige Pläne misslingen oft (wie sie es in Kuba fünf Jahrzehnte lang getan haben), aber in Afghanistan hatten sie hauptsächlich wegen der Schwäche der afghanischen Kommunisten Erfolg. Diese waren durch einen Militärputsch an die Macht gekommen, der im Grunde nur in Kabul stattgefunden hatte. Trotzdem gaben sie vor, dass es sich hierbei um eine nationale Revolution handele. Ihre stalinistische Politausbildung machte sie allergisch gegen alles, was mit Verantwortlichkeit und Rechenschaftspflicht zu tun hatte. Ideen wie das Erstellen einer Charta der demokratischen Rechte oder eine aus freien Wahlen hervorgegangene verfassunggebende Versammlung kamen ihnen nie in den Sinn. Erbitterte Fraktionskämpfe führten im September 1979 zu einer mafiaartigen Schießerei im Kabuler Präsidentenpalast, in deren Verlauf Ministerpräsident Hafizullah Amin Präsident Taraki erschoss. Amin ließ dann verlauten, dass 98 Prozent der Bevölkerung seine Reformen unterstützten und die 2 Prozent, die gegen sie seien, liquidiert werden müssten. Die Fotos der Opfer wurden stolz in der Regierungspresse veröffentlicht. Unterdrückungsmaßnahmen dieser Art und dieses Ausmaßes hatte dieses Land bisher noch nie erlebt. Als Ergebnis kam es in der Armee zu Meutereien und in einer Reihe von Städten zu Aufständen, die dieses Mal nichts mit Washington und General Zia zu tun hatten. Dem Regime schlug überall große Empörung entgegen. Natürlich wiegelte Islamabad jetzt die religiöse Opposition auf und lieferte ihr Waffen. Eine ideologische Waffe war dabei die Kampagne gegen die Entscheidung der DVPA, einen Pflichtschulunterricht für alle Mädchen durchzusetzen. Dies wurde als empörender Angriff auf den Islam und die afghanischen Traditionen dargestellt.

Schließlich änderte die Sowjetunion nach zwei einstimmigen Entscheidungen gegen eine Intervention doch noch ihre Meinung, mit der Begründung, dass sie jetzt über »neue Unterlagen« verfüge, die angeblich »belegten«, dass Amin (der an der Columbia-Universität in den Vereinigten Staaten studiert hatte) ein CIA-Agent war. Sie sind bis heute nicht freigegeben worden; es wäre nicht erstaunlich, wenn es sich dabei um Fälschungen handelte. Aus welchen Gründen auch immer entschied das Politbüro, Truppen nach Afghanistan zu schicken, wobei der damalige Chef des KGB – Jurij Andropow – dagegenstimmte. Ziel der Sowjets war es (ähnlich dem der Vereinigten Staaten im Jahr 2001), ein diskreditiertes Regime loszuwerden und es durch ein nicht ganz so abstoßendes zu ersetzen. Die Bärenfalle war zugeschnappt. Am Weihnachtstag des Jahres 1979 überquerten hunderttausend sowjetische Soldaten den Oxus und rückten in Kabul ein. Präsident Carter bezeichnete dies als »die größte Bedrohung für den Frieden seit dem Zweiten Weltkrieg« und warnte den sowjetischen Führer Leonid Breschnjew,»entweder abzuziehen oder ernsthafte Konsequenzen tragen zu müssen«.

Da Afghanistan jetzt dank der Russen ein für die gesamte »Zivilisation« entscheidend wichtiges Land geworden war, brauchte es jetzt natürlich auch eine heroische politische Geschichte. Dies machte auf unterschiedlichen Ebenen Hilfe von außen nötig. Und so wurden edle Ritter in schimmernder Rüstung in die Region gesandt. Washington sprach die Forscher und Berater verschiedener Agenturen und Denkfabriken an. Die Rand Corporation reagierte sofort und entschloss sich, einen vielversprechenden jungen Mitarbeiter, einen 28-jährigen Japan-Amerikaner, auf eine schnelle Erkundungstour nach Pakistan zu schicken.

Francis Fukuyama verbrachte – vom 25. Mai bis zum 5. Juni 1980 – zehn Tage in diesem Land. Er war Gast des Direktors des Militärgeheimdienstes und hatte freien Zugang zu Generälen und hohen Zivilbeamten. Kurz zuvor hatten diese ein Hilfspaket über 400 Millionen Dollar als »Peanuts« abgelehnt, das ihnen der Nationale Sicherheitsberater des Weißen Hauses – Zbigniew Brzezinski – angeboten hatte, und Washington informiert, dass sie eine mindestens so hohe Finanzhilfe erwarteten, wie sie gegenwärtig Ägypten und die Türkei bekämen. Warum sollte Pakistan weniger bekommen? Es war jetzt ein Staat an der Grenze zwischen den beiden Lagern des Kalten Kriegs und wartete freudig auf die Vorteile, die ihm dieser neue Status verschaffen würde. Einige höhere Mitglieder der Elite hatten vorsorglich schon einmal Bankkonten in weit entfernten ausländischen Steueroasen eröffnet.

Die hohen Militärs hatten Fukuyama sogar ihre schlimmsten Befürchtungen offenbart. Die Sowjetunion könnte die Durandlinie überqueren und einen Teil ihrer Nordwest-Grenzprovinz als Brückenkopf in Besitz nehmen. Außerdem gäbe es da immer die Möglichkeit einer sorgfältig geplanten indisch-sowjetisch-afghanischen Zangenbewegung mit dem Ziel, Pakistan noch weiter »entlang ethnischer Grenzen« aufzuteilen. Anscheinend begann sich jetzt das schlechte Gewissen über ihr Verhalten in Belutschistan zu melden.

Fukuyama akzeptierte vieles von dem, was man ihm erzählte, da es mit den US-Interessen übereinstimmte. Zudem wusste er, dass Geschichte oft, zur Überraschung des Zentrums, von der Peripherie bestimmt wird. Der vietnamesische Sieg im Jahre 1975 verfolgte die Politikmacher in Washington immer noch. Diese neue Geschichte in den majestätischen und doch so fernen Bergen des Hindukusch konnte leicht eine ähnliche Entwicklung nehmen, wenn man ihr nicht in die richtige Richtung half. Eine einfaches Durchwursteln genügte hier nicht. Fukuyama fasste dann das Für und Wider einer engeren Verbindung zwischen Pakistan und den Vereinigten Staaten zusammen. Die Vorteile waren dabei offensichtlich:

»(1) Die Vermeidung der Möglichkeit, dass pakistanisches Territorium an die Sowjetunion fällt.

(2) Die Möglichkeit, den afghanischen Aufständischen militärisch zu helfen, sowie die Kosten der Intervention für die Sowjets zu erhöhen und gleichzeitig ihre Interessen vom Persischen Golf abzulenken.
(3) Die Nutzung pakistanischer Einrichtungen und Stützpunkte durch die geplante Schnelle Eingreiftruppe.
(4) Die Demonstration der amerikanischen Verlässlichkeit, vor allem im Hinblick auf die Volksrepublik China.«

Zwar gab es offensichtliche Nachteile, die aber alle beherrschbar und überwindbar waren:

»(1) Negative Auswirkungen auf die amerikanisch-indischen Beziehungen; (2) eine Schwächung der Glaubwürdigkeit der auf die Nichtweiterverbreitung der Atomwaffen hinzielenden US-Politik; (3) hohe ökonomische Kosten und (4) die Bindung an ein Regime, dessen Dauerhaftigkeit durchaus zweifelhaft war.«

Klugerweise führte er dann noch die chinesisch-pakistanischen Beziehungen als Modell für ein ausgewogenes Verhältnis an:

»Die Chinesen haben die Zivil- und Militärregierungen ohne Unterschied unterstützt und nicht versucht, Pakistans internen Charakter zu beeinflussen. Deshalb wurden sie auch nie für die Fehlschläge eines bestimmten Regimes verantwortlich gemacht ... Sollten die Vereinigten Staaten dieses Verhalten nicht auf geeignete Weise zum Vorbild nehmen, könnten die Nachteile die Vorteile doch noch aufwiegen.«[35]

Dieser Rat wurde von Brzezinski mehr oder weniger angenommen und umgesetzt. General Zia-ul-Haq, der schlimmste aller pakistanischen Diktatoren, bekam eine Imagewäsche verpasst und wurde in einen wackeren Freiheitskämpfer gegen das Reich des Bösen umgewandelt. Die Zeitungen und Fernsehsender kamen ihren entsprechenden Pflichten freudig nach.

Von 1980 bis 1989 wurde Afghanistan zum Brennpunkt des Kalten Kriegs. Millionen Menschen überquerten die Durandlinie und ließen sich in Lagern und Städten der Nordwest-Grenzprovinz nieder, wobei der größte Zustrom – 3,5 Millionen Flüchtlinge – eine direkte Folge der sowjetischen Besatzung war. Die Auswirkungen waren für beide Länder katastrophal. Niemand profitierte vom Afghanistankrieg außer einer winzigen Schicht von Heroinschmugglern, zivilen Mittelsmännern, den höchsten Offizieren der pakistanischen Armee und den Politikern, die mit allen drei Gruppen verbunden waren. Waffen, Heroin, Drogendollars, Nichtregierungsorganisationen, die den Flüchtlingen »helfen« sollten, sowie Möchtegern-Dschihadisten aus Saudi-Arabien, Ägypten und Algerien überfluteten die gesamte Region. Pakistans größte Stadt und ihr Hafen wurden zum Zentrum des Heroinhandels. Der Mohn wurde im Norden angebaut, zu Pulver verarbeitet und nach Karatschi gebracht, von wo aus er nach Europa und Amerika geschmuggelt wurde. Die moderne Stadt und ihre Elite werden in Kamila Shamsies Roman *Kartographie* treffend beschrieben.

Alle bedeutenderen westlichen Geheimdienste (einschließlich des israelischen) waren in dem in der Nähe der afghanischen Grenze liegenden Peschawar vertreten, das immer mehr einer Stadt in der Zeit des großen Goldrauschs zu ähneln begann. Die ganze Region wandelte sich auf Dauer. Zum ersten Mal in der pakistanischen Geschichte waren die offiziellen Markt- und die Schwarzmarktkurse des US-Dollars gleich hoch. Pakistanische Offiziere auf der Suche nach dem schnellen Reichtum verkauften den Mudschaheddin und illegalen Waffenhändlern alle Arten von Waffen, einschließlich Stinger-Raketen. Bei einem Dinner in einem Londoner Restaurant im Jahr 1986 flüsterte mir Benazir Bhutto ins Ohr, dass unser großzügiger Gastgeber, ein gerade gekonnt über Kunst und Kultur parlierender vollendeter Gentleman aus dem Sindh, sein Geld mit dem Verkauf von Stinger-Raketen und Kalaschnikows verdiene. Ich fragte ihn dann, ob ich eine Rakete kaufen könne und wie viel sie mich kosten würde. Er war überhaupt nicht neugierig, warum ich eine solche Waffe benötigen könnte.

»Überhaupt kein Problem«, sagte er mit einem Lächeln. »Fliegen Sie nach Karatschi. Ich treffe Sie am Flughafen. Wir fahren dann vor die Stadt und Sie können eine ausprobieren. Danach reden wir über den Preis.« Im Gegensatz zu mir war es ihm vollkommen ernst.

Der Heroinhandel heizte Pakistans blühenden Schwarzmarkt an. General Fazle Haq, Zias Gouverneur in der Grenzprovinz, erklärte öffentlich, dass ihn das nicht sehr beunruhige. Da das Rauschgift ja ins Ausland gehe, müssten sich die Pakistaner nicht weiter darum kümmern. Gleichzeitig stieg die Zahl der registrierten pakistanischen Drogenabhängigen von einigen hundert im Jahr 1977 auf über zwei Millionen im Jahr 1987.[36] Die Zunahme der Bandenkriege in Karatschi ist unmittelbar mit dem neuen Status der Stadt als Zentrum des Heroinhandels verbunden.

Pakistan und dem pakistanischen Volk ging es währenddessen nicht besonders gut. Zia wollte einen völligen Bruch mit der Vergangenheit und benutzte dazu die Religion – ein Mittel, zu dem solche Schurken gewöhnlich als erstes greifen. Am 2. Dezember 1978 hatte der »Soldat des Islam«, wie er sich jetzt gerne nannte, die Politiker getadelt, »die im Namen des Islam tun, was sie wollen«, und danach erklärt, dass er gedenke, das wahre islamische Gesetz in Pakistan durchzusetzen. Er verkündete die Einrichtung von Schariagerichten, deren Macht zwar beschränkt war, die aber trotzdem entscheiden konnten, ob ein Gesetz »islamisch oder unislamisch« war. Sofort begann der Streit der Theologen untereinander, sodass eine Reihe von Gerichten nach kurzer Zeit umbesetzt werden mussten. Zwei Monate später erließ er einige Präsidialerlasse und Verordnungen, die noch weitergehende Maßnahmen in die Wege leiteten. So wurden alle Gesetze, die mit Alkoholkonsum, Ehebruch, Diebstahl und Einbruch zu tun hatten, durch die Strafbestimmungen ersetzt, die der Koran und die frühe islamische Justiz dafür festgelegt hatten. Jeder Muslim, der beim Trinken erwischt wurde, würde künftig mit 80 Peitschenhieben bestraft werden. Ein unverheiratetes Paar, das man bei unzüchtigen Handlungen ertappte, erhielt 100 Peitschenschläge. Handelte es sich dabei allerdings um Ehebruch, würden beide zu Tode gesteinigt werden. Vermögensdelikte würden mit der Amputation der rechten Hand am Gelenk bestraft werden, während man bei Raub dem Schuldigen Hand *und* Fuß abhacken würde. Dies alles waren sunnitische Vorschriften. Die schiitischen Theologen waren gegen das Abnehmen der Hand am Gelenk und zogen stattdessen die Entfernung aller Finger der rechten Hand einschließlich des Daumens vor. Was nun die »absurde« Forderung der Volkspartei nach Nahrung, Kleidung und Unterkunft anging, so konnte all dies laut Zia nicht vom Staat oder privaten Unternehmen, sondern nur von Gott gewährt werden: »Jede Abnahme oder Zunahme deines Auskommens kommt von Ihm. Vertraue in Gott und Er wird dir in deinem Leben einen Überfluss an guten Dingen zuteilwerden lassen.«

Alle öffentlichen Bediensteten wurden angewiesen, ihre Gebete regelmäßig zu verrichten und den zuständigen Stellen wurde aufgetragen, dafür zu sorgen, dass in Regierungsgebäuden, Flughäfen, Bahnhöfen und Busbahnhöfen Möglichkeiten zur ordentlichen Verrichtung dieser Gebete geschaffen würden. Eine Sonderverordnung befasste sich mit der strikten Einhaltung des Ramadans. So mussten die Kinos in dieser Zeit drei Stunden nach dem Abendgebet geschlossen bleiben. Pakistan hatte so etwas noch nie erlebt. Die öffentlich geförderte Religiosität wurde jetzt zur Norm, gleichzeitig gab es aber auch einen massiven Anstieg des Alkoholverbrauchs, da jetzt jeder Trunkenbold behaupten konnte, er sei Widerstandskämpfer gegen die Diktatur. Zahlen über Ehebrüche und das Einhalten der Fastengebote stehen natürlich keine zur Verfügung. Zwar existierten die Taliban noch nicht, aber die Bühne für sie war bereitet. Es gereicht der Ärzteschaft zur Ehre, dass sie sich weigerte, »islamische« Amputationen zu überwachen oder selbst durchzuführen, weswegen die entsprechenden Bestimmungen niemals umgesetzt werden konnten. Öffentliche oder in Gefängnissen vorgenommene Auspeitschungen wurden dagegen zu einer regelmäßigen Erscheinung und brutalisierten noch weiter die höchst zerbrechliche politische Kultur dieses Landes.

Es stellte keine Überraschung dar, dass die Jamaat-i-Islami, die noch nie irgendwo im Land mehr als 5 Prozent der Wählerstimmen bekommen hatte, während Zias Regierungszeit von ganz oben gefördert wurde: Ihre Kader wurden nach Afghanistan in den Kampf geschickt, ihr bewaffneter Studentenflügel wurde ermutigt, die Universitäten im Namen des Islam zu terrorisieren, und ihre Ideologen waren auf den Fernsehschirmen und in den Printmedien allzeit präsent. Der Geheimdienst Inter-Services Intelligence wurde nun von der Militärführung angewiesen, die Bildung von weiteren, noch radikaleren dschihadistischen Gruppen zu unterstützen, die im In- und Ausland Terrorakte durchführten. Auf dem Land, vor allem in den Grenzprovinzen, begann man Religionsschulen einzurichten. Als Zia meinte, eine eigene Partei zu benötigen, baute die Bürokratie die Pakistan Muslim League auf. Führend in dieser Partei wurden zwei von Zia selbst ausgewählte Familienclans: die Sharif-Brüder und die Chaudhrys aus Gujrat, die sich gegenwärtig aufs Äußerste bekämpfen, damals aber ihre großen Stärken vereinigten, deren eine die Nutzung ihrer politischen Macht zur ursprünglichen, aber äußerst schnellen Kapitalakkumulation war.

Die Nähe der Familie Sharif zu Zia war hauptsächlich darauf zurückzuführen, dass sie unter Bhutto gelitten hatten und diesen deswegen abgrundtief hassten. Als ausgebildete Schmiede hatten sie Indien verlassen, um sich in Lahore niederzulassen. Muhammad Sharif, ein fleißiger, mäßig frommer, strenger Mann, der auf eiserne Disziplin Wert legte, hatte darauf geachtet, dass seine Söhne Nawaz und Shabbaz eine gediegene Ausbildung bekamen. Der Familie ging es gut, ihre kleinen Stahlgießereien gediehen und sie war an Politik – wenn überhaupt – nur mäßig interessiert. Als sie sich jedoch weigerten, an einige kriminelle Bhutto-Anhänger in Lahore Schutzgeld zu zahlen, fielen sie in Ungnade und ihre Gießereien wurden im Jahre 1972 verstaatlicht. Diese Entscheidung war wirtschaftlich dumm und politisch kontraproduktiv. Eine Familie von neutralen kleinen Geschäftsleuten wurde zu lebenslangen Feinden der Bhutto-Familie. An dem Tag, als Zia Bhuttos Hinrichtung anordnete, dankten Muhammad Sharif und seine Söhne Allah, dass er ihre Gebete so schnell erhört hatte. Der älteste Sohn Nawaz wurde von General Zia besonders gefördert und zum Führer der Khaki-Muslimliga gemacht. Als Günstlinge des Militärs waren die Sharifs Zia unverbrüchlich dankbar. Ihre hauptsächliche Loyalität galt allerdings den eigenen Geschäftsinteressen. Man hatte ihnen zwar die Gießereien zurückerstattet, das genügte ihnen nicht mehr. Sie nutzten fortan ihre politische Macht für das Erzielen riesiger Gewinne, indem sie hohe Bankkredite aufnahmen und diese nie zurückzahlten. Dieser Prozess begann schon früh und beschleunigte sich nach General Zias plötzlichem Tod sogar noch.

Die zweite Familie, die vom Militärregime profitierte, war der Chaudhry-Clan aus Gujrat. Diese alte punjabische Stadt war in der Nähe des Chenab-Flusses vom Mogulkaiser Akbar errichtet worden, der dort die Gujjars ansiedelte, die traditionell zu einer halbnomadischen Kaste von Kuh- und Ziegenhirten gehörten (nach denen die Stadt dann auch benannt wurde). Ihre ursprüngliche Aufgabe war es, die Mogularmeen auf ihren Zügen durch diese Region mit Nahrungsmitteln und anderem Bedarf zu versorgen. Die von Nomadenstämmen abstammenden Jats waren dagegen Bauern, die Geschmack am Kriegshandwerk gefunden hatten und den Mogulkaisern und später den Briten und deren Nachfolgearmeen als Soldaten dienten. Einige von ihnen hatten sich ebenfalls in dieser Stadt angesiedelt, in der von nun an eine ständige Rivalität zwischen ihnen und den Gujjars herrschte.

Gujrat war in der Mogulzeit auch für die ausgezeichnete Qualität seiner handwerklichen Produkte, vor allem seiner Tonwaren, berühmt.

Davon ist allerdings außer der Fähigkeit zum Fälschen von Geld und besonders Pässen nur wenig übrig geblieben. Vor der Einführung von elektronischen Sicherungen hatte ein ganz bestimmter Gujrati-Handwerker den Ruf, Reisepässe und US-Visa von so hoher Qualität herzustellen, dass seine Kunden nur ganz selten entdeckt wurden. Seine Fertigkeiten nutzten manchmal sogar Minister der Regierung, um ärmeren Mitgliedern ihres Clans zu helfen, in politisch freundlichere Klimazonen zu entkommen, was man durchaus als interessantes Beispiel von kritischer Selbsterkenntnis werten könnte.

Der Chaudhry-Clan gehörte zu den Jats. Als der allgemeine Lebensstandard während der britischen Herrschaft sank, ging es den meisten von ihnen schlecht. Sie suchten ständig nach Arbeit und Auskommen. Der eigentliche Begründer des erfolgreichen Clans war Chaudhry Zahoor Elahi. Die meisten seiner Freunde hielten ihn für einen warmherzigen und großzügigen Gauner. Er stammte aus Nat, einem winzigen Dorf in der Nähe von Gujrat, das von kriminellen Bruderschaften beherrscht wurde, deren Solidaritätsgefühl ihn dauerhaft prägte. Sein Vater wurde dort als tüchtiger Flussbandit geschätzt, der seinen Lebensunterhalt durch den Wiederverkauf von gestohlenen Gütern verdiente. Er selbst begann dagegen sein Erwachsenenleben als britisch-indischer Polizist, ein Hintergrund, der von dem der Generäle, denen er später diente, nicht weiter entfernt sein konnte.

Im Jahre 1943 wurde Zahoor Elahi in die heilige Stadt der Sikhs Amritsar versetzt. Sein Bruder Manzoor Elahi begleitetete ihn, da er hoffte, dort eine geeignete Anstellung zu finden. Zahoor war ehrerbietig gegenüber seinen Vorgesetzten und ein tüchtiger Polizist, aber er hielt zu allen Zeiten das Ohr offen, ob ihm nicht das Schicksal eine gute Gelegenheit bieten könnte. Eines Tages hörte er auf seinem Revier, dass man bald eine Razzia bei einem örtlichen Hindu-Händler durchführen werde, der irgendein Gesetz gebrochen hatte.

Da er seine Chance gekommen sah, besuchte Zahoor Elahi noch am selben Tag den Händler, um ihn zu warnen. Als die Razzia dann stattfand, konnte die Polizei überhaupt nichts finden. Man stellte eine Untersuchung an, der Verrat wurde entdeckt und der arme Zahoor wurde aus dem Polizeidienst entlassen.

Immerhin gab der dankbare Geschäftsmann den beiden Brüdern etwas Geld. Außerdem half er Manzoor Elahi, eine winzige Handweberei zu eröffnen. Dann kam die Teilung. Die Brüder kehrten in ihr Dorf zurück. Eines Tages suchte Zahoor Elahi das Wiedergutmachungsbüro auf und verlangte eine Entschädigung für das, was sie verloren hatten (was tatsächlich nur sehr wenig war). Wie viele andere in diesen stürmischen Zeiten stellte er natürlich eine viel zu hohe Forderung. In jenen Tagen war man der Meinung, dass man illegale Gewinne sofort in die am leichtesten zu transportierende Ware – also Gold oder Schmuck – umtauschen sollte. Zahoor Elahi zeichnete dagegen eine unbezähmbare Leidenschaft für Land und Grundbesitz aus, deren genetische Spuren bis heute bei seinen Nachfahren zu erkennen sind. Als Erstes erwarb er von der Entschädigungssumme seiner angeblichen Verluste in Amritsar ein großes Haus in der Stadtmitte von Gujrat. Er schaute niemals zurück und zeigte stattdessen eine natürliche Begabung für den allmählichen Aufbau eines großen Vermögens. Es gereichte ihm allerdings nicht zum Schaden, dass er auch als reicher Mann niemals seine Vergangenheit vergaß und immer freundliche Beziehungen zur örtlichen Polizei und den Kriminellen der Stadt aufrechterhielt, sie auch oft zusammenbrachte, um ihnen zu erklären, dass sie trotz ihrer gegensätzlichen Berufe viele gemeinsame Interessen hätten.

Er war zwar nicht der einzige korrupte Politiker des Landes, aber sicher einer der raffiniertesten. Er verstand, dass in der Politik wie im Alltagsleben jeder Mensch mit einem Quäntchen Verstand ein Ziel erreichen konnte, das seine Herkunft Lügen strafte. Moral dagegen war etwas absolut Unnötiges. Wie es sich für einen kleinen Stadthonoratioren gehörte, trat er der Muslimliga bei und begann, auch dort Karriere zu machen. Das beeindruckende Wachstum seines Vermögens erlaubte es ihm, seine regelmäßigen Pilgerfahrten nach Mekka mit großen Einkäufen in den Duty-free-Shops zu verbinden. Er kehrte jedes Mal mit Koffern voller Geschenke für seine hochherrschaftlichen und einfachen Freunde zurück.

Später trat er Feldmarschall Ayubs Version der Muslimliga bei, die erste der sogenannten Khaki-Ligen, die zu einem kleinen, aber wichtigen Pfeiler der Militärherrschaft werden sollten (und deren Namen von der Farbe der Militäruniformen abgeleitet war). Er wurde zu einer Stütze seiner Partei, die er mit Geld umsorgte. Er ließ auch schon einmal ganze Menschenmassen mit Bussen herbeikarren, damit sich der General bei öffentlichen Versammlungen in seiner angeblichen Beliebtheit baden konnte. Ein solcher Aufstieg war damals für einen Selfmademan in Pakistan noch völlig ungewöhnlich. Es gab zwar andere wie ihn, die das Armsein verdrießlich fanden, denen aber Initiative und Netzwerkqualitäten fehlten. Dieser Prozess würde einige Jahrzehnte später während des Heroinbooms alltäglicher werden, als sich der Unternehmergeist der Chaudhrys und Sharifs in den großen Städten ausbreitete und dem politischen Leben auf Dauer seinen Stempel aufdrückte. Es kostet noch heute eine ganze Menge, Ministerpräsident zu werden.

Solange Bhutto Minister im Kabinett der Militärregierung war, spielte Elahi den liebedienerischen Schmeichler, eine Rolle, in der er seit seiner Zeit als junger Polizist geübt war. Nachdem allerdings Ayub Bhutto entlassen hatte und dieser darüber nachdachte, ob er eine neue politische Partei gründen sollte, zeigte Elahi dem in Ungnade gefallenen Minister plötzlich die kalte Schulter. Ja noch mehr: Er wurde einer der wichtigsten Anhänger Ayubs innerhalb der Muslimliga und beschwatzte und bestach diejenigen, die darüber nachdachten, mit Bhutto zusammen die Partei zu verlassen, sodass die meisten von ihnen blieben. Bhutto war dafür bekannt, dass er eine echte oder eingebildete Kränkung niemals vergaß. Als er deshalb 1972 an die Macht gelangte, gab er eindeutig zu verstehen, dass er die Chaudhrys aus Gujrat für Diebe und Zuhälter hielt, die auch so behandelt werden sollten. Versuche der Chaudhrys, über Mittelsmänner zu einer Übereinkunft mit dem neuen Staatsführer zu gelangen, scheiterten. Wenn Bhuttos Hass erst einmal entbrannt war, kannte dieser gewöhnlich keine Grenzen. Er hatte das Gedächtnis eines Elefanten, wie mancher höhere Beamte leidvoll erfahren musste, der ihn in den Jahren, als er in Ungnade gefallen war, gemieden hatte. Aber Zahoor Elahi wartete auf seine Zeit. Sie sollte früher kommen als gedacht. Er begrüßte Zias Putsch im Jahre 1977, entwickelte sofort enge Beziehungen zu dem Diktator und unterstützte Bhuttos Hinrichtung. Ostentativ bat er General Zia, ihm den »heiligen Füllhalter« zum Geschenk zu machen, mit dem dieser Bhuttos Todesurteil unterzeichnet hatte. Der Gerichtsvorsitzende des westpakistanischen Obergerichts Maulvi Mushtaq Hussain, der sich während der Verhandlung gegen Bhutto so abscheulich benommen hatte, war seit einiger Zeit ein enger Freund Zahoor Elahis. 1978 zeigte ihm dieser in Lahore wieder einmal seine ganze Gastfreundschaft und wollte den Richter gerade wieder im Auto zurück zu dessen Haus im Lahorer Stadtteil Model Town bringen, als Attentäter der Widerstandsgruppe »Al-Zulfiqar« das Feuer auf sie eröffneten. Der Richter, dem dieser Anschlag galt, duckte sich. Die ihm zugedachte Kugel tötete stattdessen den neben ihm sitzenden Chaudhry. Obwohl Zahoor Elahi gar nicht das Ziel gewesen war, behaupteten die Leute von Al-Zulfiqar, die von dem Misserfolg ihres Anschlags peinlich berührt waren, er habe ebenfalls auf ihrer Liste gestanden, was im Übrigen durchaus der Fall sein könnte.

Wie immer es auch gewesen sein mag, Zahoor Elahi wurde sofort zu einem Märtyrer stilisiert. Der Jahrestag seines Todes wird jetzt noch in Gujrat von seiner Familie (zu der meist zumindest ein Minister gehört) mit großem Pomp gefeiert, so wie auch Straßen in dieser Stadt nach ihm benannt wurden. Nach seinem Tod übernahm sein ältester Sohn Chaudhry Shujaat Hussein die Führung des Clans und wurde bald zu einem der mächtigsten Drahtzieher in General Zias Khaki-Muslimliga. Die Parteiführung lag zwar in Händen der Familie Sharif, aber die Chaudhrys blieben ihrer eigenen Familientradition treu und verhehlten ihren Ärger über diese Tatsache. Sie warteten geduldig. Ihre Chance sollte ein Jahrzehnt später kommen, als in Gestalt von Pervez Musharraf ein anderer General die Macht ergriff.

Die Chaudhrys und die Sharifs waren beide Nutznießer der Zia-Jahre. Dies galt auch für die pakistanische Armee, der der Afghanistankrieg einen enormen Auftrieb gegeben hatte. Jetzt war sie ein Verbündeter der mächtigen Vereinigten Staaten an der Grenze zu den gottlosen Kommunisten. Zia und seine Generäle wussten nur zu gut, dass sie ohne finanzielle und militärische Unterstützung der USA, aber auch Chinas, Saudi-Arabiens, Israels und Ägyptens die Macht im Staat nicht so leicht errungen hätten. Gleichzeitig sahen der ISI und die CIA beifällig zu, wie russische Techniker und ihre Familien umgebracht und ausgeweidet wurden und man dann auch noch ihre abgeschlagenen Köpfe auf langen Stangen zur Schau stellte. Sie betrachteten dies als süße Rache für Vietnam. Währenddessen entschied sich der den Krieg befürwortende saudi-arabische Geheimdienstchef Prinz Turki Bin Faisal, Scheich Osama Bin Laden nach Afghanistan zu schicken, um den dortigen Glaubenskämpfern zu demonstrieren, dass die Saudis hinter ihnen standen und sie sich deshalb über die Beteiligung Amerikas keine allzu großen Sorgen machen mussten. Diese Geschichte ist gut dokumentiert. Weniger oft wird allerdings erwähnt, wie sehr die pakistanische Nordwestprovinz von diesem Krieg in Mitleidenschaft gezogen wurde. Die Folgen sind in dieser Region bis heute deutlich spürbar.

Die einfachen, aber effektiven Handbücher, die der ISI damals zum Kampf gegen Moskau verfasste, erweisen sich auch im heutigen Afghanistan im Kampf gegen die Vereinigten Staaten noch als ausgesprochen hilfreich. Einer der antisowjetischen Kommandeure, Abdul Haq, erzählte den bewundernd zuhörenden westlichen Journalisten, dass die Mudschaheddin Zivilisten nicht als bewusste Ziele auswählten, »aber wenn es sie dann doch trifft, ist mir das egal ... Wenn meine eigene Familie in der Nähe der Sowjetbotschaft leben würde, würde ich diese doch angreifen. Um sie würde ich mir dabei keine Gedanken machen. Wenn ich bereit bin, für diese Sache zu sterben, muss auch mein Sohn dafür sterben und muss auch meine Frau dafür sterben.« Diese »Qualitäten« wurden dann von den westlichen Medien als Ausweis einer unbeugsamen Kriegerrasse gepriesen. Robert Fisk, der damals für die Londoner *Times* über diesen Konflikt berichtete, offenbarte später, dass er die Anweisung hatte, die Mudschaheddin unabhängig von ihren jeweiligen Taten immer als »Freiheitskämpfer« zu bezeichnen.

Brigadegeneral Mohammed Yousaf, ein hochrangiger Kommandeur des ISI, der vor allem mit der Ausbildung der Mudschaheddin beauftragt war und der die pakistanischen Kommandos auswählte, die die Grenze überquerten, um an der Seite der Heiligen Krieger zu kämpfen, verteidigte diese Taktiken Anfang der Neunzigerjahre:

»Als Nächstes griffen wir zu Sabotageakten und Tötungsanschlägen innerhalb des Landes ... So platzierten wir zum Beispiel eine Bombe unter einen ganz bestimmten Tisch in der Mensa der Kabuler Universität. Als sie während des Essens explodierte, tötete sie neun Sowjets, darunter eine Professorin. Bildungseinrichtungen galten als legitime Ziele, da deren Lehrkörper nur aus Kommunisten bestand, die ihre Studenten mit der marxistischen Lehre indoktrinierten ... Diese verdarb die Jugend und machte sie dem Islam abspenstig.«[37]

Dieselben Taktiken und Rechtfertigungen gelten heute, wo sie gegen die Vereinigten Staaten und die NATO angewendet werden, als Beweis für die »Krankheit« des Islam und werden direkt auf den Koran und andere islamische Lehrschriften zurückgeführt. In diesem Fall könnte man sich allerdings schon fragen, warum dann die Handbücher, die in den Flüchtlingslagern und unter den Mudschaheddin in Umlauf waren, an der Universität von Nebraska in Omaha hergestellt wurden:

»Die Lehrbücher, in denen es immer wieder um den Dschihad geht und die voller Zeichnungen von Gewehren, Geschossen, Soldaten und Minen sind, stehen seitdem im Mittelpunkt des afghanischen Schulunterrichts. Selbst die Taliban benutzten die in Amerika hergestellten Bücher, obwohl diese radikale Bewegung im Einklang mit ihrem strengen Glauben die darin abgebildeten menschlichen Gesichter zerkratzten.«[38]

Inzwischen begann sich auch in der Sowjetunion die Lage zu ändern. Als Michail Gorbatschow im März 1985 zum Generalsekretär des Politbüros aufstieg, wurde bald offensichtlich, dass die Sowjetunion die Niederlage in Afghanistan anerkennen und ihre Truppen abziehen würde. In diesem Zusammenhang machte ich damals auch eine ziemlich eigentümliche persönliche Erfahrung. Als ich auf einer von den Vereinten Nationen veranstalteten Konferenz in Taschkent eine Rede hielt, welche die Intervention der Sowjetunion heftig kritisierte, war ich äußerst erstaunt, als die jüngeren Mitglieder der sowjetischen Delegation, angeführt von Jewgenij Primakow (der später zum KGB-Chef und für kurze Zeit zum Ministerpräsidenten unter Jelzin werden sollte) auf mich zukamen und mich umarmten. Sie erklärten mir dann, sie stimmten in dieser Frage völlig mit mir überein und dies gelte im Übrigen auch für ihren neuen Generalsekretär. Als ich dies verschiedenen pakistanischen Freunden erzählte, waren sie sehr bedrückt. Einige weigerten sich zu glauben, dass dies möglich sei. Heute unterstützen viele von ihnen auf ähnliche Weise die amerikanische Besetzung Afghanistans und fordern den Westen auf, weitere Truppen zu schicken.[39]

Die Sowjetunion hatte ihre Niederlage anerkannt und einen einseitigen Rückzug aus Afghanistan beschlossen. Trotzdem verlangte General Gromow einige Garantien für die Afghanen, die er zurückließ. Die Vereinigten Staaten, die sich als Sieger betrachteten, waren bereit, ihm dabei entgegenzukommen. General Zia lehnte dies allerdings vollkommen ab. Der Afghanistankrieg war ihm (ähnlich wie Osama Bin Laden und seinen Mitstreitern) zu Kopf gestiegen und er wollte, dass seine eigenen Leute dort die Macht ausübten. Zia träumte davon, den pakistanischen Halbmond mit Stern in ganz Zentralasien zu hissen. Als der sowjetische Abzug näher rückte, machten Zia und der ISI genaue Pläne für die Zeit danach. In seiner Regierungszeit hatte Pakistan eine Atombombe gebaut. Zusammen mit der sowjetischen Niederlage hatte dies Zia und den ihm nahestehenden Generälen neue Zuversicht gegeben. Sie hatten jetzt das Gefühl, unbesiegbar zu sein.

Und dann ging Zia in Rauch auf. Am 17. August 1988 besuchte er mit fünf Generälen ein militärisches Übungsgelände in der Nähe von Bahawalpur, um dem Test des neuen US-amerikanischen Abrams M-1/A-1-Panzers beizuwohnen, bei dem auch ein amerikanischer General und der US-Botschafter Arnold Raphael anwesend waren. Die Vorführung verlief nicht besonders gut und alle waren schlecht gelaunt. Zia bot den Amerikanern an, mit ihm in seiner speziell für ihn angefertigten C-130 zurückzufliegen, deren besonders verstärkte Kabine ihn vor Attentaten schützen sollte. Einige Minuten nach dem Start verloren die Piloten die Kontrolle über das Flugzeug und es zerschellte kurz darauf in der Wüste. Alle Passagiere wurden getötet. Alles, was von Zia übrig blieb, war sein Kinnbacken, der mit allen Ehren in Islamabad beigesetzt wurde (die in der Nähe liegende Kreuzung hieß bei den Taxifahrern bald nur noch Jawbone[Kinnbacken]-Chowk). Der Grund des Absturzes bleibt bis heute rätselhaft. Im amerikanischen Nationalarchiv werden 250 Seiten Dokumente aufbewahrt, die sich auf dieses Ereignis beziehen, die aber alle noch gesperrt sind. Pakistanische Geheimdienstexperten erzählten mir unter der Hand, dass es die Russen gewesen seien, die sich für Afghanistan rächen wollten, oder die – nach einer anderen Lesart – auf Betreiben des indischen Ministerpräsidenten Rajiv Gandhi gehandelt hätten, dessen Mutter Indira von ihren Sikh-Leibwächtern getötet wurde, die zuvor offensichtlich Trainingslager in Pakistan besucht hatten. Eine höchst interessante Version stammte von John Gunter Dean, der zu jener Zeit US-Botschafter in Indien war. Barbara Crossette, die damalige Chefin des Südasienbüros der *New York Times*, schrieb viele Jahre später darüber:

»Im August 1988 ging Dean in Neu-Delhi eine Menge Geschichte durch den Kopf. Er hatte sofort einen Verdacht, wer Zia getötet haben könnte, aber sein mutmaßlicher Täter stand nicht auf der Liste der möglichen Verschwörer, die damals in Umlauf war. Dean meinte in dem Plan, die Welt von General Zia zu befreien, die Handschrift Israels und speziell des israelischen Geheimdiensts Mossad zu entdecken.

Dean glaubte noch daran, dass auch abweichende Meinungen ›dem ordentlichen Dienstweg folgen‹ müssten und nicht einfach

›durchsickern‹ sollten. Da er wusste, welche Kontroverse eine solche öffentliche Anschuldigung auslösen würde und welche Wirkung diese nicht nur in den Vereinigten Staaten und Südasien, sondern auch in der größeren islamischen Welt haben würde, entschied er sich, nach Washington zu gehen und diese Theorie höchstpersönlich seinen Vorgesetzten im US-Außenministerium zu unterbreiten. Dieses Vorgehen kostete ihn seine diplomatische Karriere.«[40]

Wollte Dean etwa andeuten, dass der Mossad Zia in die Luft gesprengt hatte, weil er Pakistan die Bombe verschafft hatte? Da er nie mehr über diese Angelegenheit sprach, wissen wir es nicht, aber es erscheint höchst unwahrscheinlich. Die Israelis hatten ja Zias Rolle bei der Niederschlagung des Palästinenseraufstands in Jordanien durchaus zu schätzen gewusst. Außerdem hatte Zia während des Afghanistankriegs dem Mossad die Anwesenheit in Peschawar erlaubt. Darüber hinaus sprach er von Pakistan öfter als einer muslimischen Entsprechung Israels:

> »Pakistan ist wie Israel ein ideologischer Staat. Nimm Israel das Judentum und es wird sofort wie ein Kartenhaus zusammenbrechen. Nimm Pakistan den Islam und mache es zu einem säkularen Staat und es wird zusammenbrechen. In den letzten vier Jahren haben wir versucht, in diesem Land islamische Werte einzuführen.«[41]

Die meisten Pakistaner gaben wie üblich der CIA die Schuld. Zias Sohn war überzeugt, dass Murtaza Bhuttos »Al-Zulfiqar« dahinterstecke. Zias Witwe pflegte zu raunen, dass es »unsere Leute waren«, womit sie die Armee meinte. Benazir bezeichnete es als »Akt Gottes«. Die einzige Tatsache, auf die sich alle einigen konnten, war sein Tod. Tatsächlich blieb dessen Geheimnis bis heute ungelöst. Als ausländische Staatsführer Zia baten, Zulfiqar Ali Bhuttos Leben zu verschonen, antwortete er, dass niemand unentbehrlich sei, und fügte dem noch hinzu: »Ich war immer schon der Meinung: Je höher einer steigt, desto härter ist sein Fall.« Der »Soldat des Islam« hatte sich seinen eigenen Grabspruch geschrieben.

3.4. Militärdiktator Nr. 4

Der General als »Chief Executive«

Mit Zias Ermordung ging die zweite Militärregierungsphase in Pakistan zu Ende. Es folgte ein längerer Prolog zu Musharrafs Regierung, der in der kurzen Geschichte dieses Staates ohne Beispiel war. Zehn Jahre lang regierten Mitglieder zweier politischer Dynastien – der Familien Bhutto und Sharif – abwechselnd das Land. Diese zehnjährige Periode war für die pakistanische Geschichte von höchster Bedeutung. Tragischerweise zeigten sich weder Bhuttos Tochter Benazir noch Zias Günstling Nawaz Sharif fähig, bei der Regierung des Landes irgendwelche anderen Interessen als ihre eigenen zu berücksichtigen. Klientelwesen, Vetternwirtschaft und eine Korruption ungeheuren Ausmaßes waren Kennzeichen ihrer schwachen Regime.

Im November 1988 hatte die 35-jährige Benazir Bhutto zum größten Unwillen der Armee die Wahlen gewonnen, welche kurz nach Zias Tod abgehalten worden waren. Trotz des starken Widerstands der Islamisten wurde sie daraufhin erste Ministerpräsidentin Pakistans. Dies war für die Menschen die erste echte Gelegenheit gewesen, ihrer Wut über den Tod ihres Vaters Ausdruck zu verleihen. Ihr Wahlprogramm versprach zwar einige Reformen zur Unterstützung der Armen, war aber vom Schlachtruf »Nahrung, Kleidung und Unterkunft für alle« weit entfernt. Ihre Handlungsfähigkeit war allerdings auch sehr eingeschränkt. Ihre Feinde saßen im Staatsapparat und sie selbst war politisch schwach. Als ich sie einige Monate nach ihrem Wahlsieg traf, war sie erfrischend ehrlich: »Ich kann überhaupt nichts tun. Auf der einen Seite steht die Armee und auf der anderen der Präsident [Ghulam Ishaq, ein früherer hoher Beamter, der Zia gegen Bhutto unterstützt hatte].« Dies war zweifellos eine schwierige Situation. Ich riet ihr, im Rahmen einer Fernsehansprache den Menschen zu erzählen, warum sie so machtlos sei. Dies sei der einzige Weg, die Bürger darüber aufzuklären. Außerdem solle sie einige Reformen durchführen, die ja keine Milliarden zu kosten brauchten. Wenigstens solle sie versuchen, überall im Land Mädchenschulen einzurichten und die von Zia durchgesetzten unglückseligen Hudud-Verordnungen aufzuheben, die Frauen als Bürger zweiter Klasse behandelten und Vergewaltigung mit Ehebruch gleichsetzten. Sie nickte zustimmend, unternahm aber nicht das Geringste. Als Ministerpräsidentin konnte sich Benazir nicht einmal an Zias Geistern rächen, geschweige denn eine einzige wichtige Gesetzesvorlage einbringen. Das von Zia geschaffene System wurde niemals in Frage gestellt. Die meisten Hierarchen ihrer Partei waren so froh, wieder an der Macht zu sein, dass sie nur noch an sich selbst denken konnten. Nach einer relativ ergebnislosen Amtszeit von zwanzig Monaten entließ im August 1990 Präsident Ishaq kraft der großen Vollmachten, die ihm Zias achter Zusatz zur Verfassung von 1973 verliehen hatte, Benazirs Regierung mit dem Vorwurf, die Korruption toleriert und die ethnische Gewalt in ihrer Heimatprovinz Sindh nicht in den Griff bekommen zu haben. Die Öffentlichkeit reagierte darauf kaum. Bei der nachfolgenden Wahl gewann Nawaz Sharif die Mehrheit und wurde zum neuen Ministerpräsidenten ernannt. Aber auch er überwarf sich bald mit dem Präsidenten und wurde 1993 ebenfalls entlassen. Ein ehemaliger Angestellter der Weltbank, Moin Qureshi, amtierte dann als geschäftsführender Ministerpräsident, bis nach den Neuwahlen vom Oktober 1993 Benazir erneut an die Macht kam.

In der Zwischenzeit setzte sich die Krise in Afghanistan auch nach dem einseitigen sowjetischen Abzug vom Dezember 1989 fort. Das Schicksal beider Länder war inzwischen eng miteinander verknüpft. Der unter dem sowjetischen Außenminister Schewardnadse für Afghanistan zuständige spätere russische Außenamtschef Jewgenij Primakow hatte einen Handel zur Stabilisierung des Landes vorgeschlagen, wobei Moskau nur ganz allmählich die alten afghanischen Führer und Kader aus dem Land abziehen würde und damit der nachfolgenden Regierung eine intakte Verwaltungsstruktur übergeben könnte. Dies war zwar eine recht vernünftige Idee, die aber von Pakistan brüsk zurückgewiesen wurde. Dessen Außenminister Sahibzada Yakub, ein alter Freund Washingtons, wollte keine Kompromisse, ebenso wenig wie seine Herren und Meister. Der Blutgeruch stieg ihnen in die Nase und so befahl man den verschiedenen Mudschaheddin-Gruppierungen, den Kampf fortzusetzen. Die demoralisierte und geschlagene afghanische Armee löste sich schnell auf; die meisten afghanischen Führer flohen ins Ausland. Präsident Mohammed Nadschibullah flüchtete sich in ein UNO-Gebäude in der afghanischen Hauptstadt. Große Teile Kabuls fielen in Schutt und Asche, wonach die verschiedenen Mudschaheddin-Fraktionen zum großen Unwillen ihrer ausländischen Unterstützer miteinander zu kämpfen begannen. Politische Auseinandersetzungen wurden nun mit Kanonen ausgetragen. Verschiedenen Kombinationen von Präsidenten und Ministern gelang es nicht, die Ordnung wiederherzustellen. Es gab keine effektive Zentralregierung mehr. Bewaffnete Banden wurden zu »Steuereintreibern« und Handel sowie Wandel kamen praktisch zum Erliegen. Nur der Mohn blieb weiterhin sakrosankt.

Während Benazir Bhuttos zweiter Amtszeit (1993–1996) entwickelte ihr Innenminister, General Naseerullah Babar, zusammen mit dem ISI den Plan, die Taliban als eine politisch-militärische Kraft aufzubauen, die schließlich Afghanistan übernehmen solle. Diese Planungen wurden allerdings von der US-Botschaft nur halbherzig unterstützt. Tatsächlich hatten die Amerikaner nach dem Abzug der sowjetischen Truppen das Interesse an diesem Land weitgehend verloren.

Benazir Bhuttos Behauptung, ihre Regierung sei gar nicht der wichtigste Unterstützer der Taliban gewesen, klang nie sehr überzeugend. Als ich sie 1994 zum letzten Mal traf, erzählte sie mir, sie würden einfach nur die afghanischen Flüchtlinge in ihr Heimatland zurückschicken. Sie vergaß dabei allerdings die enge Verwicklung des ISI in diese Rückführaktion zu erwähnen. Die Taliban waren Kinder von afghanischen Flüchtlingen und armen paschtunischen Familien, die in den 1980er-Jahren in den Medresen »ausgebildet« worden waren: Sie lieferten die Stoßtruppen, während sie von einer Handvoll von erfahrenen Mudschaheddin wie Mullah Omar angeführt wurden. Ohne die Unterstützung Pakistans hätten sie Kabul nie erobern können, obwohl Mullah Omar, ein weiterer Politfantast, diese Tatsache manchmal verdrängte, so wie Scheich Osama und al-Qaida sich selbst davon überzeugten, dass die Niederlage der Russen ein Sieg der Heiligen Krieger gewesen sei. Dabei vergaßen sie die entscheidende Rolle der Ungläubigen, ohne deren Unterstützung die Dschihadisten niemals hätten gewinnen können. Omars Gruppierung setzte sich zwar allmählich durch, aber der ISI verlor nie ganz die Kontrolle über sie. Islamabad blieb sogar ruhig, als Omars Eiferer ihre Unabhängigkeit dadurch beweisen wollten, dass sie im Jahre 1999 die pakistanische Botschaft angriffen. Im selben Jahr brach die Religionspolizei ein Fußballfreundschaftsspiel zwischen den beiden Ländern ab, da die pakistanischen Spieler lange Haare hatten und kurze Hosen trugen. Vor den Augen der fassungslosen Zuschauer prügelten sie die Spieler mit dem Stock, schoren ihnen den Kopf und schickten sie dann nach Hause zurück. Das Rückspiel in Islamabad wurde daraufhin abgesagt...

General Hamid Gul, der während Benazirs erster Amtszeit Generaldirektor des ISI war und dabei die Dschihadisten unterstützte, zollte ihr nach ihrer Ermordung im Jahre 2007 seinen Tribut, obwohl sie vergeblich versucht hatte, ihn aus dem Amt zu drängen:

> »Die Dschihadisten haben sie auf keinen Fall getötet. Sie hat die Heiligen Krieger in der Vergangenheit eher in Schutz genommen. Und in der Kaschmirfrage blieb sie immer felsenfest, das kann ich Ihnen sagen. Ich habe als Generaldirektor des ISI unter ihr gedient. Die Taliban entstanden während ihrer zweiten Amtszeit und eroberten Kabul, als sie noch Ministerpräsidentin war. Ihr Innenminister hat sie ganz offen unterstützt.«[42]

Benazir Bhuttos zweite Amtszeit geriet in ernste Schwierigkeiten, als selbst ihr sorgfältig ausgesuchter Präsident Farooq Leghari – ein loyaler, strammer Parteigänger der PPP – allmählich seine Unzufriedenheit zeigte. Es handelte sich dabei um das alte Problem: Korruption in den allerhöchsten Kreisen. Als ich Islamabad im Jahre 1996 besuchte, war die Lage verdächtig ruhig. Als ich mit meiner Mutter in ihrem Lieblingslokal in der Stadt mittagessen war, kam ein jovialer, schnauzbärtiger Mann vom Nachbartisch herüber, um uns zu begrüßen. Seine Frau Benazir weilte gerade zu einem Staatsbesuch im Ausland. Senator Asif Zardari, der Minister für Staatsinvestitionen, passte in ihrer Abwesenheit auf die Kinder auf und hatte sie an diesem Tag ins Restaurant ausgeführt. Es folgte ein Austausch von Freundlichkeiten. Ich fragte ihn, wie die Dinge im Lande liefen. »Ausgezeichnet«, antwortete er mit einem charmanten Grinsen. »Alles ist gut.« Er hätte es besser wissen müssen.

Hinter verschlossenen Türen war damals in Islamabad gerade ein Palastputsch im Gange. Benazir Bhutto wurde dabei von ihren eigenen Anhängern verraten. Leghari war nach Geheimgesprächen mit der Armee und den Oppositionsführern bereit, sie und ihre Regierung zu entlassen. Während eines Abendessens mit einem hohen Beamten, der Benazir sehr nahe stand, machte mir dieser seine Verzweiflung deutlich. Er erzählte mir, der Präsident habe die Krise zu entschärfen versucht, indem er die Ministerpräsidentin um ein Sondertreffen gebeten habe. Bezeichnenderweise brachte sie dazu ihren Ehemann mit. Dies ärgerte Leghari zutiefst. Eines der Themen, das er auf diesem Treffen hatte anschneiden wollen, war ja gerade die legendäre Habgier ihres Mannes.

Trotzdem blieb er ruhig und versuchte das erste Paar des Landes davon zu überzeugen, dass ihn inzwischen nicht mehr nur ihre politischen Feinde drängten, endlich tätig zu werden. Das Ausmaß der Korruption und der entsprechende Niedergang der Regierung sei zu einem nationalen Skandal geworden. Er stehe unter dem Druck der Armee und anderer Kräfte, gegen die Regierung vorzugehen. Um diesen widerstehen zu können, brauche er ihre Hilfe. Er ersuchte sie dringend, Zardari und eine Reihe anderer Minister zur Ordnung zu rufen, die offensichtlich außer Kontrolle geraten seien. Zardari, der wie immer hartnäckig seine materiellen Interessen verteidigte, verhöhnte daraufhin den Präsidenten. Niemand in Pakistan, einschließlich Leghari, sei völlig sauber. Die Drohung war offensichtlich: Wenn du uns antastest, werden wir dich bloßstellen.

Leghari fühlte durch diese Bemerkung die Würde seines Amts verletzt. Er wurde leichenblass und begann vor Wut zu zittern. Dann forderte er den Investitionsminister auf, den Raum zu verlassen. Benazir nickte und Zardari ging hinaus. Danach bat sie Leghari noch einmal inständig, ihren Ehemann zur Ordnung zu rufen. Sie lächelte und hielt dem Präsidenten eine Vorlesung über Treue und wie hoch sie diese halte. Die Leute, die sich da beklagten, fuhr sie fort, seien nur auf die Geschäftsbegabung ihres Mannes neidisch. Es handele sich dabei um berufsmäßige Jammerlappen, Versager und Gauner, die sauer darüber seien, dass sie ins Abseits geraten seien. Sie machte keinerlei Zugeständnisse. Sie glaubte offensichtlich nicht, dass die Armee einen Putsch plante.

Tatsächlich waren nicht alle Generäle wild darauf, die Staatsgewalt in die eigenen Hände zu nehmen. General Asif Nawaz, der von 1990 bis 1993 Generalstabschef war, widerstand trotz gegenteiligen Rats dieser Versuchung. Sein plötzlicher, unerwarteter Tod war Wasser auf die Gerüchtemühlen in Islamabad. Seine Witwe und viele andere glaubten an einen Mord.[43] Sein Nachfolger, General Wahid Kakar (1993–1996) kolportierte, der US-Botschafter habe ihm mitgeteilt, dass Washington angesichts der gegenwärtigen Krise verstehen würde, wenn man zu entschiedenen Aktionen griffe. Auch Kakar hielt sich aus der Politik heraus, ärgerte sich allerdings über das Ausmaß der Korruption. Man erzählte sich überall im Land die bald zu Berühmtheit gelangende Geschichte, er habe sich eines Tages bei Benazir Bhutto über die Habgier ihres Mannes beschwert und dann hinzugefügt: »Warum lassen Sie sich nicht von ihm scheiden oder lassen ihn von jemandem um die Ecke bringen?«

»Wenn Sie über irgendwelche Beweise verfügen, Sahib General«, säuselte Benazir als Antwort, »dann senden Sie mir die bitte zu.« Kakar ging dann ganz friedlich in den Ruhestand und wurde von General Jehangir Karamat ersetzt, einem weiteren Berufsoffizier, der sich weigerte, einen Putsch in Erwägung zu ziehen.

Einige Monate, nachdem er sie entlassen hatte, erzählte mir Leghari, dass dieses Treffen – das letzte von vielen – entscheidend gewesen sei. Er konnte ihre Exzesse nicht länger tolerieren. Wenn sie weiter im Amt geblieben wäre, hätte die Armee zum vierten Mal in der Geschichte des Landes die Demokratie außer Kraft gesetzt. Mit großem Zögern habe er deshalb auf den achten Verfassungszusatz – Zias Geschenk an die Nation – zurückgegriffen, der dem Präsidenten die Macht gibt, eine gewählte Regierung zu entlassen. Allerdings müssen dann innerhalb von neunzig Tagen Neuwahlen stattfinden.

Der Hauptvorwurf, den man gegen Benazir und Zardari erhob, war Korruption. Angeblich hatte das Paar seine Zeit im »Prime Minister's House«, der prächtigen Ministerpräsidentenresidenz, dazu benutzt, ein riesiges Privatvermögen, das man auf etwa 1,5 Milliarden Dollar schätzte, anzuhäufen und ihre Vermögenswerte ins Ausland zu transferieren. Zardari wurde verhaftet, aber seine Geschäftspartner verhielten sich ihm gegenüber absolut loyal. Einer von ihnen, der Vorstandsvorsitzende von Pakistan Steel, beging lieber Selbstmord als gegen seinen früheren Förderer auszusagen. Allerdings bestehen Benazirs engste Anhänger heute noch darauf, dass ihr Mann ihr politisches Prestige zerstört habe und ein Betrüger, Angeber, Verschwender, Schürzenjäger und noch viel Schlimmeres sei. Im März 1999 verteidigte Benazir in einer Rede in Islamabad ihren Mann. Als sie behauptete, er werde missverstanden und falsch eingeschätzt, schüttelte das Publikum missbilligend den Kopf und rief: »Nein! Nein! Nein!« Sie machte eine Pause und sagte dann mit einem Seufzen: »Ich frage mich, warum ich jedes Mal dieselbe Reaktion erhalte, wenn ich ihn erwähne.«

Zardari war allerdings nicht der einzige Grund für ihre Unbeliebtheit. Die Volkspartei hatte nur wenig für die Armen getan, die doch ihre natürliche Anhängerschaft darstellten. Die meisten ihrer Minister waren auf nationaler und auf Provinzebene zu sehr damit beschäftigt, sich die eigenen Taschen zu füllen. Da sie darüber hinaus ständig von Speichelleckern umlagert waren, hatten sie sich von ihrer Wählerschaft isoliert und nahmen die wirkliche Welt kaum noch wahr. Dabei war das Land in einem ständigen Niedergang begriffen. Ein Staat, der noch nie für eine freie Schulbildung oder Gesundheitsversorgung gesorgt hatte, der aber den Armen jetzt auch nicht mehr subventionierte Weizen-, Reis- und Zuckerrationen garantieren oder in seiner größten Stadt unschuldige Leben vor einem zufälligen gewaltsamen Tod schützen konnte, hatte einen Großteil seiner Bürger in Verzweiflung gestürzt. Im Januar 1999 begab sich ein Transportarbeiter in Hyderabad, der seit zwei Jahren keinen Lohn mehr erhalten hatte, zum Presseklub, übergoss sich mit Benzin und setzte sich dann selbst in Brand. Er hinterließ einen Brief, der sich wie ein Ausschnitt aus einem Roman von Upton Sinclair liest:

»Ich habe die Geduld verloren. Ich und meine Kollegen protestieren jetzt schon so lange, weil man uns unsere Löhne nicht auszahlt. Aber niemand nimmt uns zur Kenntnis. Meine Frau und meine Mutter sind schwer krank und ich habe kein Geld für ihre Behandlung. Meine Familie hungert und ich habe die ständigen Auseinandersetzungen satt. Ich habe keine Recht mehr zu leben. Ich bin sicher, dass die Flammen meines Körpers eines Tages auch die Häuser der Reichen erfassen werden.«

In der Wahl, die auf Benazir Bhuttos Amtsenthebung folgte, erlitt die Volkspartei eine vernichtende Niederlage. Die pakistanische Wählerschaft mag vielleicht in ihrer Mehrheit kaum lesen und schreiben können, aber ihre politische Reife stand schon immer außer Zweifel. Benazirs enttäuschte, apathische und erschöpfte Anhänger weigerten sich, sie zu wählen, wollten aber auch nicht für ihren Gegner stimmen. Nawaz Sharifs Muslimliga errang einen gewaltigen Wahlsieg und gewann zwei Drittel der Sitze in der Nationalversammlung, aber 70 Prozent der Wahlberechtigten waren am Wahltag zu Hause geblieben.

Die Sharif-Brüder kamen nun wieder an die Macht. Und auch dieses Mal fügte sich der jüngere, klügere Bruder der Familiendisziplin und überließ Nawaz das Amt des Ministerpräsidenten. 1998 entschied sich dann Nawaz, Pervez Musharraf zum Stabschef der Armee zu machen, wobei er den länger dienenden und höher gestellten General Ali Kuli Khan überging. Sharif mag gedacht haben, dass der aus der Mittelschicht stammende Musharraf, der wie er einen Flüchtlingshintergrund hatte, leichter zu manipulieren sei als Ali Kuli, der aus einer paschtunischen Großgrundbesitzerfamilie in der Nordwest-Grenzprovinz kam und darüber hinaus ein Schulkamerad von Präsident Farrooq Leghari war, dem Sharif wegen seines PPP-Hintergrunds nicht traute. Was auch immer seine Überlegungen gewesen sein mögen, diese Personalentscheidung stellte sich als ein ebenso großer Fehler heraus wie der, den Zulfiqar Ali Bhutto gemacht hatte, als er General Zia über den Kopf von fünf dienstälteren Generälen hinweg beförderte. Der von den meisten seiner Kollegen hoch geschätzte Ali Kuli Khan hegte keinerlei politische Ambitionen und hätte sich wie seine unmittelbaren Vorgänger wahrscheinlich nicht in die Politik eingemischt.

Auf Drängen Bill Clintons bemühte sich Sharif um eine Annäherung an Indien. Dies entsprach auch seinem eigenen Geschäftsgeist. Man schloss Reise- und Handelsabkommen, die Landesgrenzen wurden geöffnet und direkte Flüge wiederaufgenommen. Allerdings begann die pakistanische Armee vor der Lockerung der Reisebeschränkungen im Vorgebirge des Himalaja Truppen zusammenzuziehen.

Das Gelände um Kargil ist gelinde gesagt unwirtlich und mindestens für die Hälfte des Jahres auch unzugänglich. Die zerklüfteten Berge erreichen Höhen bis zu 5800 Meter und im Winter sinken die Temperaturen bis auf minus 60 Grad Celsius. Auch wenn der Schnee endlich schmilzt, macht die wilde Felslandschaft alle Transportbewegungen äußerst schwierig. Die in diesem Gebiet stationierten Soldaten und Offiziere fühlen sich wie im Exil. Seit 1977 gab es zwischen Pakistan und Indien ein ungeschriebenes Abkommen, dass keine Seite zwischen dem 15. September und dem 15. April jedes Jahres ihre jeweiligen militärischen Stellungen bemannen würde. Im Jahr 1999 entschied sich die pakistanische Armee, dieses Abkommen zu brechen – in der Hoffnung, die Inder in Kaschmir isolieren zu können. Sie begann einen begrenzten Krieg, in dessen Hintergrund aber immer das Gespenst einer nuklearen Auseinandersetzung lauerte.

Die Inder entdeckten plötzlich, dass pakistanische Einheiten und Verbände von Aufständischen die Höhen auf indischer Seite besetzt hatten. In den ersten Wochen dieses Konflikts erlitten sie ernste Rückschläge. Danach führten sie allerdings Elitetruppen und Artillerieeinheiten heran, die zusammen mit heftiger Luftunterstützung den Pakistanern schwere Verluste zufügten und sie zwangen, sich aus einigen Gebieten zurückzuziehen. Nach dreimonatigen Kämpfen vom Mai bis Juli 1999 konnte keine Seite einen echten Sieg für sich beanspruchen, während gleichzeitig die Verlustzahlen sehr hoch waren (mehrere Tausend auf beiden Seiten). In seinen Memoiren übertreibt Musharraf den pakistanischen »Triumph« auf groteske Weise und behauptet, dass seine Seite gewonnen habe. In Wirklichkeit war wieder einmal ein dummer Einfall des pakistanischen Oberkommandos nach hinten losgegangen. Man vereinbarte einen Waffenstillstand, und jede der beiden Armeen kehrte auf ihre Seite der Demarkationslinie zurück, die das von Pakistan besetzte Kaschmir von dessen indischem Teil trennt.

Allerdings gab es immer noch einige unschöne Restbestände des ideologischen Fanatismus, der unter General Zia in die pakistanische Armee Einzug gehalten hatte. Gemeinsame Pflichtgebete und den Einheiten angeschlossene Prediger begannen, auf die Soldaten Einfluss auszuüben. Im Dezember 2000 erzählte mir ein ehemaliger Armeeoffizier in Lahore eine bestürzende Geschichte, die sich nach dem Kargil-Waffenstillstand abgespielt hatte. Die Inder hatten die Pakistaner darüber informiert, dass eine der Bergstellungen in Kargil-Drass entgegen der Waffenstillstandsbestimmungen immer noch von pakistanischen Soldaten besetzt sei. Ein höherer Offizier begab sich dorthin und befahl dem befehlshabenden Hauptmann, auf die pakistanische Seite der Demarkationslinie zurückzukehren. Der Hauptmann beschuldigte daraufhin seinen Vorgesetzten und das gesamte militärische Oberkommando, die islamistische Sache zu verraten, und erschoss den Offizier. Der islamistische Offizier wurde schließlich entwaffnet, vor ein geheimes Kriegsgericht gestellt und hingerichtet.

Warum fand der Krieg überhaupt statt? Die Sharif-Brüder erzählten Mitarbeitern im Vertrauen, dass die Armee ihre Freundschaftspolitik gegenüber Indien ablehne und entschlossen sei, diesen Prozess zu sabotieren. Die Armee habe ohne die Zustimmung der Regierung gehandelt. In seinen Memoiren besteht Musharraf allerdings darauf, er habe den Ministerpräsidenten in Lagebesprechungen, die im Januar und Februar 1999 stattfanden, genau informiert. Das deckt sich mit dem, was mir mein Informant (ein ehemaliger hoher Regierungsbeamter) erzählte, der bei einer dieser Lagebesprechungen anwesend war. Die gut gemachte Videopräsentation des Militärischen Oberkommandos habe Sharif sehr beeindruckt. Natürlich gewannen in diesem Video die guten Jungs ohne größeren Aufwand. Sharif habe am Ende nur noch gefragt: »Können Sie das Ganze schnell erledigen?« Der wirkliche Grund für diesen Krieg war immer noch in der verheerenden Niederlage in Dhaka zu suchen. Wenn die Amerikaner sich für Vietnam in Afghanistan rächen konnten, warum nicht Pakistan in Kaschmir für Bangladesch? Seit dem Sieg in Kabul im Jahr 1990 ließ der ISI Dschihadisten über die Demarkationslinie in den indisch besetzten Teil Kaschmirs einsickern. Er wollte dort die in Afghanistan erfolgreich verlaufene Operation wiederholen, diesmal allerdings unter eigener Regie. Es gelang den Heiligen Kriegern tatsächlich, die Provinz zu destabilisieren. Als die indische Regierung daraufhin noch mehr Truppen in dieses Gebiet schickte, gerieten die gewöhnlichen Kaschmirer ins Kreuzfeuer. Die indischen Truppen waren zweifellos brutal, aber auch die Dschihadisten brachten wichtige Schichten der Bevölkerung mit ihrer radikalen wahhabitischen Rhetorik gegen sich auf. Der Islam in Kaschmir stand schon immer unter dem sanften Einfluss des sufistischen Denkens.

Der Kargil-Krieg sollte dafür sorgen, dass Pakistan die Initiative zurückgewann. Im Nachhinein erscheint es kaum begreiflich, dass Pakistans Militärstrategen tatsächlich glaubten, sie könnten Indien besiegen. Als die Inder merkten, dass es sich um einen ernsten Angriff handelte, führten sie unter dem Schutz von Flugzeugen und Hubschraubern schwere Artillerieeinheiten herbei. Auch die Marine startete eine Offensive, die als Vorspiel einer Blockade gedacht war. Als sie nur noch Treibstoff für sechs Tage hatten, blieb den Napoleons in der pakistanischen Armeeführung nichts anderes übrig, als einen Waffenstillstand zu akzeptieren. Sharif erzählte Washington, er sei in einen Krieg hineingerissen worden, den er nicht gewollt habe, dem er sich allerdings auch nicht widersetzte. Bald darauf entschloss sich die Familie Sharif, Musharraf loszuwerden. Laut Verfassung hatte der Ministerpräsident die Macht, den Stabschef zu entlassen und einen neuen zu ernennen, so wie es Zulfiqar Ali Bhutto in den Siebzigerjahren mit der Ernennung Zias vorgemacht hatte. Damals war die Armee allerdings nach ihrer Niederlage in einem größeren Krieg schwach und gespalten gewesen. Das war so im Jahr 1999 nicht mehr der Fall. Dieses Mal war es nur ein dummes, wenn auch kostspieliges Abenteuer gewesen, das schiefgegangen war.

Sharif wollte Musharraf durch General Ziauddin Butt, den Leiter des ISI, ersetzen, Er galt allgemein als korrupt und unfähig. Man schickte ihn nach Washington, wo er sich in den wichtigen Kreisen vorstellen sollte. Angeblich soll er versprochen haben, Bin Ladens Kopf auf einem Teller zu präsentieren. Hätte Sharif Musharraf einfach entlassen, wären die Chancen eines Erfolgs vielleicht besser gewesen. Aber was ihm an Verstand fehlte, versuchte sein überkluger Bruder durch List und Tücke wettzumachen. Waren die Sharif-Brüder wirklich so töricht zu glauben, dass die Armee ihre Intrigen nicht mitbekam, oder führte ihr Vertrauen in die amerikanische Allmacht sie in die Irre? Clinton warnte tatsächlich die pakistanische Armee, dass Washington einen Militärputsch in Pakistan nicht dulden werde. Ich erinnere mich, damals kichernd geäußert zu haben, dies sei dann wohl eine Premiere in den amerikanisch-pakistanischen Beziehungen. Sharif verließ sich tatsächlich allzu sehr auf Clintons Warnung. Er hätte sich besser bei der Defense Intelligence Agency, dem Armeegeheimdienst des Pentagon, erkundigen sollen.

Die folgende tragikomische Episode beschrieb Musharraf ziemlich genau in seinen Memoiren *In the Line of Fire*, einem Buch, das vor allem für westliche Leser bestimmt war.[44] Er schildert dort, wie er und seine Frau am 11. Oktober 1999 in einer normalen Passagiermaschine aus Sri Lanka zurückflogen und der Pilot plötzlich die Anweisung erhielt, erst einmal nicht zu landen. Während das Flugzeug immer noch über Karatschi kreiste, ließ Nawaz Sharif General Ziaudin Butt zu sich kommen, um ihn vor herbeigeholten Fernsehkameras als neuen Stabschef einzuschwören. Unterdessen brach in Musharrafs Maschine Panik aus, da der Treibstoff langsam knapp wurde. Es gelang dem General, Kontakt zum Kommandeur der Garnison von Karatschi aufzunehmen. Daraufhin übernahm die Armee die Kontrolle über den Flughafen und das Flugzeug konnte sicher landen. Gleichzeitig umstellten Militäreinheiten das Haus des Ministerpräsidenten in Islamabad und verhafteten Nawaz Sharif. General Zia war auf einem Militärflug umgebracht worden; Musharraf übernahm an Bord einer zivilen Passagiermaschine die Macht.

So begann die dritte längere Militärregierungszeit in Pakistan, die ursprünglich von allen politischen Gegnern Nawaz Sharifs (einschließlich Benazir Bhuttos, die damals noch nicht zur »Mutter der Demokratie« geweiht worden war) und einigen seiner früheren Militärkameraden begrüßt wurde. Musharraf war anfangs in Pakistan recht populär, und wenn er die nötigen Reformen durchgedrückt hätte, hätte er ein gutes Erbe hinterlassen können. Er hätte für eine Schulausbildung für alle Kinder mit Englisch als zweiter Pflichtsprache sorgen müssen, wie in Malaysia, um dadurch das Monopol der Elite zu brechen, das sie durch den Besuch von guten Auslandsschulen aufrechterhalten konnte. Außerdem hätte er durch Landreformen den Würgegriff, in dem die Grundbesitzerklasse große Teile des bebaubaren Landes hielt, beseitigen, die Korruption bekämpfen und die dschihadistischen Eskapaden in

Kaschmir und Pakistan beenden müssen, was dann auch ein Langzeitabkommen mit Indien möglich gemacht hätte. Trauriger- und vorhersehbarerweise wurde all dies nicht einmal versucht. Nur eine wichtige Änderung führte Musharraf durch, als er die Gründung von unabhängigen Fernsehsendern erlaubte und damit das tödliche Monopol des Staatsfernsehens brach. Diese Maßnahme führte zweifellos zu einer größeren Pressefreiheit im Land. Einige dieser Sender waren kritisch und herausfordernd und fürchteten sich nicht, die Machthaber vor den Kopf zu stoßen. Musharraf sollte dieses Zugeständnis noch bereuen.

Auf dem Gebiet der Politik ahmte er seine militärischen Vorgänger nach. Wie sie zog er die Uniform aus, besuchte ein von Grundbesitzern organisiertes Treffen im Sindh und wurde zu einem aktiven Politiker. Seine Partei war dabei die immer noch khakifarbene, allzeit willige Kurtisane, die im Land als Muslimliga bekannt war. Seine Unterstützer waren Absprengsel des alten korrupten Blocks, den er bei seinem Amtsantritt noch so sehr geschmäht hatte und dessen Führer er gerade wegen groß angelegter Korruption gerichtlich verfolgen ließ. Das Unvermeidliche war eingetreten. Die Chaudhrys aus Gujrat hatten sich von der Familie Sharif losgesagt und ein Abkommen mit dem General getroffen. Chaudhry Shujaat Hussain, der Minister für Inneres und Drogenbekämpfung in Nawaz Sharifs Regierung, hatte beschlossen, dass es einträglicher sei, für das Militär als Politmakler tätig zu sein, als machtlos in der Opposition zu sitzen. Die einzige Überraschung dabei wäre gewesen, wenn irgendjemand darüber überrascht gewesen wäre.

Die erste Krise, in die das Musharraf-Regime geriet, hatte mit dem 11. September 2001 zu tun. Aus purem Zufall hielt sich der langbärtige Generaldirektor des ISI, General Mahmood Ahmed, in dieser Woche als Gast des Pentagon in Washington auf. Als die Angriffe stattfanden, genoss General Ahmed gerade im Kapitol ein entspanntes Frühstück mit den Vorsitzenden der Geheimdienstausschüsse des Senats und des Repräsentantenhauses, dem demokratischen Senator Bob Graham und dem republikanischen Kongressabgeordneten Porter Gross. Letzterer hatte über zehn Jahre für die Abteilung für verdeckte Operationen der CIA gearbeitet. Das Thema ihrer Unterredung war der Terrorismus, wobei auch Osama Bin Ladens Stützpunkt in Afghanistan erwähnt wurde. In der Zeit zwischen den beiden Angriffen versuchte Ahmed seine Gastgeber davon zu überzeugen, dass Mullah Omar vollkommen vertrauenswürdig sei und man ihn überreden könne, Osama Bin Laden auszuliefern. Das Gespräch verlief weiter in diesen Bahnen, bis das zweite Flugzeug in das World Trade Center hineinraste, woraufhin alle Beteiligten den Raum verließen ... Es ist nicht bekannt, ob Graham seinen Gast nach den Informationen fragte, die seine Mitarbeiter – wie sich später herausstellte – im August dieses Jahres von einem Agenten des ISI erhalten hatten. Er warnte, dass die beiden Türme des World Trade Centers bald angegriffen werden würden.

Am nächsten Tag wurde General Ahmed und die pakistanische Botschafterin in Washington Maleeha Lodhi ins State Department zitiert, wo ihnen der stellvertretende Außenminister Richard Armitage das berühmte Ultimatum stellte, das Musharraf später in Washington enthüllte, um für seine Memoiren Werbung zu machen: »Entweder sind Sie für uns oder gegen uns«, und »Wir bomben Sie in die Steinzeit zurück, wenn Sie Widerstand leisten«. Musharraf bestand darauf, dass diese Drohungen genauso gemacht worden seien. Präsident Bush war sich dagegen sicher, dass solche Worte nie gebraucht wurden. Auch Ahmed und Armitage leugneten, dass sie auf diesem Treffen gefallen waren. Musharraf behauptete daraufhin, er verfüge über andere Informationsquellen. Bestimmt wurde etwas in dieser Richtung geäußert, aber hatte Musharraf das Ganze dann aufgebauscht, um seine Korpskommandeure davon zu überzeugen, dass es keine Möglichkeit gab, Washingtons Forderungen abzulehnen, oder hatte er es einfach getan, um die Verkaufszahlen seines Buchs in die Höhe zu treiben? Maleeha Lodhis Bericht über dieses Treffen klang weitaus verbindlicher, wie es sich für ihr diplomatisches Amt gehörte:

> »›Beide waren sehr angespannt‹, sagte Ms. Lodhi über Mr. Armitage und General Ahmed. ›Dies ist ein ernster Augenblick. Heute beginnt für die Vereinigten Staaten eine neue geschichtliche Phase. Wir fragen deshalb alle unsere Freunde – Sie sind nicht die Einzigen, mit denen wir sprechen – wir fragen also diese Leute, ob sie für uns sind oder gegen uns.‹«[45]

Am nächsten Tag wurde das Paar erneut ins Außenministerium gerufen, wo Armitage dem ISI-Chef eine Liste übergab, die sieben US-Forderungen an Pakistan enthielt, die man für die Führung des kommenden Kriegs in Afghanistan für unerlässlich hielt. Ohne einen Blick auf das Dokument zu werfen, steckte es Mahmood Ahmed in die Tasche und meinte, dass er alles akzeptieren würde. Da einige der Forderungen Pakistans Souveränität berührten, war selbst Richard Armitage verblüfft und fragte den ISI-Chef, ob er sich nicht mit General Musharraf beraten müsse, bevor er hier irgendwelche Verpflichtungen eingehe. »Nicht nötig«, antwortete General Ahmed. »Er wird mir beipflichten.« Ahmeds starke Abneigung gegen die Vereinigten Staaten war kein Geheimnis. Er wollte offensichtlich möglichst schnell heimkehren und seine Kollegen davon überzeugen, dass man keine dieser Forderungen annehmen dürfe. Die sieben Punkte wurden später im offiziellen Bericht über die Ereignisse vom 11. September veröffentlicht:

1. Halten Sie die al-Qaida-Mitglieder an Ihrer Grenze auf und beenden Sie jede logistische Unterstützung Bin Ladens;
2. geben Sie den Vereinigten Staaten pauschale Überflug- und Landerechte für alle notwendigen Militär- und Geheimdienstoperationen;
3. gewähren Sie US-amerikanischem und alliiertem Militär- und Geheimdienstpersonal und anderem Personal, das Operationen gegen al-Qaida durchführt, ungehinderten Zugang zum Boden Ihres Landes;
4. geben Sie den Vereinigten Staaten Ihre Geheimdienstinformationen weiter;
5. verurteilen Sie weiterhin öffentlich die Terroranschläge;
6. verhindern Sie alle Kraftstofflieferungen an die Taliban und hindern Sie die angeworbenen Kämpfer daran, nach Afghanistan zu gelangen;
7. wenn sich die Verwicklung Bin Ladens und der al-Qaida bestätigen und die Taliban sie trotzdem weiterhin beherbergen, brechen Sie die Beziehungen zur Talibanregierung ab.

Dies war ein direkter Angriff auf Pakistans Souveränität, der dieses Land auf den Status von Großbritannien herabdrückte. Musharraf leugnete später, dem zweiten und dritten Punkt zugestimmt zu haben, aber Washington war offensichtlich anderer Meinung. Colin Powell informierte den Nationalen Sicherheitsrat, dass die Pakistaner allem zugestimmt hätten. In diesen sieben Punkten war eine Forderung nicht enthalten, die die Vereinigten Staaten in Geheimunterredungen gestellt hatten, nämlich den Amerikanern Zugang zu den pakistanischen Nuklearanlagen zu gewähren. Das konnte und wollte Musharraf nicht akzeptieren, was zu einer endlosen Kampagne der US-amerikanischen und europäischen Medien gegen die »dschihadistische« Bedrohung dieser Waffen führte.

Die pakistanischen Generäle standen nach dem 11. September vor einer schwierigen Entscheidung. Wenn sie die US-Forderungen ablehnten, würde Washington vielleicht dem israelischen Beispiel folgen und einen Anti-Muslim-Pakt mit den religiösen Extremisten schließen, die zu dieser Zeit Indien regierten. Wenn Sie aber klein beigaben, konnte das katastrophale Folgen haben, wenn man berücksichtigte, dass der pakistanische Geheimdienst die fundamentalistischen Gruppen in Pakistan seit den Zia-Jahren (1977–1988) finanziert hatte. Musharraf entschied sich mit Unterstützung der meisten seiner Generäle dafür, aus Kabul abzuziehen, seine Anhänger bei den Taliban davon zu überzeugen, dass sie gegen die US-Besetzung keinen Widerstand leisten sollten, und den Amerikanern die pakistanischen Militär- und Luftwaffenstützpunkte zu öffnen. Von diesen Basen aus wurde dann tatsächlich im Oktober 2001 der US-geführte Angriff auf Afghanistan gestartet.

Freilich kooperierte Musharraf nicht immer und stimmte auch nicht jeder Forderung zu. Er hatte zudem Sinn für Humor. Warum hätte er sonst ausgerechnet an einer Konferenz der Blockfreien in Havanna teilnehmen sollen, die auch noch am 11. September 2006 eröffnet wurde? Bei einem Treffen mit dem venezolanischen Präsidenten Hugo Chávez gab Musharraf diesem den Rat: »Sie sind viel zu aggressiv zu den Amerikanern. Machen Sie es doch wie ich. Stimmen Sie dem zu, was sie sagen, und machen Sie dann, was Sie wollen.«

In der Zwischenzeit wurde ein verbitterter ISI-Chef und ein Kollege nach Kabul geschickt, um die Taliban zu informieren, dass ein Krieg gegen sie geführt werde, würden sie die Führer von al-Qaida nicht an Pakistan übergeben. Was immer auch geschehen werde, die Taliban sollten sich auf keinen Fall gegen die Besetzung wehren, sondern verschwinden. Das ganze pakistanische Militär- und Luftwaffenpersonal in Afghanistan werde abgezogen. Der impulsive Mahmood Ahmed übermittelte die Botschaft, fügte ihr aber noch seine eigene Fußnote hinzu. Er teilte Mullah Omar mit, dass er mit dieser Forderung nicht übereinstimme und dass sie sich seiner Ansicht nach wehren sollten. Sofort nach seiner Rückkehr nach Islamabad wurde Ahmed gefeuert; man schickte gefügigere Offiziere zu den Taliban, die ihnen jeden verrückten Versuch ausreden sollten, sich gegen die US-amerikanische militärische

Übermacht zu wehren. Die meisten Taliban-Führer taten, wie ihnen geheißen und stimmten zu, sich erst einmal zurückzuziehen und abzuwarten. Mullah Omar entschied sich dafür, sein Schicksal an das seines verehrten al-Qaida-Gastes zu binden. Zum letzten Mal wurde dieser halblahme und halbblinde Veteran des Kriegs gegen die Sowjets gesehen, wie er auf seinem Motorrad in Richtung Berge fuhr. Er erinnerte dabei etwas an Steve McQueen in dem Film »The Great Escape« (deutsch: »Gesprengte Ketten«). Allerdings befindet sich der Mullah im Gegensatz zu dem von McQueen gespielten Ausbrecher immer noch auf freiem Fuß. Alle Hightech-Überwachungsgeräte haben ihn bisher nicht aufzuspüren vermocht.

Musharrafs unverbrüchliche Unterstützung der USA nach dem 11. September brachte lokale Spaßvögel dazu, ihn »Busharraf« zu taufen. Tatsächlich beschrieb Condoleezza Rice die amerikanisch-pakistanischen Beziehungen nach dem 11. September im März 2005 als »breit und tief«. Hatte er nicht schließlich auch Pakistans einzigen militärischen Sieg quasi rückgängig gemacht, um Washington zu gefallen? Musharraf betonte danach immer wieder, er sei nur wegen Richard Armitages Drohung, Pakistan in die Steinzeit zurückzubomben, zu Washingtons bestem Helfer in der Region geworden. Was Islamabad wirklich Sorgen bereitete, war eine Drohung, die Musharraf überhaupt nicht erwähnt hatte: Wenn Pakistan sich geweigert hätte, hätten die Amerikaner die indischen Basen benutzt, die man ihnen angeboten hatte.

Diese Entscheidung kostete Musharraf beinahe das Leben. Der Sieg in Afghanistan hatte das tiefste Innere der konservativeren Teile der Armee berührt. Seit dem Krieg gegen Ostbengalen waren die Soldaten mit Anti-Hindu-Propaganda indoktriniert worden. Die Hindus waren der Feind. Sie würden Pakistan bei der ersten Gelegenheit vernichten. Damit gekoppelt war die Islamisierung innerhalb der Armee, die vor allem Zia seit dem Dschihad gegen die Sowjetarmee im Nachbarland gefördert hatte. Es war deswegen für manche Offiziere zu viel verlangt, die amerikanische Besetzung eines muslimischen Staates zu dulden, den sie auch noch selbst zu errichten geholfen hatten. Für die Soldaten war es eine beschämende Niederlage. Als der inzwischen pensionierte Brigadegeneral des ISI, Mohammed Yousuf, den man zu einem Seminar der Armeeführung über »Der Fall der Taliban« eingeladen hatte, den Tagungsraum betrat und auf der Tafel den Seminartitel las, fügte er dem Ausdruck »Taliban« das Wort »Regierung« hinzu. Er wollte einfach nicht akzeptieren, dass alles vorbei sein könnte. Tatsächlich hatte er nicht einmal unrecht. Dschihadistische Kämpfer, die mit Informationen aus den Reihen der Armee versorgt wurden, hatten den Plan gefasst, Musharraf zu töten. Sie fühlten sich verraten. Ihre Logik war ganz einfach: Wenn es richtig gewesen war, einen Heiligen Krieg gegen die sowjetischen Ungläubigen zu führen, warum traf dasselbe dann nicht auch auf die amerikanischen Ungläubigen zu? Die Lehrbücher der Universität von Nebraska hatten ihre Spuren hinterlassen.

Als Musharraf im Jahr 1999 an die Macht kam, weigerte er sich umzuziehen und seinen gemütlicheren kolonialen Bungalow in Rawalpindi gegen den kitschigen Komfort des Präsidentenpalasts in Islamabad einzutauschen, der mit seinen vergoldeten Möbeln und seinem geschmacklosen Dekor mehr mit der neureichen Opulenz der Golfstaaten als mit der lokalen Tradition zu tun hatte. Die beiden Städte liegen nahe beieinander, sind aber sonst gänzlich verschieden. Das am Fuße der Himalaja-Vorgebirge im Schachbrettmuster angelegte Islamabad wurde von General Ayub in den 1960er-Jahren erbaut. Er wollte eine neue Hauptstadt, die fern der bedrohlichen Menschenmassen der bisherigen Kapitale Karatschi, aber in der Nähe des Armeeoberkommandos in dem von den Briten als Garnisonsstadt errichteten Rawalpindi lag. Nach der Teilung war es deshalb der geeignete Ort, um dort das militärische Hauptquartier des neuen Pakistan anzusiedeln.

Einer der Kolonialfeldzüge, die die Briten im 19. Jahrhundert zur Eroberung Afghanistans begannen (die alle in einer Katastrophe endeten), wurde in Rawalpindi geplant. Von hier ging anderthalb Jahrhunderte später der von Washington abgesegnete Dschihad gegen die unglückseligen afghanischen Kommunisten aus, so wie man hier auch im September 2001 über die US-amerikanische Forderung diskutierte, Pakistan als Basis seiner Operationen in Afghanistan nutzen zu können, um ihr schließlich zuzustimmen.

Nach der Besetzung Kabuls durch die Amerikaner herrschte in Pakistan eine kurze, trügerische Ruhe. Ich hatte eine schnelle Niederlage der Taliban vorausgesagt, da das pakistanische Armeehauptquartier ja so entschieden hatte, allerdings auch erwartet, dass sich die dschihadistischen Gruppen in Pakistan neu gruppieren und dann beginnen würden, General Musharrafs Regime für seinen Verrat zu bestrafen. Dieser Prozess begann dann tatsächlich im Jahr 2002. Zuerst gab es einen Versuch, Musharraf zu töten, über den später nicht berichtet wurde. Danach folgten drei folgenschwere terroristische Akte: die Entführung und brutale Ermordung des *Wall Street Journal*-Reporters Daniel Pearl, die Ermordung des Bruders des pakistanischen Innenministers und der Bombenanschlag auf eine Kirche im Herzen des streng überwachten Islamabader Diplomatenviertels. Darüber hinaus wurden in Karatschi ganz gezielt Angehörige von Mittelklasseberufen umgebracht. Über ein Dutzend Ärzte, die zur schiitischen Minderheit gehörten, wurden getötet. Alle Anschläge waren als Warnung für Pakistans Militärherrscher gedacht: Wenn du Washington zu weit entgegenkommst, wird auch dein Kopf rollen.

Wurden diese Terrorakte aber wirklich von solchen kompromisslos kämpferischen Gruppierungen wie Jaish-e-Mohammed oder Harkatul Ansar ausgeführt, die sich oft zu ihnen bekannten? Wahrscheinlich, auch wenn diese Behauptung nicht ganz schlüssig erscheint. Diese Organisationen waren schließlich alle noch während des Kargil-Kriegs vom Staat finanziert und mit Waffen ausgerüstet worden. Stellt man sie also vom Kopf auf die Füße, tritt ihr rationaler Kern zutage. Jedem in diesem Land war seit Langem klar, dass es der Militärgeheimdienst ISI war, der diese Gruppierungen manipulierte. Die ISI-Abteilungen, die diese Organisationen anleiteten und finanzierten, waren über den »Verrat an den Taliban« außer sich vor Wut.

Nur wenn man diese Tatsache berücksichtigt, lassen sich die willkürlichen und gezielten terroristischen Akte erklären, die das Land nach dem Fall der Taliban erschütterten. Musharraf hatte wie Bhutto und Nawaz Sharif Zias ISI geerbt, dessen Größe und Budget sich während des ersten Afghanistankriegs massiv erhöht hatten. Als der amerikanische Außenminister Colin Powell in einer Erklärung vom 3. März 2002 den ISI von jeder Verantwortung für das Verschwinden und den Mord an Daniel Pearl freisprach, war das für viele Pakistaner ein Schock. Praktisch jeder, mit dem ich damals in Pakistan darüber sprach, äußerte das genaue Gegenteil. Musharraf war zwar offensichtlich nicht daran beteiligt, aber er muss informiert gewesen sein, was da vor sich ging. Er hatte Pearl als »überaufdringlichen Journalisten« bezeichnet, der sich in »Geheimdienstspielchen« verstrickt habe – eine Bemerkung, die zeigt, dass er etwas gewusst haben muss. Hatte er danach auch seine Vorgesetzten in Washington informiert? Und wenn ja, warum entlastete Powell dann den ISI? Pearl wurde in ein schickes Restaurant in Karatschi gelockt, entführt und dann von seinen Geiselnehmern ermordet. Ein Video, das zeigte, wie man Pearl die Kehle durchschnitt, wurde an die westlichen Medien verteilt und ein grausiger Ausschnitt daraus in den Abendnachrichten von CBS gezeigt.

Pearls Tragödie warf etwas Licht in das Dunkel der Geheimdienstnetzwerke. Er war ein hartnäckiger, investigativer (und nicht »eingebetteter«) Journalist mit tiefem Respekt vor der Wahrheit. Er interessierte sich nicht für politische oder gesellschaftliche Theorien oder Ideologien, sondern für die moralischen und menschlichen Kosten ihrer Umsetzung. Dies traf ebenso für die »humanitäre Intervention« im Kosovo wie auf die klerikale Missregierung im Iran zu, obwohl seine Berichte aus diesem Land niemals die offizielle Washingtoner Linie vertraten. Einige seiner besten Artikel im *Wall Street Journal* waren wohldurchdachte und glänzend geschriebene Widerlegungen der staatlichen Propaganda, einschließlich der US-Propaganda über den Kosovo, die die Bombenangriffe auf Jugoslawien rechtfertigen sollte. Er bewies, dass die sudanesische Arzneimittelfabrik, die Bill Clinton hatte bombardieren lassen, um die Aufmerksamkeit der Amerikaner von der Lewinsky-Affäre abzulenken, tatsächlich eine Arzneimittelfabrik und keine Geheiminstallation war, in der man biologische und chemische Waffen herstellte, wie es das Weiße Haus behauptet hatte.

Als sein Tod verkündet wurde, schien mir die offizielle US-amerikanische Reaktion darauf recht zurückhaltend zu sein. Was wäre geschehen, wenn das Opfer etwa Thomas Friedman von der *New York Times* gewesen wäre? Hätte Pervez Musharraf Friedman auf einer Washingtoner Pressekonferenz auch als »überaufdringlich« bezeichnen können, wie er es bei Pearl getan hatte? Es klang fast so, als ob Pearl an seiner eigenen Ermordung mitschuldig sei. Der Bruder des pakistanischen Innenministers war einige Wochen vor Pearl umgebracht worden. Als der Minister auf einem privaten Treffen andeutete, dass Pearl sein Schicksal mitzuverantworten habe, fragte ihn ein Freund, den die Witwe seines Bruders mitgebracht hatte: »Mit allem gebührenden Respekt, würden Sie Ihrem Bruder Vorwürfe machen, weil er ermordet wurde, wiewohl er nur durch die Straßen von Karatschi fuhr?«

Pearls Journalismus wurde im Vorfeld des Irakkriegs schmerzlich vermisst, als die Regierungspropaganda die Fernsehsendungen überflutete und auch die ehrwürdige *New York Times* fast so unkritisch und regierungstreu berichtete, wie es die pakistanischen Medien zu Zeiten von General Zias Diktatur getan hatten. Es war kein Geheimnis, warum Pearl überhaupt nach Pakistan gekommen war. Er war einer großen Geschichte auf der Spur. Er wollte herausfinden, ob er die Verbindungen zwischen den Geheimdiensten und den einheimischen Terroristen aufdecken könnte. Seine Zeitung – und auch das amerikanische Außenministerium – waren in dieser Frage später ausgesprochen zurückhaltend und weigerten sich, die Spuren zu enthüllen, denen Pearl vor seiner Entführung nachgegangen war. Im Gegensatz zu den Geschichten, die man später über ihn in Umlauf brachte, war Daniel Pearl ein sehr vorsichtiger Journalist. Seine Frau Mariane führt in ihrem Buch die Memos einzeln auf, die er an seine Zeitung schickte, in denen er die Meinung vertrat, man sollte Journalisten, die aus Gefahrenzonen berichten, gut ausbilden und danach auf geeignete Weise schützen.[46] Die Memos wurden ignoriert. Pearl weigerte sich, nach Afghanistan zu gehen, da er die Lage dort für zu unsicher hielt. Außerdem wusste er, dass sich die entscheidende Geschichte in Pakistan abspielte. Er entschied sich, die Verbindungen zwischen Richard Reid, dem Schuhbomber, der glücklicherweise rechtzeitig die Nerven verlor, und den islamistischen Gruppen in Pakistan zu untersuchen. Das war es vermutlich, was Musharraf als »überaufdringlich« bezeichnete. Pakistanische Regierungsbeamte sagten Mariane mehr als einmal, dass diese Tragödie hätte vermieden werden können, wenn er sich wie andere ausländische Journalisten verhalten hätte. Weder ihr noch den FBI-Experten, die extra nach Pakistan geflogen waren, gelang es, Pearls Notizen zu entziffern, die er verschlüsselt niedergeschrieben hatte und die wahrscheinlich alles enthielten, was er herausgefunden hatte.

Jeder westliche Journalist, der Pakistan besucht, wird, selbst wenn er als eher regierungsfreundlich gilt, ständig überwacht. Dies ist eine alte Geheimdienstangewohnheit, ein nachrichtendienstlicher Glaubenssatz, der auf die Gründung des Landes (und die Zeit davor) zurückgeht und bei dem es keine Rolle spielt, ob gerade eine gewählte Regierung an der Macht ist oder nicht. Nach dem Afghanistankrieg wimmelte es in den Geheimdiensten nur so von billigen Arbeitskräften. Die Vorstellung, dass Danny Pearl einfach so Kontakt zu extremistischen Gruppen hätte aufnehmen können, ohne gleichzeitig von den Geheimdiensten sorgfältig beobachtet zu werden, ist nur schwer nachzuvollziehen. Tatsächlich ist es vollkommen unglaubwürdig. Niemand in Pakistan hat je daran geglaubt.

Zahlreiche Indizien weisen auf eine Beteiligung der Geheimdienste hin. Es gibt zwar keinen direkten Beweis, aber es war in Pakistan kein

Geheimnis, dass Omar Saeed Sheikh – der Psychopath, der die Entführung leitete – Geheimdienstverbindungen hatte. Im Jahr 1994 hatten ihn eng mit dem ISI verbundene islamistische Gruppen nach Kaschmir eingeschleust. Als Fachmann für die Entführung und Geiselnahme von Ausländern leitete er eine Aktion in Delhi, welche die Freipressung des Führers eine Gruppe von Islamisten, Masood Azhar, aus dem Tihar-Gefängnis zum Ziel hatte. Die Entführung gelang, aber der indische Geheimdienst kam ihm bald auf die Spur. Nach einer Schießerei wurde Sheikh gefasst. Er schlug dem Polizeibeamten, der ihn verhaftete, ins Gesicht, woraufhin er verprügelt wurde. Seine Kumpane entführten (im Dezember 1999) ein indisches Flugzeug, das auf dem Weg nach Kandahar war, und drohten, jeden an Bord umzubringen, wenn Sheikh und einige andere »Freiheitskämpfer« nicht freikämen. Sie kamen frei.

Was aber ließ einen 1973 in Ostlondon geborenen Sylvester-Stallone-Fan zu einem religiösen Fanatiker werden? Seine Eltern waren 1968 mit so viel Kapital nach Großbritannien ausgewandert, dass sie dort ein kleines Bekleidungsunternehmen gründeten. Es lief so gut, dass man Omar auf eine renommierte Privatschule schicken konnte. Allerdings machte seine Vorliebe für alkoholische Getränke und kleine Gaunereien seinen Eltern so große Sorgen, dass sie ihn zurück ins »Land der Reinen« schickten. Aber auch am Aitchison College, einer der besten Privatschulen von Lahore, dauerte seine Karriere nicht allzu lange. Nach einigen Jahren wurde er wegen des »Drangsalierens von Mitschülern« von der Schule gewiesen. Ein damaliger Mitschüler meinte später, er habe »schon damals stark psychopathische Verhaltensweisen« gezeigt. So habe er immer wieder gedroht, andere Jungen umzubringen. Er kehrte nach London zurück und wurde auf die Schule von Snaresbrook geschickt, wo der zukünftige Kapitän der englischen Cricketnationalmannschaft Nasser Hussain sein Klassenkamerad war. Er war ein begeisterter Schachspieler und Armdrücker, wobei er seine Fähigkeiten auf letzterem Gebiet gerne in den örtlichen Pubs demonstrierte.

In Snaresbrook waren seine Leistungen so gut, dass er danach ein Statistik-Studium an der London School of Economics beginnen konnte. Auf dem Campus dieser Hochschule gab es eine Reihe von recht aktiven islamistischen Gruppen, die sich damals vor allem der Bosnienfrage annahmen. Das Engagement westlicher Intellektueller in Bosnien ist gut dokumentiert, gewöhnlich von ihnen selbst. Viel weniger bekannt ist die Tatsache, dass Restbestände der afghanischen Mudschaheddin, einschließlich einiger Männer Osamas, in US-Transportmaschinen auf den Balkan geflogen wurden, um dort eine neue Variante des Heiligen Krieges auszufechten. Im Jahr 1993 fuhr Sheikh als Teil einer Gruppe von muslimischen Studenten der LSE nach Bosnien, um den Opfern des Bürgerkriegs Medikamente und andere dringend benötigte Dinge zu bringen. Hier kam er dann zum ersten Mal in Kontakt zu islamischen Kämpfern, die ihn zu ihrer Version des Dschihad bekehrten. General Musharraf behauptete später, dass Sheikh ein Doppelagent sei, den der britische Auslandsgeheimdienst MI6 angeworben und dann nach Bosnien geschickt habe. Im Januar 2002 hielt er sich dann in Islamabad auf und versprach Daniel Pearl ein auch von anderen heiß begehrtes Interview mit dem geistlichen Paten des Schuhbombers.

Viele Fragen über Pearls Tod sind bis heute offen. Die Gruppe, die ihn entführte und umbrachte, nannte sich angeblich »Nationale Bewegung für die Wiederherstellung der pakistanischen Souveränität«. Eine ihrer Forderungen, die Freilassung der Gefangenen in Guantanamo, war leicht nachzuvollziehen, aber die zweite war recht außergewöhnlich: die Lieferung der F-16-Kampfflugzeuge, für die Pakistan die Vereinigten Staaten bereits bezahlt hatte, die dann aber nicht geliefert worden waren. Eine dschihadistische Gruppe, die Musharraf und sein Regime für Verräter hält, weil sie die Taliban im Stich gelassen haben, unterstützt tatsächlich eine zwanzig Jahre alte Forderung des Militärs und der staatlichen Bürokratie? Unmöglich.

Sheikh stellte sich am 5. Februar 2002 in Lahore dem Innenminister der Provinz Sindh (einem ehemaligen ISI-Offizier). Offiziell wurde er erst eine Woche später in Lahore verhaftet. Keine dieser Ungereimtheiten wurde bei seinem nichtöffentlichen Prozess in Hyderabad im Juli 2002 angesprochen. Er wurde zum Tode und seine Mitverschwörer zu lebenslänglicher Haft verurteilt. Beide Seiten legten Berufung ein, Sheikh gegen das Todesurteil, der Staatsanwalt gegen die Verurteilung der anderen drei zu lebenslänglich, anstatt zum Tod durch den Strang. Sheikh verfasste eine Erklärung, die von seinem Anwalt verlesen wurde: »Wir werden ja sehen, wer zuerst stirbt, ich oder die Mächte, die dieses Todesurteil für mich arrangiert haben. Musharraf sollte wissen, dass es den Allmächtigen Allah gibt, der sich rächen wird.« Die drei versuchten Anschläge auf Musharraf, von denen zwei innerhalb einer Woche stattfanden und einer fast Erfolg gehabt hätte, zeigten, dass Sheikh keine leere Drohung ausgestoßen hatte.

Der starke Verkehr macht die 16 Kilometer lange Fahrt von Islamabad nach Rawalpindi zu einer zeitraubenden Angelegenheit, wenn man nicht gerade der Präsident ist und die Autobahn deshalb zuvor von Sicherheitskräften geräumt wird. Aber selbst in diesem Fall können einem sorgfältig geplante Attentatsversuche den Zeitplan gehörig durcheinanderbringen. Der erste fand am 14. Dezember 2003 statt. Nur Augenblicke, nachdem die Autokolonne des Generals eine Brücke überquert hatte, explodierte eine mächtige Bombe und beschädigte die Brücke schwer, ohne allerdings jemand zu verletzen. Die gepanzerte Limousine, die freundlicherweise das Pentagon zur Verfügung gestellt hatte, war mit einem Radargerät und einem Bombendetektor ausgestattet. Sie rettete Musharraf das Leben. Sein Verhalten danach erstaunte die Beobachter. Er blieb ruhig und guter Dinge und scherzte sogar, dass man offensichtlich in gefährlichen Zeiten lebe. Obwohl nach diesem Ereignis die Sicherheitsvorkehrungen auf vielfältige Weise (Routenänderungen in letzter Minute, Täuschungsmaßnahmen) verstärkt wurden, fand doch schon eine Woche später – am Weihnachtstag – ein weiterer Attentatsversuch statt. Dieses Mal hatten zwei Männer, die mit Autos voll Sprengstoff den Wagen des Präsidenten rammen wollten, beinahe Erfolg. Musharrafs Wagen wurde beschädigt und einige Leibwächter in den Begleitautos getötet. Musharraf dagegen blieb unverletzt. Da die genaue Fahrtstrecke und die Abfahrtszeit von Islamabad streng geheim gewesen waren, mussten die Terroristen über Insiderinformationen verfügt haben. Wenn es in deiner Sicherheitsabteilung zornige Islamisten gibt, die dich für einen Verräter halten und deshalb in die Luft sprengen wollen, dann kann dich, wie der General in seinen Memoiren feststellte, nur noch Allah schützen. Zu Musharraf war er tatsächlich sehr freundlich gewesen.

Die Schuldigen wurden entdeckt und so lange gefoltert, bis sie alle Einzelheiten des Plans preisgaben. Tatsächlich waren auch einige niederrangige Offiziere darin verwickelt. Die Hauptverschwörer wurden in Geheimprozessen verurteilt und gehängt. Amjad Farooqi, der angebliche Vordenker der Gruppe, ein dschihadistischer Extremist, wurde von Sicherheitskräften erschossen. Zwei Fragen verfolgten jetzt sowohl Washington, als auch Musharrafs Mitgeneräle: Wie viele der an den Anschlägen Beteiligten blieben unentdeckt und würde es die Kommandostruktur der Armee überleben, wenn ein Terrorist das nächste Mal mehr Erfolg haben würde? Musharraf selbst schien dagegen in keiner Weise beunruhigt und klang völlig unbekümmert, wenn nicht sogar eine Spur überheblich. Vor dem 11. September war er im Ausland wie ein Paria behandelt worden und hatte daheim vor einer Reihe von großen Problemen gestanden: Wie konnte man den Willen eines militärischen Oberkommandos festigen, das von Frömmelei und Korruption geschwächt worden war? Wie sollte man mit der Korruption und der Veruntreuung umgehen, die Merkmale sowohl der Sharif-, als auch der Bhutto-Regierung waren? Benazir Bhutto ging ins selbst gewählte Exil nach Dubai und die Sharif-Brüder wurden verhaftet. Bevor sie angeklagt werden konnten, hatte Washington ein Asylangebot vonseiten Saudi-Arabiens in die Wege geleitet, ein Staat, dessen Herrscherfamilie den Diebstahl öffentlicher Gelder bekanntlich institutionalisiert hatte. Diese Fragen verschwanden schnell von der Agenda, als es sich der pakistanische »Chief Executive«, ein Titel den Musharraf jetzt dem altmodischen »Chief Martial Law Administrator« (»Oberster Kriegsrechtsverwalter«) vorzog, an der Spitze des Staats bequem machte, sich den Realitäten einer Eliteexistenz anpasste und darauf hinarbeitete, sich selbst zum Präsidenten zu machen.

Omar Saeed Sheikh, der sicherlich noch eine Menge zu erzählen hätte, sitzt weiterhin in der Todeszelle eines pakistanischen Gefängnisses, plaudert nett mit seinen Wärtern und schickt E-Mails an pakistanische Zeitungsredakteure, um ihnen mitzuteilen, dass nach seiner Hinrichtung von ihm hinterlassene Papiere veröffentlicht werden würden, die die Komplizenschaft anderer Personen enthüllen werden. Vielleicht handelt es sich dabei um einen Bluff. Vielleicht war er aber auch ein Dreifachagent, der ebenso für den ISI tätig war.

Die Ermordung Pearls zeigte, dass es Musharraf noch nicht geschafft hatte, die Geheimdienste voll unter seine Kontrolle zu bringen. Dies gelang ihm erst nach den Anschlägen auf sein eigenes Leben. General Ashfaq Kayani, ein weiterer in den Vereinigten Staaten ausgebildeter höherer Offizier, wurde jetzt zum Generaldirektor des ISI ernannt. Er überwachte die Untersuchung, die zur Gefangennahme der Armeeangehörigen führte, die Musharrafs verhinderte Mörder unterstützt hatten. Im November 2007 wurde er als Nachfolger Musharrafs zum Stabschef der pakistanischen Streitkräfte und damit Militäroberbefehlshaber befördert. Der Korrespondentenbericht von Carlotta Gall, der am 7. Januar 2008 in der *New York Times* erschien, ist eine Widerspiegelung der hellen Begeisterung, die Washington über diese Personalentscheidung verspürte:

»»Er ist gegenüber Musharraf bis zu dem Punkt loyal, an dem Musharraf für die Gesamtheit des pakistanischen Militärs zu einer Belastung wird und nicht länger als Aktivposten erscheint‹, sagte mir Bruce Riedel, ein früherer Beamter des CIA und des Weißen Hauses und Pakistanexperte. ›Sie werden ihm dann mitteilen: ‚Vielen Dank für Ihr Interesse an Sicherheitsfragen. Und hier ist Ihr Flugticket, um dieses Land zu verlassen.'‹
Während seiner gesamten bisherigen militärischen Laufbahn ist General Kayani amerikanischen Militärs und Geheimdienstleuten als professioneller, pro-westlicher Gemäßigter mit nur geringen politischen Ambitionen aufgefallen.«

Musharraf war zehn Jahre zuvor mit ähnlichen Worten beschrieben worden. Jetzt aber waren seine Verbündeten mit ihm nicht mehr recht zufrieden. Die außenpolitische Hälfte des Apfels begann zu verschrumpeln, aber wie war es mit der anderen, der inneren Hälfte? Dort fuhren die Chaudhrys immer noch die Ernte ihres Wechsels auf die Seite der Macht ein. Musharrafs Lieblingsministerpräsident Shaukat »Shortcut« Azia, der früher ein leitender Angestellter der Citibank war und enge Verbindungen zum achtreichsten Mann der Welt, dem saudi-arabischen Prinzen Al-Walid bin Talal unterhielt, gab ständig eine Menge Unsinn von sich. Das von vielen westlichen Kommentatoren bevorzugte Modell einer permanenten Militärregierung mit Technokraten im Finanzministerium hatte sich als totaler Fehlschlag erwiesen. Wenn man beobachtete, wie Aziz in dem, was man in Islamabad für ein Parlament hält, den Chaudhrys mit wilden Behauptungen über deren Genie schmeichelte, hatte man den Eindruck, dass es sich bei ihm eher um einen bezahlten Lobredner als um einen »unparteiischen Technokraten« handelte. Man fragte sich dann, was ihn überhaupt für diesen Posten empfohlen hatte. Wer hatte ihn ausgewählt? Als klar wurde, dass sich kaum etwas ändern würde, erfasste eine Welle des Zynismus das Land.

Als Musharraf in seinem Buch *In the Line of Fire* meinte, seine Rechnungen mit den vermeintlichen Feinden in seinem Heimatland auf rüde Weise begleichen zu müssen, führte das in Pakistan zu großer Aufregung, was zeigte, dass der Titel »In der Schusslinie« durchaus zutreffend war … In den Medien brach eine erregte Kontroverse aus, was zugegebenermaßen in den früheren Militärregierungen so niemals möglich gewesen wäre. Beißende Kritiken kamen von ehemaligen Generälen

(Ali Kuli Khans detaillierte Entgegnung wurde von den meisten Zeitungen abgedruckt), Oppositionspolitikern und allen möglichen »Experten«. Tatsächlich gab es während Nawaz Sharifs Amtszeit mehr staatliche Eingriffe in die Medien als unter Musharraf, zumindest bis zu dessen verzweifelter Ausrufung des Notstands im Herbst 2007. Das Diskussionsniveau ist heute in den pakistanischen Medien weitaus höher als im benachbarten Indien, das früher so sehr für seine energische und kritische Presse bewundert wurde, die sich jetzt aber von der Besessenheit der Mittelklasse von Shopping und Klasch anstecken ließ, was zu einer weitgehenden Trivialisierung des indischen Fernsehens und der meisten Printmedien geführt hat. Musharraf war zwar in vielerlei Hinsicht besser als Zia und Ayub, aber je unbeliebter er wurde, desto mehr begann er, auf die altbewährten diktatorischen Methoden zurückzugreifen. Menschenrechtsgruppen registrierten eine steigende Zahl von politischen Aktivisten, die plötzlich einfach »verschwanden«: Allein im Jahr 2007 waren es 400, darunter etliche Sindhi-Nationalisten. Eine besondere Lage herrscht bis heute in der Provinz Belutschistan, wo sogar insgesamt 1200 Menschen verschwanden und die Armee den Finger ständig am Abzug zu haben scheint. Der Krieg gegen den Terror gab vielen politischen Führern Gelegenheit, sich ihre heimischen Gegner vorzuknöpfen, was die Lage nur noch verschlimmerte.

Und dann gibt es noch die »Operation Enduring Freedom«, die »Operation dauerhafter Frieden« in Afghanistan, bei der das einzig Dauerhafte die Gewalt und der Heroinhandel ist. Trotz des vorgetäuschten Optimismus, den manche westlichen Medien verbreiten, ist es kein Geheimnis, dass das Ganze ein einziger Schlamassel ist. Die Taliban haben sich erholt und gewinnen durch ihren Widerstand gegen die Besatzer ständig an Popularität. NATO-Hubschrauber und -soldaten töten Hunderte von Zivilisten und behaupten dann, es seien »Talibankämpfer« gewesen. Hamid Karzai, der Mann mit den hübschen Schals, wird als hoffnungslose Marionette betrachtet, die völlig von den NATO-Truppen abhängig ist. Er hat sich sowohl die Paschtunen, die sich in immer größerer Zahl wieder den Taliban zuwenden, als auch die Kriegsherren der Nordallianz zum Feind gemacht, die ihn öffentlich kritisieren und andeuten, dass es vielleicht an der Zeit wäre, ihn wieder in die Vereinigten Staaten zurückzuschicken. In Westafghanistan hat nur der iranische Einfluss einen gewissen Grad an Stabilität aufrechterhalten können. Sollte sich Ahmadinedschad entscheiden, ihm seine Unterstützung zu entziehen, könnte sich Karzai nicht länger als eine Woche halten. Islamabad wartet und schaut zu. Seine Militärstrategen sind überzeugt, dass die USA bereits ihr Interesse an diesem Land verloren haben und die NATO bald abziehen wird. Wenn das geschieht, wird Pakistan Kabul kaum der Nordallianz überlassen. Seine Armee wird dann wieder einmarschieren. Ein pakistanischer Veteran der Afghanistankriege erklärte mir im Scherz: »Das letzte Mal haben wir die Bärte hingeschickt, aber die Zeiten haben sich verändert. Diesmal ziehen wir einigen von ihnen Armani-Anzüge an, damit das auf den amerikanischen Fernsehschirmen gut aussieht.« Die Zukunft der Region liegt weiterhin im Nebel. Pakistans erster Militärführer wurde von einem Volksaufstand gestürzt. Der zweite wurde umgebracht. Was wird mit Musharraf geschehen? Als er seine Uniform auszog und die Armeeführung General Ashfaq Kayani übergab, machte er sich völlig vom guten Willen seines Nachfolgers und Washingtons abhängig. General Kayanis Entscheidung, alle Militärs aus den zivilen Aufgabenbereichen abzuziehen (vorher hatten Armeeoffiziere Versorgungsbetriebe und zahlreiche andere nichtmilitärische Einrichtungen geleitet), war ein deutlicher Wink an seinen Vorgänger, diesem Beispiel zu folgen. Als wichtigste Folge dieser Entscheidung wurde die »Wahlabteilung« des ISI daran gehindert, in die Wahlen »einzugreifen«. Die »Mutter aller Wahlsiege«, die Musharraf vorausgesagt hatte, hätte man nur mit der tätigen Mithilfe des Militärgeheimdienstes erreichen können. In früheren Jahren überraschte es niemanden, wenn Hauptleute oder Majore an lokale oder nationale Politiker und Beamte herantraten und sie darüber informierten, welches Wahlresultat gewünscht wurde. Dass sie dieses Mal fehlten, versetzte den Chaudhris aus Gujrat einen schweren Schlag und sorgte dafür, dass langjährige Minister in Musharrafs Kabinett im Punjab die Wahl verloren. Ich erhielt danach von einem alten Freund eine euphorische E-Mail: »Die Menschen wissen, dass die Münder der Militärdiktatoren die Heimat der Lügen sind ...«

Die Wahlen vom Februar 2008 wurden allgemein als Referendum über Musharrafs Herrschaft betrachtet. Trotz der niedrigen Wahlbeteiligung erlitt er eine schwere Niederlage. Die PPP wurde mit 87 Sitzen zur stärksten Partei, während die Muslimliga der Sharif-Brüder 66 Mandate gewann: Die beiden alten Rivalen verfügten nun zusammen über die absolute Mehrheit. Die Chaudhrys aus Gujrat erlitten starke Verluste und schrumpften in der Nationalversammlung auf 38 Sitze, wobei es ernste

Anzeichen dafür gibt, dass wenigstens zehn dieser Mandate durch groß angelegte Manipulationen gewonnen wurden. Die Islamisten mussten die Kontrolle über die Nordwest-Grenzprovinz an die PPP und ANP abgeben. Zu diesem Zeitpunkt hätte Musharraf seinen Rücktritt ankündigen und anbieten sollen, nach der ersten Sitzung des neuen Parlaments zurückzutreten, was den neu gewählten National- und Provinzversammlungen die Gelegenheit gegeben hätte, einen neuen Präsidenten zu wählen.

Seine Anhänger behaupten nun, dass die Bush-Regierung wollte, dass er im Amt bleibt, und dass die US-Botschafterin Anne Patterson den Witwer Bhutto in die Botschaft in Islamabad zitiert habe, um ihn an die Abmachung zu erinnern, die man mit seiner verstorbenen Frau getroffen hatte: dass er erst einmal Musharrafs Juniorpartner werden solle und auf keinen Fall mit den Sharif-Brüdern gemeinsame Sache machen dürfe, deren Sympathien für die Islamisten den Amerikanern verdächtig erscheinen. Das Ausmaß der Niederlage des Generals machte diesen Vorschlag zu einer Art politischem Selbstmord der Bhutto-Partei. Mit Ausnahme der überzeugtesten Bush-Anhänger unter den Pakams (Pakistani-Amerikanern), die mit ihrem Wortmüll regelmäßig die Blogosphäre verschmutzen, machen alle ernsthaften Stimmen Zardari darauf aufmerksam, dass die Tage der US-Republikaner gezählt sind. Unter diesen Umständen wäre es weit besser, Musharraf dazu zu bringen, freiwillig zum Privatmann zu werden, bevor ihn die Demokraten gegen seinen Willen abservieren.

4. Das Haus Bhutto: Tochter des Westens

Arrangierte Ehen sind eine vertrackte Angelegenheit. Hauptsächlich dazu bestimmt, den Wohlstand zu mehren, unerwünschte Flirts zu verhindern oder heimliche Liebesaffären auf eine ordentliche Ebene zu heben, funktionieren sie oft nicht. Wenn man weiß, dass sich beide Parteien verabscheuen, werden nur unbedachte Eltern, die der Gedanke an einen kurzfristigen Gewinn blendet, eine solche Verbindung durchzusetzen versuchen, wohl wissend, das sie in großem Kummer und möglicherweise Gewalt enden wird. Gelegentlich wird die Seite des Ehemanns einwilligen, die Mitgift einsacken und dann die Braut verbrennen. Dass dies auch im politischen Leben so ist, bewies der unglückselige Versuch Washingtons, Benazir Bhutto mit Pervez Musharraf zu verkuppeln.

Den alleinerziehenden, halsstarrigen Elternpart spielte in diesem Fall das verzweifelte US-Außenministerium – mit John Negroponte als makabrem Kuppler und dem britischen Premierminister Gordon Brown als errötender Brautjungfer – , das wohl befürchtete, beide Parteien könnten für eine anderweitige Vermittlung zu alt sein, wenn es diese Sache nicht zu Ende brächte. Die Braut hatte es tatsächlich eilig, der Bräutigam allerdings weniger. Die Unterhändler beider Seiten verhandelten lange über die Höhe der Mitgift. Ihr Ehemakler war Rehman Malik, der frühere Chef der pakistanischen Bundespolizei FIA, gegen den selbst einmal der Nationale Rechnungshof wegen Korruption ermittelt hatte und der dann nach Benazirs Sturz im Jahre 1996 fast ein Jahr im Gefängnis saß. Danach wurde er einer ihrer Geschäftspartner, gegen den momentan allerdings erneut ein spanisches Gericht wegen seiner Verbindungen zu einem Unternehmen namens Petroline FCZ ermittelt, das zweifelhafte Zahlungen an den Irak Saddam Husseins geleistet haben soll. (Sollten die vorgelegten Dokumente echt sein, stand Benazir diesem Unternehmen vor.) Sie hatte es zwar eilig, wollte aber doch nicht in trauter Zweisamkeit mit einem uniformierten Präsidenten gesehen werden. Er wiederum war nicht bereit, über ihre Vergangenheit hinwegzusehen. Die gegenseitige Abneigung musste aber vor ihrer beiderseitigen Abhängigkeit von den Vereinigten Staaten zurücktreten. Keine der beiden Parteien konnte also ablehnen, obwohl Musharraf hoffte, die Vereinigung ließe sich unauffällig vollziehen. Dies stellte sich als frommer Wunsch heraus.

Beide Parteien machten Zugeständnisse. Die Opposition hatte seit Längerem die populäre Forderung gestellt, dass Musharraf seinen militärischen Kommandoposten aufgeben müsse, bevor er als Präsident kandidieren könne. Sie akzeptierte nun, dass er seine Uniform erst nach der »Wiederwahl« durch das gegenwärtige Parlament, aber auf alle Fälle vor den nächsten allgemeinen Wahlen ausziehen würde. (Dies hat er dann auch getan und sich dadurch dem Wohlwollen seines Nachfolgers als Armeechef ausgeliefert.) Als weitere schmutzige Premiere in der Geschichte des Landes boxte er dann den sogenannten »Nationalen Versöhnungserlass« (»National Reconciliation Ordinance«) durch, aufgrund dessen alle gegen Politiker (dazu zählte auch Nawaz Sharif) anhängigen Verfahren wegen Veruntreuung von Staatsgeldern eingestellt wurden. Dieser Erlass war für Benazir von großer Wichtigkeit, weil sie hoffte, dass jetzt auch die Verfahren wegen Geldwäsche und Korruption eingestellt würden, die bei drei europäischen Gerichten (in Valencia, Genf und London) gegen sie anhängig waren. Die Spanier taten ihr diesen Gefallen, aber die Schweizer blieben eisern. London dagegen würde sich den Wünschen der pakistanischen Regierung beugen.

Viele Pakistaner – und zwar nicht nur die aufrührerischen und böswilligen Typen, die man in regelmäßigen Abständen hinter Gitter bringen muss – fanden das Ganze abstoßend, und die Presseberichterstattung über diesen »Deal« war mit Ausnahme des Staatsfernsehens im Allgemeinen ablehnend. Im Westen wurde dieser »Durchbruch« dagegen laut bejubelt. Die reingewaschene Benazir Bhutto wurde im US-Fernsehen und in den Nachrichtensendungen der BBC als Vorkämpferin der pakistanischen Demokratie präsentiert, wobei sie die Reporter brav als »frühere Ministerpräsidentin« und nicht als flüchtige Politikerin vorstellten, gegen die in mehreren Ländern Korruptionsverfahren liefen.

Sie hatte sich bereits im Voraus bedankt, indem sie ihre Sympathien für die amerikanischen Kriege im Irak und in Afghanistan äußerte, mit dem israelischen UN-Botschafter zu Mittag aß (ein Lackmustest) und gelobte, den Terrorismus in ihrem eigenen Land »auszulöschen«. 1979 hatte ein früherer Militärdiktator immerhin ihren Vater mit dem Einverständnis Washingtons um die Ecke gebracht, vielleicht hielt sie es deshalb für sicherer, sich unter dessen imperialen Schutz zu stellen. HarperCollins hatte ihr eine halbe Million Dollar Vorschuss für ein neues Buch gezahlt, als dessen Arbeitstitel sie »Versöhnung« wählte. Es wurde posthum veröffentlicht und enthielt wenig, was nicht schon von der Sorte von Islam-»Fachleuten« geäußert worden wäre, die auf den Lesevorschlägen von Daniel Pipes und den Leuten von »Campus Watch« auftauchen. Der wirkliche Kampf fand also nicht zwischen der Welt des Islam und den Vereinigten Staaten, sondern innerhalb des Islam selbst statt. Der gemäßigte Islam, wie ihn ohne Zweifel sie selbst, sowie Hamid Karzai, Hosni Mubarak und andere Modernisten verkörperten, stellte keine Gefahr für die westlichen Werte dar, ebenso wenig wie der Koran oder die meisten Muslime. Der üble Extremismus musste dagegen vernichtet werden.[47] Der General hatte dagegen bei seinem Amtsantritt im Jahre 1999 dem Zeitgeist Reverenz erwiesen und sich »Chief Executive« und nicht mehr »Chief Martial Law Administrator« (»Oberster Kriegsrechtsverwalter«) genannt, wie es die bisherigen Militärdiktatoren getan hatten. Wie seine Vorgänger hatte er versprochen, nur eine begrenzte Zeit im Amt zu bleiben und im Jahr 2003 angekündigt, im Jahr darauf als Stabschef der Armee zurückzutreten. Wie seine Vorgänger hatte er seine Zusagen dann aber nicht gehalten. Das Kriegsrecht wird anfangs immer mit dem Versprechen einer neuen Ordnung gerechtfertigt, die den Filz und die Korruption der alten Regierung hinwegfegen werde. In diesem Fall waren damit die Zivilregierungen Benazir Bhuttos und Nawaz Sharifs gemeint. Aber diese »neuen Ordnungen« sind dann im Allgemeinen kein Schritt nach vorne, sondern militärische Umwege, die die wackligen Fundamente eines Landes und seiner Institutionen noch weiter schwächen. Nach etwa einem Jahrzehnt wird der uniformierte Herrscher dann von einem neuen Aufstand eingeholt.

Da Benazir immer noch von ihren glorreichen Tagen im letzten Jahrhundert träumte, wünschte sie sich bei ihrer Rückkehr einen würdigen Empfang. Der General war davon weniger begeistert. Die Geheimdienste (sowie ihre eigenen Sicherheitsberater) warnten sie vor den Gefahren einer solchen Veranstaltung. Sie hatte den Terroristen den Krieg erklärt und diese hatten gedroht, sie zu töten. Aber sie blieb eisern. Sie wollte der ganzen Welt und auch ihren politischen Gegnern, einschließlich denen in ihrer eigenen Pakistanischen Volkspartei (PPP), ihre Popularität beweisen. Sie hatte seit 1996 in einem selbst gewählten Exil in Dubai gelebt und von dort aus gelegentlich London zum Einkaufen und Washington zur Beratung mit ihren Kontaktleuten im US-Außenministerium besucht. In dem Monat, bevor sie an Bord des Flugzeugs von Dubai nach Karatschi ging, hatte die PPP im ganzen Land Freiwillige zum Teil durch Bezahlung rekrutiert, die ihr einen großartigen Empfang bereiten sollten. An die 200 000 Menschen säumten dann auch die Straßen. Dies waren allerdings deutlich weniger als die Million Menschen, die sich 1986 in Lahore versammelt hatten, als eine ganz andere Benazir zurückgekehrt war, um General Zia-ul-Haq Paroli zu bieten. Laut Plan sollte sie ganz langsam in ihrem Bhuttomobil von Flughafen von Karatschi zum Grab des Staatsgründers Muhammad Ali Jinnah fahren, um dort eine Rede zu halten. Doch es kam anders. Bei Einbruch der Dunkelheit schlugen die Bombenattentäter zu. Wer sie waren und wer sie geschickt hatte, ist bis heute ein Geheimnis. Sie selbst blieb zwar unverletzt, aber 130 Menschen starben, einschließlich einiger der Polizisten, die sie bewachen sollten. Der Hochzeitsempfang hatte mit einem Blutbad geendet. Der Verdacht richtete sich sofort gegen pakistanische dschihadistische Gruppierungen, aber der Führer der wichtigsten von ihnen, Baitullah Massood, leugnete jede Verwicklung in dieses Geschehen. Sie selbst machte schurkische Elemente »innerhalb der Regierung« und ehemalige Armeeoffiziere mit Verbindungen zu den Taliban dafür verantwortlich.

Der General hatte zwar versprochen, mit ihr zusammenzuarbeiten, traf aber gleichzeitig eiskalt Vorbereitungen, seinen Aufenthalt im Präsidentenpalast weiter zu verlängern. Noch vor ihrer Ankunft hatte er an drastische Maßnahmen gedacht. So wollte er den Notstand ausrufen, um die Hindernisse wegzuräumen, die ihm im Wege standen, aber seine Generäle (und die US-Botschaft) schienen gegen sein Timing Bedenken zu haben. Der Bombenanschlag auf Benazirs gescheiterten Triumphzug führte zu einem Wiederaufleben dieser Debatte. Pakistan war zwar nicht der in den westlichen Medien beschriebene Vulkan kurz vor einem großen Ausbruch, wurde aber tatsächlich von allen möglichen Explosionen erschüttert. Die Anwälte, die eine Kampagne gegen Musharrafs kürzlich erfolgte Absetzung des Obersten Richters führten, hatten einen vorläufigen Sieg errungen, der kurzzeitig die Unabhängigkeit des Obersten Gerichts wiederherstellte. Die unabhängigen Fernsehsender zeigten weiterhin Berichte, die die offizielle Propaganda herausforderten. Investigativer Journalismus ist bei keiner Regierung beliebt und der General verglich oft die Ehrerbietung, mit der man ihn in den US-Sendern und der BBC behandelte, mit den »unbotmäßigen« Befragungen durch die heimischen Journalisten, die »die Menschen irreführten«. Er mochte das Echo, mit dem sein Buch in den Vereinigten Staaten aufgenommen wurde. Besonders gefiel ihm sein Auftritt in Jon Stewarts *The Daily Show*.

Daheim war das ganz anders. Besonders missfiel ihm die Berichterstattung über den Aufstand der Anwälte. Seine schrumpfende Popularität hatte seine Paranoia noch gesteigert. Seine Berater hatten ihre Karriere alle ihm zu verdanken. Generäle, die in dem, was er »offene und informelle Treffen« nannte, abweichende Meinungen äußerten, waren in den Ruhestand versetzt worden. Jetzt waren seine politischen Verbündeten um ihre Pfründe besorgt, wenn sie die Macht mit Benazir teilen müssten.

Was, wenn der Oberste Gerichtshof seine Wiederwahl durch eine scheidende und nicht repräsentative Versammlung für ungesetzlich erklären würde? Um diese Katastrophe abzuwenden, hatte der ISI Erpressungsvideos produziert: Agenten hatten einige der Richter des Obersten Gerichtshofs in flagranti gefilmt. Allerdings war Musharraf inzwischen so unbeliebt, dass selbst der Anblick von ehrwürdigen Juroren bei neckischen Spielchen im Bett seinen Zweck nicht mehr erfüllt hätte. Es hätte deren Ansehen eher noch erhöht.[48] Musharraf entschied also, dass eine solche Erpressung das Risiko nicht wert sei. Nur ein entschlossenes Durchgreifen konnte »die Ordnung wiederherstellen«, also seine Haut retten. Normalerweise verhängt man in dieser Lage den Ausnahmezustand. Was aber, wenn das Land bereits vom Armeechef regiert wird? Die Lösung ist einfach: Man verdreifacht die Dosis und organisiert einen Putsch im Putsch. Dazu entschloss sich jetzt auch Musharraf. Washington wurde einige Wochen im Voraus informiert, die Downing Street etwas später. Benazirs westliche Gönner erzählten ihr, was bald passieren würde, und sie flog sofort nach Dubai zurück. Dies war eine törichte Entscheidung für eine politische Führerin, die gerade erst in ihr Land zurückgekehrt war.

Am 3. November setzte Musharraf in seiner Eigenschaft als Armeechef die Verfassung von 1973 außer Kraft und verhängte den Ausnahmezustand: Alle privaten Fernsehsender mussten den Sendebetrieb einstellen, die Handynetze wurden lahmgelegt und paramilitärische Einheiten umstellten den Obersten Gerichtshof. Der Vorsitzende Richter berief eine Dringlichkeitssitzung ein, die auf heroische Weise die Außerkraftsetzung der Verfassung als »ungesetzlich und verfassungswidrig« bezeichnete. Die Richter wurden daraufhin kurzerhand abgelöst und unter Hausarrest gestellt. Pakistans Richter sind für ihre Fügsamkeit bekannt. Wer sich von ihnen in der Vergangenheit den Militärführern widersetzt hatte, wurde bald eines Besseren belehrt. Aus diesem Grund überraschte die Entscheidung des Obersten Richters die Nation und brachte ihm große Bewunderung ein. Die globalen Medien zeigen Pakistan als ein Land der Generäle, korrupten Politiker und bärtigen Verrückten. Der Kampf für die Wiedereinsetzung des Obersten Richters bot dagegen ein völlig anderes Bild.

Aitzaz Ahsan, ein prominentes PPP-Mitglied, Minister in Benazirs erster Regierung und gegenwärtig Präsident der pakistanischen Anwaltskammer, wurde verhaftet und in Einzelhaft gesteckt. Einige tausend politische und Menschenrechtsaktivisten wurden festgenommen. Der ehemalige Cricketheld Imran Khan, ein entschlossener und unbestechlicher Widersacher des Regimes, wurde verhaftet, des »Terrorismus gegen den Staat« bezichtigt – ein Verbrechen, auf das die Todesstrafe oder lebenslänglich steht – und in Handschellen in ein abgelegenes Hochsicherheitsgefängnis gebracht. Khan meinte dazu nur, dass Musharraf ein weiteres schäbiges Kapitel in der Geschichte Pakistans aufgeschlagen habe.

Überall im Land wurden Anwälte verhaftet und viele wurden von der Polizei körperlich misshandelt. Man hatte den Polizisten befohlen, sie zu erniedrigen und diese gehorchten. »Omar«, ein Anwalt, setzte danach einen Bericht im Umlauf, in dem er seine Erlebnisse schilderte:

> »Während ich gerade mit meinen Kollegen sprach, sahen wir plötzlich etwa hundert Polizisten auf Befehl eines höheren Beamten in voller Kampfausrüstung wie wild auf uns zustürzen. Sie schwangen ihre Waffen und Schlagstöcke ... Das Ganze schien ihnen großen Spaß zu machen. Wir rannten alle weg. Diejenigen, die nicht mehr so flink auf den Beinen waren, wurden eingeholt und erbarmungslos zusammengeschlagen. Wir wurden dann in Polizeifahrzeuge gepfercht, in denen man gewöhnlich verurteilte Verbrecher transportiert. Jeder von uns war über diese Zurschaustellung roher Gewalt entsetzt, die kein Ende nehmen wollte. Auch innerhalb der Gerichtsgebäude setzte die Polizei ihre Misshand-

lungen fort ... Diejenigen von uns, die verhaftet worden waren, wurden in unterschiedliche Polizeistationen gebracht und dort in Arrestzellen gesteckt. Um Mitternacht erklärte man uns, dass wir jetzt ins Gefängnis verlegt würden. Wir könnten nicht auf Kaution freikommen, da unsere Grundrechte aufgehoben worden seien. Sechzig Anwälte wurden dann in einen Polizeitransporter verfrachtet, dessen Ladefläche 3 Meter lang, 1,20 Meter breit und 1,50 Meter hoch war. Wir fühlten uns wie die Sardinen in der Dose. Als wir am Gefängnis ankamen, teilte man uns mit, dass wir erst aussteigen dürften, wenn der Gefängnisleitung unsere Haftbefehle vorlägen. Unsere älteren Kollegen bekamen kaum noch Luft, einige fielen in Ohnmacht, andere bekamen Platzangst und gerieten in Panik. Die Polizei ignorierte unsere Schreie und weigerte sich, die Türen des Transporters zu öffnen. Schließlich ließ man uns nach drei Stunden heraus und brachte uns in einige von Moskitos verseuchte Baracken. Das Essen, das wir dort bekamen, stank nach Jauche.«

Geo, der größte pakistanische Fernsehsender, hatte seine Sendeanlagen schon vor langer Zeit nach Dubai verlegt. Es war ein seltsames Gefühl, dessen Programm in London zu verfolgen, während die Bildschirme in Pakistan selbst dunkel blieben. Am ersten Tag des Ausnahmezustands sah ich, wie Hamid Mir – ein Journalist, den der General verabscheute – aus Islamabad berichtete und versicherte, dass die US-Botschaft grünes Licht für den Staatsstreich gegeben habe, weil sie den Obersten Richter als Ärgernis betrachte und ihn fälschlicherweise sogar für einen »Talibansympathianten« halte. Tatsächlich hatte kein Sprecher des US-Außenministeriums und auch kein Gehilfe des State Departments im britischen Foreign Office jemals die Entlassung der acht Richter des Obersten Gerichtshofs oder deren Verhaftung kritisiert. Dies war die Gegenleistung für Washingtons Forderung, dass Musharraf die Uniform ausziehen müsse. Wenn er schon Zivilist werden sollte, wollte er, dass alle anderen Regeln zu seinen Gunsten zurechtgebogen würden. Ein neu ernanntes Oberstes Gericht mit lauter Marionettenrichtern würde ihm bei dieser kreativen Regelauslegung zu seinen Gunsten helfen. So wie auch die Behörden in Dubai, die Geo dankenswerterweise die Sendeerlaubnis entzogen. Auch Benazir Bhutto behielt in den ersten Tagen nach der Verhängung des Ausnahmezustands ihr opportunistisches Schweigen über diesen Justizskandal bei.

Am Abend dieses ersten Tages und nach mehreren Verzögerungen trat ein nervöser General Musharraf mit schlecht gefärbtem Haar im Fernsehen auf und versuchte wie die Sorte von Führern auszusehen, die politische Krisen mit Ernst und Kaltblütigkeit meistern. Stattdessen wirkte er wie ein nur mäßig sprachbegabter Diktator, der um seine Zukunft bangt. Seine Ansprache an die Nation, die er erst auf Urdu und dann auf Englisch hielt, klang ziemlich wirr. Die Hauptaussage war schlicht: Er musste einfach handeln, weil der Oberste Gerichtshof »unsere staatlichen Institutionen so sehr demoralisiert hat, dass wir den ›Krieg gegen den Terror‹ nicht mehr weiterführen können«. Außerdem seien die Fernsehsender »völlig verantwortungslos« geworden. »Ich habe den Ausnahmezustand ausgerufen«, sagte er mitten in seiner Brandrede, und fügte dem mit einer verächtlichen Geste hinzu: »Sie haben es vermutlich im Fernsehen gesehen.« War das ein Anflug von Sarkasmus? Immerhin hatte er ja die meisten Fernsehsender dichtmachen lassen. Wir wissen es nicht. Mohammed Hanif, der scharfsinnige Leiter der urdusprachigen Sendungen des BBC, der die Übertragung dieser Rede verfolgte, gestand später, dass er absolut perplex gewesen sei, als er später das Gehörte niederschrieb. Er zweifelte nicht daran, dass der General die Urdu-Version seiner Rede selbst verfasst hatte. Hanifs Dekonstruktion, bei der er den General auf Urdu und auf Englisch zitierte, hätte ihre ganz eigene Sendung verdient:

»Hier einige wahllos herausgegriffene Stellen seiner Rede. Und glauben Sie mir, genauso wahllos brachte er sie dann auch vor. Ja, er sagte tatsächlich: ›Extremism bahut extreme ho gaya hai [Der Extremismus ist zu extrem geworden] … Niemand hat mehr vor uns Angst … Islamabad steckt voller Terroristen … Es gibt eine Regierung innerhalb der Regierung … Beamte werden vor Gericht geladen … Beamte werden von der Justiz beleidigt.
An einem Punkt erschien er richtig wehmütig, als er sich an die ersten drei Jahre an der Macht erinnerte: ›Ich hatte die totale Kontrolle.‹ Man war versucht, zu fragen: ›Und was ist dann passiert, Onkel?‹ Aber offensichtlich musste man dem lieben Onkel keine solchen Fragen soufflieren. Er begann seine übliche Suada über die drei Stufen der Demokratie. Er behauptete, er werde jetzt die dritte und letzte Demokratiephase in Gang setzen. (Wie er das sagte, klang es fast wie die Endlösung.) Und als man dann dachte,

er komme endlich zum Punkt, bog er ganz plötzlich ab und stürzte sich in ein Meer von Selbstmitleid. Dazu gehörte auch die langatmige Anekdote, dass die Richter des Obersten Gerichtshofes lieber an der Hochzeitsfeier der Tochter eines Kollegen teilnehmen würden, als endlich zu entscheiden, dass er der verfassungsmäßige Präsident sei … Ich habe in meinem Leben schon manche Rede eines Diktators gehört, aber noch nie ist einer so weit gegangen, die Hochzeitsfeier irgendeiner Tochter als Grund für die Verhängung des Kriegsrechts über ein ganzes Land anzuführen.

Als er in den letzten paar Minuten seiner Rede seine Zuhörer im Westen in Englisch ansprach, erfüllte mich plötzlich ein tiefes Gefühl der Erniedrigung. Diesen Teil der Rede hat er zuvor niedergeschrieben. Die Sätze hatten Anfang und Ende. Ich fühlte mich gedemütigt, dass mein Präsident uns nicht nur für zu unreif für solche Dinge wie Demokratie und Menschenrechte hält, sondern auch für unfähig, etwas mit korrekter Syntax und Grammatik anfangen zu können.«

Die englischsprachige Version handelte vor allem vom »Krieg gegen den Terror«: Napoleon und Abraham Lincoln, sagte er, hätten das Gleiche wie er getan, um die »Integrität ihres Landes« zu bewahren. Die Erwähnung Lincolns war offensichtlich für den US-Markt bestimmt. Gewöhnlich sind in den pakistanischen Militärakademien Napoleon, De Gaulle und Atatürk die Helden.

Was dachte nun die ausmanövrierte Benazir über die Rede, die sie in ihrem Zufluchtsort Dubai am Fernsehschirm verfolgte? Zuerst ließ sie verlauten, sie sei völlig schockiert, was allerdings nicht ganz aufrichtig war. Selbst wenn sie nicht ausdrücklich im Voraus erfahren haben sollte, dass bald der Notstand ausgerufen werden würde, konnte sie das doch kaum überrascht haben. Die amerikanische Außenministerin Condoleezza Rice hatte ja zumindest pro forma Musharraf öffentlich aufgefordert, diesen Kurs nicht einzuschlagen und damit klar angedeutet, was kommen würde … Trotzdem brauchte Benazir mehr als 24 Stunden, bis sie eine deutliche Stellungnahme abgab. Einmal kritisierte sie sogar den Obersten Richter, er sei zu provozierend gewesen.

Aufgeregte Anrufe aus Pakistan veranlassten sie schließlich dazu, sofort nach Karatschi zurückzukehren. Um ihr die neuen Machtverhältnisse klarzumachen, ließen die Verantwortlichen ihr Flugzeug eine ganze Weile auf dem Rollfeld warten. Als sie endlich die VIP-Lounge betreten konnte, eröffneten ihr ihre Parteikollegen sofort, dass die PPP sich spalten werde, wenn sie den Ausnahmezustand nicht verurteilen würde. Nachdem sie Musharraf hereingelegt und im Stich gelassen hatte, konnte sie es sich nicht leisten, jetzt auch noch wichtige Schlüsselfiguren in ihrer eigenen Organisation zu verlieren. Sie kritisierte also den Ausnahmezustand und den, der ihn ausgerufen hatte, nahm Kontakt zur schwer bedrängten Opposition auf und erklärte, als lege sie einen neuen Lippenstift auf, sie werde jetzt den Kampf gegen den Diktator anführen. Sie wollte sogar den Obersten Richter aufsuchen, um ihm ihre Sympathie zu bekunden, aber man hinderte sie daran, auch nur in die Nähe seines Wohnhauses zu gelangen.

Sie hätte jetzt dem Beispiel ihres inhaftierten Kollegen Aitzaz Ahsan, einem wichtigen Minister in ihren beiden Kabinetten, folgen können, aber sie war eifersüchtig auf ihn: Er war inzwischen in Pakistan viel zu populär geworden. Er hatte sogar die Stirn gehabt, ohne sie zu fragen nach Washington zu reisen, wo ihn die dortige Gesellschaft freundschaftlich empfangen und als mögliche Alternative, falls die Dinge schieflaufen sollten, näher in Augenschein genommen hatte. Sie hatte ihm von ihrem Blackberry aus keine einzige Botschaft geschickt, um ihm zu seinen Erfolgen im Kampf um die Wiedereinsetzung des Obersten Richters zu gratulieren. Ahsan hatte ihr von jedem Handel mit Musharraf abgeraten. Er soll ihr gesagt haben, dass Generäle zu verzweifelten und irrationalen Maßnahmen greifen, wenn sie mit dem Rücken zur Wand stehen. Andere, die ihr das Gleiche in etwas verbindlicherem Ton rieten, erfuhren ebenfalls eine brüske Abfuhr. Sie war Vorsitzende der PPP auf Lebenszeit und duldete keinen Widerspruch. Dass Ahsan richtig gelegen hatte, brachte sie jetzt nur noch mehr gegen ihn auf. Jede Vorstellung von politischer Moral hatte sie schon vor langer Zeit über Bord geworfen. Allein die Idee einer Partei mit ganz bestimmten, feststehenden Grundsätzen galt als lächerlich und überholt. Ahsan war jetzt sicher im Gefängnis aufgehoben, weit entfernt von den westlichen Journalistenhorden, die sie in den wenigen Tagen, als sie unter Hausarrest stand, und auch danach noch mit allem gebotenen Stil empfing. Einige höfliche Anspielungen über ihre Verhaftung mussten genügen.

Da Washington größere Schwierigkeiten befürchtete, wurde ganz kurzfristig der Hochzeitsbitter noch einmal nach Pakistan geschickt, um die Dinge zu bereinigen. Negroponte verbrachte einige Zeit mit Musharraf und sprach danach mit Bhutto. Er verlangte von beiden, sie sollten sich einigen. Sie dämpfte sofort ihre Kritik, doch der General blieb verletzend und sagte in aller Öffentlichkeit, sie habe keine Chance, die für Januar 2008 anberaumten Wahlen zu gewinnen. Vielleicht glaubte er, der ISI könne wie so oft in der Vergangenheit diese auf geeignete Weise manipulieren. Die Umfragen zeigten, dass ihr alter Rivale Nawaz Sharif weit vor ihr lag. Musharrafs überstürzte Pilgerreise nach Mekka war zweifellos ein Versuch, sich die Saudis als Vermittler zu sichern, wenn er mit den Sharif-Brüdern, die zu dieser Zeit ja noch im saudischen Exil lebten, eine Vereinbarung schließen musste, die Benazir dann vollkommen kaltgestellt hätte. Der saudische König bestand darauf, dass Nawaz Sharif jetzt in sein Land zurückkehren dürfe. Beide Seiten leugneten, dass man zu einer Vereinbarung gelangt sei, aber Sharif kehrte kurz darauf mit den guten Wünschen der Saudis und einem gepanzerten Cadillac – einem speziellen Geschenk des Königs – nach Pakistan zurück. Es war klar zu erkennen, dass Riad ihn Benazir Bhutto bei Weitem vorzog.

Während im Land noch der Ausnahmezustand herrschte und das größte Sendernetz sich weigerte, einen Treueid abzulegen, um wieder auf Sendung gehen zu können, konnte der im Januar angesetzte Urnengang eigentlich nur zu einer Wahl im Sinne des Generals werden. Es war kein Geheimnis, dass der ISI und die Zivilverwaltung entscheiden würden, wer wo gewinnen würde. Aus diesem Grund dachten einige der Oppositionsparteien über einen Wahlboykott nach. Nawaz Sharif erklärte der Presse, dass er im Laufe eines langen Telefongesprächs vergeblich versucht habe, Benazir von einer Teilnahme an diesem Boykott zu überzeugen, was diesen ganzen Prozess von Anfang an null und nichtig gemacht hätte. Aber jetzt, wo er wieder im Land war, war er sich nicht mehr so sicher. Seine Anhänger betonten, dass ihre Popularität im Punjab wegen ihrer Weigerung, mit Musharraf ein Abkommen zu schließen, stark gestiegen sei und ein Boykott deshalb kontraproduktiv wäre. Sharif akzeptierte schließlich diese Sicht der Dinge.

Was aber würde Benazir jetzt unternehmen? Washingtons Einfluss auf Islamabad war begrenzt – einer der Gründe, warum die Amerikaner sie überhaupt in den Prozess einbeziehen wollten. »Es ist immer besser, in einer Hauptstadt zwei Telefonnummern zu haben«, hatte der US-Botschafter bei einem Empfang gescherzt. Das mag stimmen, aber sie konnten ihr trotzdem nicht den Posten der Ministerpräsidentin, nicht einmal eine faire Wahl garantieren. Drei Jahrzehnte früher hatte ihr Vater über ähnliche Probleme nachgedacht, war aber zu etwas anderen Schlüssen gelangt. *If I am Assassinated* – Zulfiqar Ali Bhuttos Letzter Wille und Vermächtnis – enthielt einige scharf formulierte Diagnosen, deren Bedeutung seinen Mitstreitern und Nachfolgern nicht verborgen blieb:

> »Ich bin mir vollkommen sicher, dass das pakistanische Volk keine fremde Hegemonie dulden wird. Aus derselben Logik heraus würde das pakistanische Volk auch einer inneren Hegemonie niemals zustimmen. Beide Hegemonien ergänzen einander. Wenn unser Volk Schwäche zeigt und sich a priori einer inneren Hegemonie unterwirft, wird es sich auch einer fremden Hegemonie unterwerfen müssen. Das ist so, weil die Stärke und Macht einer äußeren Hegemonie weit größer ist als die einer inneren Hegemonie. Wenn das Volk zu viel Angst hat, um sich der schwächeren Macht zu widersetzen, wird es auch der stärkeren Macht keinen Widerstand leisten können. Die Akzeptanz oder Hinnahme einer inneren Hegemonie bedeutet also auch die Unterwerfung unter eine äußere Hegemonie.«

Nachdem er im April 1979 gehängt worden war, erhielt dieser Text einen beinahe sakralen Status. Als Vater Bhutto noch an der Macht war, hatte er es gerade versäumt, antihegemoniale Strategien oder Institutionen zu entwickeln. Einzige Ausnahme war die Verfassung von 1973, die von dem langjährigen Bürgerrechtsanwalt Mahmud Ali Kasuri entworfen wurde. (Dessen Sohn Kurshid war bis vor Kurzem Musharrafs Außenminister.) Ein auf eine einzige Person ausgerichteter autokratischer Regierungsstil hatte den Geist der Partei neutralisiert, Karrieristen ermutigt und schließlich seinen Feinden den Weg bereitet. Allerdings wurde er dann Opfer einer schweren Ungerechtigkeit. Sein Tod reinigte ihn von allen Makeln und verwandelte ihn in einen Märtyrer. Mehr als die Hälfte des Landes, vor allem die Armen, betrauerten ihn zutiefst.

Allerdings machte die Tragödie die PPP auch zu einer Art Familienerbstück, was für die Partei und das Land äußerst ungesund war. Sie verschaffte den Bhuttos eine große Stammwählerschaft und enorme Reserven. Das Erlebnis der Verurteilung und des Todes ihres Vaters radikalisierte und politisierte Benazir. Sie erzählte mir damals, das sie lieber Diplomatin geworden wäre. Ihre beiden Brüder, Murtaza und Shahnawaz, blieben in London, nachdem ihnen ihr eingekerkerter Vater verboten hatte, nach Hause zurückzukehren. Der schwierige Versuch, das Leben ihres Vaters doch noch zu retten, fiel nun Benazir und ihrer Mutter Nusrat zu. Der Mut, den beide dabei bewiesen, verschaffte ihnen den stummen Respekt einer verängstigten Mehrheit. Sie weigerten sich, gegenüber General Zias Diktatur klein beizugeben, die unter anderem den Islam zum Vorwand nahm, um Rechte, die sich die Frauen in den vorhergehenden Jahrzehnten erstritten hatten, wieder zurückzunehmen. Benazir und Nusrat Bhutto wurden mehrmals verhaftet und dann wieder auf freien Fuß gesetzt. Ihrer beider Gesundheit begann darunter zu leiden. Nusrat durfte 1982 das Land verlassen, um sich in medizinische Behandlung zu begeben. Benazir wurde etwas mehr als ein Jahr später aus ihrem Hausarrest entlassen. Dies geschah nicht zuletzt auf Druck der Vereinigten Staaten, den ihr alter Freund aus Harvard, Peter Galbraith, organisiert hatte, der nützliche Kontakte zum US-Außenministerium besaß. Sie beschrieb später diese Zeit in ihrer Autobiografie *Daughter of the East* (1988, deutsch: *Tochter der Macht*): »Kurz nachdem Präsident Reagan das Regime für seine ›großen Fortschritte in Richtung Demokratie‹ gelobt hatte, schossen Zias Schergen friedliche Demonstranten nieder, die am pakistanischen Unabhängigkeitstag auf die Straße gegangen waren. Die Polizei verhielt sich dann ebenso brutal gegenüber jenen, die gegen den Angriff auf meinen Jeep im Januar 1987 protestierten.«

Benazir zog nach London, wo ihre winzige Wohnung im Barbican im Herzen der alten City zu einem Zentrum der Opposition gegen die Diktatur wurde. Hier diskutierten wir oft über eine Kampagne gegen die Generäle. Benazir hatte sich ihre Position aufgebaut, indem sie beharrlich und friedlich dem Militär Widerstand leistete und jede Verleumdung mit einer scharfen Entgegnung parierte. Ihre Brüder hatten einen anderen Weg gewählt. Sie gründeten eine bewaffnete Gruppe, *al-Zulfiqar*, deren erklärtes Ziel es war, das Regime dadurch zu schwächen, dass sie »Verräter, die mit Zia kollaboriert haben« angriffen. Die Freiwilligen wurden vor allem in Pakistan angeworben. 1980 erhielten sie einen Stützpunkt in Afghanistan, wo die moskautreuen Kommunisten drei Jahre zuvor an die Macht gekommen waren. Insgesamt war das Ganze eine traurige Geschichte mit einem gerüttelt Maß an inneren Querelen,

Schauprozessen, kleinlichen Rivalitäten und allen Arten von Fantastereien, wofür die weniger glücklichen Mitglieder der Gruppe dann mit dem Leben bezahlen mussten.

Im März 1981 wurden Murtaza und Shahnawaz Bhutto auf die Liste der meistgesuchten Personen der FIA gesetzt. Sie hatten ein Passagierflugzeug der Pakistan International Airlines kurz nach seinem Start in Karatschi entführt (ein Stromausfall auf dem Flughafen hatte die Röntgenüberwachungsgeräte außer Gefecht gesetzt, sodass die Entführer ihre Waffen an Bord schmuggeln konnten) und es dann nach Kabul umgeleitet. Hier übernahm Murtaza das Kommando und forderte die Freilassung einiger politischer Gefangener. Ein junger Offizier – als Passagier an Bord – war ermordet worden. Das Flugzeug wurde wieder aufgetankt und flog dann weiter nach Damaskus, wo der legendäre syrische Geheimdienstchef General Kholi eingriff und dafür sorgte, dass es keine weiteren Toten gab. Die Tatsache, dass auch einige Amerikaner an Bord waren, hatte bei den Generälen zu großer Beunruhigung geführt. Nur aus diesem Grund wurden die Gefangenen in Pakistan freigelassen und nach Tripolis ausgeflogen.

Dies feierte die PPP in Pakistan als Sieg. Zum ersten Mal begann man die Gruppe ernst zu nehmen. Eines der wichtigsten Ziele innerhalb des Landes war Maulvi Mushtaq Hussein, der Vorsitzende Richter des High Court (Obergerichts) von Lahore, der im Jahre 1978 Zulfiqar Ali Bhutto zum Tode verurteilt hatte und dessen Verhalten bei der Verhandlung (unter anderem hatte er Bhutto vorgeworfen, »sich fälschlicherweise als Muslim auszugeben« – seine Mutter war eine konvertierte Hinduistin gewesen), die ganze Familie Bhutto zutiefst empört hatte. Mushtaq war im Auto eines Freundes auf dem Weg zu seinem Haus im Lahorer Stadtteil Model Town, als bewaffnete al-Zulfiqar-Kämpfer das Feuer auf sie eröffneten. Der Richter überlebte, aber sein Freund und der Fahrer starben.

Der Freund war der Gründungsvater der Chaudhrys von Gujrat, Chaudhry Zahoor Elahi, dem wir bereits früher begegnet sind. Gegenwärtig versorgt die nächste Generation der Chaudhrys Musharraf mit der notwendigen zivilen Ergänzung: Zahoor Elahis Sohn Shujaat organisierte den Bruch mit Nawaz Sharif und gründete die Splitterpartei PML-Q, um die wachsenden Sorgen des neuen Regimes zu lindern. Er ist ein geschickter Strippenzieher und wollte schon viel früher einen Ausnahmezustand, damit man keinen Deal mit Benazir abzuschließen bräuchte. Jetzt sollte er den Wahlkampf des Generals organisieren. Sein Vetter Pervez Elahi ist der Regierungschef des Punjab. Sein Sohn setzt die Familientradition fort, indem er die Pächter von ihrem Land vertreibt und alle verfügbaren Grundstücke am Stadtrand von Lahore aufkauft.

Die Flugzeugentführung hatte Moskau schwer verärgert, weswegen das Regime in Afghanistan die Bhutto-Brüder aufforderte, sich eine neue Zuflucht zu suchen. Während ihrer Zeit in Kabul hatten sie zwei afghanische Schwestern geheiratet, Fauzia und Rehana Fasihudin, die Töchter eines hohen Beamten im afghanischen Außenministerium. Nun verließen sie zusammen mit ihren Frauen das Land und gelangten nach einem Aufenthalt in Syrien und möglicherweise auch Libyen schließlich nach Europa. Die Wiedervereinigung mit ihrer Schwester fand 1985 an der französischen Riviera statt, einem Ambiente, das gut zum Lebensstil aller drei Bhutto-Kinder passte.

Die jungen Männer hatten vor Zias Agenten große Angst. Shahnawaz lebte in einem Apartment in Cannes. Er hatte den »Militärapparat« von al-Zulfiqar geleitet und war für die Waffenbeschaffung verantwortlich gewesen. Das Leben in Kabul hatte ihn mehr als die anderen mitgenommen. Er war reizbar und nervös. Die Beziehung zu seiner Frau war ziemlich turbulent und er hatte seiner Schwester erzählt, dass er über Scheidung nachdenke. »In unserer Familie hat es nie eine Scheidung gegeben. Deine Ehe ist nicht einmal arrangiert worden … Du hast dich aus freien Stücken entschieden, Rehana zu heiraten. Jetzt musst du damit leben«, lautete Benazirs bezeichnende Antwort, wenn man ihrer Autobiografie Glauben schenkt. Dies war im Übrigen auch ihre eigene Einstellung, als man sie über die Schürzenjägerei ihres Mannes aufklärte. Und dann fand man am 18. Juli 1985 Shahnawaz tot in seinem Apartment. Seine Frau behauptete, er habe sich vergiftet, aber laut Benazir nahm ihr keiner in der Familie diese Geschichte ab. Sein Zimmer wies Gewaltspuren auf und seine Papiere waren durchsucht worden. Rehana sah dagegen immer noch wie aus dem Ei gepellt aus, was die Familie ziemlich irritierte. Sie wurde dann nach dem sogenannten »Guter-Samariter-Gesetz« zu drei Monaten Gefängnis verurteilt, weil sie einem Sterbenden keine Hilfe geleistet hatte. Nach ihrer Entlassung ließ sie sich in den Vereinigten Staaten nieder. »Hatte die CIA ihn etwa als Freundschaftsgeste gegenüber ihrem Lieblingsdiktator getötet?«, überlegte sich Benazir. Sie stellte sich dann noch weitere Fragen: Waren die

Schwestern zu ISI-Agentinnen geworden? Die Wahrheit kam bis heute nicht ans Licht. Nicht lange danach ließ sich Murtaza von Fauzia scheiden, behielt jedoch das Sorgerecht für ihre dreijährige Tochter Fatima und zog nach Damaskus. Hier hatte er viel Zeit zum Nachdenken und erzählte Freunden, dass im Kampf gegen die Diktatur zu viele Fehler gemacht worden seien. Im Jahr 1986 lernte er Ghinwa Itaoui kennen, eine junge Lehrerin, die nach der israelischen Invasion von 1982 aus dem Libanon geflohen war. Sie brachte ihn wieder zur Ruhe und kümmerte sich um Fatimas Erziehung. 1989 heirateten sie und im Jahr darauf kam ihr Sohn Zulfiqar auf die Welt.

Benazir kehrte 1986 nach Pakistan zurück und wurde in Lahore von fast einer Million Menschen begrüßt, die gekommen waren, um ihr ihre Zuneigung zu zeigen und ihrer Wut auf das Regime Ausdruck zu verleihen. Sie trat danach im ganzen Land auf. Dabei hatte sie aber zunehmend den Eindruck, dass für viele religiös eingestellte Pakistaner eine junge unverheiratete Frau als Führerin des Landes nicht in Frage kam. Wie sollte sie etwa Saudi-Arabien ohne einen Ehemann besuchen? Sie nahm dann einen Heiratsantrag der Familie Zardari an und feierte 1987 mit Asif Hochzeit. Die Zardaris waren kleine Landbesitzer. Der Vater Hakim Zardari war ein Anhänger der National Awami Party und besaß einige Kinos in Karatschi. Sie waren nicht reich, aber wohlhabend genug, um Asif Zardaris Pololeidenschaft finanzieren zu können. Er liebte Pferde und Frauen und interessierte sich nicht für Politik. Sie erzählte mir, dass sie etwas nervös sei, weil es sich ja um eine arrangierte Ehe handele. Sie hoffe aber, dass alles gut gehe. Außerdem hatte sie befürchtet, dass es für einen Ehemann schwierig sein könnte, mit den zahlreichen Trennungszeiten zurechtzukommen, die ihr politisches Nomadenleben mit sich brachte. Dies machte allerdings Zardari nie etwas aus, da er durchaus imstande war, sich allein zu beschäftigen.

Ein Jahr später explodierte General Zias Flugzeug. In den folgenden Wahlen gewann die PPP die meisten Parlamentssitze. Benazir war zwar jetzt Ministerpräsidentin, wurde aber auf der einen Seite von der Armee und auf der anderen vom Lieblingsbürokraten der Armee, dem Präsidenten Ghulam Ishaq Khan, in die Zange genommen. Sie erzählte mir damals, dass sie sich völlig machtlos fühle. Aber im Grunde schien es ihr zu genügen, einfach Regierungschefin zu sein. Sie machte Staatsbesuche, unter anderem bei Frau Thatcher, die sie von Anfang an mochte. Später wurde sie auch mit ihrem frischgebackenen Ehemann im Schlepptau vom saudi-arabischen König höflich empfangen. Unterdessen wurden ständig irgendwelche Verschwörungen gegen sie geschmiedet. Die Opposition kaufte im wahrsten Sinne des Wortes einige ihrer Parlamentsabgeordneten. Im August 1990 wurde ihre Regierung durch einen Präsidentenerlass abgesetzt und Zias Protegés – die Sharif-Brüder – gelangten wieder an die Macht.

Als sie 1993 wiedergewählt wurde, hatte sie endgültig auf alle Reformideen verzichtet. Worauf es ihr jetzt ankam, wurde klar, als sie ihren Mann zum Investitionsminister ernannte und ihn damit für alle Investitionsangebote aus dem In- und Ausland verantwortlich machte. In der pakistanischen Presse war zu lesen, dass die beiden auf diese Weise ein Vermögen von 1,5 Milliarden Dollar angehäuft haben. Das Hauptquartier der Pakistanischen Volkspartei wurde nun zu einer Art Gelddruckmaschine, bei der allerdings nichts nach unten durchsickerte. Diese Phase markierte den völligen Niedergang der Partei. Es kam beiden zugute, dass die einzige Tradition, die seit der Gründung der Partei immer bewahrt worden war, ihr autokratischer Zentralismus war. Das Wort des Parteiführers war endgültig. Wie ihr Vater verstand Benazir nie, dass Debatten und Diskussionen nicht nur ein Mittel des Widerspruchs und des Umsturzes von Ideologien sind, sondern auch eine effektive Form der Überzeugung sein können. Es gab in diesem Land ein dringendes Bedürfnis, die gesellschaftliche Debatte aus dem abgeschlossenen Bereich der Religion herauszuführen und in einen neutralen Raum zu verlegen. Aber dies wurde niemals in Angriff genommen.

Als ich die beschämten Parteimitglieder bei mehreren Besuchen in Pakistan nach der Korruption in der PPP fragte, antworteten sie nur, dass dies »jeder überall auf der Welt tut«. Damit akzeptierten sie ganz offensichtlich, dass Geldtransaktionen heute das Einzige sind, was auf der Welt zählt. Das Geld war nun das heilige Zentrum aller Politik. In der Außenpolitik war Benazirs Hinterlassenschaft gemischt. Einerseits weigerte sie sich, ein gegen Indien gerichtetes militärisches Abenteuer in Kargil auf den Höhen des Himalaja zu sanktionieren. Um dies wiedergutzumachen – wie ich damals schrieb[49] – unterstützte ihre Regierung die Machtergreifung der Taliban in Kabul. Es ist deshalb doppelt ironisch, dass Washington und London sie vor ihrem tragischen Tod zu einer Vorkämpferin der Demokratie beförderten.

Murtaza Bhutto hatte vom Ausland aus bei den Wahlen kandidiert und einen Sitz im Provinzparlament des Sindh gewonnen. Er kehrte nach Hause zurück, wo er seine Unzufriedenheit mit der Agenda seiner Schwester bekundete. Auf den Familientreffen wurden die Spannungen zwischen beiden immer größer. Murtaza hatte seine Schwächen, aber er war nicht korrupt und unterstützte immer noch das alte radikale Parteimanifest. Er machte auch kein Geheimnis daraus, dass er Zardari für einen Eindringling hielt, dessen einziges Interesse das Geld sei. Nusrat Bhutto schlug vor, Murtaza zum Regierungschef des Sindh zu machen: Benazir setzte daraufhin ihre Mutter als Vorsitzende der PPP ab. Jede Sympathie, die Murtaza bisher noch für seine Schwester empfunden haben mochte, verwandelte sich jetzt in tiefe Abscheu. Er fühlte sich nicht mehr verpflichtet, seine Zunge im Zaum zu halten, und schmähte jetzt bei jeder Gelegenheit Zardari und das korrupte Regime seiner Schwester. Allerdings war es schwierig, ihm eine Verfälschung der Tatsachen nachzuweisen. Der amtierende Regierungschef des Sindh war Abdullah Shah, eine Kreatur Zardaris. Dieser begann, Murtazas Anhänger zu schikanieren. Daraufhin beschloss Murtaza, sich den Strippenzieher selbst vorzunehmen. Man erzählt sich, er habe Zardari angerufen und ihn zu einem informellen Gespräch eingeladen, bei dem sie die Probleme innerhalb der Familie lösen könnten. Zardari sagte zu. Während die beiden durch den Garten spazierten, tauchten plötzlich Murtazas Gefolgsleute auf, packten Zardari und hielten ihn fest. Jemand brachte ein riesiges Rasiermesser und warmes Wasser und Murtaza rasierte zum Vergnügen seiner Leute Zardari die Hälfte seines Schnurrbarts ab und forderte ihn dann auf zu verschwinden. Ein wutschnaubender Zardari, der wahrscheinlich sogar noch Schlimmeres erwartet hatte, war danach gezwungen, sich zu Hause die andere Hälfte abzurasieren. Den erstaunten Medien wurde erzählt, der neue, frisch rasierte Gemahl habe nur den Rat seiner Geheimdienste befolgt, dass der Schnurrbart ihn als Ziel zu leicht erkenntlich mache. Verwunderlich war dann nur, dass er sich danach sofort wieder einen wachsen ließ.

Als Murtaza und sein Gefolge im September 1996 von einer politischen Versammlung zurückkehrten, warteten direkt vor ihrem Haus etwa siebzig bewaffnete Polizisten und vier höhere Offiziere auf sie. In den umliegenden Bäumen hatte man einige Scharfschützen postiert. Die Straßenlaternen waren ausgeschaltet. Murtaza begriff sofort, was hier vor sich ging, und stieg mit erhobenen Händen aus seinem Wagen; zuvor hatte er seinen Leibwächtern die Anweisung gegeben, auf keinen Fall zu schießen. Tatsächlich eröffneten dann die Polizisten das Feuer. Sieben

Männer wurden getötet, unter ihnen Murtaza. Die tödliche Kugel war aus nächster Nähe abgefeuert worden. Die Falle hatte man äußerst geschickt gelegt, aber wie so oft in Pakistan bewies die krude Ausführung – falsche Einträge in Polizeiberichten, verschwundenes Beweismaterial, verhaftete und eingeschüchterte Zeugen, die Entsendung des (als unzuverlässig geltenden) zur PPP gehörenden Provinzgouverneurs zu einem völlig unwichtigen Treffen in Ägypten, die Tötung eines Polizisten aus Angst, er könnte etwas verraten – , dass die Entscheidung, den Bruder der Ministerpräsidentin umzubringen, an sehr hoher Stelle gefallen war.

Während der Vorbereitung des Hinterhalts hatte die Polizei Murtazas Haus (aus dem im Jahre 1978 sein Vater auf Befehl Zias abgeholt worden war) abgeriegelt. Die Familie, die sich darin aufhielt, spürte, dass irgendetwas nicht in Ordnung war. In diesem Augenblick entschloss sich die für ihr Alter ausgesprochen umsichtige 14-jährige Fatima Bhutto, ihre Tante in der Ministerpräsidentenresidenz anzurufen. Das folgende Gespräch hat sich ihr derart ins Gedächtnis eingebrannt, dass sie es mir vor ein paar Jahren noch wörtlich wiedergeben konnte. Zardari hatte das Gespräch entgegengenommen.

FATIMA: »Ich möchte bitte mit meiner Tante sprechen.«
ZARDARI: »Das ist nicht möglich.«
FATIMA: »Warum?« [In diesem Augenblick war am anderen Ende laut Fatima lautes Wehklagen und etwas, das sich wie gespieltes Weinen anhörte, zu hören.]
ZARDARI: »Sie ist hysterisch, hörst du es nicht?«
FATIMA: »Warum?«
ZARDARI: »Weißt du es denn noch nicht? Dein Vater ist erschossen worden.«

Fatima und Ghinwa fanden heraus, wohin man Murtaza gebracht hatte, und stürzten aus dem Haus. Auf der Straße wies nichts darauf hin, dass hier etwas geschehen sein könnte: Man hatte den Tatort bereits von sämtlichen Beweisstücken gereinigt. Es gab keine Blutspuren und keinerlei Anzeichen für irgendeinen Zwischenfall. Sie fuhren direkt zum Krankenhaus, aber es war schon zu spät. Murtaza war bereits tot. Später erfuhren sie, dass man ihn fast eine Stunde lang blutend auf dem Boden liegen gelassen hatte, bevor man ihn in ein Krankenhaus brachte, in dem es keinerlei Notfalleinrichtungen gab.

Als Benazir zur Beerdigung ihres Bruders nach Larkana kam, bewarf die wütende Menge ihre Limousine mit Steinen. Sie musste sich zurückziehen. In einem weiteren unüblichen Gefühlsausbruch forderten die Leute aus der Gegend Murtazas Witwe auf, im Widerspruch zur islamischen Tradition an der eigentlichen Bestattungszeremonie teilzunehmen. Laut Fatima leitete ein Gefolgsmann Benazirs gegen Ghinwa ein Verfahren vor einem Religionsgericht ein, weil sie das islamische Recht gebrochen habe. Nichts war mehr heilig.

Jeder Augenzeuge von Murtazas Ermordung wurde verhaftet; einer kam sogar im Gefängnis ums Leben. Als Fatima Benazir am Telefon fragte, warum man die Zeugen und nicht die Mörder verhafte, bekam sie zur Antwort: »Schau, du bist noch sehr jung. Du verstehst davon nichts.« Vielleicht entschloss sich die liebe Tante auch aus diesem Grund, Fatimas leibliche Mutter, die sie noch vor Kurzem als Mörderin im Solde General Zias beschimpft hatte, nach Pakistan einzuladen, damit sie dort das Sorgerecht über Fatima beantragen konnte. Es ist auch kein Geheimnis, wer ihr Flugticket von Kalifornien nach Pakistan bezahlt hat. Fatima und Ghinwa Bhutto widersetzten sich und der Versuch schlug fehl. Danach versuchte es Benazir auf die sanfte Art und bestand darauf, dass sie Fatima nach New York begleiten solle, wo Frau Bhutto vor der UN-Vollversammlung sprechen sollte. Ghinwa Bhutto wandte sich an Freunde in Damaskus und ließ ihre beiden Kinder ausfliegen. Fatima fand später heraus, dass man Fauzia in New York in Begleitung von Benazir gesehen hatte.

Im November 1999 wurde Benazir erneut abgesetzt, dieses Mal von ihrem eigenen Präsidenten Farooq Leghari, einem alten PPP-Getreuen. Er begründete dies hauptsächlich mit Korruptionsvorwürfen. Darüber hinaus hatte ihn auch ein dreister Erpressungsversuch des ISI verärgert. Die Geheimdienste hatten Legharis Tochter bei einem Treffen mit ihrem Freund fotografiert und gedroht, die Fotos zu veröffentlichen. In der Woche, als Benazir stürzte, bestieg der Regierungschef des Sindh – Abdullah Shah, der Murtazas Ermordung organisiert hatte – ein Motorboot und floh aus Karatschi in Richtung Persischer Golf, um dann schließlich in den Vereinigten Staaten zu landen.

Benazirs Regierung hatte ein Untersuchungsgericht eingesetzt, das die Umstände von Murtazas Tod aufklären sollte. Unter Vorsitz eines Richters des Obersten Gerichtshofs sammelte es von allen beteiligten Parteien detaillierte Beweise. Murtazas Anwälte beschuldigten Zardari,

Abdullah Shah und zwei höhere Polizeibeamte der Verschwörung zum Mord. Die (inzwischen abgesetzte) Benazir räumte zwar ein, dass es eine Verschwörung gegeben habe, deutete aber an, dass »der dafür verantwortliche Mann im Hintergrund Präsident Farooq Ahmed Leghari« sei. Die Absicht sei gewesen, »einen Bhutto zu töten, um eine Bhutto loszuwerden«. Niemand nahm das ernst. Angesichts des Ablaufs der Ereignisse war es eine unglaubwürdige Behauptung.

Das Untersuchungsgericht stellte dann fest, dass es keine rechtlich relevanten Indizien für eine Verwicklung Zardaris in diese Geschehnisse gebe, dass es aber auch feststehe, dass »dies ein Fall von rechtswidrigen Tötungen durch die Polizei« sei. Es sei außerdem kaum denkbar, dass ein solcher Vorfall ohne Billigung allerhöchster Stellen geschehen konnte. Nichts geschah. Elf Jahre später beschuldigte Fatima Bhutto öffentlich Zardari und behauptete, dass viele Beteiligte danach für ihre Aktionen belohnt worden seien. In einem Interview mit einem privaten Fernsehsender wurde Benazir kurz vor der Verhängung des Ausnahmezustands gefragt, wie es möglich gewesen sei, dass ihr Bruder direkt vor seinem Haus verblutete, während sie Ministerpräsidentin war. Sie verließ daraufhin das Studio.

Am 14. November 2007 erschien in der *Los Angeles Times* ein scharf formulierter Gastkommentar Fatima Bhuttos, die dabei kein Blatt vor den Mund nahm:

»Frau Bhuttos Politikgebaren ist ein einziges Schmierenstück. Ihre Verhandlungen mit dem Militär und ihre bis vor ein paar Tagen gezeigte gänzlich unpassende Bereitschaft, sich an Musharrafs Regime zu beteiligen, haben den stetig größer werdenden fundamentalistischen Heerscharen in Südasien ein für alle Mal gezeigt, dass es sich bei der Demokratie nur um eine verkappte Diktatur handelt ...
Mein Vater war Benazirs jüngerer Bruder. Bis heute wurde ihre Rolle bei dessen Ermordung noch nicht endgültig geklärt, obwohl das Untersuchungsgericht, das nach seinem Tod unter der Führung von drei angesehenen Richtern zusammentrat, feststellte, dass das Ganze ohne die Billigung ›allerhöchster politischer Kreise‹ nicht möglich gewesen wäre ...
Ich habe persönliche Gründe, die Gefahr zu fürchten, die von Frau Bhuttos Anwesenheit in Pakistan ausgeht, aber bin ich da nicht die

Einzige. Die Islamisten stehen vor den Toren. Sie haben nur noch auf die Bestätigung gewartet, dass die Reformen, für die das pakistanische Volk gekämpft hat, in Wirklichkeit nur eine vom Weißen Haus unterstützte Farce waren. Seit Musharraf im Jahr 1999 an die Macht gelangte, gibt es in diesem Land ernsthafte Basisbewegungen für demokratische Reformen. Das Letzte, was wir jetzt brauchen, ist durch eine ›demokratische‹ Marionette wie Frau Bhutto in die neokonservative Agenda eingebunden zu werden ...«

Dies entlockte der Zielperson dieser Kritik folgende Bemerkung: »Meine Nichte ist böse auf mich.« Nun, so könnte man es auch ausdrücken.

Zwar hatte Musharraf die Korruptionsvorwürfe fallen lassen, aber in der Schweiz, Spanien und Großbritannien waren noch drei weitere Verfahren anhängig. Die letzten beiden Länder ließen sich dann doch erweichen, aber das Schweizer Gericht weigerte sich, das Verfahren einzustellen.

Im Juli 2003 hatte Daniel Devaud, ein Genfer Richter, nach mehrjährigen Ermittlungen Mr. und Mrs. Asif Ali Zardari in Abwesenheit der Geldwäsche für schuldig befunden, da diese von zwei Schweizer Firmen, SGS und Cotecna, Schmiergelder in Höhe von 15 Million Dollar angenommen hatten. Das Paar wurde zu sechs Monaten Gefängnis und der Rückerstattung von 11,9 Millionen Dollar an die pakistanische Regierung verurteilt.»Ich habe keinerlei Zweifel an den Urteilen, die ich verhängt habe«, erklärte Devaud der BBC. Benazir legte Berufung ein und erzwang dadurch eine neue Untersuchung. Am 19. September 2005 erschien sie vor einem Genfer Gericht und versuchte, sich vom Rest der Familie zu distanzieren: Sie habe nichts damit zu tun gehabt. Dies sei eine Angelegenheit ihres Mannes und seiner Mutter gewesen, die an Alzheimer litt. Sie selbst wisse nichts von diesen Konten. Was war aber dann mit der von ihrem Agenten Jens Schlegelmilch unterzeichneten Vereinbarung, nach der im Falle ihres und Zardaris Tod die Vermögenswerte der Bomer Finance Company zu gleichen Teilen zwischen den Familien Zardari und Bhutto aufgeteilt werden sollten? Davon wusste sie gleichfalls nichts. Und was war mit dem Diamantcollier im Wert von 120 000 Pfund, das Zardari bezahlt hatte und das jetzt im Tresor der Bank lag? Es sei zwar für sie bestimmt gewesen, sie habe das Geschenk aber als »unpassend« abgelehnt. Der Fall ist immer noch nicht abgeschlossen. Im November 2007 erklärte Musharraf Owen Bennett-Jones vom *BBC World Service*, dass seine Regierung in dieses Verfahren nicht eingreifen werde: »Das ist Sache der Schweizer Regierung. Die sind dafür zuständig. Dieser Fall wird vor ihren Gerichten verhandelt.«

In Großbritannien ging es bei den gerichtlichen Scherereien um das 3,4 Millionen Pfund teure Rockwood-Anwesen in Surrey, das 1995 im Auftrag Zardaris von einer Briefkastenfirma gekauft und nach seinem erlesenen Geschmack umgebaut worden war. Zardari stritt ab, Eigentümer dieses Anwesens zu sein. Als das Gericht dann den Liquidatoren die Anweisung geben wollte, es zu verkaufen und den Erlös der pakistanischen Regierung zukommen zu lassen, behauptete Zardari plötzlich, doch der Eigentümer zu sein. Im Jahr 2006 entschied dann Lordrichter Collins, er könne zwar keine »bindende rechtliche Tatsachenfeststellung« abgeben, es gebe aber die »begründete Vermutung«, dass die Darlegung der pakistanischen Regierung stimme, dass Rockwood mit »Korruptionserträgen« gekauft und renoviert worden sei. Ein enger Freund von Benazir Bhutto teilte mir mit, dass sie mit dieser Sache wirklich nichts zu tun hatte, da Zardari nicht daran dachte, ausgerechnet mit ihr viel Zeit dort zu verbringen.

Diese Bruchstücke der Vergangenheit tauchten nur flüchtig im Blätterwald auf. Im Fernsehen wurde kaum über sie berichtet. Besonders bemerkenswert war dabei das kurze Gedächtnis der US-Presse. Bereits 1998 hatte die *New York Times* einen scharf formulierten längeren Artikel über die Korruption des Ehepaares Bhutto-Zardari veröffentlicht. John F. Burns beschrieb darin, wie »Asif Ali Zardari seine Ehe mit Ms. Bhutto in eine Quelle fast unangreifbarer Macht« verwandele, um dann über einige Korruptionsfälle zu berichten. Der erste betraf einen Goldhändler in Dubai, der 10 Millionen Dollar auf ein Konto Zardaris überwiesen hatte, um die Monopolrechte für alle Goldeinfuhren nach Pakistan zu bekommen, wobei dieses Metall ja für die Schmuckindustrie des Landes unverzichtbar war. Zwei weitere Fälle betrafen französische und wieder einmal Schweizer Interessen:

> »Im Jahr 1995 erklärte sich eine führende französische Rüstungsfirma, Dassault Aviation, bereit, Herrn Zardari und einem pakistanischen Partner 200 Millionen Dollar zu zahlen. Im Gegenzug sollte Pakistan bei Dassault Kampfflugzeuge im Wert von 4 Milliarden Dollar bestellen. Dieser Handel kam allerdings nach der

Entlassung von Frau Bhuttos Regierung nicht zustande. In einem weiteren Fall zahlte ein führendes Schweizer Unternehmen, das man engagiert hatte, Zollbetrügereien in Pakistan zu bekämpfen, zwischen 1994 und 1996 Millionen von Dollar an Briefkastenfirmen, die von Herr Zardari und Frau Bhuttos verwitweter Mutter Nusrat kontrolliert wurden ... 1994 und 1995 nutzte Zardari ein Schweizer Bankkonto und eine American-Express-Karte, um in nicht einmal einem Monat Schmuck im Wert von 660 000 Dollar zu kaufen, wobei allein 246 000 Dollar an die Cartier- und Bulgari-Filialen im kalifornischen Beverly Hills flossen.«[50]

Angesichts einer solchen Korruption stellt sich doch die Frage, warum Washington Benazir Bhutto unbedingt an der Macht in Pakistan beteiligen wollte. Daniel Markey, ein ehemaliger Mitarbeiter des US-Außenministeriums, der heute im Rat für auswärtige Beziehungen *(Council on Foreign Relations)* für Indien, Pakistan und Südasien zuständig ist, erklärte mir einmal, warum Washington auf diese Vernunftehe drang: »Eine fortschrittliche, reformorientierte, kosmopolitischere Partei in der dortigen Regierung würden den Vereinigten Staaten nur nützen.« Ihre Finanzbeziehungen zeigen, dass die Zardaris im wahrsten Sinne des Wortes Kosmopoliten waren.

Was aber steht eigentlich für Washington in Pakistan auf dem Spiel? Der amerikanische Verteidigungsminister Robert Gates erklärte dies der Welt vor Kurzem folgendermaßen: »Eine Sache macht mir Sorgen. Je länger die inneren Probleme andauern, desto mehr werden die pakistanische Armee und die Sicherheitsdienste von der inneren Situation des Landes abgelenkt, anstatt sich auf die terroristische Bedrohung in den Grenzgebieten zu konzentrieren.« Allerdings war ja gerade Washingtons übergroßes Vertrauen in Musharraf und das pakistanische Militär ein Grund für diese innere Krise. Die Unterstützung und Finanzmittel der Amerikaner haben in ihm die Überzeugung geweckt, dass er tun und lassen könne, was er wolle. Eine wesentliche Rolle spielt dabei die unüberlegte militärische Besetzung Afghanistans durch den Westen, da die Instabilität Kabuls sich bis nach Peschawar und die Stammesgebiete zwischen den beiden Ländern auswirkt. Der Ausnahmezustand zielte auf die Justiz, die Oppositionspolitiker und die unabhängigen Medien ab. Alle drei Gruppen wandten sich in unterschiedlicher Weise gegen die offizielle Linie gegenüber Afghanistan und dem »Krieg gegen den Terror«, gegen das Verschwinden politischer Gefangener und den weitverbreiteten Gebrauch der Folter in pakistanischen Gefängnissen. Diese Probleme wurden im pakistanischen Fernsehen offener besprochen als irgendwo im Westen, wo der allgemeine Konsens über Afghanistan alle abweichenden Meinungen zum Schweigen bringt. Musharraf behauptete, dass die Zivilgesellschaft den »Krieg gegen den Terror« behindert habe. Deshalb habe er den Ausnahmezustand ausrufen müssen. Das ist natürlich Unsinn. Es ist der Krieg in den Grenzgebieten, der in der Armee bis heute zu Meinungsverschiedenheiten führt. Viele wollen dort nicht kämpfen. Das erklärt auch, warum sich Dutzende von Soldaten den Talibanguerillas ergeben haben. Dies ist auch der Grund, warum sich viele rangniedere Offiziere vorzeitig pensionieren lassen.

Westliche Experten faseln oft vom dschihadistischen Finger am nuklearen Abzug. Das sind reine Hirngespinste, die an eine ähnliche Kampagne vor fast drei Jahrzehnten erinnern, als die Bedrohung nicht von den Heiligen Kriegern, die an der Seite des Westens in Afghanistan kämpften, sondern von radikalen Nationalisten im Militär ausging. Die Titelgeschichte des *Time Magazine* vom 15. Juni 1979 befasste sich mit Pakistan. Dabei wurde ein hoher westlicher Diplomat mit den Worten zitiert, die große Gefahr sei, »dass es da unten einen neuen Gaddafi geben könnte, irgendeinen radikalen Major oder Oberst in der pakistanischen Arme. Eines Morgens könnten wir aufwachen und ihn auf Zias Platz vorfinden. Sie können mir glauben, dass dann Pakistan nicht das einzige Land wäre, das destabilisiert würde.«

Die pakistanische Armee umfasst eine halbe Million Soldaten. Sie hat ihre Tentakel überallhin ausgestreckt: das Land, die Industrie, die öffentlichen Einrichtungen und so weiter. Es würde schon eine ungeheure Umwälzung erfordern (wie etwa eine amerikanische Invasion und anschließende Besetzung), damit sich diese Armee von einem dschihadistischen Aufstand bedroht fühlen würde. Zwei Dinge sind den führenden Offizieren besonders wichtig: die Einheit ihrer Organisation zu sichern und die zivilen Politiker in Schach zu halten. Ein Grund hierfür ist die Angst, die Annehmlichkeiten und Privilegien zu verlieren, die sie in ihrer jahrzehntelangen Herrschaft erwerben konnten. Außerdem hegen sie auch eine tiefe Abneigung gegen die Demokratie, wie sie die meisten Armeen auszeichnet. Da sie nicht gewohnt sind, sich in ihren eigenen Reihen gegenüber irgendjemandem verantworten zu müssen, fällt es ihnen schwer, dies in der Gesellschaft als Ganzem zu akzeptieren.

Während der afghanische Süden im Chaos versinkt und die Korruption und eine massive Inflation das Land im Griff haben, erhalten die Taliban immer mehr Zulauf. Die Generäle, die einst Benazir davon überzeugten, dass die Kontrolle Kabuls mithilfe der Taliban ihnen die notwendige »strategische Tiefe« gegenüber Indien verschaffen werde, mögen heute vielleicht im Ruhestand leben, aber ihre Nachfolger wissen, dass die Afghanen eine lange andauernde westliche Besatzung nicht dulden werden. Sie hoffen auf die Rückkehr einer Art von reingewaschener Talibanbewegung. Anstatt eine regionale Lösung anzustreben, die Indien, den Iran und Russland einbeziehen würde, möchten die Vereinigten Staaten lieber die pakistanische Armee als ihren permanenten Polizisten in Kabul sehen. Das wird aber nicht funktionieren. In Pakistan hält die lange Nacht an, während der alte Kreislauf von vorne beginnt: Militärführer, die Reformen versprechen, verkommen zu Tyrannen; Politiker, die dem Volk soziale Errungenschaften versprechen, verkommen zu Oligarchen. Da das Eingreifen eines besser funktionierenden Nachbarn ziemlich ausgeschlossen erscheint, wird Pakistan in absehbarer Zeit zwischen diesen Herrschaftsformen hin- und herschwanken. Die Menschen, die das Gefühl haben, alles versucht zu haben und doch gescheitert zu sein, werden in einen politischen Dämmerschlaf zurückfallen, wenn nicht etwas Unvorsehbares sie wieder aufweckt. Diese Möglichkeit besteht allerdings immer.

Bevor die Geschichte weitergehen konnte, traf Pakistan und das Haus Bhutto eine weitere Tragödie. Da Benazir Bhutto entschlossen war, ihren Teil des in Washington ausgehandelten faustischen Pakts zu erfüllen, stimmte sie – wenn auch zögerlich – zu, an einem Wahlprozess teilzunehmen, den zu dieser Zeit fast alle unabhängigen Beobachter in Pakistan und viele in ihrer eigenen Partei für höchst anrüchig hielten.

Sie entschied sich, ihren Wahlkampf in der militärischen Hauptstadt des Landes Rawalpindi zu beginnen, wo sie am 27. Dezember 2007 eintraf. Sie wollte dort auf einer öffentlichen Versammlung im Liaquat Bagh (dem früheren »Stadtpark«) sprechen, einem Ort, der nach dem ersten Premierminister des Landes Liaquat Ali Khan benannt war, der dort im Oktober 1951 von einem Attentäter getötet wurde. Der Mörder Said Akbar wurde auf Befehl des in die Verschwörung verwickelten Polizeioffiziers direkt danach erschossen. Nicht weit entfernt stand einmal ein Kolonialgebäude, in dem früher viele Nationalisten eingesperrt worden waren: das Gefängnis von Rawalpindi. Hier wurde Benazirs Vater

Zulfiqar Ali Bhutto im April 1979 gehängt. Der für diesen Justizmord verantwortliche Militärtyrann ließ später auch den Schauplatz dieser Tragödie abreißen.

Die Wahlkampfveranstaltung selbst verlief ohne Zwischenfälle, aber die Attentäter warteten in der Nähe ihres Wagens auf sie. Als sie gerade abfahren wollte, entschloss sie sich, noch einmal ihren Anhängern und den Fernsehkameras zuzuwinken. In diesem Moment explodierte eine Bombe, während sie anscheinend gleichzeitig von Kugeln getroffen wurde, die man auf ihren Wagen feuerte. Die Attentäter hatten ihre Lehren aus dem einen Monat zuvor in Karatschi gescheiterten Attentat gezogen und sich dieses Mal für eine Doppelstrategie entschieden. Sie wollten sie jetzt auf alle Fälle tot sehen. Die Pathologen der Regierung behaupteten später, Frau Bhutto habe sich in dem oben offenen Wagen, von dem aus sie gerade sprach, geduckt und sei dann durch die Druckwelle der Bombe mit dem Kopf auf einen Hebel des Schiebedachs geschleudert worden. Dadurch habe sie sich einen Schädelbruch zugezogen, an dem sie starb. Ihre Partei widersprach dieser Darstellung und behauptete, sie sei erschossen worden. Daraufhin bat man um die Unterstützung von Scotland Yard. Nach einer kurzen Untersuchung bestätigten die Engländer die Version der Regierung. Die Sache hätte sich nur durch eine Exhumierung der Leiche und eine erneute Autopsie definitiv klären lassen, was Zardari strikt ablehnte.

Ihr Tod erregte im ganzen Land große Wut. Die Menschen ihrer Heimatprovinz Sindh antworteten darauf mit gewalttätigen Demonstrationen, wobei sie Regierungsgebäude und nicht aus dem Sindh stammende Autos angriffen. Während es für die weltweiten Medien ohne irgendwelche eigene Recherchen feststand, dass sie von örtlichen dschihadistischen Terroristen oder al-Qaida umgebracht worden sei, waren die Pakistaner völlig anderer Meinung und deuteten mit dem Finger auf ihren Präsidenten, während die Straßen von den Sprechchören der Anhänger der Volkspartei widerhallten: »Amreeka ne kutta paala, vardi wallah, vardi wallah« (»Amerika hat einen Hund abgerichtet/ den in Uniform/ den in Uniform«).

Auch für diejenigen, die Benazir Bhuttos Verhalten und Politik während ihrer Regierungszeit und danach scharf kritisiert hatten, war ihr Tod ein großer Schock, der sie sehr wütend machte. Wieder einmal ergriffen Empörung und Angst das ganze Land. Dieses Ereignis machte allerdings auch alle groben Manipulationen der Wahlen vom Februar

2008 praktisch unmöglich. Ein seltsames Zusammenspiel von militärischer Tyrannei und Anarchie ließ die Verhältnisse entstehen, die zu ihrer Ermordung führten. In der Vergangenheit sollte die Herrschaft des Militärs die Ordnung aufrechterhalten, was ihr auch etliche Jahre gelang. Aber das ist jetzt vorbei. Jetzt führt sie nur noch zu Unordnung und fördert jede Art von Gesetzlosigkeit. Wie sonst ließe sich die Entlassung des Gerichtsvorsitzenden und anderer Richter des Höchsten Gerichtes erklären, als diese versuchten, die Geheimdienste der Regierung und die Polizei gerichtlich zur Verantwortung zu ziehen? Ihren Ersatzleuten fehlt jegliches Rückgrat, irgendetwas zu tun, geschweige denn die Gesetzesverstöße der Geheimdienste gründlich zu untersuchen und die Wahrheit über die sorgfältig durchgeführte Tötung einer wichtigen politischen Persönlichkeit aufzudecken. Pakistan ist gegenwärtig in einer verzweifelten Lage. Es wird behauptet, die Mörder seien dschihadistische Fanatiker gewesen. Dies mag stimmen, aber handelten sie aus eigenem Antrieb? Nach Bhuttos Tod schossen die unterschiedlichsten Verschwörungstheorien wie Pilze aus dem Boden. General Hamid Gul, ein früherer Generaldirektor des ISI während Benazirs erster Ministerpräsidentschaft, teilte den Medien mit, dass sie ursprünglich den Vereinigten Staaten versprochen habe, A. Q. Khan, den selbst ernannten »Vater der pakistanischen Bombe«, zur Befragung auszuliefern und den US-Truppen und -Flugzeugen den Zugang nach Pakistan zur Bekämpfung von al-Qaida zu erlauben, sie dann aber nach ihrer Ankunft und dem ersten Attentat auf sie »von ihrer Agenda abgewichen« sei. Hamid Gul beharrte dann darauf, dass »die Israellobby niemals Ruhe geben wird, bis man uns unsere Nuklearwaffen abgenommen hat. In diesem Krieg gegen den Terror ist Pakistan das Ziel.« Deshalb wurde sie laut General Gul aus dem Weg geräumt. Diese Ansicht wird von vielen ehemaligen Angehörigen des Militärs und des öffentlichen Dienstes geteilt, aber ist sie auch glaubhaft?

Sicherlich weigerte sich Musharraf, A. Q. Khan nach Washington zu schicken. Regierungsbeamte erzählten mir, dass die Vereinigten Staaten Khan unbedingt über seine Verbindungen zum Iran befragen wollten und dass dessen Aussagen dann von den Amerikanern als Vorwand für die Bombardierung der iranischen Atomreaktoren benutzt werden könnten. Wenn Frau Bhutto dem zugestimmt haben sollte, was durchaus möglich erscheint, so gibt es andererseits auch keinerlei Anhaltspunkte dafür, dass sie in dieser Frage nach ihrer Rückkehr ihre Meinung geändert haben könnte. Sie hatte ihre Zukunft aus einer Reihe von Gründen mit den Vereinigten Staaten verbunden. Sie würden ihr helfen, ihre Vergangenheit reinzuwaschen und sie wieder an die Macht bringen. Aber auch danach würde sie bei ihrem Umgang mit der Armee Washingtons Unterstützung brauchen. Außerdem waren die USA als einzig verbliebene Weltmacht viel zu mächtig, als dass man ihnen Widerstand leisten konnte. Diejenigen, die wie ihr Vater nicht deren Willen befolgt hatten, hatten das mit dem Leben bezahlt. Aus diesen Gründen hatte sie sich zu einem historischen Kompromiss entschlossen und hatte, um Washington zu gefallen, auch eine schnelle Anerkennung Israels versprochen. Dies erklärt auch die ungewöhnlichen israelischen Medienberichte, die ihren Tod als »ungeheuren Verlust« bezeichneten, sowie die ganzseitigen Anzeigen, die das in Los Angeles sitzende proisraelische Simon Wiesenthal Center in der *New York Times* und anderen Zeitungen veröffentlichte. Darauf waren über einem großen Bild von Frau Bhutto die Worte zu lesen: »SELBSTMORDTERRORISMUS: Wann wird die Welt endlich handeln?«. Danach wurde eine Sondersitzung der Vereinten Nationen über dieses Thema gefordert. »Wenn wir die Selbstmordanschläge nicht ganz oben auf die internationale Agenda setzen, könnte dieser bösartige Krebs uns alle vernichten«, war dort zu lesen. »Die Gefahr, die von Massenvernichtungswaffen in den Händen von Selbstmordattentätern ausgeht, lässt die Opferzahlen der bisher in 30 Ländern verübten Anschläge winzig erscheinen.« Deshalb müsse die UN Selbstmordanschläge zu »Verbrechen gegen die Menschlichkeit« erklären.

Laut Auskunft einiger ihr nahestehender Personen hatte sie mit dem Gedanken gespielt, die pakistanischen Wahlen zu boykottieren. Es habe ihr dann aber an politischem Mut gefehlt, Washington vor den Kopf zu stoßen, das darauf bestand, den vereinbarten Prozess fortzusetzen. Sie verfügte ganz gewiss über großen persönlichen Mut und hatte sich immer geweigert, sich von Drohungen ihrer pakistanischen Gegner einschüchtern zu lassen. Es war ihre Entscheidung gewesen, bei der Wahlkampfveranstaltung im Liaquat Bagh zu sprechen. Ihr Tod vergiftete die Beziehungen zwischen der Pakistanischen Volkspartei und der Armee noch weiter. Der Prozess hatte bereits 1977 begonnen, als ihr Vater von einem Militärdiktator abgesetzt und getötet wurde. Parteiaktivisten der PPP wurden vor allem in der Provinz Sindh brutal gefoltert und erniedrigt. Manchmal wurden sie sogar getötet oder verschwanden ganz einfach.

Pakistans turbulente Geschichte, ein Ergebnis lange andauernder Militärherrschaft und unpopulärer globaler Bündnisse, stellt die Herrschaftselite im Augenblick vor große Herausforderungen. Allerdings scheint diese keine positiven Ziele zu haben. Die überwältigende Mehrheit des Landes lehnt die Außenpolitik der Regierung ab. Außerdem ist sie verärgert über das Fehlen einer ernsthaften Innenpolitik, die mehr wäre als die weitere Bereicherung einer gefühllosen und habgierigen Elite, zu der auch eine aufgeblähte und parasitische Armee gehört. Jetzt müssen die Menschen auch noch hilflos zuschauen, wie man direkt vor ihren Augen unliebsame Politiker erschießt.

Ich begegnete Benazir zum ersten Mal 1969 im Haus ihres Vaters im Prominentenstadtteil Clifton in Karatschi, als sie noch ein vergnügungssüchtiger Teenager war. Acht Jahre später lud sie mich im englischen Oxford ein, vor der Oxford Union, dem berühmten Debattierklub – dessen Präsidentin sie zu dieser Zeit war – eine Rede zu halten. Sie war damals noch nicht besonders an Politik interessiert und erzählte mir, sie hätte von klein auf Diplomatin werden wollen. Die Geschichte und ihre ganz persönliche Tragödie sollten sie in eine andere Richtung führen. Der Tod ihres Vaters änderte sie vollkommen. Sie wurde ein ganz neuer Mensch, der entschlossen war, dem damaligen Militärdiktator entgegenzutreten. Wir führten damals in ihrer winzigen Londoner Wohnung endlose Debatten über die Zukunft Pakistans. Sie stimmte mir zu, dass Landreformen, Massenbildungsprogramme, ein staatliches Gesundheitswesen und eine unabhängige Außenpolitik positive konstruktive Ziele seien, die unerlässlich waren, wenn man das Land von den Geiern mit oder ohne Uniform retten wollte. Ihre natürliche Wählerschaft waren die Armen und sie war über diese Tatsache immer sehr stolz.

Ich stand damals in ständigem Kontakt mit politischen Aktivisten und Intellektuellen in Lahore. Sie waren fast einstimmig der Meinung, dass ihre Rückkehr für das pakistanische Volk die erste Gelegenheit darstellen würde, die Hinrichtung ihres Vaters zu betrauern, und sich deshalb mehr als eine halbe Million Menschen versammeln würden, um sie zu begrüßen. Da sie den Terror der Zia-Diktatur aus erster Hand kannte, war sie sich verständlicherweise da nicht ganz so sicher. Das Land war zwar bislang durch Unterdrückungsmaßnahmen zum Schweigen gebracht worden, aber mein Gefühl sagte mir, dass meine Freunde in Lahore recht hatten. Sie bat mich, ihre Begrüßungsrede zu schreiben. Eines

Tages rief sie mich an: »Gestern Nacht habe ich geträumt, ich würde in Lahore ankommen, eine riesige Menschenmenge war da, ich ging zum Rednerpult, öffnete meine Handtasche, aber die Rede fehlte. Könnten Sie sich nicht etwas beeilen?« Ich folgte ihrem Wunsch und danach probten wir sie vor ihrer Abreise einmal in der Woche. Ihr Urdu war ziemlich schlecht, aber als ich ihr vorschlug, der versammelten Menge eine Frage auf Punjabi zu stellen, sträubte sie sich bei diesem Gedanken. Dabei war die Frage ganz einfach: »Zia rehvay ya jahvay?« (»Soll Zia bleiben oder gehen?«) Ihre Aussprache war unterirdisch. Sie kam aus dem Lachen nicht heraus, wiederholte den Spruch aber so lange, bis er einigermaßen verständlich klang. Dann kam ihr ein schrecklicher Gedanke. »Was soll ich machen, wenn sie antworten, dass er bleiben soll?« Dieses Mal brach ich in Lachen aus. »Sie wären nicht dort, wenn sie das denken würden.« Es existieren Filmaufnahmen, die zeigen, wie sie die Frage auf Punjabi stellte und die Menge begeistert die richtige Antwort gab. Tatsächlich waren sogar fast eine Million Menschen gekommen. Dieser Wahlkampf war der Höhepunkt ihres Lebens. Ihre Verbindung von politischem und physischem Mut führte in diesem zuvor so düsteren Land zu einer Welle der Hoffnung.

Als sie dann Ministerpräsidentin war, wandelte sie sich erneut. Als ich ihr in der ersten Zeit einige Male in Islamabad begegnete, hatten wir jedes Mal eine kleine freundschaftliche Auseinandersetzung. Auf meine zahlreichen Beschwerden pflegte sie nur zu antworten, dass sich die Welt eben geändert habe. Sie wollte einfach nicht auf der »falschen Seite« der Geschichte stehen. Und so machte sie wie viele andere ihren Frieden mit Washington. Dies führte schließlich auch zu ihrem Deal mit Musharraf und ihrer Heimkehr nach mehr als einem Jahrzehnt im Exil. Nicht nur einmal erzählte sie mir, dass sie keine Angst vor dem Tod habe. Er war eben eine der Gefahren, wenn man in Pakistan Politik betrieb. Zum letzten Mal trafen wir uns 1995 in der Ministerpräsidentenresidenz, ein Jahr bevor sie wegen Korruption aus dem Amt entlassen wurde. Ich fragte sie damals, ob sie der Gedanke an ein Attentat beunruhige. Sie teilte mir mit, dass es einen solchen Versuch sogar schon gegeben habe und dass sich der Attentäter, Aimal Kansi, zwar fast selbst auf der Flucht gesprengt habe, aber entkommen sei. Dann lächelte sie. Ich war über diese Enthüllung völlig verblüfft.

Kansi war ein früherer CIA-Agent, den die Amerikaner während des ersten Afghanistankriegs angeheuert hatten. Er fühlte sich von der

Agency betrogen, als sie ihm nach dem Abzug der Russen aus Afghanistan sein Gehalt strich. Sein anschließendes Verhalten erinnert an das Drehbuch des Films *Die Bourne-Verschwörung*. Im Jahr 1993 war Kansi in die Vereinigten Staaten zurückgekehrt und hatte sich mit einem Scharfschützengewehr vor den Eingang des CIA-Hauptquartiers in Langley, Virginia gestellt. Dort erschoss er zwei CIA-Männer, darunter seinen früheren Chef, und verwundete drei weitere, als diese an einer roten Ampel vor dem Haupteingang halten mussten. Obwohl er ganz oben auf die Fahndungsliste von CIA und FBI gesetzt wurde, konnte er nach Pakistan zurückkehren. 1997 wurde er dann schließlich in einem schäbigen Hotel in Islamabad von FBI-Agenten gefangen genommen. Er war von seinen eigenen Leibwächtern verraten worden. Später wurde enthüllt, dass die CIA mehr als 3,5 Millionen Dollar an Informanten und jene, die ihn in die Falle lockten, gezahlt hatte. Er wurde in die USA ausgeliefert, wo man ihn vor Gericht stellte und hinrichtete. Bevor Benazir Bhutto es mir erzählte, hatte ich keine Ahnung gehabt, dass er auch sie zu töten versucht hatte.

Es lässt sich nur schwer vorstellen, dass die Tragödie ihres Todes auch etwas Positives bewirken könnte. Eine Möglichkeit besteht allerdings. Pakistan braucht ganz dringend eine politische Partei, die den gesellschaftlichen Bedürfnissen des Großteils der Bevölkerung Ausdruck verleiht. Die von Zulfiqar Ali Bhutto gegründete Volkspartei wurde von den Aktivisten der einzigen populären Massenbewegung aufgebaut, die es in diesem Land je gegeben hat, von Studenten, Bauern und Arbeitern, die 1968 bis 1969 drei Monate lang gekämpft hatten, um den ersten Militärdiktator des Landes zu stürzen. Sie betrachteten sie als ihre Partei und dieses Gefühl besteht trotz allem in einigen Teilen des Landes bis heute.

Benazirs schrecklicher Tod hätte ihren Kollegen zu denken geben müssen. Es mag zu gewissen Zeiten nötig sein, von einer Person oder einer Familie abzuhängen, aber es bleibt doch für jede politische Organisation eine strukturelle Schwäche und keinesfalls eine Stärke. Man hätte also die Volkspartei als moderne, demokratische Organisation neu aufbauen sollen, die zu ernsthaften Debatten und Diskussionen bereit war, die soziale und Menschenrechte verteidigte, die viele ganz unterschiedliche Gruppen und Individuen in Pakistan vereinigte, die verzweifelt nach einer halbwegs anständigen Alternative suchen, und die konkrete Vorschläge entwickelte, wie man das besetzte und vom Krieg zerrissene Afghanistan stabilisieren könnte. Man hätte der Familie Bhutto nicht weitere Opfer abverlangen sollen. Aber es sollte nicht sein. Wenn die Emotionen hochkochen, wird die Vernunft gerne begraben. In Pakistan kann es dann recht lange dauern, bis sie wiederaufersteht.

Sechs Stunden vor ihrer Hinrichtung schrieb Maria Stuart an ihren Schwager, König Heinrich III. von Frankreich: »… Was meinen Sohn angeht, so empfehle ich ihn Euch, insofern er dieses verdient, denn ich vermag nun nicht mehr für ihn zu bürgen.« Das war im Jahr 1587. Am 30. Dezember 2007 versammelte sich im Haus der ermordeten Benazir Bhutto ein Konklave von feudalen Potentaten, um ihren Letzten Willen zu erfahren und ihr Testament vorgelesen zu bekommen, dessen Inhalt gleich darauf der Weltpresse mitgeteilt wurde. Während die schottische Königin noch etwas vorsichtig war, ließ ihre moderne Entsprechung keinen Raum für irgendwelche Zweifel. Sie war sich gewiss, für ihren Sohn bürgen zu können.

Ihr Wille legte fest, dass ihr 19-jähriger Sohn Bilawal Zardar, ein Oxford-Student, ihr als Parteivorsitzender nachfolgen solle. Ihr Mann Asif Zardari (einer der bestechlichsten und diskreditiertesten Politiker des Landes, gegen den noch zwei Korruptionsverfahren an europäischen Gerichten anhängig sind) soll die Partei führen, bis Bilawal volljährig wird. Dieser würde dann lebenslänglicher Vorsitzender werden, wie es in der PPP der Brauch ist. Die Tatsache, dass dies jetzt alles offiziell ist, macht es nicht weniger grotesk. Die Volkspartei war jetzt endgültig ein Familienerbstück geworden, mit dem sein Besitzer nach Gutdünken umgehen kann.

Pakistan und die Anhänger der Partei hätten etwas besseres als diese geschmacklose mittelalterliche Scharade verdient. Benazirs Testament stand leider in der autokratischen Tradition ihrer Vorgänger, was sie schließlich auch selbst das Leben kosten sollte. Hätte sie auf den Rat einiger Parteiführer gehört und den von Washington vermittelten Deal mit Pervez Musharraf abgelehnt oder sich später zumindest entschieden, dessen Parlamentswahlen zu boykottieren, wenn er ihr keine hieb- und stichfesten Sicherheitsgarantien abgeben würde, könnte sie vielleicht heute noch leben.

Die Tatsache, dass der innere PPP-Zirkel aus rückgratlosen Opportunisten besteht, die frustrierte und freudlose Leben führen, kann diese Nachfolgefarce nicht entschuldigen. Dies alles könnte sich wandeln, wenn man eine innerparteiliche Demokratie einführen würde. Tatsächlich gibt es eine kleine Schicht von unbestechlichen und prinzipientreuen Politikern in dieser Partei, die aber bisher immer an den Rand gedrängt wurde. Dynastische Politik ist ein Zeichen von Schwäche, nicht Stärke. Benazir verglich ihren Clan gerne mit den Kennedys, vergaß dabei aber zu erwähnen, dass die Demokratische Partei nicht das Werkzeug einer einzigen Familie ist.

Die Demokratiefrage ist in einem Land entscheidend wichtig, das während mehr als der Hälfte seiner Geschichte von Militärs regiert wurde. Pakistan ist kein »gescheiterter Staat« im Sinne des Kongos oder Ruandas. Es ist ein dysfunktionaler Staat und dies schon seit fast vier Jahrzehnten.

Im Zentrum dieser Dysfunktionalität steht die Dominanz der Armee und jede Militärregierungsperiode hat das Ganze noch weiter verschlimmert. Dies hat auch die Einrichtung von stabilen politischen Institutionen verhindert. Hier sind die Vereinigten Staaten direkt verantwortlich, da sie immer das Militär für die einzige Institution gehalten haben, mit der sie verlässlich zusammenarbeiten können. Leider tun sie das noch immer. Dies ist der Fels, der die schnell fließenden Wasser entgültig zu einem reißenden Sturzbach hat werden lassen.

Die Schwächen des Militärs sind bekannt und wurden ausführlich dokumentiert. Aber die Politiker sitzen selbst im Glashaus und können keine Steine werfen. Schließlich war der Angriff Musharrafs auf die Richterschaft, den der stellvertretende US-Außenminister John Negroponte und der britische Außenminister David Miliband so geflissentlich übersehen haben, nicht die erste Aktion dieser Art. Der erste Angriff auf das Oberste Gericht wurde von Nawaz Sharifs Schlägern gestartet, die einzelne Richter tätlich angriffen, weil sie über eine Entscheidung wütend waren, die den Interessen ihres Herrn, der damals Ministerpräsident war, zuwiderlief.

Wer gehofft hatte, die Volkspartei werde nach Benazirs Tod ein neues Kapitel aufschlagen, wird höchstwahrscheinlich enttäuscht werden. Zardaris Aufstieg wird die Partei ziemlich sicher irgendwann in den nächsten paar Jahren spalten. Viele Aktivisten hassen ihn zutiefst und machen ihn für den Sturz seiner Frau vor einigen Jahren verantwortlich. Und jetzt ist er ihr Führer …

Der weltweite Konsens, dass Dschihadisten oder al-Qaida Benazir Bhutto getötet hätten, fiel innerhalb der ersten vierzehn Tage nach ihrer Ermordung in sich zusammen. Es wurde bekannt, dass Benazirs Bitte an die Vereinigten Staaten, sie nach dem Vorbild von Karzai mit einer von einer Privatfirma gestellten Phalanx von Leibwächtern zu versehen, die aus ehemaligen US-Marines bestand, von der pakistanischen Regierung als Souveränitätsverletzung betrachtet und empört abgelehnt worden war. Hillary Clinton und Senator Joseph Biden, der Vorsitzende des Auswärtigen Ausschusses des US-Senats, deuteten öffentlich an, dass General Musharraf und nicht al-Qaida für den Mord verantwortlich sein könnten. Ein sicheres Zeichen dafür, dass Teile des amerikanischen Establishments dachten, es sei höchste Zeit, den pakistanischen Präsidenten loszuwerden. Natürlich leugnete dieser jede Verbindung mit dem Bhutto-Mord und deutete darüber hinaus an, dass sie – auch wenn sie überlebt hätte – mit der Krise in Pakistan wohl nicht fertig geworden wäre:

»Die Vereinigten Staaten hielten Benazir für die richtige Person, um den Terrorismus zu bekämpfen. Wer aber kann am besten gegen diesen ankämpfen? Sie brauchen heute drei Eigenschaften, wenn Sie die Extremisten und Terroristen bekämpfen wollen. Als Erstes müssen Sie das Militär hinter sich haben. Nun, sie war beim Militär sehr unbeliebt. Sehr unbeliebt. Zum Zweiten sollte Sie nicht die gesamte religiöse Lobby als Fremdkörper, als nichtreligiösen Menschen, betrachten. Und die dritte Voraussetzung lautet: Sie sollten nicht als Erfüllungsgehilfe der Vereinigten Staaten gelten. Zwar wirft man auch mir das vor, aber nicht in dem Maße, wie sie es war. Die Pakistaner wissen, dass ich auch ganz schön hartnäckig und kompromisslos sein kann. Ich kann Hillary Clinton widersprechen. Ich kann mich gegen jeden behaupten. Dies sind die Voraussetzungen. Jetzt können Sie sich Ihre eigene Meinung bilden.«[51]

Washington hat jetzt das Problem, dass nach Benazirs Tod der einzig echte Ansprechpartner General Ashfaq Kayani, der in Fort Leavenworth ausgebildete Armeeoberbefehlshaber, ist. Nawaz Sharif gilt dagegen in der US-Hauptstadt als politisches Leichtgewicht und Pudel der Saudis (seine engen religiösen und geschäftlichen Beziehungen mit dem Königreich sind wohlbekannt) und damit nicht als hundert Prozent verlässlich, obwohl der arme Sharif sich angesichts des Bündnisses zwischen den USA und Saudi-Arabien wirklich fragt, warum ihn das in den Augen der Amerikaner disqualifizieren sollte. Er und sein Bruder wären ihrerseits gerne bereit, nach Washingtons Pfeife zu tanzen. Beide würden allerdings als Boten der Supermacht den saudischen König Exgeneral Musharraf vorziehen.

Eine temporäre Lösung dieser Krise wäre gar nicht so schwer zu erreichen gewesen. Man hätte statt General Musharraf eine weniger umstrittene Figur zum Präsidenten machen sollen, eine Allparteienregierung zur Vorbereitung allgemeiner Wahlen innerhalb eines halben Jahres bilden müssen und die entlassenen Richter des Obersten Gerichtshofs wieder einsetzen müssen, damit diese völlig unbeeinflusst und unabhängig Benazirs Ermordung hätten untersuchen können. Musharraf hatte ja schon zuvor seine Uniform ausgezogen und den Stab an Kayani weitergereicht. Er hätte sich gleichzeitig aus dem politischen Leben zurückziehen müssen, da es ja gerade seine Uniform gewesen war, die ihn zum Präsidenten gemacht hatte. Es wäre ein wirklicher Neuanfang gewesen. Allerdings ist Pakistans Geschichte voller Führer, die keinerlei Bedürfnis hatten, sich mit so etwas wie neuen Ideen zu besudeln. Kurzzeitpolitik ist wie immer das Gebot der Stunde. Es war ein turbulentes Jahr, das mit der Ausnahme einer an Abspaltung denkenden Provinz fast eine Kurzfassung der gesamten Geschichte des Landes bot. Eine der deprimierenden Eigenschaften der pakistanischen militärisch-bürokratischen Elite – die das Land seit seiner Gründung im Jahre 1947 fast ununterbrochen regiert – ist deren erstaunlicher Mangel an Originalität. Sie wiederholt regelmäßig die alten Fehler. Dies war niemals offensichtlicher als in den ausgedehnten Zeiten direkter oder indirekter Militärherrschaft (1958–1971, 1977–1989, 1999–2008).

Der gesellschaftliche und politische Rang wird in einem Großteil der heutigen Welt vom jeweiligen Besitz und Reichtum bestimmt. Macht und Geld gehen dabei Hand in Hand. Das Ergebnis ist eine Demokratievariante, deren einzige Funktion darin besteht, alle Möglichkeiten zu einer Umverteilung von Reichtum und Macht auszuschließen und eine Hebung von deren Ansehen bei der Bürgerschaft zu verhindern. Einige wenige Ausnahmen gibt es allerdings noch. In China ist die Parteihierarchie immer noch führend. Dies lässt sich vielleicht teilweise auf die alte Mandarintradition zurückführen, die auf Bildungsqualifikationen als Hauptkriterien für einen gesellschaftlichen Aufstieg bestand. In Pakistan träumen die hellsten jungen Köpfe dagegen von einer Karriere als Börsenmakler in New York, während die ehrgeizigsten sich selbst bereits in Uniform sehen. Die unmäßige Bedeutung der Armee bestimmt die gesamte politische Kultur des Landes. Der Stabschef ist die einzige Person, auf den der Blick der politischen Gemeinschaft fast immer gerichtet ist. Nach ihm kommt dann allerdings sofort der US-Botschafter. Wer diese Grundtatsachen nicht berücksichtigt, wird die Vergangenheit oder Gegenwart des Landes kaum verstehen können.

In den gesamten sechzig Jahren pakistanischer Geschichte wurde das politische Leben von einer Reihe von Zusammenstößen zwischen Generälen und Politikern beherrscht, wobei die höheren Zivilbeamten sich als unparteiische Leute in der zweiten Reihe gaben, während sie doch in Wirklichkeit meist das Militär unterstützten. Der oberste Schiedsrichter ist gewöhnlich Washington. Die Statistiken zeigen den Gewinner. Bürokraten und ungewählte Politiker regierten Pakistan elf Jahre lang, die Armee beherrschte das Land 34 Jahre lang und gewählte Vertreter waren 15 Jahre an der Macht. Eine insgesamt ziemlich traurige Bilanz.

5. Auf der Flugroute der amerikanischen Macht

Der offizielle Bericht der amerikanischen 9/11-Untersuchungskommission stellte unter anderem fest, dass die Regierung Musharraf die beste, wenn nicht einzige Hoffnung für eine langfristige Stabilität in Pakistan und Afghanistan sei. Die dortigen Turbulenzen machten einen starken Mann erforderlich, und so lange Pakistan auf der Seite des »Kriegs gegen den Terror« stehe und bereit sei, gegen die extremistischen Kräfte zu kämpfen, seien es sich die Vereinigten Staaten schuldig, ein Regime langfristig und umfassend zu unterstützen, das sich der »aufgeklärten Mäßigung« verschrieben habe.

Die Wortassoziation zwingt mich kurz abzuschweifen und an eine Aussage des verstorbenen konservativen Senators Barry Goldwater zu erinnern, die aus einer Rede stammt, mit der er 1964 die Nominierung zum republikanischen Präsidentschaftskandidaten annahm: »Ich möchte Sie daran erinnern, dass Extremismus in der Verteidigung der Freiheit kein Laster ist! Und lassen Sie mich auch daran erinnern, dass Mäßigung im Streben nach Gerechtigkeit keine Tugend ist!« Malcolm X verteidigte diese Ansicht höchst eloquent in einer seiner letzten öffentlichen Reden, bei der ich persönlich zugegen war. Wenn wir einmal wichtige Unterschiede in der Interpretation des Wortes »Freiheit« beiseitelassen, wird diese Ansicht auch von vielen geteilt, die heute den Vereinigten Staaten im Irak und in Afghanistan Widerstand leisten. Unglücklicherweise werden die meisten von ihnen nicht jene Einschätzung desselben Senators teilen, der seiner Partei 1981 einen guten Rat gab (der in gleicher Weise auf die von Washington unterstützten afghanischen Aufständischen anwendbar gewesen wäre, die damals gegen die gottlosen Russen kämpften):

»In religiösen Angelegenheiten kann es nur wenige oder gar keine Kompromisse geben. Es gibt keine Einstellung, bei der die Menschen so unbeweglich sind wie bei ihren religiösen Glaubenssätzen. In einer Debatte kann man sich auf keinen mächtigeren Verbündeten berufen als Jesus Christus oder Gott oder Allah oder wie immer man dieses höchste Wesen gerade nennt. Aber wie jede mächtige Waffe sollte man diesen Gebrauch von Gottes Namen in eigener Sache nur sparsam einsetzen. Die religiösen Gruppierungen, die sich überall in unserem Land ausbreiten, gebrauchen ihren religiösen Einfluss nicht mit der gebotenen Weisheit und Mäßigung. Sie versuchen, die politischen Führer zu zwingen, ihren jeweiligen Ansichten zu 100 Prozent zu folgen. Wenn man diesen religiösen Gruppen in einer bestimmten moralischen Frage widerspricht, beklagen sie sich und drohen dir mit dem Verlust von Geld oder Wählerstimmen oder beidem.

Offen gesagt, habe ich die politischen Prediger überall in diesem Lande satt, die mir als Bürger dieses Staates erzählen wollen, dass ich an ›A‹, ›B‹, ›C‹ und ›D‹ glauben muss, wenn ich ein moralischer Mensch sein will. Wofür halten die sich eigentlich? Und woher nehmen sie sich das Recht, mir ihre moralischen Glaubenssätze vorzuschreiben? Und noch mehr ärgere ich mich darüber als Gesetzgeber, der sich die Drohungen jeder religiösen Gruppe anhören muss, die glaubt, sie habe irgendein gottgegebenes Recht, mein Stimmverhalten bei jeder Senatsabstimmung genau zu kontrollieren. Nun, ich warne diese Leute hier und heute: Ich werde sie mit aller Macht bekämpfen, wenn sie weiterhin versuchen, allen Amerikanern im Namen des ›Konservativismus‹ ihre moralischen Überzeugungen aufzuzwingen.«

Diese kritischen Bemerkungen blieben weitgehend ungehört. Der religiöse Fundamentalismus zog bald ins Weiße Haus ein und sein gleichermaßen fundamentalistischer Feind nahm sich die Wall Street und das Pentagon vor. Die Vorschläge des Berichts der 9/11-Untersuchungskommission wurden vom Kongress sogleich aufgegriffen und führten zum Intelligence Reform and Terrorism Prevention Act (»Gesetz für Nachrichtendienstreform und Terrorismusprävention«) von 2004. Die Empfehlungen im Bezug auf Pakistan wurden umgesetzt, indem man ein nachhaltiges US-Hilfsprogramm für dieses Land verlangte und den Präsidenten aufforderte, dem Kongress mitzuteilen, wie eine langfristige US-Strategie zur Unterstützung für dieses Land aussehen könnte. Im

November 2005 erteilten die Mitglieder der Untersuchungskommission in einem weiteren Gutachten den Bemühungen der Vereinigten Staaten, Pakistans Politik der Extremistenbekämpfung zu unterstützen, nur mittelmäßige Noten. Gleichzeitig warnten sie, dass das Land »weiterhin ein Rückzugs- und Ausbildungsort für Terroristen ist«. Diese in den Vereinigten Staaten und Europa weit verbreitete Ansicht findet regelmäßig in den Medien ihren Widerhall und scheint die politische Kultur in beiden Regionen infiziert zu haben.

Stanley Kurtz, ein Mitarbeiter der Hudson and Hoover Institutes, schrieb vor Kurzem: »In gewisser Weise ist der weltweite Islam jetzt Wasiristan im Großformat ... Wasiristan versucht jetzt, die stammesmäßig geprägte, dschihadistische Seite der globalen Muslimseele zu erwecken.« In letzter Zeit ist immer wieder solches von gewissen neokonservativen Großdenkern in die Welt gesetztes Geschwafel zu lesen. Wie wir bereits oben gesehen haben, gaben ihre Vorgänger in den Achtzigerjahren ähnlich unsinnige Ansichten von sich, als sie die Stammesgebiete als ein Reich der Freiheit »im Großformat« betrachteten und die meisten westlichen Journalisten kleinlaut die »Ratschläge« ihrer Vorgesetzten befolgten und die Mudschaheddin nur als »Freiheitskämpfer« bezeichneten. Dabei bewohnen diese Gebiete immer noch dieselben Leute ... Während sie damals allerdings als Angriffswalze die Niederlage der Sowjetunion befördern sollten, sind sie heute anscheinend ins Abseits geraten. Tatsächlich geändert haben sich die globalen Prioritäten der Vereinigten Staaten. Dies erklärt auch die neuen Sprachregelungen. Es ist für diese »Staatsintellektuellen« in den Vereinigten Staaten, die für von der Regierung instrumentalisierte Denkfabriken oder akademische Institutionen arbeiten, relativ leicht, ständig neue Positionen einzunehmen und sich – wenn gewünscht – den wechselnden imperialen Bedürfnissen einer Supermacht anzupassen. Klientelstaaten fällt dies schon bedeutend schwerer. Dies erklärt auch die Krise, die an Pakistans Westgrenze ausgebrochen ist.

Dieselbe Region machte einst dem britischen Empire zu schaffen. Auch für sie stellte Wasiristan ein großes Übel dar. Ihre Ideologen (und später deren pakistanische Nachahmer) produzierten eine Menge Literatur über diese wilde Gegend, eine wahrhaft krude Anthologie, die den Krieg und die imperiale Herrschaft rechtfertigen sollte. Was man heute allein dem Islam zuschreibt, sah man damals als Erbmerkmale der »paschtunischen Rasse« und einiger ihrer besonders aufsässigen Stämme an. Als Beispiel seien hier die Bemerkungen von Mr. Temple, eines höheren britischen Kolonialbeamten, aus dem Jahre 1855 angeführt, deren Begrifflichkeit und Sprache General Custer ausnehmend gut gefallen hätten:

> »Nun sind diese Stämme Wilde – edle Wilde vielleicht – die nicht einer gewissen Tugend und Großzügigkeit entbehren, die aber trotzdem völlige Barbaren sind ... In ihren Augen lautet das höchste Gebot Blut für Blut, und Feuer und Schwert für alle Ungläubigen ... Sie sind eine sinnenfreudige Rasse ... äußerst habgierig ... und im höchsten Maße diebisch und räuberisch ... Die pathanischen Mütter schicken Gebete gen Himmel, dass ihr Sohn ein erfolgreicher Räuber werden möge ... Es würde ihnen nie in den Sinn kommen, dass ein Schwur auf den Koran bindend sein könnte ... Sie sind wild und blutdürstig.«[52]

Und nun die Meinung eines weiteren kultivierten Beamten des Empire, Mr. Ibbetson, die dieser im Jahre 1881 niederschrieb:

> »Der echte Pathane gehört vielleicht zur barbarischsten aller Rassen, mit denen wir bisher in Kontakt getreten sind ... Er ist im höchsten Maße blutdürstig, grausam und rachsüchtig ... Er hat keinen Begriff von Wahrheit oder Glauben ... Es ist leicht, ihn aufgrund seiner eigenen Aussagen zu verurteilen; hier sind einige seiner Sprichwörter: ›Die Feindschaft eines Pathanen schwelt wie ein Dungfeuer‹; ›Sprich zu deinem Feind ganz sanft mit freundlichen Worten, danach zerstöre ihn mit Stumpf und Stiel.‹«

Und um zu beweisen, dass auch ein echter Schotte diese Empörung teilen konnte, folgt die Aussage, die ein gewisser Mr. MacGregor einige Jahre später von sich gab:

> »Es kann keinen Zweifel darüber geben, dass sie wie anderen Pathanen auch vor keiner Falschheit und Tücke, und seien sie noch so entsetzlich, zurückschrecken würden, um einen Vorteil zu erlangen. Mit Geld könnte man ihre Dienste auch noch für die gemeinste Tat erkaufen ...«

Es gibt noch Dutzende ähnlicher Bemerkungen. Interessanterweise fügt der Autor, der sie zitiert, diesen noch eine Erklärung hinzu:

> »Die Wasiren sind zwar sunnitische Mohammedaner, aber wie alle anderen Pathanenstämme sind sie in der Befolgung ihrer religiösen Pflichten nicht sehr streng. Die Mullahs haben nur insoweit Einfluss, als es um die religiösen Bräuche geht, und sind in politischen Angelegenheiten völlig machtlos. Überhaupt sind die Wasiren ein besonders demokratisches und unabhängiges Volk. Selbst ihre eigenen Maliks [Stammesführer] haben nur eine äußerst geringe Verfügungsgewalt über sie.«[53]

Die Afghanistankriege des 20. Jahrhunderts haben alles geändert und die Mullahs wurden mächtiger. Weiterhin gültig bleibt allerdings, dass die Anwendung von Gewalt, wie bereits die Briten entdeckten, niemals eine Dauerlösung sein kann. Großbritanniens Nachfolgestaat in dieser Region hat allerdings in ähnlicher Weise weitergemacht. Zuerst ließ er im Jahre 1948 angeheuerte Stammeskrieger in Kaschmir einfallen, um dann auch während des ersten Afghanistankriegs von 1979 bis 1989 dem britischen Vorbild zu folgen. Dies führt zur interessanten Frage, welchen Platz Pakistan im Verhältnis zu den Vereinigten Staaten einnimmt.

Wessen Interessen diente zum Beispiel die pakistanische Außenpolitik von 1947 bis heute, wenn man einmal von Zulfiqar Ali Bhuttos allerletzten Amtsjahren absieht? Stimmt es, dass einige höhere Minister, Generäle, Diplomaten und ausgewählte Staatsbeamte oft direkt nach Washington berichtet haben und dabei ihren jeweiligen Dienstweg umgingen? Und wenn das so ist, warum konnte das sechzig Jahre lang weitergehen? Das Ganze ist keine schöne Geschichte.

Bereits der Große Führer hatte, wenn auch vergeblich, versucht, sein Haus an die neue Weltmacht zu vermieten. Seine Kollegen waren da allerdings weit ambitionierter. Auf Jinnahs Spuren wurde den neuen Herrschern Pakistans bald bewusst, dass sie ihr Land vermieten mussten, wenn sie überleben wollten. Eine offene Versteigerung erschien dabei unrealistisch. Es gab ja nur einen einzigen möglichen Käufer. Sie waren allerdings in dieser Angelegenheit offen und teilten Washington mit, dass sie über eine Einstiegsgebühr in Höhe von zwei Milliarden Dollar hinaus, die die »Verwaltungsausgaben« in den ersten paar Jahren abdecken sollte, eine dauerhafte »regelmäßige Finanzquelle« benötigten. Diese Forderung wurde dann zu einer Konstante der pakistanischen Politik. Der schlaue, wenn auch manchmal in seiner Ausdrucksweise etwas grobe Bürokrat Ghulam Mohammed, der erste Finanzminister des Landes, entschied sich, die Chase National Bank in New York zur Lobbyistin Pakistans in den Vereinigten Staaten zu machen. Jinnah sandte dann einen seiner engsten Vertrauten, Laiq Ali, nach New York, der dort dem damaligen Chef dieser Bank Winthrop W. Aldrich eine Denkschrift vorlegte, in der die Bedürfnisse des Landes aufgelistet waren. Aldrich las sie aufmerksam durch, verbesserte ihre Sprache und schlug einige Änderungen vor. Danach wurde sie dann offiziell dem US-Außenministerium zugestellt.

In seinen Treffen mit hohen Beamten des State Department behauptete Laiq, das neue Land sei »gegenwärtig einer Bedrohung seiner Westgrenze durch die Sowjetunion« ausgesetzt. Das war ein törichtes Ammenmärchen, wie das US-Außenministerium sehr wohl wusste. Die im Krieg weitgehend zerstörte Sowjetunion konzentrierte damals ihre gesamten Energien auf den Wiederaufbau des Landes und die Inbesitznahme Osteuropas. Die Vereinigten Staaten waren gerade damit beschäftigt, Westeuropa und Japan zu sichern, während sie gleichzeitig ein Auge auf China hatten, wo die Erfolge von Maos Achter Marscharmee einen kommunistischen Sieg befürchten ließen. Das Angebot, Pakistan und seine Streitkräfte auf Dauer zu kaufen, hatte also für die Amerikaner keinen besonderen Reiz. Ein internes Memorandum, das damals das US-Büro für nah- und mittelöstliche Angelegenheiten im Umlauf setzte, machte dies vollkommen deutlich: »Aus ihrer Herangehensweise wurde offensichtlich, dass Pakistan an die Vereinigten Staaten als Hauptfaktor seiner militärischen Stärke dachte. Da dies eine umfassende militärische Verantwortung der USA für dieses neue Dominion bedeuten würde, fiel unsere Antwort auf den pakistanischen Wunsch negativ aus.«

Man teilte dies dann auch Laiq Ali mit. Der ablehnende Bescheid wurde dann allerdings durch eine Sonderanleihe zur Befriedigung sozialer Bedürfnisse versüßt. Der enttäuschte Laiq fragte dann, ob man nicht auch Geld für gewisse spezielle Entwicklungsprojekte zur Verfügung stellen könnte. Als sich dann seine amerikanischen Gesprächspartner erkundigten, ob diese bereits im Detail ausgearbeitet seien, antwortete er, er wisse nur von einer geplanten Papierfabrik, an deren Bau er im Übrigen selbst höchst interessiert war … Unglücklicherweise geben die offiziellen Unterlagen des US-Außenministeriums nicht die informellen Reaktionen seiner Beamten wieder. Washington machte sich nicht einmal die Mühe, auf das großzügige Angebot der Pakistaner, ihm seine Armee zu verkaufen, schriftlich zu antworten.

Der von dieser unerwarteten Abfuhr überraschte Sondergesandte des Großen Führers fragte dann, ob man nicht wenigstens etwas Geld zur Verfügung stellen könne, um Decken und Medikamente für die Flüchtlinge aus Indien zu kaufen. Auch diese Bitte wurde abgelehnt. Man stellte nur die Möglichkeit in Aussicht, dass die US-Armee Pakistan vielleicht Überschussgüter zu einem deutlich ermäßigten Preis verkaufen werde. Während der ganzen Zeit telegrafierte Laiq Jinnah ständig, dass die Gespräche ausgesprochen gut verlaufen würden. Der Große Führer muss allerdings seine Zweifel gehabt haben. Er wies den britenfreundlichen langjährigen Mitführer der Muslimliga und späteren Premierminister Sir Feroze Khan Noon, der sich damals gerade auf dem Weg in die Türkei befand, an, den US-Botschafter in Ankara aufzusuchen und mehr Druck zu machen. »Darkness at Noon« (»Dunkelheit in der Mittagszeit«, ein Spitzname, der ihm später von der *Pakistan Times* verliehen wurde) widmete sich dieser Aufgabe mit großem Eifer und übermittelte den Amerikanern das folgende von ihm selbst verfasste »vertrauliche Memorandum«, dessen schlichtes Englisch und dessen Schreibfehler das damals unter George C. Marshalls Führung über ein ausgesprochen hohes intellektuelles Niveau verfügende State Department entsetzt und amüsiert haben muss:

»Die Muselmanen in Pakistan sind gegen den Kommunismus. Die Hindus haben eine Botschafterin in Moskau, Mrs. Pandit, die die Schwester des Hindu-Ministerpräsidenten in Delhi, Mr. Nehru, ist, und die Russen haben einen Botschafter in Delhi, der Hindu-Hauptstadt. Wir, die Muselmanen von Pakistan, haben keinen Botschafter in Moskau und es gibt auch keinen Botschafter in Karatschi – unserer Hauptstadt … Wenn die USA Pakistan hilft, ein starkes und unabhängiges Land zu werden … dann wird das Volk von Pakistan bis zum letzten Mann gegen den Kommunismus kämpfen, um seine Freiheit zu bewahren und seinen Lebensstil zu behalten.«

Es gab keine Antwort. Ein verzweifelter Noon bat dann die türkische Regierung um militärische Ausrüstungsgüter, aber auch diese erteilte ihm eine Abfuhr und informierte Washington sofort über ihre Entscheidung: Der Grund für dieses mangelnde Interesse lag auf der Hand. Die Vereinigten Staaten, Großbritannien und die Sowjetunion waren allesamt der Meinung, dass Indien das wichtigste Land in dieser Region sei. 1948 hatte Pakistan versucht, die Auseinandersetzung mit Indien über Kaschmir mit Gewalt zu lösen. Kaschmir war eine indische Provinz mit einer Muslimmehrheit, aber ihr hinduistischer Maharadscha war bei der Teilung des Subkontinents der Indischen Föderation beigetreten, ohne sein Volk zu befragen. Dies führte zu einem großen Zorn der örtlichen Bevölkerung. Um die kaschmirischen Nationalisten auf die eigene Seite zu ziehen, versprach ihnen der indische Ministerpräsident Jawaharlal Nehru eine Volksabstimmung, bei der die Kaschmirer über ihre eigene Zukunft entscheiden könnten. Diese fand allerdings nie statt. Es gibt eine riesige Literatur zu diesem Thema und auch ich habe mich an anderer Stelle ziemlich ausführlich damit befasst.[54] Hier soll nur noch einmal daran erinnert werden, dass die irregulären Truppen, die Pakistan über die Berge schickte, um Kaschmir einzunehmen, aus denselben »Terroristenstämmen« stammten, die heute ständig in den Schlagzeilen auftauchen. Damals waren sie noch viel undisziplinierter. Sie wurden zwar von pakistanischen Armeeoffizieren befehligt, gerieten aber oft außer Kontrolle. Ihr ungezähmter Stammesegoismus, wozu auch das Plündern und das Vergewaltigen von Nonnen gehörte, führte direkt in die militärische Katastrophe, weil dadurch die Einnahme von Srinagar verzögert wurde. Den Indern gelang es, den Flughafen der kaschmirischen Hauptstadt Srinagar zu halten, über den dann frische Truppen eingeflogen werden konnten, die den Kampf bald zu ihren Gunsten entschieden. Die britischen Generäle, die immer noch beide Armeen befehligten, hatten jetzt genug und weigerten sich, eine weitere Eskalation des Konflikts zu dulden. Man richtete eine Waffenstillstandslinie ein, die Kaschmir unfair aufteilte. Indien erhielt den, wie es sein Ministerpräsident ausdrückte, »schneeweißen Busen« dieses wunderschönen Landes, während sich Pakistan mit dessen knochigem Hintern zufriedengeben musste. Seit dieser Zeit führte dieser Streit zu ständigen Spannungen zwischen beiden Ländern. Selbst in den Hochzeiten des Kalten Kriegs, als – wie wir weiter unten noch sehen werden – Pakistan zum engsten Verbündeten der Vereinigten Staaten wurde, hielten diese in der Kaschmir-Frage einen ausgewogenen Ansatz bei. Ein klares Zeichen, dass sie nicht bereit waren, dafür ihre langfristigen Interessen in Südasien aufs Spiel zu setzen.

Pakistan versuchte sich weiterhin selbst zu verkaufen. Jinnah, der die britische Labour-Regierung verabscheute, forderte den US-Botschafter auf, sich nicht vom »indienfreundlichen Vereinigten Königreich in die Irre führen zu lassen«, sondern einzusehen, dass allein Pakistan ein wirksamer Verbündeter gegen den sowjetischen Expansionsdrang sein könne. Jinnah, der offensichtlich zu viele Rudyard-Kipling-Romane gelesen hatte, behauptete dann auch noch, dass es in Kalat und Gilgit sowjetische Agenten gebe, die auf der Suche nach einem Stützpunkt in Belutschistan seien. Das war pure Fantasie. Pakistans Außenminister Zafrullah Khan schlug in New York in dieselbe Kerbe. Allerdings war seine Argumentationslinie eine Spur ausgefeilter. Obgleich Indien die stärkere Macht sei, sollten die Vereinigten Staaten seiner Meinung nach Pakistan unterstützen, dessen Volk von seinem inneren Wesen her antikommunistisch sei. Dies sei dann auch der beste Weg, Indien vor der Sowjetunion zu schützen. Aber auch dieser Trick funktionierte nicht. Trotzdem würde sich Pakistans Hartnäckigkeit am Ende auszahlen.

Der Koreakrieg (1950–1953) brachte die Vereinigten Staaten endlich dazu, sich Pakistan zuzuwenden und dessen Militär und Beamtenschaft in seine neue Sicherheitsordnung für die Gesamtregion einzubinden. Im Jahr 1953 war der frühere pakistanische Botschafter in den Vereinigten Staaten Mohammed Ali Bogra Premierminister. Bei der Eröffnung eines General-Motors-Montagewerks in Karatschi schlug er noch einmal vor, »dauerhafte Bande des guten Willens und der Freundschaft zu knüpfen«.

Die Vereinigten Staaten reagierten mit als »Lebensmittelhilfe« gekennzeichneten Weizenlieferungen. Tatsächlich waren sie Teil des Preisstützungsprogramms der US-Regierung, die damit den riesigen amerikanischen Weizenüberschuss reduzieren wollte. Gleichzeitig bezeichnete der US-Außenminister John Foster Dulles Pakistan öffentlich als »Bollwerk der Freiheit in Asien«. Der pakistanische Premierminister antwortete darauf auf beinahe unterwürfige Weise.

Die größte englischsprachige Tageszeitung des Landes, die *Pakistan Times,* und ihre urdusprachige Schwesterzeitung *Imroze* nahmen dessen Aussagen nicht sehr günstig auf und gingen mit ihnen in einem Leitartikel vom 27. Januar 1953 hart ins Gericht:

»Sie [die Pakistaner] werden es etwas schwierig finden, die Bedeutung der Behauptung des Premierministers zu verstehen, die er anlässlich der Ankunft des ersten US-Schiffs mit Nahrungsmittellieferungen getätigt hat, dass nämlich Pakistan und Amerika ›dieselbe Sprache sprechen, was die Ideale von Freiheit und Demokratie angeht‹. Es wird ihnen tatsächlich schwerfallen, einen gemeinsamen Faktor zwischen ihren Freiheitsidealen und solchen konkreten Ausprägungen der amerikanischen Außenpolitik zu finden wie den unzähligen strategischen Stützpunkten überall auf der Welt, der offenen Unterstützung zerfallender westlicher Kolonialreiche und deren einheimischer Marionetten im Fernen Osten, den Bündnissen mit solch reaktionären Elementen wie der Kuomintang und der Rhee-Bande in Korea, sowie der weiteren Festigung der Kontrolle der Wall Street über verschiedene Ökonomien des Nahen und Mittleren Ostens. Sie werden sich auch fragen, wie sich ihre Träume von einer demokratischen politischen und sozialen Ordnung mit den grausamen Realitäten des amerikanischen Lebens vereinbaren lassen, wie der Rassendiskriminierung, den Lynchmorden an Negern, sowie der Verfolgung und Hexenjagd, der Intellektuelle dort ausgesetzt sind ...«[55]

Militärpakte und Hilfe kamen zur gleichen Zeit. Die Militärdiktaturen folgten bald darauf. Im September 1954 zeigte Pakistan öffentlich, dass es ein williges Werkzeug der Amerikaner geworden war, indem es zusammen mit Thailand und den Philippinen dem Südostasienpakt SEATO beitrat. Andere »südostasiatische« Mitglieder dieses Paktes waren die USA, Großbritannien, Frankreich, Australien und Neuseeland. Genau ein Jahr später – im September 1955 – trat Pakistan einem anderen westlichen Sicherheitsverein, dem sogenannten Bagdadpakt bei, zu dem König Faisals Irak, der Iran, die Türkei und Großbritannien gehörten. Natürlich fand all dies ohne eine einzige allgemeine Wahl in Pakistan statt. Der öffentliche Zorn konnte sich also nicht auf demokratische Weise ausdrücken. Ein am 12. März 1957 veröffentlichter Bericht des US-Senats mit dem Titel »Technische Hilfeleistung: Abschlussbericht des Ausschusses für auswärtige Angelegenheiten« bestätigte dann, was viele Pakistaner schon lange vermutet hatten: »Auch politisch gesehen hat die US-Militärhilfe die pakistanischen Streitkräfte gestärkt, *die der größte einzelne Stabilisierungsfaktor des Landes sind* [die Hervorhebung stammt von mir – TA]. Außerdem hat sie Pakistan dazu bewogen, kollektiven Verteidigungsorganisationen beizutreten.«

Im Juli 1959 stimmte General Ayub, der jetzt fest im Sattel saß, der Einrichtung eines streng geheimen US-Militärstützpunkts in Badaber in der Nähe von Peschawar zu. Ziel war die Ausspionierung der Sowjetunion. Im Mai des folgenden Jahres schossen die Russen ein U2-Spionageflugzeug ab, das in Peschawar gestartet war, und nahmen dessen Piloten Gary Powers gefangen. Als die Amerikaner die Spionageflüge leugneten, führten die Russen den armen Piloten öffentlich vor. Man erzählt sich, dass der sowjetische Führer Nikita Chruschtschow danach bei einem Bankett in Moskau, bei dem auch General Maxwell Taylor anwesend war, voller Wut auf den Tisch gestiegen sei und gerufen habe: »Ihr Amerikaner seid wie die Hunde. Ihr esst und scheißt am gleichen Ort.« Später äußerte er auf einer Pressekonferenz, er wisse sehr wohl, wo dieses Flugzeug gestartet sei, und dass Peschawar jetzt als sowjetisches Ziel auf der Karte mit einem roten Kreuz gekennzeichnet sei. Ich erinnere mich noch gut an die Panik, die danach das pakistanische militärische Establishment ergriff, ganz zu schweigen von den braven Bürgern von Peschawar, von denen einige in aller Eile die Stadt verließen. Zwar war das Ganze nur pures Raketenrasseln, aber es zeigte ganz deutlich den abhängigen Status Pakistans. Einige Jahre zuvor hatte der damalige Außenminister Zulfiqar Ali Bhutto in der US-Botschaft angefragt, ob er die Basis einmal besuchen könne. Man teilte ihm höflich mit, dass das leider nicht möglich sei, dass ihn die Stützpunktkommandanten aber gerne in ihre Cafeteria zu Kaffee und Kuchen einladen würden. Einige Jahrzehnte später schrieb ein General dann: »Pakistan fühlte sich betrogen, weil die Vereinigten Staaten es über solche vom pakistanischen Boden ausgehende geheime Spionageoperationen im Dunkeln gelassen hatten.« Das war völliger Unsinn. Ayub Khan wusste genau, dass der Stützpunkt der US-Luftwaffe kein Ruhe- und Erholungsort für Flugbesatzungen auf ihrem Weg in den Fernen Osten war.

Nach der U2-Geschichte deuteten politische Entscheidungsträger in Washington (die sich wie immer mehr um Indien sorgten) gegenüber Ayub Khan an, dass der beste Weg, den Subkontinent vor dem Kommunismus zu schützen, ein »gemeinsames Verteidigungssystem« sei. Der General stimmte zu und schlug dies dann dem indischen Ministerpräsidenten Jawaharlal Nehru vor, der Indien im Kalten Krieg eisern blockfrei hielt. Nehru lehnte den Vorschlag ab. »Gemeinsame Verteidigung gegen wen?«, fragte er frostig.

Ayub hatte also getan, wie ihm geheißen. Seine Belohnung war ein offizieller Staatsbesuch in Camelot im Jahr 1961, wo man ihn mit all den

Ehren empfing, wie sie nur ganz besonderen Gästen gewährt wurden. Die Kennedys fuhren mit ihm auf dem Präsidentenboot nach Mount Vernon hinaus. Später durfte er vor dem versammelten Kongress eine Rede halten, in der er unter anderem sagte: »Das einzige Volk, das in Asien fest zu Ihnen stehen wird, ist das Volk von Pakistan – vorausgesetzt, Sie sind bereit, ebenfalls fest zu ihm zu stehen.« Dies war nicht ganz richtig und dieser Gebrauch des Wortes »Volk« machte viele in seiner Heimat wütend.

Im Jahr darauf erlitt Indien in dem mysteriösen chinesisch-indischen Grenzkrieg eine schwere Niederlage. Der kurze Krieg war wohl als Schuss vor den Bug der Sowjets gedacht und das erste deutliche Anzeichen für ein ernsthaftes Zerwürfnis zwischen der Sowjetunion und China, obwohl nur wenige das Ganze damals in diesem Sinne interpretierten. Für die Vereinigten Staaten war es einfach ein Fall von »unprovozierter kommunistischer Aggression« vonseiten der Chinesen. Die Vereinigten Staaten und Großbritannien begannen daraufhin, die indischen Streitkräfte mit den modernsten Waffen zu beliefern. Ayub war wütend, konnte aber nichts dagegen tun. Erst ein Jahrzehnt nach Pekings öffentlichem Bruch mit Moskau begann Washington ernsthaft über eine Verbesserung seiner Beziehungen zu China nachzudenken. Hier würde sich Pakistan als Vermittler höchst hilfreich erweisen – eine Rolle, die seine Führer schon immer genossen haben.

Als selbst Ayub Khan begriffen hatte, dass die Vereinigten Staaten in einem Konflikt mit Indien Pakistan niemals militärisch unterstützen würden, begann er nervös zu werden. Die öffentliche Meinung lehnte die Sicherheitspakte schon seit geraumer Zeit ab. Nach dem pakistanisch-indischen Krieg von 1965 stoppten die Amerikaner ihre Militärhilfe an Pakistan. Dies erschütterte das militärisch-bürokratische Regime bis ins Mark. Zulfiqar Ali Bhutto, der Außenminister, wurde entlassen, weil er eine neue, auf bilaterale Beziehungen gestützte Sicherheitspolitik gefordert hatte. Später würde er seine Positionen folgendermaßen erklären:

> »Alle pakistanischen multilateralen und bilateralen militärischen Verpflichtungen wurden in dem Augenblick hinfällig, als die Vereinigten Staaten einseitig ihre Militärhilfe für Pakistan einstellten. Mit der Aufhebung der Gegenseitigkeit wurden die Sicherheitsvereinbarungen automatisch nichtig. Trotz dieser unbestreitbaren

Rechtsposition vernachlässigte die Regierung Ayub Khan ihre elementarsten Pflichten gegenüber dem pakistanischen Volk und weigerte sich, die Abkommen zu widerrufen. Sie entschloss sich dagegen, die Sicherheit Pakistans aufs Spiel zu setzen, ohne auch nur auf den geringsten Schutz rechnen zu können. Es darf nicht vergessen werden, dass Pakistan die mit dem Kalten Krieg zusammenhängenden Verpflichtungen als Gegenleistung für militärischen Beistand und die Unterstützung seiner Kaschmirpolitik auf sich genommen hat. Der militärische Beistand endete vor drei Jahren und die politische Unterstützung noch weit früher. Die Einstellung der Vereinigten Staaten zu Kaschmir begann sich seit dem ersten chinesisch-indischen Krieg vom Oktober 1959 erst einmal unmerklich zu wandeln. Eindeutig sichtbar wurde dies, als Pakistan die Streitfrage im Jahre 1964 vor den UN-Sicherheitsrat brachte. Die Vereinigten Staaten verhängten ein Embargo über die Lieferung von Militärausrüstung an Pakistan, als das Land gerade gegen einen fünf mal so großen Aggressor um sein Überleben kämpfte. Drei Jahre lang war jeder Verkauf von Waffen und Ersatzteilen an Pakistan völlig verboten. Die Regierung eines Landes, das Mitglied von drei Militärbündnissen war, musste auf der Suche nach Waffen und Ersatzteilen von Pontius zu Pilatus laufen und sich der Dienste von Schwarzhändlern und berüchtigten Waffenschiebern bedienen. In dieser ganzen schwierigen Periode weigerte sich Ayub Khan, sein Land von der Last dieser nutzlosen Allianzen zu befreien. Ganz im Gegenteil erlaubte er der amerikanischen Flugbasis in Peschawar, ihren Betrieb aufrechtzuerhalten, bis der Pachtvertrag dann im Juli 1969 ohnehin ablief. Nicht einmal die Länder, die die Säulen der NATO bilden, könnten sich vorstellen, solche drückenden einseitigen militärischen Verpflichtungen zugunsten der Vereinigten Staaten oder irgendeines anderen Staates auf sich zu nehmen.«[56]

Dieser längere Auszug zeigt, dass Pakistans intelligentester und weltläufigster Führer selbst in seiner radikalsten Phase, als er ganz ohne Amt war, von der Vorstellung besessen war, dass Indien der Hauptfeind sei. Dies stellte tatsächlich seit 1947 den Eckpfeiler der Außenpolitik dieses Landes dar, der auch dessen innere Entwicklung mitbestimmte und zu einer pervertierten politischen Kultur führte. Während eines längeren

Gesprächs, dass ich im Sommer 1969 mit Bhutto in dessen Haus im Nobelviertel Clifton in Karatschi führte, sprach ich diese Frage an und wies darauf hin, dass ein Spiel mit dem Chauvinismus noch nie irgendeine fortschrittliche Sache vorangebracht habe. Damals lag ja der Krieg gegen Indien von 1965, auf den er selbst massiv gedrängt hatte, noch nicht lange zurück. »Wie sonst, meinen Sie, sollen wir diese verdammte Armee loswerden, die heute das Land regiert? Die Niederlage in diesem Krieg hat sie stark geschwächt. Aus diesem Grund hatte auch die große Volksbewegung Erfolg.«[57] Bhutto war zwar zu äußerstem Zynismus fähig, aber ich bezweifle, dass er wirklich glaubte, was er da sagte. Privat war er ein großer Bewunderer von Jawaharlal Nehru, dessen Bücher er alle gelesen hatte. Eines von ihnen sollte er sogar noch in seiner in der Todeszelle entstandenen Autobiografie erwähnen. Vielleicht verstand er auf gewisse Art, dass Jinnah einen Staat, aber keine Nation geschaffen hatte. Der pakistanische Nationalismus war unendlich schwach und wurde vom bengalischen, paschtunischen, belutschischen und Sindhi-Nationalismus weit übertroffen. Die Bengalen sollten sich bald darauf abspalten, aber die anderen blieben weiterhin in diesem Staatsverband. Der einzige Weg zu einer eigenen pakistanischen Identität war der Bezug auf einen gemeinsamen Feind: Indien oder »der Hindu«. Das war ein ziemlich plumper Versuch, der außerhalb des Punjab auch kaum Wirkung zeigte. Aber selbst dort warteten viele auf eine andere Botschaft als diesen schalen Chauvinismus und das gebetsmühlenhafte »Kaschmir ist in Gefahr« – ein Slogan, mit dem die meisten Politiker nur auf wohlfeile Zustimmung aus waren. Auf diese Weise trat die »Indienfeindschaft« an die Stelle eines echten antikolonialen Nationalismus, ein Problem, das Indien so niemals gehabt hat. Trotz der riesigen Zahl an Ethnien, Sprachen und ganz unterschiedlichen kulturellen Traditionen mit ihrer jeweils eigenen epischen Literatur und einer ganz bestimmten Vorstellung über ihren Platz in dieser Region, hatte niemand je ein ernstes Problem damit, sich selbst für einen »Inder« zu halten. Einige wenige zeitweise Ausnahmen wie die Sikhs im indischen Teil des Punjab und die Volksgruppen im Nagaland gingen auf die politische Dummheit der herrschenden Eliten zurück.

Liest man heute die Reden jener pakistanischen Politiker, die aus der Beamtenschaft der Kolonialzeit hervorgegangen waren, fällt einem besonders deren ständiger »Minderwertigkeitskomplex« gegenüber Indien auf. Um diesem entgegenzuwirken, vermeiden sie es durchgehend zu erwähnen, dass Pakistan nur eine kurze Geschichte hatte. Stattdessen blicken sie auf die Muslimkrieger des Frühmittelalters und manchmal auch die Mogulkaiser zurück, obwohl Letztere nie als Vorbild für junge Pakistaner taugten, da ihnen die Religion nie viel bedeutete. Selbst der fromme Aurangzeb, der letzte der großen Moguln, hielt sich eine von Hindu-Generälen befehligte kaiserliche Armee und versuchte auch nicht, die Moschee zum Zentrum der Staatsgewalt zu machen. Die pakistanischen Geschichtsdarstellungen erzählen also nie die gemeinsame Geschichte, die man bis 1947 mit dem übrigen Indien teilte, sondern beschränken sich in kruder Weise auf die indischen Muslime und deren glorreiche Vergangenheit.

Als sich die Vereinigten Staaten nach dem chinesisch-indischen Grenzkrieg von 1959 Indien annäherten, bemühte sich Pakistan im Gegenzug um freundschaftliche Beziehungen zu China. Ayub Khans Reise nach Peking im Jahre 1964 nahm in gewisser Weise Richard Nixons ein Jahrzehnt später stattfindenden Besuch vorweg. Die »Massenbegrüßung«, die ihm die Chinesen verschafften, stieg Ayub zu Kopf. Noch lange nachdem er durch einen echten Massenaufstand in seinem eigenen Land von der Macht vertrieben worden war, schaute er sich immer wieder gerne in seinem Heimkino Filme über seine »triumphale« Chinareise an. Washington war zwar nicht allzu begeistert, fand aber die neuen Beziehungen zwischen beiden Ländern nach kurzer Zeit ganz nützlich. Pakistaner in Diensten der CIA spionierten manchmal im amerikanischen Auftrag in China, darunter mindestens ein mir bekannter Pilot, der PIA-Verkehrsmaschinen nach China flog. Die Freundschaft war für alle Beteiligten also ausgesprochen hilfreich. Pakistanische Beamte und Minister wurden oft nach Washington beordert, um dort über ihre Eindrücke in China zu berichten. Der Dichter Habib Jalib spottete darüber in einem langen satirischen Gedicht mit dem Titel »Berater«, in dem der namengebende Held den Präsidenten über China aufklärt:

Und das hab ich ihm gesagt:
»China ist unser engster Freund,
Von dem jetzt unser Leben abhängt.
Aber das System, das dort herrscht,
Halten Sie sich fern von dem.
Grüßen Sie es von der Ferne,
Grüßen Sie es von der Ferne.

Zur rechten Zeit stellten die Chinesen allerdings ihr System auf den Kopf und wurden ein Modell für den asiatischen Kapitalismus, wodurch eine enge Freundschaft mit ihnen für Pakistan noch erstrebenswerter wurde. In dieser Zeit ging der Kalte Krieg mit Indien weiter. Die offizielle Sicht, dass Indien und nicht die strukturelle Krise, die den pakistanischen Staat seit seiner Gründung ausgezeichnet hatte, die Explosion in Ostbengalen verursacht habe, hatte sich so verfestigt, dass sie eine Grundlage der pakistanischen politischen Entscheidungsfindung blieb. Trotzdem musste man der Tatsache ins Auge blicken, dass 1971 weder China noch die Vereinigten Staaten geholfen hatten, »Pakistan zu retten«, wie es einige vorausgesagt und andere erhofft hatten. Sie hatten das Land verbluten lassen. Was aber war die herrschende Sicht in Indien über dieses Thema?

Hatte die siegreiche indische Führung tatsächlich darüber nachgedacht, auch Westpakistan zu eliminieren? Darüber gibt es unterschiedliche Sichtweisen. Eine davon ist die Indira Gandhis, der damaligen indischen Ministerpräsidentin, wie sie sie 1984 einige Monate vor ihrer Ermordung in einem längeren Hintergrundgespräch diesem Autor mitgeteilt hat.

Nach einem formellen Interview für ein Buch über Indien, an dem ich damals gerade arbeitete,[58] schaute mich Frau Gandhi plötzlich an und sagte: »Jetzt bin ich an der Reihe, Ihnen einige Fragen zu stellen. Ich habe Ihr letztes Buch gelesen *[Can Pakistan Survive?]*. Sie kennen diese Generäle und wie sie denken und handeln. Meine Leute sagen mir, dass Pakistan in Kaschmir einen Überraschungsangriff auf uns vorbereitet. Was glauben Sie?« Ich war erst einmal sprachlos. Als Erstes ging mir durch den Kopf, dass Indien einen Erstschlag planen könnte. In meiner Antwort wies ich deshalb ganz offen darauf hin, dass Pakistan im Moment genug damit zu tun habe, im Auftrag der Vereinigten Staaten die Mudschaheddin anzuleiten und unter Kontrolle zu halten, und dass es deshalb unvorstellbar sei, dass es in dieser Lage eine zweite Front eröffnen wollte. Das wäre dermaßen unvernünftig, dass selbst wenn irgendwelche unverantwortliche Wichtigtuer im pakistanischen Oberkommando daran denken sollten, Washington sofort sein Veto einlegen würde. Sie hakte aber immer wieder nach und ich weigerte mich weiterhin, zu glauben, dass ein solcher Plan existierte oder auch nur möglich sei. Ich gebrauchte dabei öfter das Wort »unvernünftig«, worauf sie mich dann auch ansprach.

»Ich wundere mich, dass jemand wie Sie Generäle für vernünftige Menschen hält.«

Ich musste laut lachen. Das war schon irgendwie ironisch. Ich mit meiner beinahe krankhaften Abneigung gegen Militärdiktatoren, musste hier die pakistanische Armee »verteidigen«.

»Aber das wäre nicht nur Unvernunft, das wäre Wahnsinn«, gab ich zu bedenken. »Das würde bedeuten, dass ein ganzer Staat und seine Generäle sich entscheiden, Selbstmord zu begehen. Das werden sie nicht tun, und ich sage das als jemand, der sie in jeder Weise ablehnt und der wegen seiner Ansichten über ihr Verhalten in Bengalen immer noch Persona non grata ist.«

An diesem Punkt nahm die Unterhaltung eine erstaunliche Wendung.

»Ich will Ihnen etwas erzählen«, sagte sie plötzlich. »Und zwar etwas über *unsere* Generäle. Nachdem Pakistan kapituliert hatte, kam General Manekshaw in mein Büro und salutierte.«

Frau Gandhi war wie Zulfiqar Bhutto eine begnadete Parodistin und ihre Beschreibung des Generals war äußerst amüsant. Was sie mir danach erzählte, überraschte mich dann doch. Nach seiner zackigen Begrüßung fragte Manekshaw sie, ob das militärische Oberkommando ihre Erlaubnis habe, »die Sache zu Ende zu bringen«. Dies hätte bedeutet, die Grenzen zu überschreiten und Westpakistan einzunehmen. Bei der damaligen demoralisierten Verfassung der pakistanischen Armee wäre der Ausgang vorherbestimmt gewesen, wenn sich nicht doch noch vielleicht die Chinesen und die Vereinigten Staaten eingemischt hätten.

»Da dies hier Indien ist«, fuhr Frau Gandhi fort, »dankte ich dem General und sagte ihm, das Kabinett werde über seinen Vorschlag nachdenken.«

Sie hatte ihr Kabinett dann zu einer Dringlichkeitssitzung einberufen.

»Als ich den Ministern den Wunsch der Militärs mitteilte, waren sie zuerst richtiggehend begeistert und viele von ihnen wollten ihm zustimmen. Als die Sitzung begann, war ich allein. Am Ende stimmten alle einstimmig für einen sofortigen Waffenstillstand. Ich erzähle Ihnen das nur, um zu zeigen, dass Generäle auch in Indien sehr unvernünftig sein können. Allerdings regieren sie in Pakistan das Land.«

Ich wiederholte noch einmal meine früheren Argumente und danach war das Gespräch über dieses spezielle Thema zu Ende. Sie erzählte mir dann noch, dass die Israelis ihr angeboten hatten, einen Blitzangriff auf den pakistanischen Atomreaktor durchzuführen, wenn sie dafür einen indischen Luftwaffenstützpunkt benutzen dürften. »Ich lehnte ihr Angebot ab. Ich sagte ihnen, wir könnten das schon selbst erledigen, wenn wir es wollten.«

Am Schluss unserer Unterredung sprachen wir über Bhutto und seinen Besuch in Simla, wo er den Friedensvertrag nach dem Krieg in Bangladesch unterschrieb, und wie nervös er dabei gewesen war. Sie fragte nach seinen Kindern und bat mich, Benazir ihre besten Grüße auszurichten.

»Sehen Sie, ich war damals selbst im Gefängnis, als sie Bhutto aufhängten. Das hat mich sehr wütend gemacht. Wenn ich Ministerpräsidentin gewesen wäre, hätte ich das nicht geschehen lassen.« Sie schien sich da sehr sicher.

Am nächsten Tag wurde ich zu einer »informellen« Diskussion ins India International Centre eingeladen, wo ich etwa zwanzig Personen, hauptsächlich Beamte, Geheimdienstleute und Journalisten, die die sowjetische und amerikanische Lobby vertraten, vorfand. »Wir haben gehört, dass Sie gestern ein sehr interessantes Gespräch mit unserer Ministerpräsidentin hatten«, sagte der Vorsitzende zur Begrüßung. »Darüber hätten wir uns gerne mit Ihnen unterhalten.« Danach versuchten sie mich zwei Stunden lang davon zu überzeugen, das ich unrecht habe und dass Pakistan einen Angriff in Kaschmir vorbereite. Ich blieb geduldig und erklärte ihnen ausführlich, warum das in Anbetracht des pakistanischen Engagements in Afghanistan unmöglich sei. Außerdem sei General Zia im Sindh, in Belutschistan, Teilen der Nordwest-Grenzprovinz und des Punjab äußerst unbeliebt. Er könne sich deshalb keinen verrückten Krieg, den er dann auch noch verlieren würde, leisten. Deshalb bemühe er sich im Moment auch so verzweifelt um eine Annäherung und tauche ständig unter dem Vorwand, ein Cricketspiel besuchen zu wollen, uneingeladen in Indien auf. Die meisten anwesenden Geheimdienstleute waren davon überhaupt nicht überzeugt. Schließlich erklärte ich ihnen, dass ich es nicht verhindern könne, wenn Indien unbedingt einen Präventivangriff gegen Pakistan beginnen wolle, dass sie sich dann aber eine bessere Ausrede ausdenken sollten, da niemand in der ganzen Welt glauben werde, dass sie zuerst angegriffen worden seien.

Es gibt noch eine amüsante Fußnote zu dieser Geschichte. Zurück in London schilderte ich einige Monate später Benazir Bhutto dieses Gespräch. Sie hörte aufmerksam zu und fragte dann: »Aber warum haben

Sie ihnen denn überhaupt erzählt, dass unsere Generäle keinen Angriff planen?« In diesem Moment erinnerte sie mich sehr an ihren Vater. Auch sie dachte, dass es der beste Weg zur Beendigung der politischen Herrschaft des Militärs sei, mitzuhelfen, dass sie in einem Krieg besiegt werden würden.

Ich erinnerte mich noch lebhaft an meine Gespräche in Delhi, als Frau Gandhi im Oktober 1984 von ihren beiden Sikh-Leibwächtern getötet wurde. Später stellte sich heraus, dass einer von ihnen Sikh-Trainingslager in Pakistan besucht hatte. Obgleich kein direkter Angriff geplant wurde, so war doch der Wunsch nach Rache im pakistanischen Militär nie erloschen. Frau Gandhi hatte ihre innenpolitischen Probleme mit der Gemeinschaft der Sikhs zwar selbst zu verantworten, aber Pakistan förderte diesen Konflikt, indem es Sikh-Terroristen auf dem eigenen Boden ausbildete. Hatten etwa CIA und DIA von ihren Agenten innerhalb des indischen Establishments Informationen erhalten, dass die Inder ernsthaft über einen »Präventivschlag« gegen Pakistan nachdachten? Dies hätte sicherlich die gesamten Operationen in Afghanistan, ganz zu schweigen von der Militärdiktatur in Pakistan ins Wanken gebracht. Es erscheint also durchaus möglich, dass sich höchste Stellen in Washington dafür entschieden, die indische Ministerpräsidentin mithilfe von in Pakistan ausgebildeten Sikh-Attentätern loszuwerden. Dies war gewiss die Ansicht der höheren Beamten in Neu-Delhi, die mir erzählten, der dem neuen Ministerpräsidenten unterbreitete interne Untersuchungsbericht stelle eine Verbindung Pakistans zu den Attentätern her und sei deshalb auch nicht veröffentlicht worden, um kein neues Kriegsfieber auszulösen.

Weitere Hinweise in dieser Richtung bekam ich auf einer Reise nach Pakistan im Jahre 2006. Auf dem Rückflug nach London traf ich zufällig einen alten Bekannten. Als ich darauf wartete, an Bord meines PIA-Flugzeugs gehen zu können, war er mir schon in der Abflugshalle des Flughafens aufgefallen, wo er von uniformierten Polizisten umgeben war. Er wählte dann in der fast leeren Businessklasse einen Sitz in meiner Nähe. Ich war gerade in einen Roman vertieft, als er plötzlich neben meinem Sitz stand. Wir tauschten Salaams aus.

»Kennst du mich noch?«, fragte er.

»Verzeihen Sie mir«, antwortete ich, »ich ...«

»Ich habe dir nie verziehen, als du noch klein warst. Warum sollte ich es jetzt tun? Schau mich ganz genau an und versuche es noch einmal.«

Ich tat wie geheißen. Allmählich tauchte in mir das Bild eines pickligen Teenagers auf, der in diesen herrlichen Sommermonaten, die wir in den Vorbergen des Himalaja in Nathiagali verbrachten, immer mit mir und meinen Freunden herumgehangen hatte. Ich erinnerte mich, dass seine Mutter die beste Grieß-Halwa des ganzen Landes gekocht hatte und dann fiel mir auch sein Name wieder ein. Er brüllte vor Vergnügen.

»Was machst du denn so?«, fragte ich ihn.

»Du wirst mich umbringen.«

»Lass es darauf ankommen.«

»Ich war ein höherer Sicherheitsoffizier bei Bhutto und später Zia.«

»Du hast beiden gedient!«

»Das war mein Job.«

Ich seufzte voller Verzweiflung.

»Und danach?«

Er war inzwischen sogar zum leitenden Geheimdienstoffizier aufgestiegen, der unterwegs zu einer Konferenz in Europa war, wo man über bessere Wege der Terrorismusbekämpfung nachdenken würde.

»Lebt OBL [Osama Bin Laden] noch?«

Er gab keine Antwort.

Ich wiederholte die Frage. Wieder antwortete er nicht.

»Weißt du, wo er ist?«

Er prustete los.

»Ich weiß es nicht, und selbst wenn ich es wüsste, glaubst du, ich würde es dir erzählen?«

»Nein, aber ich dachte, ich kann ja mal fragen. Weiß irgendjemand, wo er ist?«

Er zuckte mit den Achseln. Ich bestand auf meiner Frage:

»Nichts in unserem wunderbaren Land bleibt jemals geheim. Jemand muss es wissen.«

»Drei Leute wissen es. Möglicherweise vier. Du kannst dir ja denken, wer sie sind.«

Ich konnte es mir denken.

»Und Washington?«

»Wollen sie ihn überhaupt lebend?«

»Und deine Jungs können ihn nicht um die Ecke bringen.«

»Lieber Freund, warum sollten wir die Gans schlachten, die goldene Eier legt?«

So lange Osama lebte, wollte er wohl sagen, würde der Dollarfluss niemals aufhören. Das klang glaubhaft, aber stimmte es auch? Ich wechselte das Thema: Warum hatte man General Zias Ermordung nie richtig untersucht? Er zuckte die Achseln und meinte dann, Washington sei nicht unbedingt scharf darauf gewesen, noch tiefer zu graben. Seiner Meinung nach seien die Russen dafür verantwortlich gewesen. Diese Ansicht wird von vielen pakistanischen Geheimdienstleuten geteilt. Für die meisten hängt das Ganze mit Afghanistan zusammen. Es sei ein Racheakt Moskaus gewesen. Für mich persönlich entbehrt das jeder Substanz. Die Auskünfte meines Informanten in diesem Flugzeug waren da schon origineller und erzählten eine Geschichte mit einer überraschenden Pointe. Nach seinen Angaben schuldeten die Russen den Indern einen Gefallen (er erklärte nicht warum) und der indische Ministerpräsident Rajiv Gandhi forderte daraufhin den Kopf Zias.

»Warum?«, fragte ich im unschuldigsten Ton, der mir möglich war.

»Als Revanche für den Tod seiner Mutter.«

Dies war die einzige halboffizielle Bestätigung, die ich jemals von der pakistanischen Seite über eine Verwicklung in Frau Gandhis Ermordung bekommen habe.

Aber all das ist jetzt Vergangenheit. Gegenwärtig ist jeder vom nuklearen Arsenal beider Länder besessen, das, wie manche befürchten, zu einer Vernichtung weiter Teile des Subkontinents führen könnte. Außerdem glauben nicht nur in der Blogosphäre viele an eine »dschihadistische Bedrohung« der Nukleareinrichtungen Pakistans. Sonst durchaus intelligente Leute geben darüber regelmäßig Stellungnahmen ab, die an Hysterie grenzen. Die folgenden drei Beispiele sind für diese Überreaktion symptomatisch, wobei sich noch zahlreiche andere, weit weniger zurückhaltende Meinungsäußerungen finden ließen. Matthew Bunn vom »Managing the Atom Project« der Harvard-Universität hatte Folgendes zu diesem Thema beizutragen:

> »Wenn es möglich ist, dass vierzig schwer bewaffnete Terroristen mitten in Moskau auftauchen und ein Theater besetzen, wie viele könnten dann vor einem abgelegenen pakistanischen Atomwaffenlager auftauchen? Dies ist immerhin ein Land, in dem immer noch zahlenmäßig beträchtliche bewaffnete Restgruppen von al-Qaida operieren, denen es immer wieder gelingt, großen Teilen der pakistanischen Armee zu widerstehen und sich in den Grenz-

provinzen wochenlang zu halten. Wenn eine riesige al-Qaida-Truppe wirklich einmal vor einem solchen Atomwaffenlager auftauchen sollte, was würden die Wachen tun? Kämpfen sie oder helfen sie den Terroristen? Dies erscheint mir als eine durchaus offene Frage.«

Art Brown, der ehemalige Operationsleiter der CIA in Asien, hält Musharraf in dieser Frage für eine unverzichtbare Größe, ohne die ernsthafte Schwierigkeiten zu erwarten wären:

»Ich glaube, wenn man Musharraf aus diesem Amt entfernt, vor allem wenn er ermordet werden sollte oder es einen Staatsstreich gibt, müssten wir uns meiner Ansicht nach ernsthaft darum sorgen, wer die Kontrolle über das pakistanische Nuklearprogramm ausübt. Wir wären über jede Regierung besorgt, die ein solches Programm hat und dann ihren Führer in einem blutigen Putsch verliert. Die Labore selbst bieten dabei wohl weniger Anlass zur Sorge, da es eine ganze Zeit dauern würde, etwas mit den Materialien in diesen Laboren anzufangen, sie herauszubringen und zu verkaufen. Das könnten wir dann wahrscheinlich zu gegebener Zeit verhindern. Aber die einsatzbereiten Nuklearwaffen, die in den pakistanischen Arsenalen liegen, könnten tatsächlich plötzlich verschwinden und über Nacht unseren Gegnern zur Verfügung stehen.«

Joseph Robert von der Waffenkontrollabteilung des US-Außenministeriums zeigt sich ähnlich besorgt:

»Am meisten Sorge bereitet mir, dass ein Terrorist nur einmal erfolgreich diese radioaktiven Stoffe oder gar eine Atombombe in die Hand bekommen muss und dann diese Bombe in einer amerikanischen Stadt oder einer Stadt irgendwo auf der Welt zur Detonation bringen kann. Wir brauchen einen umfassenden Ansatz, um mit dieser Bedrohung fertig zu werden. Wir heben hier vor allem auf zwei Kernelemente ab. Eines ist die Vorbeugung. Wir müssen also den Terroristen den Zugang zu spaltbarem Material oder anderen Massenvernichtungswaffen, die aus verwandten Stoffen bestehen, verwehren. Wir müssen auch – und wir arbeiten hart daran – die Schutzmechanismen ausbauen. So müssen wir zum Beispiel fähig werden, den Transport solcher Materialien zu unterbinden. Grundsätzlich sind Handel und Umgang mit solchen Materialien zu untersagen.«

Fügt man dem noch die Ansichten des Nuklearhistorikers Scott Sagan in seinem Buch *The Spread of Nuclear Weapons* hinzu, ergibt sich eine ganz neue Dimension:

»Kurzfristig gibt Pakistan ganz klar den größten Anlass zur Sorge. Die pakistanischen Atomwaffen sind nicht mit fortschrittlichen elektronischen Sicherheitssystemen, den PALs (Permissive Action Links), ausgestattet, die es einem Terroristen oder anderen nicht autorisierten Personen schwer machen, eine gestohlene Nuklearwaffe einzusetzen. Im Juni 2001 gaben pakistanische Verantwortliche zu, dass es keine Spezialteams gebe, die ausgebildet seien, eine gestohlene Nuklearwaffe wiederzuerlangen oder zu entschärfen. Auch gibt es kein Programm, die psychische Stabilität und Verlässlichkeit der Offiziere und Wachleute der pakistanischen Nuklearstreitkräfte zu überprüfen und sicherzustellen. Das einzige Einstellungskriterium der pakistanischen Soldaten und Wissenschaftler mit nuklearen Verantwortlichkeiten war eine Bestätigung des Geheimdiensts Inter-Services Intelligence (ISI), dass sie nicht unter dem Verdacht stünden, indische Agenten zu sein.«

Dies erklärt zum Teil, warum die Amerikaner die pakistanische Militärführung zulasten der Demokratie und der demokratischen Institutionen dieses Landes unterstützen. Untersucht man allerdings die einzelnen Argumente näher, sind sie entweder lächerlich oder treffen genauso auf Israel und Indien zu. Was wäre, wenn vierzig bewaffnete ultrarechte jüdische Siedler versuchen würden, in den Besitz von israelischen Massenvernichtungswaffen zu gelangen? Oder wenn eine kleine Gruppe fanatischer Hindunationalisten dasselbe in Indien versuchen würde? Wie in Pakistan würden sie ganz schnell gefasst und aus dem Verkehr gezogen werden. Die Sicherheitskräfte dieser Länder sind nicht gerade für ihre besondere Laschheit gegenüber Dissidenten egal welcher Couleur bekannt. Was die von Matthew Bunn angeführten »zahlenmäßig beträchtlichen bewaffneten Restgruppen von al-Qaida« angeht, so schätzen die meisten Geheimdienste deren Gesamtzahl auf weit unter 500 Kämpfer. Die Gesamtstärke der pakistanischen Armee beträgt gegenwärtig eine halbe Million Mann.

Wenn Musharraf als Präsident zurücktritt oder aus diesem Amt entfernt wird, hat das nicht die geringste Auswirkung auf das militärische Oberkommando, das weiterhin die Sicherheit der Nukleareinrichtungen kontrollieren würde. Was die Möglichkeit angeht, dass »Terroristen« in den Besitz von Atomwaffen gelangen könnten, so war diese Gefahr in Jelzins Russland weit höher als im heutigen Pakistan. Schließlich kam das meiste spaltbare Material, das sich Pakistan beschaffen konnte, aus Westeuropa. Sagans Kritikpunkte sind da weitaus relevanter, aber pakistanische militärische Sicherheitsexperten versicherten mir, dass seit der Veröffentlichung seines Buchs im Jahre 2003 alle Maßnahmen, deren Fehlen er brandmarkte, durchgeführt wurden und dass die Vereinigten Staaten dies sehr wohl wüssten. Die Schlupflöcher, die es früher in Bezug auf den Verkauf von Nukleartechnologie an befreundete Staaten gegeben haben mag, sind ebenfalls seit Langem gestopft.

Wie schon gesagt, könnten dschihadistische Gruppen nur dann die pakistanischen Nukleareinrichtungen betreten, wenn die Armee es ihnen gestatten würde. Das wiederum ist de facto ausgeschlossen, solange es keine Spaltungen innerhalb des Militärs gibt. Diese Möglichkeit wäre nur gegeben, wenn die Vereinigten Staaten auf die Idee kämen, den Afghanistankrieg dadurch auszudehnen, dass sie Teile Pakistans besetzten oder paschtunische Dörfer bombardierten, die man verdächtigt, »Terroristen« zu beherbergen. Darüber hinaus gibt es eine Verbindung zwischen Pakistans Nuklearstatus und dem ständigen Druck der Vereinigten Staaten auf dieses Land, sein Verhältnis zu Israel zu verbessern. Pakistanischen Amtsträgern wurde signalisiert, dass dieser Druck stark nachließe, wenn sie Israel anerkennen würden.

Anfang März 2008 enthüllte Shirin Mazari, eine pakistanische Verteidigungsexpertin mit guten Beziehungen zum Verteidigungsministerium in Islamabad, dass Washington Pakistan eine Liste mit sieben Forderungen übermittelt hatte. Unter anderem sollten US-Militärangehörige das Recht erhalten, das Land ohne Visumbeschränkungen zu betreten und zu verlassen, sowie in ganz Pakistan Waffen und Uniform tragen dürfen. Bürger der USA würden nur der amerikanischen Rechtsprechung unterliegen, wie dies bis heute auch in Japan der Fall ist. Sie würden auch das

Recht haben – wie gegenwärtig im Irak – Waren ohne Beschränkung ein- und auszuführen. Darüber hinaus verlangte man für alle amerikanischen Fahrzeuge und Flugzeuge absolute Bewegungsfreiheit und eine völlige Immunität gegenüber allen Haftungsverpflichtungen für eventuelle Personen- und Sachschäden. Diese Forderungen wurden zurückgewiesen. Mazari schloss ihren Bericht mit dem folgenden Rat:

> »Alle, die geglaubt haben, dass zwischen dem pakistanischen und dem US-Militär eine kameradschaftliche und verständnisvolle Beziehung herrscht und es nur auf der politischen Ebene Schwierigkeiten gebe, müssen schleunigst umdenken. Der erste Schritt zu einem vernünftigen und glaubhaften Umgang mit unserem Terroristenproblem besteht darin, uns von den Vorstellungen der Vereinigten Staaten abzugrenzen und zwischen ihnen und uns Raum zu schaffen. So wie schon das Sprichwort sagt: ›Für nichts gibt's nichts.‹«[59]

Sollte dies das Vorspiel für etwas Größeres, wie etwa eine teilweise amerikanische Besetzung der Nordwest-Grenzprovinz sein, könnte es eine ernste Krise in der Armee auslösen, die bisher schon durch die Ausführung von CENTCOM-Befehlen an der pakistanisch-afghanischen Grenze starken Belastungen unterliegt. Die Folgen einer solchen Entwicklung wären nicht mehr berechenbar.

Die Doppelmoral des Westens auf dem Gebiet der Atomwaffen ist keinesfalls hilfreich und ruft in den meisten Teilen der Welt nur noch Verachtung hervor. Trotzdem ist es eine Tatsache, dass weder Indien noch Pakistan von dieser Bewaffnung, die zu einer neuen Form von »heiligem Besitz« geworden ist, profitieren. Die Zahlen sprechen dabei für sich: Nach den Atomversuchen von 1998 legte die indische Regierung für 1999 einen Verteidigungshaushalt in Höhe von 9,9 Milliarden Dollar vor, was eine Steigerung von 14 Prozent gegenüber dem Vorjahr bedeutete. Pakistan erhöhte seine Verteidigungsausgaben um 8,5 Prozent auf 3,3 Milliarden Dollar. Südasien ist gegenwärtig eine der am höchsten militarisierten Regionen der Erde. Die indische und pakistanische Armee gehören zu den zehn größten Kriegsmaschinerien. Das Verhältnis zwischen Soldaten und Ärzten beträgt dabei 6:1. Die gesellschaftlichen Kosten dieses Rüstungswahns sind enorm.

Es wäre zum Vorteil beider Länder, wenn sie die Milliarden, die sie für Atomwaffen ausgeben, zum Bau von Schulen, Universitäten und Krankenhäusern und zur Versorgung ihrer Dörfer mit sauberem Wasser verwenden würden. Leider ist die Vernunft immer das erste Opfer, wenn diese zwei Staaten in Streit geraten. Während der Gefechte in der Schneewüste von Kargil drohten beide Länder innerhalb von drei Monaten sage und schreibe dreizehn Mal mit dem Einsatz von Atomwaffen. Danach gab es neue Terrorattentate in Indien. Pakistan leugnete zwar, etwas damit zu tun zu haben, aber Indien konnte das nicht überzeugen.

Am 13. Dezember 2002 töteten fünf mit Sturmgewehren, Granaten und Sprengstoff bewaffnete Selbstmordattentäter neun Menschen und verwundeten zwei Dutzend andere, bevor sie selbst in einem 45-minütigen Feuergefecht mit Sicherheitskräften vor dem indischen Parlamentsgebäude den Tod fanden. Glücklicherweise fand an diesem Tag keine Parlamentssitzung statt. Wären bei diesem Anschlag indische Politiker umgekommen, wäre ein weiterer Krieg wohl unvermeidlich gewesen.

Der indische Innenminister L. K. Advani, ein Führer der hindu-chauvinistischen Bharatiya Janata Party, die damals an der Macht war, beschuldigte sofort zwei wohlbekannte islamistische Terrorgruppen – Jaish-e-Mohammed und Lashkar-e-Taiba – die von Pakistans Geheimdienst gegründet und unterstützt wurden. Er bezeichnete den Vorfall »als den alarmierendsten Terrorakt in der seit zwei Jahrzehnten andauernden Geschichte des von Pakistan unterstützten Terrorismus in Indien ... Die Terroristen und ihre Hintermänner ... [wollten] die gesamte politische Führung Indiens auslöschen.« Dies war eine Einladung zu einer militärischen Antwort und löste eine intensive und scharfe Debatte innerhalb der indischen Elite aus, ob man nicht einen chirurgischen Angriff auf die Ausbildungslager im pakistanischen Teil Kaschmirs durchführen sollte. Am Ende entschied man sich zum Glück dagegen.

Die Gruppen, die das indische Parlament angriffen, hatten nicht nur Indien im Visier. Ihr Ziel war es, neue kriegerische Auseinandersetzungen zwischen beiden Ländern zu provozieren. Sie verachteten Musharraf, weil er ihre Sache verraten und sich nach dem 11. September auf die Seite Washingtons geschlagen hatte. Ihr Hass auf das »hinduistische« Indien dagegen war nichts Neues und wurde von der BJP-Herrschaft in diesem Land nur noch verstärkt. Die Tragödie ist, dass es ihnen fast gelungen wäre, einen neuen Krieg auszulösen. Führende indische Politstrategen wiesen auf ein großes Vorbild hin: Wenn die Vereinigten Staaten ein Land bombardieren und seine Regierung austauschen konnten, während sie nach Terroristen suchten, warum konnte Indien dann nicht das Gleiche tun? Die Logik war zwar zwingend, aber das Ergebnis hätte eine Katastrophe ungeheuren Ausmaßes sein können. Pakistans Staatsführung antwortete mit einer nuklearen Drohung: Wenn die Souveränität ihres Landes bedroht sei, würden sie nicht zögern, Atomwaffen einzusetzen. Plötzlich war in der ganzen Region ein eiskalter Hauch zu spüren. Washington versuchte sofort, Indien zu beschwichtigen.

Gleichzeitig bedrängten die Amerikaner Islamabad massiv, den Rückwärtsgang einzulegen. Am 12. Januar 2002 hielt Musharraf eine historische Grundsatzrede. Er bot Indien einen Nichtangriffspakt, eine Entnuklearisierung Südasiens, die Schließung der dschihadistischen Ausbildungslager in Pakistan und einen völligen Wandel der indisch-pakistanischen Beziehungen an. Während ihn die stramm fundamentalistischen Zeitungen angriffen, blieb das Land völlig ruhig. Kein Vogel zwitscherte und kein Hund bellte. So viel zur gängigen Ansicht, dass der gewöhnliche Pakistaner von der »islamischen Bombe« besessen sei. Pakistans Nuklearkapazität wurde von den dschihadistischen Gruppen oft als Garantie ihrer Unantastbarkeit benutzt. Diese Zeiten waren nun vorbei. Ein positiver Bescheid Indiens hätte die gesamte politische Landschaft zum Vorteil beider Länder verändern können. Aber Indien blieb stur. Seine Wortführer gaben weiterhin Platitüden von sich, bestanden aber auf einem »Minimum an nuklearer Abschreckung« und lehnten das Angebot eines Nichtangriffspakts ab.

Indem sie das pakistanische Entnuklearisierungsangebot abschlug, machte die indische Regierung deutlich, wie wenig ihr Bekenntnis zur Idee einer nuklearen Abrüstung in Wirklichkeit wert war. Diese Dummheit wurde dann noch durch den Testabschuss einer neuen Agni-Rakete am Vorabend der Feierlichkeiten zum indischen Nationalfeiertag am 26. Januar 2002 verstärkt. Dieser Test war nicht nur eine unverantwortliche Provokation, sondern machte erneut deutlich, dass Neu-Delhi entschlossen war, seine nukleare Aufrüstung fortzusetzen.

Die Befürworter eines schnellen Krieges gegen Pakistan beschränken sich weitgehend auf die wohlhabende indische Mittelschicht. Die Armen sind dagegen im Allgemeinen gegen Krieg. Sie kennen die Gefahren, die er im Innern eines Indien schaffen würde, in dem es immerhin 200 Millionen Muslime gibt. Sie wissen auch, dass Kriege teuer sind und dass sie die Hauptlast tragen müssten. Immerhin leben bereits jetzt schon 300 Millionen Inder unter der Armutsgrenze.

Selbst bei den »Draufgängern« der Mittelschicht würde die Kriegsbegeisterung schnell nachlassen, wenn sie zur Armee eingezogen würden und selbst kämpfen müssten. Im Gegensatz zu Bin Ladens Anhängern handelt es sich bei ihnen um reine Salonfundamentalisten.

In der Zwischenzeit befinden sich die indische und die pakistanische Armee noch immer im Alarmzustand und stehen sich an einer von unzähligen Minen gesicherten Grenze gegenüber. Besonders viele Minen gibt es auf den fruchtbaren Äckern in der Nähe der zwischenstaatlichen Grenze und der kaschmirischen Waffenstillstandslinie. Die Bewohner der dortigen Dörfer werden unter den Folgen noch auf Jahre hinaus zu leiden haben. Schon jetzt hat es zahlreiche zivile Minenopfer gegeben.

Neu-Delhi betrachtet sich als kommende Weltmacht und strebt nach einem ständigen Sitz im Weltsicherheitsrat. Und warum sollte Indien keine Atomwaffen besitzen, wenn kleine europäische Länder wie Großbritannien und Frankreich solche haben? Die einfachste Antwort wäre eine allgemeine atomare Abrüstung, mit der Europa beginnen sollte. Allerdings scheint der Westen andere Vorstellungen zu haben. Der US-amerikanische Militärhaushalt bleibt weiterhin aufgebläht und ist immerhin für ein Drittel der weltweiten Rüstungsausgaben verantwortlich. Den alten Feind gibt es zwar nicht mehr, aber die Szenarien des Kalten Kriegs bleiben gültig. Die US-Militärplaner betrachten Russland und China weiterhin als Ziele. Die letzte Welle der NATO-Erweiterung vor und nach dem Jugoslawienkrieg hat den russischen Widerstand gegen jede Art von nuklearer Abrüstung noch verstärkt. Wenn die NATO im Schwarzen Meer patrouilliert, welchen Wert kann dann noch die »Partnerschaft für den Frieden« haben?

Hier liegt das Kernproblem. Wenn der Westen nicht selbst den weltweiten atomaren Abrüstungsprozess beginnt, verfügt er weder über die moralische noch die materielle Basis, dies anderen abzuverlangen. Es ist eine verquere Logik, dass London und Paris, nicht aber Neu-Delhi und Islamabad die Bombe haben dürfen. Indien und Pakistan sind sich wohlbewusst, dass nuklearer Regen und Strahlung keine Grenzen respektieren. Es ist deshalb unwahrscheinlich, dass sie als Erste zu dieser Waffe greifen, auch wenn dies die Bürger beider Länder nicht gänzlich zu beruhigen vermag.

Während Pakistans Hauptsorge immer noch Indien gilt, gibt sich sein Seniorpartner in Washington seit einiger Zeit alle Mühe, Islamabads Aufmerksamkeit mehr auf seine Westgrenze zu lenken. Der Einfluss des US-besetzten Afghanistans auf Pakistan ist so bedeutend, dass er eine genauere Untersuchung der neuen Turbulenzen nötig macht, die diese Region ergriffen haben.

6. Operation Enduring Freedom: Die Illusion eines »guten Krieges«

Die Ära Bush-Cheney geht zwar langsam zu Ende, aber es ist unwahrscheinlich, dass ihre Nachfolger trotz des Debakels im Irak dem amerikanischen Riesen ein Verdauungsschläfchen verordnen werden. Das Leitmotiv von Cheneys Außenpolitik war: »Entweder bist du für uns oder für den Terrorismus gegen uns.« Die praktische Anwendung dieses Satzes bedeutete die Isolierung, Einschüchterung oder Besetzung der Staaten, die es ablehnten, sich unter den US-amerikanischen Schirm zu begeben.

Als sich 2004 das Chaos im Irak vertiefte, wurde Afghanistan im Vergleich dazu der »gute Krieg«. Er wurde von den Vereinten Nationen legitimiert (obgleich die Resolution erst verabschiedet wurde, als die Bomben bereits gefallen waren) und von der NATO unterstützt. Während sich die taktischen Differenzen über den Irak zunehmend verschärften, konnten sie in Afghanistan gelöst werden. Zapatero in Spanien, danach Prodi in Italien und erst kürzlich Rudd in Australien kompensierten den Abzug ihrer Truppen aus dem Irak, indem sie sie nach Kabul schickten.[60] Frankreich und Deutschland konnten dort ihre selbst zuerkannte Friedenserhaltungs- und Zivilisierungsrolle kultivieren. Für die Skandinavier wurde es eine Art Wohlfühlkrieg.

In der Zwischenzeit sind fast hundertmal so viele afghanische Zivilisten getötet worden wie die 3000, die in Manhattan gestorben sind. Die Arbeitslosenquote beträgt etwa 60 Prozent und die Mütter-, Säuglings- und Kindersterblichkeitsraten sind jetzt die höchsten der ganzen Welt. Die Opiumproduktion ist stark gestiegen und die »Neo-Taliban« werden von Jahr zu Jahr stärker. Ein Lagebericht der CIA von Ende 2006 zeichnete ein düsteres Bild und beschrieb Karzai und sein Regime als hoffnungslos korrupt und »unfähig, Afghanistan gegen die Taliban zu verteidigen«.[61] Westliche Kommentatoren haben bereits das Gespenst des Scheiterns an die Wand gemalt, gewöhnlich um dann größere Anstrengungen einzufordern. Aber alle, die diese Torheit unterstützt haben, werden sich auch der dadurch ausgelösten Malaise stellen müssen.

Zwei Argumente werden angeführt, wenn zu klären ist, »was in Afghanistan falsch gelaufen« ist. Für liberale Interventionisten lässt sich die Antwort in zwei Worte zusammenfassen: »nicht genug«.[62] Die von Bush, Cheney und Rumsfeld organisierte Invasion sei eine »Billigversion« gewesen. Die vom Pentagon geforderte »Light-Footprint«[Leichte Fußstapfen]-Strategie bedeutete, dass 2001 bis 2002 nicht genug Bodentruppen zur Verfügung standen. Die Finanzmittel für das »Nation-Building« waren unzureichend. Obwohl es jetzt vielleicht schon zu spät sein könnte, lautet die Antwort immer: noch mehr Truppen und noch mehr Geld – »mehrere Milliarden« über »mehrere Jahre«, wie der US-Botschafter in Kabul es ausdrückte.[63] Die zweite Antwort, die von Karzai, dem Weißen Haus, aber auch den westlichen Medien allgemein vorgebracht wird, kann in einem einzigen Wort zusammengefasst werden: Pakistan. Keines dieser Argumente ist stichhaltig.

Als die Selbstmordattentate in Bagdad zunahmen, wurde Afghanistan für die amerikanischen Demokraten, die unbedingt den Nachweis ihrer Fähigkeiten auf dem Gebiet der »Sicherheit« erbringen wollten, die »wahre Front« des Kriegs gegen den Terror. Tatsächlich hat dies jeder mögliche US-Präsidentschaftskandidat auf dem Weg zu den Wahlen von 2008 betont, wobei Senator Barack Obama sogar das Weiße Haus drängte, die pakistanische Souveränität zu missachten, wann immer dies nötig sei. Obama sagte am 15. März 2007 der NBC: »Wenn Sie nach Afghanistan schauen, sehen Sie, dass die Taliban wiederauferstehen und al-Qaida sich wieder regeneriert. Wir haben die guten Anfänge in Afghanistan nicht zu Ende geführt, teilweise weil wir so viele Ressourcen herausgenommen und in den Irak verlegt haben. Ich halte es für äußerst wichtig, dass wir eine gut geplante Umgruppierung aus dem Irak vornehmen, wobei vor allem Afghanistan das Ziel sein sollte.« Einige Monate später hielt er am 1. August im Woodrow Wilson Center in Washington eine Rede, zu der die amerikanische Fahne den passenden Hintergrund abgab. Dabei machte er deutlich, dass er – wenn nötig – den US-Truppen die Erlaubnis geben werde, auf »Such- und Vernichtungsmissionen« pakistanischen Boden zu betreten. »Lassen Sie mich das ganz deutlich machen. In diesen Bergen haben sich Terroristen eingegraben, die 3000 Amerikaner umgebracht haben. Sie planen dort weitere solche Anschläge. Es war ein schrecklicher Fehler, dass wir nicht gehandelt haben, als sich uns 2005 die Möglichkeit bot, ein al-Qaida-Führungstreffen auszuheben. Wenn wir belastbare Geheimdiensterkenntnisse über den Aufenthaltsort von hochrangigen Terroristen besitzen und Musharraf daraufhin nichts unternimmt, werden wir es tun.«

Seine bis vor Kurzem erbitterte Rivalin Hillary Clinton ließ ihm dies nicht einfach durchgehen. Einer ihrer treuesten Anhänger, Senator Chris Dodd aus Connecticut, tadelte Obama noch am selben Tag (wie das übrigens auch das Weiße Haus tat) und sagte: »Es ist gefährlich und unverantwortlich, den Eindruck zu erwecken, die Vereinigten Staaten würden ohne Not und öffentlich eine Atommacht herausfordern.« Eine Woche später griff Hillary Clinton während einer Debatte im Kampf um die Präsidentschaftsnominierung diesen Tadel wieder auf, um gleichzeitig doch auch das Gespenst eines dschihadistischen Fingers am Zünder der pakistanischen Atombomben an die Wand zu malen:

»Nun, ich glaube nicht, dass sich Leute, die sich um die Präsidentschaft bewerben, mit rein hypothetischen Fragen abgeben sollten, aber es könnte durchaus sein, dass wir eine solche Strategie auf der Grundlage belastbarer Geheimdiensterkenntnisse verfolgen müssen ... Sie sollten sich allerdings auch daran erinnern, das wir einige recht problematische Erfahrungen mit solchen ›belastbaren‹ Geheimdiensterkenntnissen haben machen müssen ... Aber ich hielte es auch für einen ganz großen Fehler, dies an die große Glocke zu hängen und dadurch die Regierung Musharraf zu destabilisieren, die gerade gegen islamische Extremisten um ihr Leben kämpft, die eng mit al-Qaida und den Taliban verbunden sind. Und wir sollten auch nicht vergessen, dass Pakistan Nuklearwaffen besitzt. Das Letzte, was wir wollen, ist doch, dass Anhänger von al-Qaida Pakistan in ihre Gewalt bekommen und dann Zugang zu Nuklearwaffen haben. Sie dürfen also ruhig in großen Dimensionen denken, aber Sie sollten nicht immer alles *sagen*, was Sie denken, wenn Sie für die Präsidentschaft kandidieren, denn es könnte auf der ganzen Welt Konsequenzen haben, was wir im Augenblick gar nicht brauchen können.«

Auch China, der Iran und Russland unterstützen, wenngleich mit unterschiedlicher Festigkeit, die Besetzung Afghanistans, wobei im Falle

Russlands sicher eine starke Beimischung von Schadenfreude zu vermuten ist. Sowjetische Veteranen des Afghanistankriegs beobachten mit Erstaunen, dass ihre Fehler heute von den Vereinigten Staaten wiederholt werden, obgleich diese versuchen, das Ganze als Kampf zur Durchsetzung der Menschenrechte darzustellen. Dies hielt russische Veteranen, vor allem Hubschrauberpiloten, nicht davon ab, sich in Afghanistan als Söldner zu verdingen. Über zwei Dutzend sind gegenwärtig über einem Terrain eingesetzt, das sie sehr gut kennen.

Kurz nach seinem Beginn wurde der Afghanistankrieg von zahlreichen Leuten im Westen, darunter Cherie Blair und Laura Bush, als »Krieg zur Befreiung der afghanischen Frauen« bezeichnet. Es wäre ein bahnbrechendes Ereignis gewesen: der erste imperiale Frauenbefreiungskrieg der Menschheitsgeschichte. Aber es stimmte natürlich nicht … Dies wurde bereits deutlich, bevor die harte afghanische Wirklichkeit den Propagandanebel zerstreut hatte, mit dem man den großen und kleinen Bürgern daheim ein gutes Gefühl verschaffen wollte, dass man schon wieder ein fremdes Land bombardierte (obgleich dies Jenna Bush nicht überzeugen konnte, die Daniel Pearls Witwe anvertraute, dass sie gegen die Bombardierung Afghanistans gewesen sei). Die letzten Berichte der afghanischen Frauenorganisationen malen ein düsteres Bild der weiblichen Lebensverhältnisse im NATO-besetzten Afghanistan. Tatsächlich ging es ihnen in der russischen Zeit weit besser.

In der Vergangenheit waren alle Versuche der aufgeklärteren Teile der afghanischen Elite, die Bedingungen ihres Landes zu verbessern, vom britischen Empire sabotiert worden. Zwei Jahrhunderte lang lag die gesamte politische und administrative Gewalt in Afghanistan in der Hand des Königs, seines Adels und der Stammesführer, denen praktisch auch das gesamte Land gehörte. Der König galt zwar als Symbol der afghanischen Einheit und war zuständig für die Beziehung zu fremden Mächten, aber seine effektive Autorität beschränkte sich auf die paschtunischen Teile des Landes. Der Großteil der Bevölkerung bestand aus Bauern und Hirten, sowie Handwerkern und Händlern, die sich in den alten, noch ans Mittelalter gemahnenden Städten wie Herat, Ghazni, Kandahar und Kabul konzentrierten.

Die beiden Eroberungsversuche, die die Briten im 19. Jahrhundert unternahmen, waren teilweise Fehlschläge. Nach dem Rückzug des zweiten Expeditionskorps im Jahre 1893 übernahmen die Briten die

Verantwortung für die Außenpolitik des Landes, stimmten aber gleichzeitig seinem Status eines Pufferstaats zwischen Britisch-Indien und dem zaristischen Russland zu. Allerdings wurde dieser Puffer noch weiter geschwächt, als die Briten die paschtunischen Stämme und ihr Land teilten, indem sie mitten durch die Berge die sogenannte Durandlinie als halb-permanente Grenze zu Afghanistan zogen. Dies sollte einerseits die paschtunischen Stämme schwächen, andererseits Britisch-Indien unangreifbar machen. Dieses gewaltsam aufgezwungene Abkommen sollte nur hundert Jahre gelten. Danach würde die Durandlinie abgeschafft und das ganze Land würde wieder an Afghanistan fallen. Es dürfte keine Überraschung sein, dass diese Vertragsinterpretation von Pakistan abgelehnt wird.

Im 20. Jahrhundert waren die äußeren Einflüsse auf das Land nur indirekt, wie im Falle der Russischen und der Kemalistischen Revolutionen nach dem Zusammenbruch des Osmanischen und des Zarenreichs. Im zweiten Jahrzehnt des letzten Jahrhunderts schlug ein Reformmonarch, Amanullah, eine Verfassung vor, die ein gewähltes Parlament und das Frauenwahlrecht vorsah. Die Briten schickten T. E. Lawrence »von Arabien«, der eine Stammesrevolte organisieren half, die den König stürzte. Der Propagandafeldzug, mit dem die Briten die konservativen Stämme auf ihre Seite ziehen wollten, bediente sich auch frisierter Fotos der afghanischen Königin, einer »Protofeministin«, die sie im Badeanzug zeigten.

Die Stagnation des Landes setzte sich nach dem Zweiten Weltkrieg fort. Nur wenige dachten an eine Republik oder eine noch radikalere Lösung. Zahir Schah, der letzte König von Afghanistan, war ein gemäßigter Nationalist, der das britische Empire zutiefst verabscheute, weswegen er auch bis 1945 freundschaftliche Beziehungen zu Mussolini und dem Dritten Reich unterhielt.

Als Zahir Schah, der weit weniger despotisch als seine Nachfolger war, 1973 in einer Palastrevolte von seinem Cousin Daud gestürzt wurde und sich ins Exil an die italienische Riviera zurückzog, stimmten die meisten Beobachter darin überein, dass das Land in den letzten 150 Jahren erstaunlich wenige Fortschritte gemacht hatte. Seine Rentenökonomie, die es zu einem Rentierstaat machte, und sein Status als Binnenstaat ohne direkten Zugang zum Meer hatten es extrem von Auslandshilfe abhängig werden lassen. Es existierte eine ungeheure Kluft zwischen der wohlhabenden Elite und der Masse der Bevölkerung. Mit

Ausnahme von Kabul hatte die moderne Welt in die Städte kaum Einzug gehalten. Fünf Jahre später wurde auch Daud von seinen früheren Verbündeten in einem von den Kommunisten angeführten Staatsstreich gestürzt. Dies war das endgültige Ende der Herrschaft der Durranis. Aber auch dieses Regime geriet bald in große Schwierigkeiten. Um seinen endgültigen Zusammenbruch zu verhindern, schickte die Sowjetunion im Jahre 1979 die Rote Armee über die Grenze. Es war offensichtlich, dass der Einmarsch der sowjetischen Truppen eine ungeheure Gegenbewegung auslösen würde. Tatsächlich sollte sie die gesamte Region für Jahrzehnte destabilisieren. Nur wenige sahen die Geschwindigkeit voraus, mit der sich ein einst hochgeschätzter US-Verbündeter in einen entsetzlichen Gegner verwandeln würde, was auch im benachbarten Pakistan zu großem Blutvergießen führen würde – einem Land, das für die gesamte Operation von Anfang an entscheidend war und heute wieder ist.

Als im Oktober 2001 die Bombenangriffe begannen, verfasste ich für eine englische Zeitung folgende Lagebeschreibung:

»… die Taliban sind eingekreist und isoliert. Ihre Niederlage ist unausweichlich. Pakistan und der Iran haben an zwei wichtigen Grenzen Truppen gegen sie postiert. Es ist unwahrscheinlich, dass sie mehr als ein paar weitere Wochen durchhalten können. Sicherlich werden einige ihrer Einheiten in die Berge gehen und dort warten, bis der Westen wieder abzieht, um dann das neue Regime anzugreifen, das wahrscheinlich in Kabul eingerichtet wird, wenn der über achtzigjährige König Zahir Schah aus seiner bequemen römischen Villa in das weit ungesündere Umfeld des in Trümmern liegenden Kabul umzieht. Die vom Westen unterstützte Nordallianz ist vielleicht etwas weniger religiös als die Taliban, aber auf allen anderen Gebieten fällt das Urteil über sie ähnlich katastrophal aus. Im Laufe des letzten Jahres haben sie einen großen Teil des Heroinhandels übernommen und dadurch Blairs Behauptung, dieser Krieg sei auch ein Krieg gegen Drogen, der Lächerlichkeit preisgegeben.

Die Vorstellung, sie stellten einen Fortschritt gegenüber den Taliban dar, ist lachhaft. Als Erstes werden sie an ihren Gegnern Rache nehmen wollen. Allerdings wurde die Allianz in den letzten Tagen durch den Abfall von Gulbuddin Hekmatyar geschwächt, der ein-

mal der Lieblings-›Freiheitskämpfer‹ des Westens war und im Weißen Haus und in der Downing Street von Reagan und Thatcher herzlich empfangen wurde.
Dieser Mann hat sich nun entschieden, die Taliban gegen die Ungläubigen zu unterstützen. Die Aufrechterhaltung eines neuen Klientelstaates wird angesichts der lokalen und regionalen Rivalitäten nicht leicht werden. Musharraf hat den Pakistanern bereits verkündet, dass er kein Regime akzeptieren wird, das von der Nordallianz dominiert wird. Das überrascht kaum, da seine Armee bereits seit über einem Jahrzehnt gegen die Allianz kämpft.
Bis jetzt hat es in der pakistanischen Armee (im Gegensatz zu ihren arabischen Entsprechungen) noch nie einen Putsch gegeben, der von Hauptleuten oder Obersten organisiert worden wäre. Es waren immer die Generäle, die nach der Macht griffen, dabei aber immer die Einheit der Armee bewahrten, hauptsächlich indem sie Silberlinge an alle Militärangehörigen verteilten …
Es ist eine offene Frage, ob das auch dieses Mal genügen wird. Eine Menge wird von der Zeit unmittelbar nach dem Ende des gegenwärtigen Kriegs abhängen. Viele Pakistaner haben Angst, dass die in ihrem eigenen Land in die Ecke gedrängten und besiegten Taliban nach Pakistan überwechseln, Unruhe in dessen Städte bringen und das soziale Gefüge gefährden könnten. Peschawar, Quetta, Lahore und Karatschi sind besonders verletzlich. Der Westen, der seinen ›Sieg‹ dann ja bereits errungen hat, wird dagegen den Schlamassel, den er zurücklässt, einfach ignorieren.
Was das angebliche Ziel dieser Operation, die Gefangennahme Bin Ladens, anbetrifft, so wird diese nicht einfach werden. Er sitzt gut bewacht in den abgelegenen Bergen des Pamir und könnte vielleicht völlig abtauchen. Trotzdem wird man auch in diesem Fall den Sieg verkünden. Der Westen verlässt sich hier auf das kurze Gedächtnis seiner Bürger.«[64]

Zu dieser Zeit war die gesamte Führerschaft der westlichen Welt fast ohne Ausnahme davon überzeugt, dass die Bombenangriffe und die Besetzung richtig und notwendig seien. Heute dagegen stimmen die beschlageneren Beobachter darin überein, dass der »gute Krieg« eine schlechte Wendung genommen hat. Allerdings konnte man sich bisher noch auf kein Rezept einigen, wie man mit diesem Problem fertig werden könnte. Für viele steht dabei auch die Zukunft der NATO auf dem Spiel, die weit entfernt vom Atlantik in einer Bergfestung gestrandet ist, deren Bewohner der Besetzung inzwischen feindlich gegenüberstehen. Bereits im Jahre 2003 zeichnete ein im Auftrag des US-amerikanischen Rats für auswärtige Angelegenheiten entstandener Sonderbericht ein düsteres Lagebild:

»Neunzehn Monate nach der Niederlage der Taliban und ihrer al-Qaida-Verbündeten erscheint das US-amerikanische Ziel eines Afghanistans als stabilem, sich selbst regierendem Staat, der kein Zufluchtsort für Terroristen mehr darstellt, noch weit entfernt. Sollte es nicht gelingen, die immer schlechter werdende Sicherheitslage zu stabilisieren und den Wiederaufbau der Wirtschaft zu beschleunigen, könnte das in der Tat zu einer von unterschiedlichen Kriegsherren dominierten Anarchie führen und eine Niederlage für den amerikanischen Krieg gegen den Terror bedeuten. Um dies zu verhindern, empfiehlt diese Projektgruppe, dass die Vereinigten Staaten Präsident Hamid Karzai stärken und ihre Unterstützung für den diplomatischen und wirtschaftlichen Wiederaufbau in Afghanistan sowie die Verbesserung der Sicherheitslage intensivieren. Obwohl Karzai seine Autorität auch außerhalb Kabuls durchzusetzen versucht, fehlen ihm die Mittel, widerspenstige Kriegsherren und lokale Führer, die einen Großteil des Landes kontrollieren, zur Räson zu bringen. Gegenwärtig ist es den 9000 US-Soldaten in Afghanistan nicht gestattet, Karzai gegen die regionalen Kriegsherren zu unterstützen oder aktiv an der geplanten Demobilisierung der 100 000 Mann starken Milizen mitzuwirken. Im gegenwärtigen Afghanistan, wo die Vereinigten Staaten die wichtigste militärische Macht sind, ist dieser Ansatz verfehlt und führt zu einer gefährlichen Sicherheitslücke außerhalb Kabuls, wo die 4800 Mann starke International Security Assistance Force (›Internationale Sicherheitsunterstützungstruppe‹) ISAF den Frieden aufrechterhält.«

Fünf Jahre später, am 28. Februar 2008, informierte Admiral Michael McConnell, der Direktor der nationalen Nachrichtendienste der USA, ein strammer Anhänger Vizepräsident Cheneys, den Streitkräfteausschuss des Senats, dass der von den USA unterstützte Hamid Karzai nicht einmal ein Drittel Afghanistans kontrolliere, während die Taliban elf Prozent des Landes unter Kontrolle hätten und darüber hinaus fast überall im Lande präsent seien. Gefragt, ob der Aufstand inzwischen eingedämmt sei, konnte der Admiral wenig Trost bieten: »Ich würde nicht sagen, dass er eingedämmt worden ist. Im Süden ist er gleich geblieben, im Osten und Norden ist er etwas stärker geworden.« Ist es in Anbetracht dieser schweren Krise für die Vereinigten Staaten überhaupt sinnvoll, die »Operation Enduring Freedom« mit noch mehr Nachdruck und stärkeren Kräften oder einer veränderten Vorgehensweise, weiterzuführen?

Man scheint das zumindest in Fort Riley in Kansas zu glauben, wo ausgewählte US-Truppen und 31 afghanische Soldaten im März 2008 an einer Spezialausbildung teilnahmen. Die Afghanen sollten den US-Soldaten »kulturelle Sensibilität« beibringen. Der Radiosender *Voice of America* berichtete über dieses Experiment: »Das Training findet in einem nachgebauten afghanischen Dorf statt, in dem Amerikaner mit afghanischem Hintergrund die Rolle der Einwohner und Kämpfer spielen. Die Soldaten müssen ohne Verluste das Dorf betreten, das Haus der Aufständischen ausfindig machen und dann eindringen, ohne die Zivilisten zu gefährden, die sich auf den Straßen der Nachbarschaft aufhalten … Oberstleutnant John Nagi, einer der Verfasser des US-Militärhandbuchs über Aufstandsbekämpfung meint, dass ein besseres Verständnis des afghanischen Volkes ein entscheidender Faktor sei, wenn man al-Qaida und die Taliban besiegen wolle …«[65]

Aber was ist, wenn sich das afghanische Volk hartnäckig weigert, zu akzeptieren, dass eine fremde Besetzung in seinem Interesse ist, und weiterhin diejenigen unterstützt, die gegen die Besatzer Widerstand leisten? Diese Frage scheinen sich die Aufstandsbekämpfungsexperten nie zu stellen. Dabei sollte man im Pentagon einmal genauer darüber nachdenken.

Das ursprüngliche Kriegsziel war wohl auf die Ergreifung eines lebenden oder toten Osama Bin Laden und die Zerstörung der al-Qaida-Stützpunkte in Afghanistan beschränkt. Vor dem 11. September gab es im Westen kein Gefühl der Feindschaft gegenüber den Taliban. Selbst unmittelbar danach teilte man Pakistan mit, dass das Regime an der Macht bleiben könne, wenn es die al-Qaida-Führer ausliefere. Allerdings weigerte sich Mullah Omar, Bin Laden dem Westen zu übergeben, da er sein Gast sei und es keinen schlagenden Beweis gebe, der ihn mit den Anschlägen in den Vereinigten Staaten in Verbindung bringe. Der Abschlussbericht der 9/11-Untersuchungskommission zeigt, dass er durchaus bereit war, mit den Vereinigten Staaten zu verhandeln. Der Nationale Sicherheitsrat hatte sofort mit dem Gedanken gespielt, den 11. September für eine Invasion des Iraks zu benutzen, aber Omars Weigerung, sofort zu kapitulieren, ließ der Bush-Regierung keine Wahl. Sie musste sich zuerst auf Afghanistan konzentrieren. In der Folge überrollte eine Lawine von Angst, Hass und Rache das Land. Da Pakistan offiziell auf der Seite der USA stand, trat das Taliban-Regime in Kabul ab, ohne sich ernsthaft zu wehren. Der Grund, warum sich so viele Einheiten der Heiligen Krieger so schnell auflösten, lag auf der Hand: Pakistan hatte jede frontale Konfrontation verboten und trotz einiger Überläufer des ISI konnte es seinen Willen durchsetzen. Die widerspenstigere Gruppe um Mullah Omar zog sich in die Berge zurück, um dort ihre Zeit abzuwarten. Aus diesem Grund fiel Kabul ohne Kampf. Die »Helden« der Nordallianz rückten kurz nach dem Kriegsberichterstatter der BBC in die Stadt ein.

Pakistans entscheidende Rolle bei diesem »Sieg« wurde in den westlichen Medien heruntergespielt. Der Öffentlichkeit erzählte man, dass Elite-Spezialeinheiten und CIA-»Spezialisten« Afghanistan befreit hätten und nach diesem Triumph nun in den Irak geschickt werden könnten. Das war in jeder Hinsicht eine Fehlkalkulation. Als sich die Lage zu verschlechtern begann und dies nicht länger kaschiert werden konnte, sprachen frühere US-Botschafter plötzlich in aller Öffentlichkeit von fehlenden Ressourcen, fehlendem Geld und fehlenden Soldaten. »Wir sind zäh, wir sind entschlossen, wir sind unerbittlich«, informierte der amerikanische Präsident im April 2002 die Welt. »Wir werden bleiben, bis die Mission erfüllt ist.«

In diesem Monat flohen erneut Unzählige vor den »Schrecken der Geschichte«. Gleichzeitig überschritten die mittleren Kader der Taliban die Grenze nach Pakistan, um sich dort neu zu gruppieren und ihre künftige Vorgehensweise zu planen. Zalmay Khalilzad, der afghanoamerikanische Prokonsul seines Herkunftslands, widmete sich jetzt dem harten Geschäft, eine neue Regierung zusammenzustellen. Es war natürlich unmöglich, eine ganze Generation von Amerikanern (oder Afghano-Amerikanern) in den Hindukusch zu schicken, um das Land so zu regieren, wie die alten Kolonialmächte. Aber selbst diese waren einst auf örtliche Verbündete angewiesen. Khalilzad wusste, dass die

Vereinigten Staaten das Land nicht ohne die Nordallianz verwalten konnten und mäßigte deshalb die emanzipatorische Rhetorik, die man bisher benutzt hatte, um die Besetzung zu rechtfertigen.

Die von Khalilzad gezimmerte Koalition war als Oktopus gedacht, dessen Auge Karzai sein sollte. Kabul war von miteinander rivalisierenden Milizen besetzt, die nur die Opposition gegen die jetzt gestürzten Taliban zusammengehalten hatte. Unter diesen Umständen war es schwierig, ein Stellvertreterregime zu installieren. In der Zwischenzeit nahmen US-Truppen frühere Sowjetstützpunkte in Besitz und die Gefängnisse begannen erneut von den Schreien der Folteropfer widerzuhallen. Die »Chicago-Boys« hatten Pinochets Chile die Friedhofsruhe gebracht, die »Berkeley-Mafia« hatte Suhartos Indonesien »makroökonomische Stabilität« injiziert. Konnten die NGO-Heuschreckenschwärme, die jetzt über Kabul herfielen, in Afghanistan etwas Ähnliches verwirklichen? In den anderen Fällen hatten Pinochet und Suharto die Opposition in Blut ertränkt, im Falle des Letzteren mit fast einer Million Leichen. Afghanistan konnte man wegen seiner auf der Vorherrschaft der Stämme basierenden »primitiven« Gesellschaftsstruktur und der durch die Nordallianz repräsentierten institutionalisierten Dezentralisierung des Landes nicht auf ähnliche Weise unterwerfen. Das afghanische Chaos ähnelte eher dem somalischen Debakel von 1993.

Das Taliban-Regime war ein »reineres« Modell des wahhabitischen Staatswesens in Saudi-Arabien gewesen. Repressiv und grausam, hatte es in einem seit 1979 vom Krieg gegen fremde Mächte und vom Bürgerkrieg zerrissenen Land immerhin die Ordnung wiederhergestellt. Laut allen verfügbaren Quellen wurden die in dem Land endemisch gewordenen Vergewaltigungen mit der öffentlichen Hinrichtung von Vergewaltigern weitgehend beendet, obwohl ein überstimmter radikalfeministischer Flügel der Taliban Kastration als ausreichende Strafe vorgeschlagen hatte. Man versuchte sogar mit einigem Erfolg die Heroinproduktion zu beschränken. Was allerdings die Wirtschaft angeht, hat der wahhabitische Islam keinerlei Probleme mit dem neoliberalen System, das gegenwärtig die Welt regiert. Korangelehrten gelingt es immer wieder, im heiligen Buch Passagen zugunsten des Freihandels zu finden, und die Talibandelegation wurde dann auch mit allen Ehren empfangen, als sie das Firmenhauptquartier von UNOCAL (inzwischen ein Teil von Chevron) in Texas besuchte. Am 17. Dezember 1997 erschien der Londoner *Daily Telegraph* mit der Schlagzeile »Ölbarone machen den

Taliban in Texas den Hof« und informierte seine Leser darüber, dass die bärtigen Besucher bereit seien, einen »2-Milliarden-Pfund-Vertrag mit einer amerikanischen Ölgesellschaft abzuschließen, um damit eine Pipeline mitten durch das kriegsgeschundene Land zu bauen«, um dem etwas mysteriös hinzuzufügen: »Die islamischen Krieger wurden anscheinend nicht durch einfühlige Verhandlungen, sondern durch altmodische texanische Gastfreundschaft dazu gebracht, diesen Handel abzuschließen … Der in traditionelle Salwar Kamiz und afghanische Westen gekleideten und lose, schwarze Turbane tragenden hochrangigen Delegation wurde während ihres viertägigen Aufenthalts eine echte VIP-Behandlung geboten.« Eine Vereinbarung war ungeachtet solcher Kleidungsunterschiede eine Vereinbarung. Die wenigen bewegten Bilder, die von diesem Ereignis existieren, wurden später durch Michael Moores *Fahrenheit 9/11* unsterblich gemacht. Das Pipeline-Projekt verzögerte sich weniger durch irgendwelche Zweifel der Taliban, sondern durch Gegenangebote der Russen, die vom Iran unterstützt wurden. Trotzdem war das US-Ölunternehmen von seinem Erfolg überzeugt, und der endgültige Vertrag stand tatsächlich kurz vor der Unterzeichnung, als die beiden Flugzeuge in das World Trade Center rasten.

Viele Afghanen erwarteten nun von einer Nachfolgeregierung ein ähnliches Maß an Ordnung, aber ohne die Repressionen und die gesellschaftlichen Einschränkungen der Taliban. Sie hofften auf einen freieren Geist in diesem Land. Stattdessen bot man ihnen ein trauriges Schauspiel, das alle Hoffnungen zunichtemachte.

Das Problem waren nicht fehlende Gelder, sondern das westliche Nationenbildungsprojekt selbst. Seiner Natur nach ein von oben nach unten verlaufender Prozess, hat er den Aufbau ganz bestimmter Institutionen zum Ziel: Eine Armee, die nicht die Nation verteidigen, sondern ihr eigenes Volk im Interesse fremder Mächte unter Kontrolle halten soll; eine Zivilverwaltung, die keine Kontrolle über die Bauplanung, die Gesundheitsversorgung und das Bildungswesen usw. haben wird, alle von NGOs geleitet werden, deren Angestellte weit besser bezahlt werden als die Einheimischen und die nicht der Bevölkerung, sondern ihren ausländischen Sponsoren verantwortlich sind; und eine Regierung, deren Außenpolitik mit der Washingtons identisch ist. Im September 2006 schickte eine deutsche Reporterin aus Kabul einen Bericht nach Hause, in dem sie die Gründe für die Feindschaft der Einheimischen gegenüber dem Westen erklärte und aufzeigte, warum sich so viele Afghanen dem Widerstand anschlossen. Der Gegensatz zwischen dem von den Besatzern zur Schau gestellten Wohlstand, wozu auch schon einmal Prostituierte gehören können, die man über das Spesenkonto der eigenen Firma bezahlt, und der Armut der Afghanen führen bei den Einheimischen zu Unmut und Wut. Auch für die in den Augen der Kabuler etwas zu freizügigen Wochendpartys hat man wenig Verständnis:

»Seither fahren morgens Heerscharen von Ausländern in die Ministerien, am Nachmittag werden sie von ihren Fahrern in klimatisierten Wagen wieder abgeholt. Die Fremden brachten auch neue Gewohnheiten in die Hauptstadt, in der es nun Jeans zu kaufen gibt, viele Frauen aber auch immer noch tiefverschleiert gehen. Jeden Donnerstag, vor dem islamischen Wochenende, verzeichnet der Flugdienst der Vereinten Nationen, UNHAS, der die Mitarbeiter der Botschaften und Hilfsorganisationen durchs Land transportiert, einen erstaunlichen Passagierzuwachs aus den Provinzen nach Kabul: Dann steigen hinter den Mauern der angejahrten Villen von Wazir Akbar Khan Partys, die sich an Ausgelassenheit leicht mit denen in Berlin und New York messen lassen.
Beim Toga-Event eines französischen Transportdienstleisters entblößten die Männer ihre Oberkörper, hüllten sich in Bettlaken und schmückten sich wie römische Herrscher mit lorbeerähnlichen Kränzen.
Bei der Gartenparty einer internationalen Beraterfirma tanzten Hunderte Ausländer neben grasenden Kamelen, die als Dekoration dienten, bis in die Morgenstunden.«[66]

Das Ganze war eine erstaunliche Zurschaustellung kolonialer Arroganz. Man schien überhaupt nicht zu merken, dass ein besetztes Land nicht mehr souverän sein kann, selbst wenn diese Besetzung vom Sicherheitsrat der Vereinten Nationen rechtlich sanktioniert wurde. Wie kann man irgendeine Regierung unter diesen Umständen für legitimiert halten?
Die Petersberg-Konferenz, die zwei Monate nach der Besetzung vom 27. November bis zum 5. Dezember 2001 in der Nähe von Bonn abgehalten wurde, konnte diese zentrale Frage nicht behandeln und blieb stattdessen im Versuch stecken, die Macht im Land unter den verschiedenen Kräften aufzuteilen. Der deutsche Außenminister Joschka Fi-

scher, der die Realitäten vor Ort überhaupt nicht kannte, drängte auf ein föderales Modell nach deutschem Muster, um alle Abspaltungsbemühungen zu neutralisieren. Allerdings waren diese überhaupt nicht das Problem. Die Streitfrage war vielmehr, wer wo die tatsächliche Macht ausübte. Um dies auch westlichen Geistern begreiflich zu machen, versuchten einzelne Bestandteile der Nordallianz allein in den Jahren 2002 und 2003 drei Mal, Karzai zu stürzen. Diese Versuche wurden von der NATO vereitelt, was der breiten Bevölkerung wieder einmal zeigte, wie es mit der Souveränität und Legitimität ihrer Regierung bestellt war.

Die Realität vor Ort war deutlich genug. Nach dem Sturz der Taliban-Regierung gab es vier bewaffnete Gruppen als starke regionale Machtfaktoren. In dem gasreichen und industrialisierten Norden, der an die zentralasiatischen Republiken Usbekistan und Tadschikistan grenzte, herrschte der usbekische Kriegsherr Raschid Dostum. Seine Hauptstadt war Masar-i-Scharif. General Dostum war zuerst mit den Kommunisten und danach den Taliban verbündet gewesen, bewies aber jetzt seinem jüngsten Partner NATO seine Loyalität, indem er unter den Augen amerikanischer Geheimdienstleute im Dezember 2001 zwischen 2000 und 3000 gefangene Araber und Taliban niedermachen ließ.

Nicht weit von Dostum entfernt hatte im bergigen Nordosten des Landes, einer Gegend reich an Smaragden, Lapislazuli und Opium, der inzwischen verstorbene Ahmed Schah seine aus Tadschiken bestehende Kampftruppe aufgebaut, die während der sowjetischen Besetzung regelmäßig russische Truppen an der Salang-Straße, die Kabul mit Taschkent verbindet, aus dem Hinterhalt überfielen. Der dynamischste, allerdings vom Westen etwas überschätzte Guerillaführer der Anti-Talibangruppen Ahmed Schah Massud kam aus dem Pandschir-Tal. Während des Kriegs gegen die Russen war er vor allem in Paris zu einer Art Pin-up-Kämpfer geworden, der normalerweise als Romantiker aus den Bergen, muslimischer, antikommunistischer Che Guevara und Mann des Volkes stilisiert wurde. Seine Mitgliedschaft in der von Burhanuddin Rabbani angeführten Jamaat-i-Islami und seine eigenen reaktionären Ansichten wurden dagegen nur selten erwähnt. Dies waren lässliche Fehler in einer Zeit, als man die islamistischen Gruppen noch als stramme Verbündete des Westens betrachtete.

Wäre Massud nicht zwei Tage vor dem 11. September von einem Selbstmordattentäter getötet worden, wäre er wohl der natürliche Kandidat gewesen, um eine Regierung nach den Taliban anzuführen. Die französische Regierung gab eine Briefmarke mit seinem Konterfei heraus und die NATO nannte den Flughafen von Kabul nach ihm. Aber Massud wäre sicherlich niemals ein solch verlässlicher Satellit wie Hamid Karzai geworden und es ist eine offene Frage, ob der einheimische Guerilaführer eine längere ausländische Besetzung zugelassen oder permanenten US-Militärstützpunkten in seinem Land zugestimmt hätte. Immerhin war er Führer des bewaffneten Flügels von Burhanuddin Rabbanis Islamistengruppe gewesen, die gemeinsame Operationen mit einem verbündeten Islamistenführer, Abd al-Rabb Sayyaf, durchführte. Rabbani und Sayyaf hatten beide 1973 die Scharia, das islamische Recht, an der Kabuler Universität gelehrt. Ihre Bewegungen wurden von Saudi-Arabien mit aus der Taufe gehoben und bis 1993 finanziert. Danach wandten sich die Saudis mehr und mehr den Taliban zu. Massud gelang es während der Talibanzeit, eine beschränkte Unabhängigkeit aufrechtzuerhalten. Seinen Anhängern im Westen hatte er immer das Bild reiner, unbestechlicher Männlichkeit geboten. Daheim war das etwas anders. Auch in den Gebieten unter seiner Kontrolle waren Vergewaltigungen und der Handel mit Heroin nichts Ungewöhnliches. Seine Anhänger sitzen gegenwärtig immer noch in der Regierung, sind aber bei Weitem nicht so zuverlässig wie Karzai, was die NATO durchaus beunruhigt.

Ganz im Westen liegt schon im Dunstkreis des Iran die uralte Stadt Herat, die früher ein Zentrum der Gelehrsamkeit und Kultur voller Dichter, Künstler und Gelehrter war. Hier wurden drei Jahrhunderte lang bedeutende Bücher geschrieben und mit Buchmalereien versehen. Eines der wichtigsten war eine aus dem 15. Jahrhundert stammende Ausgabe des Klassikers *Miraj-nameh*, ein frühmittelalterlicher Bericht über den Aufstieg des Propheten vom Jerusalemer Felsendom in den Himmel und die Bestrafungen, die er beobachten konnte, als er durch die Hölle geführt wurde. Einige europäische Gelehrte sind der Ansicht, dass eine lateinische Übersetzung dieses Werks Dante inspiriert habe. Die Herater Ausgabe enthält insgesamt 61 gemalte Darstellungen, die eine große Liebe für den Propheten des Islam zeigen. Er wird mit zentralasiatischen Gesichtszügen dargestellt, während er auf seinem magischen Pferd, das einen Frauenkopf trägt, durch den Himmel fliegt. Abgebildet sind auch eine Begegnung Mohammeds mit Gabriel und Adam, die Huris an den Pforten des Paradieses und die Bestrafung von Trunkenbolden in der Hölle. Diese erstaunlichen Miniaturen werden von der exquisiten Kalligrafie Malik Bakschis, eines uighurischen Schreibers, begleitet.

Die verfeinerte Kultur, in der ein solches Werk entstehen konnte, hat allerdings wenig mit dem modernen Herat und seiner Umgebung zu tun, in der heute der schiitische Kriegsherr Ismail Khan das Sagen hat und die Mehrzahl der Hasara lebt. Ismail, ein früherer Armeehauptmann, der sich von der Islamischen Revolution im Nachbarland Iran begeistern ließ, wurde schlagartig berühmt, als er 1979 einen Aufstand seiner ganzen Garnison gegen das moskautreue Regime anführte. Unterstützt von Teheran baute er eine kampfkräftige Streitmacht auf, die alle schiitischen Gruppierungen vereinigte und den Russen während ihres gesamten Aufenthalts immer wieder schwere Schläge versetzte. Zehntausenden von Flüchtlingen aus dieser Region (in der ein persischer Dialekt gesprochen wird) gab man im Iran Arbeit, Unterkunft und eine Ausbildung. Von 1989 bis 1992 wurde die Provinz äußerst autoritär regiert. Es war ein überhartes Regime, und Ismail Khans unkluge Affronts begannen, seine eigenen Anhänger von ihm zu entfremden. Die hohen Steuern und Zwangsrekrutierungen brachten die Bauernfamilien gegen ihn auf. Als die Taliban die Macht in Kabul übernahmen, hatte seine Beliebtheit bereits stark nachgelassen. Herat fiel ohne jeden Kampf den Taliban in die Hände. Ismael und seine Anhänger gingen in aller Stille über die Grenze in den Iran, wo sie ihre Zeit abwarteten, um dann im Oktober 2001 unter dem Schutz und Schirm der NATO zurückzukehren.

Der Iran hat sicherlich die Besetzung des Iraks und Afghanistans verdeckt unterstützt, da er dadurch zwei wichtige Feinde loswurde. Dies sollte sich allerdings eher im Irak auszahlen, wo pro-iranische Parteien wichtige Posten in der »Grüne Zone«-Regierung erhielten. In Afghanistan war die Lage anders. Hier machen die Tadschiken 27 Prozent der Bevölkerung aus und die Usbeken und Hasara 8 bzw. 7 Prozent. 54 Prozent der Afghanen sind Paschtunen, die im Süden und Osten des Landes entlang der Grenze zu Pakistan leben. Während des ersten Afghanistankriegs (1979–1992) erlangten drei militante sunnitische Gruppierungen die Vorherrschaft. Bald nachdem sie Kabul eingenommen hatten, wurde die kleine nichtmuslimische Minderheit aus Hindus und Sikhs, hauptsächlich kleine Ladenbesitzer und Händler, vertrieben, einige von ihnen sogar umgebracht. Zehntausende flohen nach Indien. Gulbuddin Hekmatyar, ein Aktivposten des ISI, wurde von Pakistan ausgerüstet, und auch die Saudis hatten auf seine Machtübernahme gesetzt. Nun aber traf er selbst auf den hartnäckigen Widerstand Massuds und anderer. Der Dschihad war schon lange vorbei und jetzt gingen sich die Gotteskrieger gegenseitig an die Kehle. Der brutale Machtkampf zerstörte das ganze Land und hatte nur wenig mit Religion zu tun. Immerhin waren ja alle von ihnen Muslime. Es ging allerdings weniger um irgendwelche Glaubensfragen, sondern darum, wer künftig den Drogenhandel kontrollieren würde.

Inzwischen stehen auch die westlichen Besatzungstruppen vor ernsthaften Problemen. Die Brutalität der US-amerikanischen und britischen Truppen stieß die Bevölkerung vor den Kopf und das ständige Gerede von einem »Sieg« bekam in den Ohren der Afghanen einen immer hohleren Klang. Ab 2003 und 2004 begannen weiter bestehende Guerillaeinheiten der Taliban mit ernsthaften Widerstandshandlungen. Sie griffen Truppentransporter an, schossen Hubschrauber ab und bestraften Kollaborateure. Die Vergeltung der NATO führte zu zahlreichen Zivilopfern, was die Bevölkerung noch weiter von der Besatzungsmacht entfremdete. Mit wenigen Ausnahmen wurde über all das im Westen kaum berichtet. Das Magazin *Time* tat sich (allerdings nicht als Einziger) dadurch hervor, dass es in Diktion und Inhalt ungefiltert den NATO-Sprachregelungen folgte. Ein typisches Beispiel hierfür ist Tim McGirks Artikel vom 28. März 2005, der jedes vorstellbare Klischee heranzieht, um für die offizielle Sicht der Dinge die Trommel zu rühren:

»›Die Taliban befinden sich im Niedergang‹, sagte Generalmajor Eric Olson, der bis letzten Monat die Aufstandsbekämpfungskräfte des US-Militärs in diesem Lande leitete ... Der Sturz der Taliban hatte sich bereits seit Langem angedeutet ... Und was hat das Blatt gewendet? In einem Wort ausgedrückt: die Nationenbildung ... Die Präsidentschaftswahlen im letzten September waren entscheidend ... ›Sie waren eine moralische und psychologische Niederlage für die Taliban‹, meinte Olson gegenüber dem TIME-Magazin ... Die Taliban haben das Spiel verloren ... Major Mike Myers, der Pressesprecher der US-Streitkräfte in Kandahar sagte mir: ›Der Taliban-Jahrgang 2004 war bedeutend kleiner als der von 2003.‹ ... In Kabul hofft Karzai, die Taliban seien jetzt so demoralisiert, dass man an eine Amnestie denken könne. Man erwartet, dass Karzai bald eine ›Versöhnung‹ mit allen Taliban, ausgenommen Omar und dessen obersten Kommandeuren, ankündigen wird ...«

Dass dies reine Propaganda war, muss auch den Herausgebern von *Time* bald klargeworden sein. Weniger als ein Jahr später verübten die Taliban am 26. Februar 2006 einen, allerdings gescheiterten, Anschlag auf Dick Cheney, während er die angeblich »sichere« US-Flugbasis in Bagram besuchte (die einst ein ebenfalls »sicherer« sowjetischer Luftwaffenstützpunkt gewesen war). Cheneys Überleben führte zu einer Kontroverse im amerikanischen Fernsehen, als der Moderator der Talkshow *Real Time*, Bill Maher, seine Bestürzung darüber ausdrückte, dass Kommentare, die in der gleichen Woche auf der *Huffington-Post*-Website abgegeben worden waren, gelöscht wurden, weil sie »bedauerten, dass der Angriff auf Dick Cheney fehlgeschlagen sei«. Maher fuhr dann fort: »Ich habe nicht den geringsten Zweifel, dass morgen niemand sinnlos sterben würde, wenn Dick Cheney nicht an der Macht wäre ... Ich sage nur, dass wenn er stirbt, andere Menschen, mehr Menschen am Leben bleiben würden. Das ist eine Tatsache.« Keine europäische Fernsehgröße hätte es gewagt, in aller Öffentlichkeit einen solchen Kommentar abzugeben. Der »Krieg gegen den Terror« hatte sie wohl zu sehr eingeschüchtert.

Zwei US-Soldaten und ein Söldner starben bei diesem Angriff auf Cheney, außerdem noch zwanzig weitere Menschen, die auf diesem Stützpunkt arbeiteten. Allein dieses Ereignis hätte eigentlich dem US-Vizepräsidenten das Ausmaß des Afghanistan-Debakels deutlich machen müssen. Die Verlustzahlen wuchsen 2006 bedeutend an, als die NATO-Truppen 46 Soldaten verloren, die in abgeschossenen Hubschraubern saßen oder in Kämpfe mit den Leuten gerieten, die man jetzt die »Neo-Taliban« nannte. In der Auseinandersetzung mit ihren afghanischen Gegnern sahen sich die Vereinigten Staaten einigen eng miteinander zusammenhängenden Problemen gegenüber.

Das erste war das Scheitern des »Nation-Building«. Nur wenige vergossen in Afghanistan und anderswo Tränen, als die Taliban stürzten, aber die Hoffnungen, die von der westlichen Demagogie geweckt worden waren, hielten nicht lange an. Es wurde bald deutlich, dass die neue, aus Amerika nach Afghanistan verpflanzte Elite einen großen Teil der Auslandshilfe für sich abschöpfen und ihre eigenen auf Bestechung und Vetternwirtschaft beruhenden Netzwerke bilden würde.

Dann gab es da diese »Helfer« von den Nichtregierungsorganisationen, den NGOs. Selbst diejenigen, die der Besetzung eigentlich positiv gegenüberstehen, haben ihre Geduld mit diesen Organisationen längst verloren. Natürlich konnte die Regierung Karzai sie von Anfang an nicht leiden, da sie der Ansicht war, dass alle Hilfsgelder nur von ihr allein verteilt werden sollten. Aber die Unzufriedenheit mit diesen Organisationen ist heute in der ganzen afghanischen Bevölkerung weit verbreitet. In einem Staat, in dem eigentlich noch nie stabile Verhältnisse herrschten, hatte die Idee der »Zivilgesellschaft«, die die NGOs aufbauen wollten, keinen besonderen Reiz. Darüber hinaus lösten die ihnen zur Verfügung stehenden Mittel beträchtlichen Unmut aus. Ein erfahrener und in diesen Fragen wohlbewanderter US-amerikanischer Hochschullehrer meinte dazu: »Die NGOs brachten Dutzende von überbezahlten jungen Leuten in die afghanischen Gemeinschaften, wo sie mit ihren hohen Gehältern und neuen Fahrzeugen protzten. Noch schlimmer war aber, dass ihre gut finanzierten Aktivitäten die Armut und Ineffektivität der einheimischen Zivilverwaltung erst richtig deutlich machten und deren lokale Vertreter in den Augen der Bevölkerung diskreditierten.«[67] Es war deshalb nicht überraschend, dass sie zu einem Ziel der Aufständischen wurden und zu ihrem Schutz Söldner anheuern mussten.

Es gibt kaum Anzeichen dafür, dass die »Hilfs- und Wiederaufbaugelder« in Höhe von 19 Milliarden Dollar, die nach Afghanistan flossen, dazu genutzt worden wären, das Los der Mehrzahl seiner Bevölkerung zu verbessern. Die Elektrizitätsversorgung ist jetzt schlechter als vor fünf Jahren. Ein Kommentator stellte dazu fest: »Während die Ausländer und wohlhabende Afghanen elektrisch betriebene Klimaanlagen, Boiler, Computer und Satellitenfernseher mithilfe von privaten Generatoren benutzen können, mussten die normalen Kabuler einen Sommer ohne Ventilator erdulden und können sich schon einmal auf einen Winter ohne Heizung vorbereiten.«[68] So ist es auch kein Wunder, dass in jedem Winter Hunderte von obdachlosen Afghanen erfrieren.

Alles in allem hat die »Nationenbildung« in Afghanistan bisher nur einen Marionettenpräsidenten, der für sein Überleben auf ausländische Söldner angewiesen ist, eine korrupte und zu Übergriffen neigende Polizei, eine »nicht funktionierende« Justiz und eine ständig schlimmer werdende soziale und wirtschaftliche Krise hervorgebracht. Selbst westliche Fachleute geben inzwischen zu, dass diese Beschreibung weitgehend stimmt.

Im September 2005 wurden kurzfristig angesetzte Parlamentswahlen durchgeführt, bei deren Vorbereitung man sich für viel Geld die Hilfe

US-amerikanischer Werbeunternehmen sicherte. Der Löwenanteil floss dabei an die Rendon Group in Washington D.C., mit der allein man Verträge im Wert von 60 Millionen Dollar abschloss. Die Wahlen wurden zumindest teilweise zur Befriedigung der öffentlichen Meinung des Westens organisiert. Allerdings ließen die Realitäten vor Ort nach kurzer Zeit jeden zeitweiligen Imagegewinn verpuffen. In einigen Regionen mussten die NATO-Truppen, in anderen die Nordallianz die Wahllokale schützen. Es gab zahlreiche Berichte über Unregelmäßigkeiten. Einwohner von Baghlan, Kapisa und Herat erzählten Reportern der Pajwhok-Afghan-Nachrichtenagentur, dass einige Wahlbeauftragte, Beamte und Polizisten sie gezwungen hätten, ihre Stimme ganz bestimmen Kandidaten zu geben. Karzai musste in einer speziellen Wahlkabine abstimmen, die man im Innern des Präsidentenpalastes eingerichtet hatte.

Die Ergebnisse konnten nicht gerade als Unterstützung der NATO interpretiert werden. 12 Millionen Menschen waren wahlberechtigt, aber nur etwas mehr als 4 Millionen gingen zur Wahl. Bereits im Jahr 2004 war Karzai zum Präsidenten gewählt worden. Gleich darauf hatte er damals seine Isolierung in diesem Land sowie seinen erprobten Selbsterhaltungsinstinkt bewiesen, als er es ablehnte, sich von einer Sicherheitstruppe bewachen zu lassen, deren Mitglieder Paschtunen waren. Stattdessen bestand er auf dem Schutz durch gestandene US-Marines, die alle wie Schwarzenegger im Film *Terminator* aussahen. Sie wurden später dann durch Söldner ersetzt.

Im September 2006, nur ein Jahr nachdem die Parlamentswahlen in den westlichen Medien als Riesenerfolg gefeiert worden waren, kostete ein Selbstmordanschlag auf einen US-Konvoi in unmittelbarer Nähe der amerikanischen Botschaft 18 Menschen, darunter zwei US-Soldaten, das Leben. Ein CIA-Lagebericht aus demselben Monat malte wieder einmal ein düsteres Bild. Karzai und sein Regime seien hoffnungslos korrupt und unfähig, Afghanistan gegen die Taliban zu verteidigen. Ronald E. Neumann, der US-Botschafter in Kabul, unterstützte diese Sicht und erzählte der *New York Times,* dass die Vereinigten Staaten »vor wichtigen Entscheidungen« stünden: Eine Niederlage könne nur noch durch »mehrere Milliarden« Dollar über »mehrere Jahre« abgewendet werden.[69]

Wie Neumann vertreten auch andere, die wie die wichtigsten Medien und politischen Parteien in Nordamerika und Europa den Krieg in Afghanistan immer noch befürworten, die Meinung, dass noch mehr Aufbauunterstützung in der Art, wie sie im Nachkriegsjapan und -westeuropa geleistet wurde, das Land stabilisieren würde. Andere meinen, man sollte sich die alten britischen imperialen Herrschaftsmethoden zum Vorbild nehmen. Keines dieser Argumente ist haltbar. Hätte man Afghanistan mit einer Art kleinem Marshall-Plan sichern können, wie es zahlreiche Unterstützer des Krieges behaupten, die dem Weißen Haus vorwerfen, nicht genug für soziale Projekte ausgegeben zu haben? Natürlich wäre es möglich, dass der Bau von freien Schulen, Krankenhäusern und Billigwohnungen für die Armen und der Wiederaufbau der gesellschaftlichen Infrastruktur, die nach dem Abzug der sowjetischen Truppen im Jahr 1989 zerstört worden war, das Land stabilisiert hätte. Aber weder die Vereinigten Staaten noch ihre EU-Verbündeten waren an einem Projekt interessiert, das den gängigen neokolonialen Politikansätzen zuwiderlief. Der Marshall-Plan war eine einmalige Reaktion auf eine ernste Vertrauenskrise in ein System, das durch einen furchtbaren Krieg weitgehend zerstört worden war. Er sollte vor allem Westeuropa angesichts einer angeblichen kommunistischen Bedrohung innerlich festigen. Er war eine ganz besondere Operation ohne Vorgänger und Nachfolger: Zum ersten Mal in der Geschichte hatte eine siegreiche Macht (die Vereinigten Staaten) ihren wirtschaftlichen Rivalen wieder auf die Beine geholfen, damit man sich einem gemeinsamen Feind entgegenstellen konnte, dessen Wirtschaftssystem damals noch als Herausforderung galt. Afghanistan war eine völlig andere Situation und wurde mehr in der Art einer klassischen Kolonialoperation durchgeführt. Einige schlugen vor, man solle das britische Modell des »guten« Imperialismus und nicht dessen rohe und brutale amerikanische Variante anwenden. Diese Unterscheidung ließ die braven Afghanen sicherlich kalt, die seit Langem verstanden hatten, dass die Briten zwar fähige Verwalter sein konnten, aber trotzdem genauso brutal waren wie ihre Vettern jenseits des Atlantiks, wie sie es in ganz Afrika, dem Nahen und Mittleren Osten und Indien immer wieder bewiesen haben. Außerdem war ihr Leistungszeugnis, was die Entwicklung von ihnen besetzter Länder anging, nicht gerade berauschend. Als die Briten im Jahr 1947 Indien verließen, waren 85 Prozent der indischen Wirtschaft noch rein ländlich, und die überwältigende Mehrheit der »Mitternachtskinder« (Salman Rushdie) konnte weder lesen noch schreiben. Dieses koloniale Erbe wird von der *Cambridge Economic History of India* (»Cambridge Wirtschaftsgeschichte Indiens«), Band II, ca. 1757 bis ca. 1970, kurz und treffend zusammengefasst:

> »Die Kapitalbildung (etwa 6 Prozent des Nettoinlandsprodukts) reichte nicht aus, um eine Erhöhung des Pro-Kopf-Einkommens zu bewirken, das nur ein Zwanzigstel des damals in den entwickelten Ländern erreichten Niveaus betrug. Die durchschnittliche Nahrungsmittelversorgung war nicht nur qualitativ und quantitativ unzureichend, sondern auch äußerst unsicher, wie es die immer wieder ausbrechenden Hungersnöte schmerzlich unterstrichen. Der Analphabetismus war mit 84 Prozent sehr hoch und die Mehrheit (60 Prozent) der Kinder in der Altersgruppe zwischen sechs und elf Jahren besuchte keine Schule; Masseninfektionskrankheiten wie Malaria, Schwarze Pocken und Cholera waren weit verbreitet, und aufgrund eines fehlenden guten öffentlichen Gesundheitssystems und der schlechten sanitären Verhältnisse war auch die Sterblichkeitsziffer (27 pro 1000) sehr hoch. Die Armuts-, Bildungs- und Krankheitsprobleme wurden durch die ungleiche Verteilung der Ressourcen zwischen den einzelnen Bevölkerungsgruppen und Regionen noch verschärft.«

Rory Stewart, der als »Kolonialverwalter« im britisch besetzten Südirak tätig war, ärgerte die Dummheit der Besatzer sowohl im Irak wie in Afghanistan über alle Maßen. Auch die Idee, man könne eine »Zivilgesellschaft« in solch alte Länder importieren, erschien ihm nicht schlüssig. Er schrieb dazu in der *New York Times*:

> »Außenpolitische Experten werden Ihnen erzählen, dass armen Staaten ein verlässliches Rechtssystem, eine lebendige Zivilgesellschaft, freie Medien und ein transparenter öffentlicher Dienst fehlen ... Die Mitarbeiter internationaler Organisationen beklagen sich im Allgemeinen, dass die Afghanen oder Iraker oder Kenianer ›nicht planen‹ und ›nichts in die Tat umsetzen‹ können.
> Schlimmstenfalls ist diese Einstellung rassistisch, schikanös und ignorant. Aber es gibt dafür auch weniger finstere Erklärungen. Als ich noch Diplomat war, wurde ich für meinen ›Realismus‹ gelobt, wenn ich kritische Depeschen nach Hause schickte. Jetzt, da ich für eine gemeinnützige Organisation arbeite, merke ich, dass

Spendenanträge besser ankommen, wenn wir die negativen Aspekte der örtlichen Gesellschaft betonen … Afghanen und Iraker sind oft von Grund auf mutige, charmante, großzügige, einfallsreiche und ehrenwerte Leute. Ihre Sozialstrukturen haben Jahrhunderte der Armut und fremder Übergriffe und Jahrzehnte des Kriegs und der Unterdrückung überlebt und es ihnen erlaubt, fast unvorstellbare Traumen zu überwinden. Äußert man allerdings solche Ansichten, gilt man leicht als unheilbar romantisch oder sogar gönnerhaft.
Und doch hat man nur dann eine Chance, eine Nation wie Irak und Afghanistan trotz des dort herrschenden Aufstands und Bürgerkriegs wiederaufzubauen, wenn man einige dieser traditionellen Werte herausfindet, weiterentwickelt und nutzbar macht … Dies mag für die internationale Gemeinschaft unbequem sein. Ein Führer, der dort Recht und Ordnung wiederherstellen, sich bis aufs Blut bekämpfende Gruppen miteinander versöhnen und den Sehnsüchten eines ganzen Volkes Ausdruck verleihen kann, ähnelt eher einem Atatürk als einem US-Präsidenten. Dies darf allerdings nicht als Forderung nach einer Diktatur verstanden werden. Echter Fortschritt lässt sich nur erzielen, wenn er von den echten, ihm von niemandem aufgezwungenen Wünschen des Volkes unterstützt wird.«[70]

In Stewarts Ausführungen findet sich ein Anflug von imperialer Romantik, der es ihm sicher gestatten wird, über viele bittere Enttäuschungen hinwegzukommen. Ein kühlere, philosophischere Geisteshaltung würde dagegen sofort verstehen, dass es nicht allein die Hilfe ist, die diese Bestrebungen dämpft, sondern die imperiale Präsenz selbst.
Es ist manchmal instruktiv, die Geschichte eines Landes an Hand der Entwicklung einer Stadt zu untersuchen. Nehmen wir zum Beispiel Kabul, das im Lauf von drei Jahrtausenden zahlreiche Invasionen und Besetzungen über sich ergehen lassen musste, von denen nur wenige gütlich abliefen. Bereits lange vor Christi Geburt existierte in diesem 1800 Meter über dem Meeresspiegel liegenden Tal eine größere Ansiedlung. Viele Jahrhunderte lang lag die Stadt am Kreuzungspunkt benachbarter Kulturen, da man von hier aus die Pässe beherrschen konnte. Zahlreiche Eroberer von Alexander von Makedonien über Sultan Mehmet den Eroberer, Tschingis Khan, Babar, bis zu weniger bekannten

Namen hielten sich auf dem Weg nach Indien einige Zeit hier auf. Babar liebte diese Stadt besonders und machte sie für einige Jahre zu seiner Hauptstadt, bevor er nach Süden weiterzog. Als begeisterter Landwirt überwachte der Gründer der Mogul-Dynastie die Bewässerung großer Ackerflächen, pflanzte Obstplantagen und legte Gärten mit künstlichen Wasserläufen an, die die Sommerhitze und die sandgeschwängerte Luft der Stadt erträglicher machten.

Die Stadt selbst war ein Triumph der mittelalterlichen Mogul-Architektur. Ali Mardar Kahn, ein Mogulstatthalter des 17. Jahrhunderts und berühmter Architekt und Ingenieur öffentlicher Bauten, errichtete einen *char-chala* (vierseitigen) überdachten und arkadengesäumten Basar, der den Märkten nachgebildet war, die es einst in einer ganzen Reihe von alten muslimischen Städten wie Kairo, Damaskus, Bagdad, Palermo und Cordoba gab (und gelegentlich heute noch gibt). Nichts in der ganzen Region kam diesem Bau gleich. Nicht einmal Lahore oder Delhi hatten etwas Ähnliches zu bieten. Dieser einmalige Markt wurde 1842 von der »Army of Retribution«, der »Armee der Vergeltung«, des schottischen Generals George Pollock bewusst zerstört. Diese Truppe gehörte zu den schlimmsten Totschlägern, Plünderern und Brandschatzern, die jemals in Afghanistan einfielen, obwohl es viele Mitbewerber in diesem traurigen Wettbewerb gab und gibt. Nachdem sie in einer Reihe von Städten eine Niederlage erlitten hatten und jetzt auch gezwungen waren, Kabul zu verlassen, bestraften die Briten die Einwohner dieser unbotmäßigen Stadt, indem sie ihren Markt aus dem Stadtplan strichen.

Anderthalb Jahrhunderte später errichteten die Russen außerhalb der Altstadt für ihre Truppen und anderes Personal zahlreiche seelenlose mehrstöckige Plattenbauten. Nach ihrem Abzug schafften es dann die sich gegenseitig bekämpfenden afghanischen Kriegsherren und islamischen Gruppierungen beinahe, die Stadt völlig zu zerstören. Die Jade Maiwand, eine wichtige Einkaufsstraße, die man in den 1970er-Jahren mitten durch das Stadtzentrum geschlagen hatte, wurde während der Kampfhandlungen von 1992 bis 1996 fast vollständig dem Erdboden gleichgemacht. Ajmal Maiwandi, ein afghanisch-amerikanischer Architekt, beschreibt, wie sich Kabul durch seine traurige jüngere Geschichte gewandelt hat:

»Die hauptsächlichen Zerstörungen in Kabul fanden zwischen 1992 und 1996 statt, nachdem die Sowjetunion 1989 abgezogen war und die Stadt im Jahr 1992 in die Hand verschiedener, sich untereinander bekämpfender bewaffneter Gruppierungen fiel. In diesem Krieg war die urbane Identität Kabuls einem ständigen Wandel unterworfen: Aus einer modernen Hauptstadt wurde das militärische und politische Hautquartier einer Invasionsarmee. Danach wurde es der belagerte Sitz einer Marionettenregierung, nach deren Sturz die sich mitten in der Stadt bekriegenden Fraktionen zwei Drittel seiner Gebäude zerstörten. Danach wurde Kabul zum Testgelände des religiösen Fanatismus, der ihr auch noch den letzten Rest urbanen Lebens austrieb. Dann ging es ganz schnell. Aus einem Bombenziel des Kriegs gegen den Terrorismus wurde ein sicheres Einfallstor nach Afghanistan für alle von der internationalen Gemeinschaft unterstützte Friedenserhaltungsmaßnahmen. Gegenwärtig ist die Stadt zum Symbol einer neuen Phase des internationalen Unilateralismus geworden.«[71]

Wie Kabul nach dem Abzug der NATO aussehen wird, wissen wir noch nicht, aber die großen Slumsiedlungen, die überall auf dem Gelände der Stadt emporschießen, könnten einen ersten Hinweis darauf geben. Vielleicht wird die Stadt zu einer Touristenattraktion auf der großen Tour durch den »Planeten der Slums«.[72]

Allerdings gehört die Architekturplanung gegenwärtig nicht unbedingt zu den Hauptproblemen des Landes. Die US-Präsenz macht sich gegenwärtig hauptsächlich militärisch bemerkbar. Ihre Luftstreitkräfte werden von den ängstlichen jungen US-Soldaten, die in diesem unfreundlichen Gelände operieren müssen, liebevoll »Big Daddy« genannt. Allerdings handeln diese Piloten weit weniger »väterlich«, wenn es um die Unterscheidung zwischen Zivilisten und Kämpfern geht. Das wirkliche Problem ist allerdings nicht so sehr die westliche Arroganz (wie hässlich die auch immer sein mag), sondern wie die Alternative in einer Gesellschaft aussehen könnte, in der die westliche Intervention einen Widerstand entfacht hat, wie man ihn aus früheren Besetzungen durch die Briten und die Sowjetunion kennt. Es gibt keine einfache Lösung. Klar ist nur, dass eine »internationale Gemeinschaft«, die aus ihrer Doppelmoral auch noch Gewinn zieht, von der dortigen Bevölkerung als Teil des Problems angesehen wird.[73]

Ein weiteres schwerwiegendes Problem stellen die lukrativen Blüten auf Afghanistans üppigen Mohnfeldern dar. Die NATO-Mission hat gar nicht erst ernsthaft versucht, eine beträchtliche Verminderung dieses Handels durchzusetzen. Wie könnte sie auch? Karzais eigene Anhänger, so wenige das auch sein mögen, würden ihn sofort fallen lassen, wenn man versuchen würde, ihre diesbezüglichen Handelsaktivitäten zu beenden. Auf jeden Fall wären dafür auch über viele Jahre massive Staatshilfen für die Landwirtschaft und die Heimarbeit nötig, um die Abhängigkeit vom Mohnanbau zu verringern. 90 Prozent der weltweiten Opiumproduktion findet in Afghanistan statt. Nach Schätzung der Vereinten Nationen trägt das Heroin 52 Prozent zum Bruttoinlandsprodukt dieses verarmten Landes bei. Es ist deshalb kein Wunder, dass der Opiumanbau jedes Jahr weiter intensiviert wird.

Neben dem Opium stellt besonders die Korruption der Elite ein großes Problem dar, das ständig wie ein unbehandelter Tumor weiterwuchert. Westliche Hilfsgelder, die für den Wiederaufbau des Landes bestimmt waren, wurden von deren örtlichen Verwaltern abgezweigt, um sich selbst noble Häuser zu bauen. Bereits im Jahr 2002 gab es einen großen Bauskandal. Kabinettsminister beschafften sich und ihren Kumpanen erstklassige Grundstücke in Kabul, wo die Grundstückspreise nach der Okkupation in schwindelnde Höhe gestiegen waren, als sich die Besatzer, die Mitarbeiter der NGOs und ihre Anhänger direkt vor den Augen der vielen Armen dieser Stadt große Villen bauten.

Und da gibt es natürlich auch noch die Widerstandsbewegung. Die »Neo-Taliban« kontrollieren wenigstens zwanzig Distrikte in den Provinzen Kandahar, Helmand und Uruzgan, wo NATO-Truppen die US-Soldaten abgelöst haben. Es ist kein Geheimnis, dass viele Beamte in diesen Gebieten heimliche Unterstützer der Guerillakämpfer sind. Die Lage ist außer Kontrolle, wie viele westliche Geheimdienste, die in diesem Lande tätig sind, sehr wohl wissen. Als die Besetzung gerade erst begonnen hatte, erklärte US-Außenminister Colin Powell, dass sein Modell Panama sei. »Unsere Strategie muss sein, das ganze Land durch militärische Verbände, Polizei und andere Mittel unter unsere Kontrolle zu bekommen.« Seine Kenntnisse über Afghanistan waren ganz offensichtlich ziemlich beschränkt. Panama mit seinen 3,5 Millionen Einwohnern hätte nicht unterschiedlicher sein können von Afghanistan, dessen Bevölkerung fast 30 Millionen betrug und das ganz unterschiedliche Landschaftsformen aufwies. Selbst der Versuch, das ganze Land militärisch zu besetzen, hätte ein Minimum von 200 000 Soldaten benötigt.

Tatsächlich wurden dann ganze 8000 amerikanische Soldaten geschickt, um den Sieg zu »besiegeln«. Dazu kamen dann noch 4000 »Peacekeeper« (die Deutschen nennen sie »Friedenstruppen«) aus anderen Ländern, die Kabul kaum verließen oder in den friedlicheren Regionen im Norden des Landes stationiert waren. Die Deutschen, die sich dem Aufbau einer einheimischen Polizeitruppe widmeten, und die Italiener machten sich ohne jede Ironie daran, »einen afghanischen Justizapparat auszubilden«. Die Briten, die bei den Afghanen sogar noch verhasster sind als die Amerikaner, saßen in Helmand mitten in den Mohnfeldern. Da sie den Widerstand nicht zerschlagen konnten, versuchten sie die örtlichen Aufständischen durch Geld ruhigzustellen, bis ein wütender Präsident Karzai sein Veto einlegte.

Colin Powells Ignoranz betraf auch die regionalen und ethnischen Komplexitäten. Auf einem vertraulichen Treffen, das kurz nach der Besetzung in Islamabad stattfand, begriff er offensichtlich nicht den Unterschied zwischen Ethnizität und Religion und setzte unbekümmert Paschtunen und Taliban ständig gleich. Der pakistanische Außenminister Khushid Mahmood Qasuri korrigierte diesen Irrtum seines Amtskollegen, indem er freundlich darauf hinwies, dass zwei höhere Beamte seines Ministeriums, die bei diesem Treffen anwesend waren, zwar Paschtunen, aber definitiv keine Taliban seien.

Während sich die wirtschaftlichen Verhältnisse in letzter Zeit nicht verbessert haben, fielen den NATO-Militärschlägen oft unschuldige Zivilisten zum Opfer, was 2006 zu wütenden antiamerikanischen Protesten in der afghanischen Hauptstadt führte. Was einige Afghanen direkt nach dem 11. September für notwendige Polizeiaktionen gegen al-Qaida gehalten hatten, wird nun in der ganzen Region von einer ständig wachsenden Mehrheit als ausgewachsene Besetzung durch eine Supermacht betrachtet.

Die blind zuschlagenden westlichen Aufstandsbekämpfungsmaßnahmen lassen den Menschen keine Wahl, als ihnen Widerstand zu leisten, vor allem in einem Teil der Welt, in dem die Kultur der Blutrache noch sehr lebendig ist. Wenn sich eine ganze Gemeinschaft bedroht fühlt, verstärkt sich ihre Solidarität, ungeachtet der Unzulänglichkeiten derer, die den Angreifer bekämpfen. Viele Afghanen, die die Taliban verabscheuen, sind gleichzeitig über das Versagen der NATO und das Verhalten ihrer Truppen dermaßen verärgert, dass sie jede Oppositionsbewegung unterstützen würden. Ein verwandtes Problem sind die undisziplinierten Söldner, die die NATO-Armeen auf unterschiedlichste Art unterstützen sollen. Sie unterstehen keinem Militärkommando, und selbst wohlwollende Beobachter geben zu, dass »ihr Verhalten, einschließlich des Konsums von Alkohol und ihrer häufigen Besuche in den Bordellen, die in letzter Zeit in Kabul aus dem Boden schießen (beides ist den US-Militärangehörigen verboten, ein Verbot, das auch wirkungsvoll durchgesetzt wird), zu öffentlichem Zorn und Unmut bei der afghanischen Bevölkerung führt«.[74] Hier ließen sich noch die zahlreichen Vergewaltigungsfälle, die ungesetzliche Tötung von Zivilisten, die summarischen Verhaftungen und die raue Behandlung von Frauen durch männliche Soldaten hinzufügen. All dies hat den starken Wunsch nach einer Bewahrung der nationalen Würde geweckt, der nur durch eine echte Unabhängigkeit befriedigt werden kann.

Wie die Briten und die Russen in den vergangenen beiden Jahrhunderten zu ihrem Leidwesen erfahren mussten, mögen es die Afghanen ganz und gar nicht, besetzt zu werden. Die Neo-Taliban nehmen ständig zu und gehen neue Bündnisse ein. Man schließt sich nicht mit ihnen zusammen, weil ihre sektiererischen religiösen Praktiken plötzlich populär geworden wären, sondern weil sie im Moment den einzig verfügbaren Verband darstellen, der eine nationale Befreiungsbewegung anführen könnte. Der Ablauf des Prozesses ist gut dokumentiert. Die mittleren Kader der Taliban, die im November 2001 über die Grenze geflohen waren, gruppierten sich bis zum folgenden Jahr neu und begannen kleinere Guerillaaktivitäten, die einige neue Rekruten aus pakistanischen Koranschulen und Flüchtlingslagern anzogen. Seit 2004 wurde dann eine zunehmend größer werdende Zahl von jungen Wasiris durch die Angriffe westlicher bewaffneter Drohnen sowie das Eindringen von pakistanischen Militär- und Polizeieinheiten in die Stammesgebiete radikalisiert. Ab 2003 wurde die Bewegung auch aktiv in den Moscheen unterstützt, zuerst von den Dorfmullahs in den Provinzen Zabul, Helmand, Ghazni, Paktika und Kandahar und danach auch in den Städten. 2006 gab es dann die ersten Berichte über Kabuler Mullahs, die bisher Karzais Alliierte unterstützt hatten, aber nun gegen die Ausländer und die Regierung wetterten. In den nordöstlichen Grenzprovinzen Takhar und Badachschan gab es die ersten Aufrufe zu einem Dschihad gegen die Besatzungsmacht.

Laut eines wohlinformierten, kürzlich entstandenen Lageberichts stammen die meisten neurekrutierten Kämpfer aus »Gemeinschaften, die die lokalen Behörden und Sicherheitskräfte gegen sich aufgebracht hatten«. In Kandahar, Helmand und Uruzgan hatten Karzais Kumpane – Distrikts- und Provinzgouverneure, Sicherheits- und Polizeichefs – die örtliche Bevölkerung durch ihre Schikanen und Erpressungen wütend gemacht, wenn sie nicht sogar US-Truppen gegen sie losgeschickt hatten. Unter diesen Umständen waren die Taliban die einzige Möglichkeit, sich aktiv zu verteidigen. Der Bericht stellt außerdem fest, dass die Taliban selbst behaupten, dass Familien, die durch wahllose US-Luftangriffe auf ihre Dörfer in die Flüchtlingslager getrieben worden seien, eine ihrer Hauptrekrutierungsquellen darstellten. 2006 gewann die Bewegung dann die Unterstützung von Händlern und Geschäftsleuten in Kandahar und führte dort im gleichen Jahr auch eine »Mini-Tet-Offensive« durch. Ein Grund für ihren wachsenden Erfolg in den Städten liegt angeblich darin, dass die Neo-Taliban ihre »sittlichen« Anforderungen wenigstens für Männer gelockert haben, die jetzt nicht mehr unbedingt Bärte tragen müssen und auch Musik hören dürfen. Außerdem haben sie ihre Propagandamethoden verbessert. Inzwischen produzieren sie auch Videos und CDs von populären Volkssängern, sowie DVDs über US-amerikanische und israelische Gräueltaten im Irak, Libanon und Palästina.

Für den Wiederaufstieg der Taliban kann man also nicht einfach Islamabad verantwortlich machen, das nach Ansicht etlicher Amerikaner die Grenze nicht genug geschützt und die »Kommando- und Kontrollverbindungen« nicht gekappt hat. Während der ISI beim Rückzug von 2001 eine entscheidende Rolle spielte, übt er jetzt längst nicht mehr denselben Grad von Kontrolle über eine viel diffusere und weit verstreute Bewegung aus, der die Besetzung selbst die neuen Kämpfer zutrieb. Das Versagen der NATO kann man also nicht einfach der pakistanischen Regierung in die Schuhe schieben.

Es ist ein traditioneller Trick jedes Kolonialsystems, »fremde Mächte« für innere Probleme verantwortlich zu machen: Karzai ist ein Spezialist auf diesem Gebiet. Wenn überhaupt, funktioniert die Destabilisierung allerdings umgekehrt: Der Krieg in Afghanistan hat in beiden pakistanischen Grenzprovinzen eine kritische Lage geschaffen. Die paschtunische Mehrheit in Afghanistan hatte immer enge Verbindungen zu ihren paschtunischen Vettern in Pakistan. Die gegenwärtige Grenze war ihnen vom britischen Empire aufgezwungen worden, war aber immer durchlässig geblieben. Es ist praktisch unmöglich, einen texanischen Zaun oder eine israelische Mauer entlang der gebirgigen und fast nie gekennzeichneten 2500 Kilometer langen Grenze zu bauen, die beide Länder trennt. Die Lösung kann nur eine politische sein. Und sie sollte in der Region und nicht in Brüssel oder Washington gefunden werden.

Die kalten Winde des Hindukusch haben über die Jahrhunderte sowohl die einheimischen Reformer als auch die fremden Besatzer erfrieren lassen. Um erfolgreich zu sein, muss sich ein echter Friedensprozess an der Geografie und der ethnischen Zusammensetzung des Landes orientieren. Wer behauptet, dass man doch nur afghanische Stammesführer mit viel Geld kaufen müsse, wie es die Briten früher getan haben, zeigt wenig Ahnung. Vergleicht man Elizabeth Rubins plastische Berichte aus Afghanistan in der *New York Times* mit der Berichterstattung derselben Zeitung über Vietnam von vor vierzig Jahren, fallen einem sofort bezeichnende Ähnlichkeiten auf. Rubin wie damals David Halberstam in Vietnam ist alarmiert von der hohen Zahl der toten Zivilisten, die den Angriffen der NATO zum Opfer fallen: »Allein das Gewicht des Metalls, das auf Afghanistan hinabregnet, ist kaum zu glauben: Zwischen Januar und September 2007 war es fast eine Million Pfund, gegenüber knapp einer halben Million im ganzen Jahr 2006.« Sie beschreibt später den Krieg in der Provinz Kunar, wo afghanische Guerillas eine erstaunliche Zahl von Angriffen durchführen. Selbst direkt vor ihrem Hauptquartier geraten amerikanische Soldaten immer wieder unter Beschuss.

> »Die Kugeln schlugen direkt vor uns ein. Kearney schubste mich sofort in eine danebenstehende Hütte, in der ein Afghane gerade Brot backte. Es waren noch einige weitere Schüsse zu hören. Das war ›One-Shot Freddy‹ (Ein-Schuss-Freddy), wie ihn die Soldaten nannten, ein Scharfschütze der Aufständischen, über den jeder seine eigene Theorie hatte, was die Art seines Gewehrs, seine Identität und seine Taktik anging. Aber weder Kearneys Scouts noch die Drohne ›Shadow‹ konnten ihn jemals aufspüren. Ich ritzte versehentlich meinen Unterarm an einem Nagel in der Hütte auf. Als ich die kleine Blutlache betrachtete, die sich allmählich auf dem Boden bildete, wurde mir plötzlich eines klar. Wenn ich monatelang ununterbrochen mit Freddy und seinesgleichen zusammen-

leben müsste, würde ich auch in jedem Dorfbewohner einen Mann mit gespaltener Zunge sehen und nur noch an Rache denken.«[75]

Man könnte meinen, dass Washingtons strategisches Ziel in Afghanistan nur die Disziplinierung der europäischen Verbündeten, die sie im Irak verraten haben, und ein Austesten der anderen Alliierten sei. Im März 2008 war der NATO-Generalsekretär Joop Scheffer voll des Lobs über die Kroaten: »Die kroatische Beteiligung, und das gilt auch für andere Partner, ist sehr wichtig. Ein Beurteilungsmaßstab für Nationen, die an die Tür der NATO klopfen, ist natürlich: Sind sie bereit, mit uns zusammen Sicherheitsexporteure zu sein, also nicht einfach Sicherheitskonsumenten, sondern auch Sicherheitsexporteure? Kroatien ist sicherlich eine jener Nationen, die bewiesen haben, dass sie ein Sicherheitsexporteur sind, und ich freue mich, von meinen montenegrinischen Freunden zu hören, dass auch Montenegro – und ich weiß das – an diesem Prozess teilnehmen wird.«

Die Deutschen, die immer noch die afghanischen Polizeikräfte ausbilden, sollten allerdings einmal darüber nachdenken, ob die Fähigkeiten, die sie jungen Afghanen im Rahmen der »Verfahrenselemente einer transatlantischen Nationenbildungsstrategie« (was für ein Ausdruck!) heute vermitteln, morgen nicht auch gegen die NATO eingesetzt werden könnten, wie das bereits im Irak geschieht, wo frischgebackene Soldaten, denen man befiehlt, ihre eigenen Leute zu töten, oft auf die andere Seite überlaufen.

Es ist heute ebenfalls klar, dass die Gefangennahme der al-Qaida-Führer nicht das Hauptziel der NATO-Besatzer sein kann. Selbst wenn der ISI sie aufspüren und Washington übergeben würde, ist es höchst unwahrscheinlich, dass die NATO das Land verlassen würde. Die Behauptung, die Invasion sei ein »Selbstverteidigungskrieg« der NATO ist eine weitere Verhöhnung des Völkerrechts, das zuvor schon so weit pervertiert wurde, dass es einen mit viel Glück erfolgreichen Angriff einer winzigen arabischen Terrorgruppe in einen Vorwand für einen dauernden militärischen Vorstoß im Nahen und Mittleren Osten und Zentralasien verdrehen konnte.

Hierin liegen auch die Gründe für die weitgehende Einigkeit der westlichen Meinungsmacher, dass die Besetzung nicht nur weitergehen, sondern sogar noch ausgedehnt werden muss – »viele Milliarden über viele Jahre«. Nach diesen Gründen sollte man nicht in den Bergfestungen von Afghanistan, sondern in Washington und Brüssel suchen. Der *Economist* fasste es treffend zusammen: »Eine Niederlage wäre nicht nur ein schwerer Schlag für die Afghanen, sondern auch« – und natürlich noch weit wichtiger – »für das NATO-Bündnis«. Wie üblich hat im Kalkül der Großmächte die Geopolitik Vorrang vor den afghanischen Interessen. Das Stützpunktabkommen, das die Vereinigten Staaten im Mai 2005 mit ihrem Beauftragten in Kabul abschlossen, gibt dem Pentagon das Recht, auf Dauer eine massive Militärpräsenz in Afghanistan aufrechtzuerhalten. Dass Washington in diesem schwierigen und unwirtlichen Terrain nicht nur deshalb permanente Stützpunkte haben möchte, um damit die »Demokratisierung und eine verantwortungsbewusste Regierungsführung« zu befördern, machte der NATO-Generalsekretär Joop Schaffer im März 2008 im Brookings Institute deutlich: Die Möglichkeit, eigene militärische Einrichtungen und möglicherweise auch Atomraketen in einem Land zu haben, das an China, Iran und Zentralasien grenzt, durfte nicht verpasst werden.

Strategisch gesehen ist Afghanistan inzwischen ein zentraler Ort für die Vereinigung und Ausdehnung des machtpolitischen Griffs, in dem der Westen die Weltordnung hält. Einerseits, so lautete das Argument, bietet es den Vereinigten Staaten die Gelegenheit, den Fehlschlag, im Irak ihren Willen durchzusetzen und den Verbündeten dort eine größere Rolle zuzuweisen, in gewisser Weise auszugleichen. Gerade Obama und Clinton unterstrichen, dass im Gegensatz zum Irak Amerika und seine Verbündeten »in Afghanistan mehr gemeinsame Ziele haben. Das Ergebnis der Bemühungen der NATO, Afghanistan zu stabilisieren, und die Führerschaft der Vereinigten Staaten bei diesem Unternehmen könnten sehr wohl Auswirkungen auf den Zusammenhalt des Bündnisses und Washingtons Fähigkeit, die Zukunft der NATO zu gestalten, haben.«[76] Darüber hinaus schlagen NATO-Strategen angesichts des Aufstiegs von China eine größere Rolle des westlichen Militärbündnisses vor. Während bisher dessen Schwerpunkt beiderseits des Nordatlantiks lag, »muss die NATO im 21. Jahrhundert ein Bündnis werden, das zwar auf dem europäisch-atlantischen Raum aufbaut, das aber auch dazu bestimmt ist, jenseits seiner Grenzen für systemische Stabilität zu sorgen«:

»Der Machtschwerpunkt auf diesem Planeten verlagert sich gerade unaufhaltsam nach Osten. Die asiatisch-pazifische Region hat der Welt zwar viel Dynamik und viele positive Ansätze zu bieten, allerdings ist ihr schneller Wandel bisher weder stabil noch in stabile Institutionen eingebettet. Bis dies erreicht sein wird, ist es die strategische Verantwortung der Europäer und Nordamerikaner und der Institutionen, die sie gemeinsam aufgebaut haben, die Vorreiterrolle zu spielen … Eine effektive Sicherheit ist in einer solchen Welt unmöglich ohne Legitimität und Durchsetzungsvermögen.«[77]

Der Verfasser fährt fort, dass der einzige Weg, das internationale System zu schützen, das der Westen aufgebaut habe, darin bestehe, die transatlantische Beziehung »mit neuer Energie aufzuladen«: »Es kann keine systemische Sicherheit ohne Sicherheit in Asien geben, und es wird keine Sicherheit in Asien ohne eine starke Beteiligung des Westens geben.«

Im Moment sind diese Ambitionen reines Wunschdenken. So gingen in ganz Afghanistan wütende Menschen aus Protest gegen Karzais Unterzeichnung des Stützpunktabkommens mit den Vereinigten Staaten auf die Straße – ein deutliches Zeichen, wenn denn ein solches überhaupt noch nötig gewesen war, dass die NATO Karzai mitnehmen muss, wenn sie abzieht.

Als Reaktion auf diesen Vertrag forderte Usbekistan die Vereinigten Staaten auf, ihren dortigen Stützpunkt zu räumen und dessen gesamtes Personal außer Landes zu bringen. Wie zu hören war, protestierten auch die Russen und Chinesen nichtöffentlich, aber äußerst heftig, und führten daraufhin zum ersten Mal gemeinsame Militärmanöver auf dem jeweiligen Nachbarterritorium durch: »Die Besorgnis über offensichtliche US-Pläne für Stützpunkte in Afghanistan und Zentralasien« waren ein wichtiger Grund für diese Annäherung. Der Iran blieb zwar verbal gemäßigt, erhöhte aber die Exportzölle und stoppte alle Bauaktivitäten in Herat. Als Antwort auf Karzais Bitten um Verständigung schlug Teheran einen Vertrag vor, der Geheimdienstaktivitäten beider Staaten auf dem Gebiet des Nachbarlandes verboten hätte. Man kann sich kaum vorstellen, wie Karzai dies hätte unterzeichnen können, ohne eine Miene zu verziehen.

Washingtons Optionen sind beschränkt. Die Lösung, die man wohl am liebsten hätte, nämlich eine Balkanisierung und die Gründung mehrerer ethnischer Protektorate, wird in Afghanistan kaum funktionieren. Die Kosovaren und andere Völker im früheren Jugoslawien waren gerne bereit, zur Klientelnation zu werden. Dagegen sind die Hasara mit dem indirekten Schutz der Iraner völlig zufrieden. Überhaupt lehnt Teheran eine Aufspaltung Afghanistans ab. Dies gilt auch für die Russen und ihre zentralasiatischen Verbündeten, die die Tadschiken unterstützen. Einige amerikanische Geheimdienstleute haben bereits informell über die Schaffung eines paschtunischen Staates nachgedacht, der die verschiedenen Stämme vereinigen und die Durandlinie von der Landkarte streichen würde. Dies würde allerdings Pakistan und Afghanistan in einem Maße destabilisieren, dass die Folgen absolut unvorhersehbar wären. Im Moment scheint es sowieso niemand in beiden Ländern zu geben, der sich für ein solches Projekt erwärmen könnte.

In diesem Fall böte sich eine Alternative an: Damit meine ich einen Abzug der NATO-Truppen, dem ein Regionalpakt entweder vorausgehen oder folgen würde, der die afghanische Stabilität für die nächsten zehn Jahre gewährleistet. Pakistan, der Iran, Indien, Russland und möglicherweise China könnten eine funktionierende nationale Regierung garantieren und unterstützen, die sich verpflichtet, die ethnische und religiöse Vielfalt Afghanistans zu wahren. Ein wirksamer Sozial- und Wirtschaftsplan zum Wiederaufbau des Landes und der Befriedigung der Grundbedürfnisse der Bevölkerung wäre allerdings ebenfalls eine Vorbedingung für eine andauernde Stabilität.

Dass dies in Afghanistans Interesse liegt, würde auch sein Volk sofort erkennen, das durch die Jahrzehnte eines endlosen Kriegs und zwei längere fremde Besetzungen schwer erschöpft ist. Allerdings hat die NATO-Besetzung eine solche Lösung sehr schwierig gemacht. Ihr voraussagbares Scheitern hat die Taliban wiederbelebt, die eine wachsende Zahl armer Paschtunen in ihre Reihen eingliedern konnten. Ein Abzug der NATO könnte aber einen ernsthaften Friedensprozess anstoßen. Er könnte auch Pakistan nützen, vorausgesetzt seine militärischen Führer geben alle törichten Vorstellungen von einer angeblich notwendigen »strategischern Tiefe« auf und betrachten Indien nicht länger als Feind, sondern als möglichen Partner, mit dem man im Rahmen einer »regionalen Kohäsion«, wie das neue Schlagwort heißt, viele Streitfragen lösen könnte. Können Pakistans Militärführer und Politiker über ihren eigenen Schatten springen und dadurch ihr Land nach vorne bringen? Schaffen sie es, ihr Land so zu verändern, dass es nicht mehr auf der Flugroute der amerikanischen Macht liegt?

In der Zwischenzeit sickert die afghanische Instabilität über die Grenze nach Pakistan ein. Selbst der Generalsekretär der NATO sieht allmählich die Gefahren, die eine Fortsetzung der Besetzung mit sich bringt. Anlässlich einer Rede, die er kürzlich in Washington hielt, antwortete er einem Fragesteller:

> »Wenn die Instabilität in Pakistan und die Instabilität in den Grenzprovinzen zu einer Instabilität in Afghanistan führt, dann ist das Gegenteil ebenfalls richtig ... Wir müssen uns von der Vorstellung lösen, dass Pakistan Teil der Lösung ist, wir sollten aber auch nicht Pakistan als Teil des Problems brandmarken ... Wir müssen alles tun, was in unserer Macht steht, um den Pakistanern beizustehen und zu helfen ... Ich habe die Absicht, sofort nach der Bildung einer neuen pakistanischen Regierung erneut nach Islamabad zu reisen, um mit dem Präsidenten zu reden und mit der Regierung zu reden. Ich möchte herausfinden, wie wir unseren politischen Dialog verstärken können, um dadurch die Instabilität beiderseits der Grenze zu verringern.«

Die neue, am 26. März 2008 vereidigte pakistanische Regierung hat es bereits klargemacht, dass sie mit den Kämpfern in Wasiristan reden möchte. John Negroponte und Richard A. Boucher, die im Auftrag des US-Außenministeriums das Land besuchten, um mit Asif Zardari und Nawaz Sharif zu reden, wurden bei ihrer Ankunft in Islamabad nicht gerade herzlich empfangen. Die größte Tageszeitung des Landes, *The News,* veröffentlichte einen Leitartikel unter dem Titel: »Hände weg, Uncle Sam«, der die amerikanische Einmischung in Pakistan äußerst kritisch kommentierte. Auch Sharif war erstaunlich abweisend und weigerte sich, Negroponte irgendwelche Garantien zu geben oder ihm gegenüber Verpflichtungen abzugeben, was den »Kampf gegen den Terrorismus« angeht. Danach teilte er der Presse mit: »Wenn es der Wunsch der Amerikaner ist, die Terroristen loszuwerden, dann möchten wir nicht, dass sie unsere Dörfer und Städte bombardieren. Wir mögen es nicht, dass unser Land gegenwärtig ein ›Killing Field‹ ist. Wir werden mit den Aufständischen sprechen, um all dies zu beenden ...« Das Problem der neu gewählten pakistanischen Regierung besteht allerdings darin, dass ohne eine Regelung für Afghanistan eine Stabilisierung der Stammesgebiete an ihrer Westgrenze kaum möglich sein wird.

Tatsächlich sind es jetzt die strategischen Bedürfnisse der Vereinigten Staaten, die die gesamte Region destabilisieren. Was geschähe eigentlich, wenn die Menschen in dieser Region diese imperialen Fantasien einfach nicht mehr mittragen wollten? Würde man sie dann wie ihre Staaten ebenfalls auflösen und neu erschaffen?

7. Epilog:
Gibt es einen Neuanfang für Pakistan?

Im Februar 2008 organisierte Amerikas ehrwürdigste Denkfabrik, die Brookings Institution in Washington, eine Exerzitie unter dem Titel: »Die US-amerikanisch-pakistanische strategische Beziehung«. Das Teilnehmerfeld spiegelte den neuen »Pluralismus« wider. Es bestand weitgehend aus alten Freunden, in diesem Fall zwei Militärphilosophen: General Anthony Zinni, der ehemalige Chef des US-CENTCOM, und General Jehangir Karamat, der ehemalige Stabschef der pakistanischen Armee und Botschafter in Washington. Flankiert wurden die beiden von Richard Armitage, dem ehemaligen stellvertretenden Außenminister, der nach dem 11. September in einigen Kreisen enormes Prestige gewann, als er drohte, General Musharraf und Pakistan in die Steinzeit zurückzubomben. General Karamat, ein anständiger und ehrenhafter Getreuer des alten britischen Empire, der der Versuchung widerstand und in Pakistan niemals die Macht ergriff, verstand sofort, was man von ihm auf dem Brookings-Podium erwartete. Mit »strategische Beziehung« war nicht das Auf und Ab einer sechzig Jahre alten Ehe, sondern die unmittelbaren Bedürfnisse der Vereinigten Staaten gemeint, welche die pakistanische Politik seit Jahrzehnten bestimmen.

»Meine Damen und Herren«, begann der arme General Karamat seinen Redebeitrag, »die hauptsächliche Frage, die sich man sich gegenwärtig bezüglich der amerikanisch-pakistanischen Beziehung stellt, bezieht sich auf die Vorgänge in den westlichen pakistanischen Grenzgebieten, was dort geschieht und warum, und was Pakistan dagegen zu unternehmen gedenkt.« Er versuchte nach bestem Vermögen zu erklären, dass es sich dabei um eine komplexe Situation handele: Es sei unfair, Pakistan an der wachsenden Militanz und der Tatsache, dass die traditionellen Stammesführer praktisch keine Rolle mehr spielten und durch militante Kräfte ersetzt worden seien, die Schuld zu geben. Er warnte recht behutsam vor jedem Versuch, Pakistans Souveränität auszuhöhlen, da dies absolut kontraproduktiv wäre. Am Ende betonte er noch einmal die Wichtigkeit der »strategischen Beziehung, die eine große Zukunft hat«.

General Zinni antwortete darauf auf bekannt gönnerhafte Weise. Er kenne die pakistanische Armee gut. Seinen ersten direkten Kontakt habe er zu einem Bataillon gehabt, das in den frühen Neunzigerjahren in Somalia kämpfte und das sich in einer äußerst schwierigen Situation sehr gut geschlagen habe. Er hätte General Charles Gordon sein können, der den Mut seiner indischen Sepoys bei der Niederschlagung des Taiping-Aufstands im China des 19. Jahrhunderts lobt. Zinni kannte Karamat gut und informierte die Zuhörerschaft darüber, dass »General Karamat ein Absolvent von Leavenworth ist und natürlich auch in dessen ›Ruhmeshalle‹ erwähnt wird. Diese Art von Verbindung, dieser gemeinsame Hintergrund machten unsere Kommunikation und Zusammenarbeit trotz des politischen Klimas viel effektiver.« Zinni beschrieb überschwänglich, wie hilfsbereit jeder bei seiner Pakistanreise im Jahr 1999 gewesen sei, als er gekommen war, um bei der Lösung des Kargilkonflikts mit Indien mitzuhelfen. In Wahrheit hatte der US-General ein Ultimatum von Präsident Clinton mitgebracht: Ziehen Sie sich sofort aus dem indischem Territorium zurück oder Sie haben die Folgen zu tragen. Dennis Kux, ein ehemaliger Beamter der Südasienabteilung des US-Außenministeriums, beschreibt, was damals tatsächlich geschah:

> »Die über das Kargil-Abenteuer bestürzte und verärgerte US-Regierung reagierte äußerst energisch, weit energischer, als es die Regierung Johnson in der Frühphase des Kaschmirkriegs von 1965 getan hatte. Präsident Clinton rief Nawaz Sharif an, um ihn dringend aufzufordern, seine Truppen zurückzuziehen. Gleichzeitig schickte er General Anthony Zinni nach Islamabad, der dort direkt beim Ministerpräsidenten und bei General Pervez Musharraf, der gerade Karamat als Generalstabschef abgelöst hatte, vorstellig wurde. Der US-General wischte Pakistans Behauptung vom Tisch, dass es nicht direkt in die Operationen in Kargil verwickelt sei und keine Kontrolle über die Mudschaheddin habe, und drängte Islamabad, dafür zu sorgen, dass sich die Eindringlinge über die Waffenstillstandslinie in Kaschmir zurückzogen. Wenn nicht einmal die Chinesen, geschweige denn die Amerikaner bereit waren, die pakistanische Position zu unterstützen, war Islamabad internatio-

nal völlig isoliert ... und entschied sich, die pakistanischen Verluste zu beschränken.«[78]

Es war vernünftig, dass Zinni diese Episode nicht auf einer Veranstaltung näher ausführte, die als freundschaftliches Treffen gedacht war. Zinni unterstützte Karamats Ansicht, dass man Pakistan an seiner Westgrenze nicht zu großem Druck aussetzen sollte. Es hatte dort bereits eine Menge Soldaten verloren. Obgleich die Regierung das nicht zugab, waren in diesem Krieg auf beiden Seiten der afghanischen Grenze tatsächlich inzwischen mehr Pakistaner als US-Soldaten oder Söldner getötet worden. Das pakistanische Militär gibt seine eigenen Verluste ganz bewusst zu niedrig an. Die Armee behauptet, dass in den Kämpfen in Wasiristan von 2004 bis 2006 1000 Soldaten gefallen seien. Als ich mich 2007 in Peschawar aufhielt, erzählten mir örtliche Journalisten, dass die wirkliche Zahl bei etwa 3000 Toten und mehreren Tausend Verwundeten liege.

Die Veranstaltung wurde lebhaft, als Armitage zum Mikrofon griff. Er verzichtete auf alle diplomatischen Nettigkeiten und erklärte, dass Pakistan seit 1947 in großen Schwierigkeiten stecke und dass es nicht mehr *ein* Land, sondern deren vier (er bezog sich dabei auf die vier Provinzen des Landes) oder sogar noch mehr seien, wenn man Wasiristan oder al-Qaidistan hinzurechne ... Er übernahm seitens der Vereinigten Staaten nur einen Teil der Verantwortung für diese Schwierigkeiten und beschränkte sie auf die Art ihres Eingreifens während des sowjetisch-afghanischen Kriegs. »Wir wussten genau, was wir damals in Pakistan taten, und wir wussten genau, was in Afghanistan geschehen würde, wenn wir das Land verließen. Das war kein Geheimnis.« Sie wussten also mit anderen Worten ganz genau, dass sie das Land den religiösen Gruppierungen und der ISI überließen. Sie benutzten Pakistan als »Kleenextaschentuch« (wie es ein höherer Beamter gegenüber Dennis Kux ausdrückte) oder, noch präziser, als »Kondom«, wie mir ein pensionierter und verbitterter General einmal die »strategische Beziehung« beschrieb.

Entscheidend war, dass es Armitage – wie Zinni und Karamat vor ihm – für kontraproduktiv hielt, die pakistanische Regierung zur Erlaubnis zu drängen, dass US-Truppen auf pakistanischem Boden operieren dürfen – eine Option, die in Washington seit über einem Jahr hinter verschlossenen Türen diskutiert wurde. Der US-Präsidentschaftskandidat Barack

Obama griff mit einer wenig durchdachten Bemerkung in die Diskussion ein, als er seine Entschlossenheit in militärischen Angelegenheiten dadurch beweisen wollte, dass er die Falken unterstützte und sich für US-Angriffe innerhalb Pakistans aussprach. Armitage fuhr fort, dass für ihn die Zukunft Afghanistans eng mit einem stabilen, demokratischen Gemeinwesen in Pakistan verbunden sei, allerdings nicht einer Demokratie im venezolanischen Stil. Dies war eine seltsame Bemerkung angesichts der Tatsache, dass hierfür in absehbarer Zeit nicht die geringste Möglichkeit besteht. Am 12. April 2008 erklärte der amerikanische Präsident gegenüber ABC News, dass die gefährlichste Gegend der Welt im Augenblick weder Irak oder Afghanistan sondern Pakistan sei, weil al-Qaida von diesem Land aus Angriffe auf die Vereinigten Staaten vorbereite. Die Logik war offensichtlich: Man wollte die öffentliche Meinung auf »Such- und Vernichtungsmissionen« innerhalb Pakistans vorbereiten. Die Drohnen allein reichten nicht aus. Weder Armitage noch die pensionierten Generäle sprachen allerdings die Probleme des Afghanistankriegs und des Aufbaus einer funktionierenden Regierungsstruktur innerhalb eines Landes an, in dem ein Regime, das von den Vereinigten Staaten in jeder Weise unterstützt und angeleitet wird, angeblich die Regierungsverantwortung ausübt. Die Zukunft beider Länder hängt eng zusammen. Allerdings haben die Wahlen in Pakistan im Jahre 2008 bewiesen, dass die religiösen Gruppierungen und Parteien, geschweige denn die Dschihadisten nur sehr wenig Unterstützung genießen. Grund der gegenwärtigen Krise ist die Operation Enduring Freedom, die derzeit in Pakistan alles durcheinanderbringt und schwerwiegende Auswirkungen auf die Moral der Armee hat. Die Lösung dafür liegt in Kabul und Washington. Islamabad und die EU sind loyale Helfer, die kaum eine Handhabe zur Lösung dieser Krise haben.

Großbritanniens selbstgefälligster Vizekönig in Indien, Lord Curzon, äußerte einmal die berühmt gewordene Bemerkung: »Keine Flickschusterei wird das Wasiristan-Problem lösen können ... Erst wenn die militärische Dampfwalze das ganze Land von einem Ende zum anderen überrollt haben wird, wird es Frieden geben. Aber ich möchte nicht der Mann sein, die diese Maschine in Gang setzt.« Wenn man jetzt von der pakistanischen Armee erwarten würde, diese Maschine in Gang zu setzen und Tausende ihrer Leute in Gegenden zu töten, aus denen sie ihre Soldaten rekrutiert, könnte man sie genauso gut zum institutionellen Selbstmord auffordern. Selbst die strikteste Kommandostruktur würde

Schwierigkeiten haben, unter diesen Umständen die Einheit der Armee aufrechtzuerhalten.

Würden die Vereinigten Staaten dies durchzusetzen versuchen, würde die pakistanische Armee auseinanderbrechen und viele jüngere Offiziere würden sich wahrscheinlich in die Berge absetzen, um Widerstand zu leisten. Das militärische Oberkommando, das jetzt schon regelmäßig Berichte erhält, dass sich eine beträchtliche Zahl von Soldaten kleineren Guerillaverbänden ergibt, weiß sehr wohl, dass der Krieg in der Nordwest-Grenzprovinz bei seinen Truppen unbeliebt ist. Die Soldaten ergeben sich, weil sie nicht »Amerikas Krieg« führen oder Glaubensbrüder töten wollen. Niedrigere Offiziersdienstgrade ließen sich in den vorzeitigen Ruhestand versetzen, um einem zweiten Einsatz an der afghanischen Grenze zu entgehen. Unter diesen Umständen kann man sich leicht vorstellen, welche Folgen eine direkte US-Intervention auf pakistanischem Territorium hätte.

Während ich dieses schreibe, hat der Irakkrieg bereits drei Billionen Dollar gekostet. Ein großer Krieg in Pakistan würde noch weit teurer werden. Würde sich die pakistanische Armee gegen Geld und Waffen bereit erklären, Lord Curzons Dampfwalze zu spielen, würde der so oft vom Westen zitierte »dschihadistische Finger am nuklearen Abzug« zu einer sich selbst erfüllenden Prophezeiung werden. Eine regionale Lösung ist der einzig erfolgversprechende Weg aus dieser Krise.

Armitage gab zwar zu, dass der religiöse Extremismus in Pakistan nicht auf große Zustimmung stößt, wies aber auch auf die Führungskrise in diesem Land hin. Seiner Meinung nach gab es im Moment für Präsident Musharraf keinen geeigneten Ersatz:

> »Die verstorbene Benazir Bhutto hatte ja einmal eine Chance als demokratisch gewählte Führerin, und ich glaube, es ist kein Zufall, dass sie sich danach einige Jahre in Dubai wiederfand. Auch Mr. Nawaz Sharif hatte seine Schwierigkeiten. Ich will nicht bösartig sein, ich weise nur darauf hin, dass eines unserer gegenwärtigen Probleme darin besteht, das wir über keine Kandidaten für die Wahl zum Soldaten des Monats verfügen.«

Ich stimme dem weitgehend zu, allerdings mit der folgenden Einschränkung: Man sollte aufhören, nach einem Idealsoldaten zu suchen, der die gegenwärtige Krise lösen könnte. Der letzte Kandidat war wie alle seine

Vorgänger eine fürchterliche Fehlbesetzung. Stephen Cohen, ein weiterer Brookings-Experte, dessen Fachgebiet Pakistan ist, kam in einem Gedankenaustausch mit mir, der vor den Wahlen auf der Website der *Financial Times* stattfand, zu einem noch härteren Urteil:

> »Ich würde sogar behaupten, dass immer mehr Amerikaner Musharraf als eine Belastung ansehen. Dies trifft vor allem auf die US-Soldaten zu, die es mit in Pakistan sitzenden Taliban zu tun hatten ... Die beste Lösung wäre meiner Ansicht nach, wenn Musharraf durch die Zusammenarbeit zweier Gruppen in den Ruhestand geschickt würde, einmal der pakistanischen Armee, die ihn inzwischen für eine Peinlichkeit halten muss, und dann der ausländischen Unterstützer Pakistans, zu denen die Vereinigten Staaten, aber vor allem China und die Europäer gehören, denen immer deutlicher wird, dass Pakistan eine einheitliche und effektive Führung braucht, wenn es mit seinen Problemen fertig werden will, wozu vor allem die ständig zunehmende Gewalt in seiner Gesellschaft gehört.«

Obgleich an dieser Lagebeschreibung viel Wahres ist, unterschätzt Cohen, wie sehr die von Washington unterstützten Interventionen des Militärs die organische Entwicklung der pakistanischen Politik behindert haben: Das Land liegt heute in der Hand von mittelmäßigen und halbseidenen Politikern, die bisher nicht gezeigt haben, dass sie aus vergangenen Fehlern lernen können, und deren einziges Geschick die ständige Mehrung ihres persönlichen Reichtums ist. Musharraf unterzeichnete sein politisches Todesurteil, als er sich mit einer dieser politischen Interessengruppen – den Chaudhrys aus Gujrat – zusammentat, die ihm helfen sollten, seine Macht zu behalten. Dies war ein deutliches Signal, dass sich unter seiner Ägide nichts ändern würde.

Wenn man allerdings den gegenwärtigen Zyklus von Machtkämpfen in diesem Land aufbrechen könnte, wäre es vielleicht sogar möglich, dass eine neue Bewegung oder Partei auftauchen könnte, die das politische System fundamental verändert. Tatsächlich hat es bereits eine Art Präzedenzfall gegeben. Wer hätte gedacht, dass sich plötzlich eine große Anwaltsbewegung bilden könnte oder dass Richter des Obersten Gerichtshofs mit der Tradition brechen und sich weigern würden, einer in die Ecke gedrängten Regierung eine Blankovollmacht auszustellen?

Dies geschah zu einer Zeit, als das Regime bereits diskreditiert war und die Oppositionsparteien sich als ineffektiv erwiesen. Trotz ihrer Beschränkungen konnte die Justiz das Vakuum ausfüllen. Die Zeit war reif für den Obersten Richter, ein unpopuläres und korruptes Regime rechtlich herauszufordern. Seine Aktionen führten dazu, dass sich auch das Volk für den politischen Prozess zu interessieren begann. Dies war dann auch die Basis für den Sieg der Opposition bei den Wahlen Anfang 2008. Dass die gemeinsamen Sieger der Wahlen vom Februar 2008 – Bhuttos Ehemann Asif Zardari und die Brüder Sharif – alterprobte Versager sind, ist unbestreitbar. In ihren Parteien herrscht eine Atmosphäre erstickender Verzagtheit und Konformität, in der Kompromisse und Abmachungen allein dem Führer zustehen. Wie es jetzt auch im Westen immer öfter der Fall ist, wurden sie hauptsächlich deshalb gewählt, weil die Wähler in einer Zeit, in der die Politikunterschiede in einer globalisierten Welt immer geringer werden, gerne gegen den Amtsinhaber stimmen. Musharraf hatte seinen ganzen Kredit verbraucht. Seine Spezis waren überaus unbeliebt. Da der neue Generalstabschef groß angelegte Wahlmanipulationen verboten hatte, wurden die Wahlen nur ganz vorsichtig gefälscht, damit keine einzelne Partei die absolute Mehrheit bekam. Dies entsprach auch der Abmachung, die die Vereinigten Staaten mit Benazir Bhutto geschlossen hatten.

Benazir hatte zugestimmt, Musharrafs Juniorpartner zu werden und mit ihm und, wenn nötig, auch seinen Günstlingen, den Chaudhrys aus Gujrat, zusammenzuarbeiten. Aus diesem Grund bestellte auch Anne Patterson, die seit Mai 2007 die US-Botschafterin in Pakistan ist, den Witwer Zardari zu sich und erinnerte ihn – wenn auch in einer etwas diplomatischeren Sprache – daran, dass er von seiner Frau nicht nur die Volkspartei, sondern auch ihr politisches Vermächtnis geerbt habe. Musharrafs PR-Berater erhöhten den Druck auf Zardari noch weiter, indem sie die Medien darüber informierten, dass die Korruptionsverfahren, die in Europa und Pakistan gegen ihn anhängig waren, noch nicht eingestellt worden seien. Nur seine Frau habe rechtliche Immunität erhalten. Dies war eine kleine Böswilligkeit, denn da beide als Team gearbeitet hatten, hätte die Immunität für Benazir auch für ihn gelten müssen. Schließlich wurden auch die Anklagen, die man in Pakistan gegen ihn erhoben hatte, fallen gelassen.

Für einen Neuanfang und eine Modernisierung dieses Landes wären weitreichende Strukturreformen nötig. Wenn man Pakistans Probleme auf den religiösen Extremismus und die Doppelherrschaft in Wasiristan oder den Besitz von Atomwaffen eingrenzt, übersieht man den wesentlichen Punkt. Die Unausgewogenheit der pakistanischen Entwicklung ist eklatant. Als im Jahr 2001 das Interesse der Vereinigten Staaten an diesem Land wiederauflebte, machten dessen Schuldendienst mit 257 Milliarden Rupien (4,2 Milliarden Dollar) und die Verteidigungsausgaben mit 149,6 Milliarden Rupien (2,5 Milliarden Dollar) zwei Drittel der öffentlichen Ausgaben aus. Die gesamten Steuereinnahmen betrugen in diesem Jahr 414,2 Milliarden Rupien (6,9 Milliarden Dollar). In einem Land mit einem der schlechtesten öffentlichen Bildungssysteme in Asien – 70 Prozent der Frauen und 41 Prozent der Männer werden offiziell als Analphabeten eingestuft – und einem Gesundheitssystem, das über die Hälfte der Bevölkerung überhaupt nicht erreicht, waren bloße 105,1 Milliarden Rupien (1,75 Milliarden Dollar) für allgemeine Entwicklungsmaßnahmen vorgesehen. In den ganzen Neunzigerjahren, hatte der IWF den Zivilregierungen ständig Vorhaltungen gemacht, weil sie ihre Restrukturierungsversprechen nicht einhielten. Musharrafs Regime erhielt dagegen seit 1999 einhelliges Lob, weil es sich »trotz der Härten, die die Sparmaßnahmen für die breite Öffentlichkeit bedeuten«, an die IWF-Richtlinien hielt. Dadurch wurde die Armut und Verzweiflung in den stetig weiterwuchernden städtischen Slums und in den Landgebieten, in denen immer noch 67,5 Prozent der Einwohnerschaft leben, weiter verstärkt. Etwa 56 Millionen Pakistaner, fast 40 Prozent der Gesamtbevölkerung, leben jetzt unter der Armutsgrenze. Diese Zahl hat sich seit Musharrafs Machtantritt um 15 Millionen erhöht. Unter Pakistans vier Provinzen dominiert der Punjab, in dem etwa 60 Prozent der Bevölkerung leben, wirtschaftlich und politisch weiterhin das Land. Die Punjabis besetzen immer noch die oberen Ränge der Armee und Beamtenschaft und sorgen dafür, dass die wenigen Entwicklungsgelder in lokale Projekte fließen. Dem Sindh, mit 23 Prozent der Bevölkerung, und Belutschistan (5 Prozent) fehlen dagegen die Gelder und ihre Wasser- und Stromversorgung ist weit schlechter, während die Nordwest-Grenzprovinz immer mehr von der Heroinwirtschaft lebt.

Auf Dauer ein Satrapenstaat zu bleiben, wird Pakistan nicht weiterbringen. Mit einigen Änderungen könnte aber auch Pakistan auf den Weg der schnellen wirtschaftlichen Entwicklung gelangen, den man anderswo in Asien eingeschlagen hat, und gleichzeitig auf staatlicher Ebene demokratische Strukturen aufbauen und aufrechterhalten.

Als Erstes müsste man eine Landreform durchführen, um die wirtschaftliche und politische Macht, die sich bisher auf die Grundherren beschränkte, in den Gebieten gleichmäßiger zu verteilen, die ländliche Armut abzubauen und Bauern und bäuerlichen Genossenschaften Hilfen und Subventionen zukommen zu lassen. Die Bauern in den Vereinigten Staaten und Europa wurden schon immer stark subventioniert, oft zum Schaden der Landwirtschaft in der Dritten Welt. Ein Beihilfeprogramm für die pakistanischen Kleinbauern könnte diesen enorm nützen, aber die Eliten des Landes, die von den geltenden Markverhältnissen des globalen Systems profitieren, bekämpfen sofort alle derartigen Pläne. Gegenwärtig konzentriert sich der Landbesitz nur auf wenige Hände. Nur 20 Prozent aller Landbesitzer besitzen mehr als 14 Hektar und weniger als 10 Prozent mehr als 40 Hektar. 86 Prozent der Haushalte im Sindh, 78 Prozent in Belutschistan, 74 Prozent im Punjab und 65 Prozent in der Nordwest-Grenzprovinz besitzen überhaupt kein Land. 55 Prozent der Gesamtbevölkerung eines Staats von etwa 200 Millionen Einwohnern sind also landlos. Diese Ungleichheit ist ein Hauptgrund für die ländliche Armut.

Das Problem ist strukturell. Die Wirtschaft ruht auf einer engen Produktionsbasis und ist sehr von der stets unberechenbaren Baumwollernte und der Textilindustrie mit ihrer geringen Wertschöpfung abhängig. Die Bewässerung ist oft unzureichend und die Erosion und die Versalzung des Bodens weit verbreitet. Noch schädlicher sind allerdings die lähmenden ländlichen Sozialbeziehungen. Die geringe Produktivität der Landwirtschaft kann durch die Durchführung einer ernsthaften Landreform verbessert werden, allerdings macht das Bündnis zwischen dem Militärstaat und den örtlichen Grundherren diese praktisch unmöglich. Eine Bericht der Forschungsabteilung des britischen Wochenmagazins *The Economist* über Pakistan stellte fest:

> »Der Wandel wird nicht zuletzt deshalb behindert, weil der Status quo den wohlhabenden Landbesitzern, die diesen Sektor beherrschen, sowie den Parlamenten des Bundes und der Provinzen ausgesprochen nützt. Großgrundbesitzer besitzen 40 Prozent des anbaufähigen Lands und kontrollieren die meisten Bewässerungssysteme. Allerdings zeigen die Untersuchungen unabhängiger Institutionen, einschließlich der Weltbank, dass sie weit weniger produktiv sind als die Kleinbauern. Außerdem zahlen sie nur

wenig Steuern und leben gerne auf Kredit, wobei sie sich immer wieder als schlechte Schuldner erweisen.«[79]

Die schwache Wirtschaft wird seit Jahrzehnten von Pakistans Militärapparat weiter belastet. Aus »Sicherheitsgründen« werden dessen Kosten in offiziellen Verlautbarungen niemals aufgeschlüsselt. Eine einzige Zeile mit der Gesamtsumme muss genügen. In Pakistan war die Macht jeder gewählten Körperschaft, militärische Angelegenheiten näher zu untersuchen, immer äußerst beschränkt. Die Bürgerschaft weiß nicht, wie die jährlichen 2,5 Milliarden Dollar zwischen der Armee (550 000 Mann mit mehr als 2000 Panzern und zwei Panzerdivisionen), der Luftwaffe (zehn Jagdgeschwader mit jeweils vierzig Kampfflugzeugen, sowie französische und US-amerikanische Raketensysteme) und der Marine (zehn Unterseeboote, acht Fregatten) aufgeteilt werden, und schon gar nicht, wie viel man für Nuklearwaffen und Trägersysteme ausgibt.

Unter diesen Umständen bekommt der jüngste Slogan des Kulturministeriums »Wachse und globalisiere dich« einen satirischen, wenn nicht surrealistischen Anstrich. Unglücklicherweise ist er ernst gemeint. Die Idee dahinter ist der Verkauf großer Landflächen an die globale Agrarindustrie nach Vorbild Brasiliens, wobei die Bauern zu Angestellten mit Kurzzeitverträgen absinken. Ein Beamter des Finanzministeriums in Islamabad wurde neulich in der Presse folgendermaßen zitiert: »Die Ära der Landreform ist vorbei. Jetzt möchte die Regierung durch Liberalisierung, Privatisierung und die Deregulierung der Wirtschaft neue Arbeitsplätze schaffen. Es ist nicht vorgesehen, dass die Landreform im nächsten Planungsdokument überhaupt erwähnt wird.« Dieser brutale Neuansatz stellt eine Bestandsgarantie für die altmodischen feudalen Grundherren dar. So sprechen sie im Sindh weiterhin Recht, dominieren die Politik, regieren ihre Lehen mit eiserner Hand, fördern allerdings auch auf ihre patriarchale Weise das Gemeinwohl, indem sie ihre Bauern nicht verhungern lassen. Einige wie Mumtaz Bhutto (Benazirs Onkel) behaupten ganz offen, dass es denen, die ihr Land bestellen, in einem solchen vorkapitalistischen System weit besser geht als unter einem, das den Zwängen der Globalisierung unterliegt. Allerdings vergessen sie dabei, dass es mit der Landumverteilung zugunsten der Armen auch noch eine dritte Alternative gäbe ...

Neben einer Agrarreform ist es dringend nötig, eine funktionierende soziale Infrastruktur für die Masse der Bevölkerung aufzubauen. Dies erfordert einen grundlegenden Wandel auf drei Ebenen: dem Bildungswesen, der Gesundheitsversorgung und der Bereitstellung von Wohnraum. Vor allem die beiden ersten sollten für jede Regierung strategische Priorität darstellen. Auf dem von den Vereinten Nationen 2007/08 aufgestellten sogenannten Humanentwicklungsindex steht Pakistan unter den 177 aufgeführten Ländern an 136. Stelle, noch hinter Sri Lanka, Indien, den Malediven und Myanmar. Der Analphabetismus hat sogar zugenommen und wird dies auch weiter tun, wenn man keine geeigneten Maßnahmen ergreift. Die offizielle Einschulungsrate für die Grundschule von 53 Prozent ist die niedrigste in Südasien. In Islamabad hat man mir erzählt, dass das Erziehungsministerium Gehälter an nicht existierende Lehrer zahlt, Instandhaltungskosten für verlassene Schulgebäude in den Haushalt stellt und noch in andere kleinere Betrügereien verwickelt ist, welche die öffentlichen Finanzen belasten. Trotzdem machen die offiziellen Bildungsausgaben nur 2,4 Prozent des Bruttoinlandsprodukts aus, was bedeutend weniger ist als in Nepal. Trotz des desolaten Zustands der Primarerziehung werden jedes Jahr 50 Prozent der im Bildungshaushalt vorgesehenen Einmalausgaben, etwa für Investitionen und Bauleistungen, wegen Planungsmängeln und dem mangelnden Leistungsvermögen des Gesamtsystems nicht abgerufen. In einigen kleineren Städten gibt es leere, verfallene Schulgebäude mit wenigen Lehrern, in den Landgebieten gibt es noch weniger Gebäude und überhaupt keine Lehrer. Dem muss man dann noch den traurigen Zustand des Lehrplans hinzufügen, der dazu bestimmt scheint, auf alle Ewigkeit nur Menschen hervorzubringen, die kaum lesen und schreiben können. In Anbetracht dessen dürfte es kaum überraschen, dass verzweifelte arme Familien gerne bereit sind, ihre Kinder den Medresen der Islamisten anzuvertrauen, wo sie besser als im staatlichen System ernährt, gekleidet und ausgebildet werden. Die Privatschulen sind teuer und nur für die höheren Klassen gedacht. Manchmal lehnen sie sogar Schüler aus armen Verhältnissen ab, selbst wenn diese das Schulgeld durch Darlehen und die Zuwendungen von Hilfsorganisationen aufbringen könnten. Dieses Bildungsdefizit in der pakistanischen Gesellschaft haben alle Regierungen seit 1947 zu verantworten. In dieser Hinsicht waren Vater und Tochter Bhutto nicht besser als Zia oder Musharraf. Ein qualifiziertes staatliches Schulsystem mit Englisch als Pflichtsprache (nach dem malaysischen Modell) wäre in jeder Provinz eine ausgesprochen populäre Maßnahme und würde zu einem grundlegenden Wandel des Landes führen.

Die Bildungsmöglichkeiten mögen in Pakistan sehr begrenzt sein, aber noch schlimmer ist die Lage auf dem Gesundheitssektor, wo es für die Armen keinerlei Versorgung gibt. Kürzlich erhobene Zahlen zeigen, dass auf 10 000 Menschen gerade einmal acht Ärzte und ein einziger Zahnarzt kommen. In einem Land, in dem es eine große Anzahl von traumatisierten und geistesgestörten Menschen gibt, praktizieren insgesamt weniger als 500 Psychiater. Unterernährung, akute Atemwegserkrankungen, Tuberkulose und vermeidbare Krankheiten sind weit verbreitet. Jeder elfte Bürger leidet an Diabetes. Angesichts der fehlenden medizinischen Einrichtungen und Geräte und der Tatsache, dass fast drei Viertel der pakistanischen Fachärzte in den Vereinigten Staaten arbeiten, sind die staatlichen Krankenhäuser eine Schande für das Land. Die meisten Ärzte behandeln in ihren eigenen Kliniken und Privatkrankenhäusern die Reichen. Es gibt darüber zwar keine offiziellen Statistiken, aber in Karatschi, Lahore und Islamabad gibt es etwa hundert dieser privaten Einrichtungen, die meist sehr gut ausgestattet sind. Dagegen sind die Verhältnisse in den staatlichen Krankenhäusern der großen Städte absolut trostlos, die Hygieneverhältnisse entsetzlich und die fehlenden kostenlosen Arzneimittel ein ständiger Fluch für die Armen. Die Tragödie wird weitergehen. Die nach den Wahlen vom Februar 2008 gebildete Koalitionsregierung hat als eine ihre ersten Amtshandlungen ihre zwanzig »Topministerien« benannt. Das für »Gesundheit und menschliche Entwicklung« war nicht darunter.

Was die Versorgung mit Wohnraum angeht, kümmert der Staat sich hier nur um seine Angestellten und die Angehörigen der Streitkräfte. Diese bekommen eine Unterkunft gestellt, solange sie im Staatsdienst sind, obwohl die Landprivatisierung in den Militärgarnisonen zur Folge hatte, dass neue Militärkolonien jetzt in abgelegenen Gegenden weit vor den Städten angelegt werden.

Auch das Rechtssystem ist so konstruiert, das es vor allem den Reichen nützt. Wenn man einmal von dem kürzlichen kleinen Aufstand des Obersten Gerichtshofs absieht, waren die meisten pakistanischen Richter schon immer wankelmütig, feige, nachlässig, voreingenommen und vor allem korrupt. Die Zia-Diktatur hat ihnen den letzten Schneid abgekauft. Seine zivilen Erben beförderten dann hauptsächlich Parteifreunde ins Richteramt, mit dem Ergebnis, dass vor allem in den Neunzigerjahren die Justiz in Pakistan niemals blind war. Was ihre Waagschalen in Bewegung setzte, waren gewöhnlich – mit einigen ehrenwerten Ausnahmen – Banknoten. Es war im ganzen Land ein offenes Geheimnis, dass in Rechtsfällen, bei denen es um Vermögensfragen oder Schadensfälle ging, erfahrene Anwälte auf die Frage des Klienten nach ihrem Honorar diesen nur fragten, wie viele Richter er bereit sei zu kaufen.

Justiz- und Rechtsreformen, vor allem eine vollständige Gewaltenteilung zwischen Judikative und Exekutive, wären ein erster Schritt zur Wiederbelebung eines dysfunktionalen Staates. Eine ordentliche Bezahlung, die das Bedürfnis nach »illegalem« Geld dämpfen würde, wäre ebenfalls hilfreich. Die Wiedereinsetzung des Obersten Richters und seiner Kollegen, die von Musharraf entlassen wurden, ist eine wichtige politische Angelegenheit. Aber selbst wenn die Meinungsunterschiede innerhalb der PPP und zwischen ihr und Nawaz Sharifs Muslimliga gelöst werden sollten und die Richter wieder eingesetzt werden, blieben die Strukturprobleme weiter bestehen.

Das Musharraf-Regime rühmt sich, dem Land zum ersten Mal in seiner Geschichte eine freie Presse verschafft zu haben. Dies ist nur teilweise übertrieben. Die ersten beiden Militärdiktatoren Pakistans hatten die Medien auf eklatante Weise unterdrückt. Aber auch Zulfiqar Ali Bhutto und Nawaz Sharif waren keine großen Freunde der Pressefreiheit. Zwar ließ Benazir Bhutto die Printmedien frei gewähren, aber sowohl sie als auch ihr Mann gaben den Programmverantwortlichen des staatlichen Fernsehsenders PTV unterunterbrochen gute Ratschläge, die diese unmöglich ignorieren konnten. Musharraf dagegen beendete in seiner Anfangszeit als Präsident, als er noch vor Selbstvertrauen strotzte, das staatliche Fernsehmonopol. Der Äther wurde liberalisiert. Sofort entstanden zahlreiche Privatsender, die oft bessere Nachrichtensendungen, Reportagen und Analysen produzierten als ihre Entsprechungen in Indien oder Großbritannien. Ein großspuriger und arroganter General Musharraf konnte sich nicht vorstellen, dass ihm die Pressefreiheit jemals gefährlich werden könnte. Außerdem wusste er, dass die Pakistaner eher die indischen Kabelkanäle und Nachrichtensendungen als ihr eigenes Staatsfernsehen anschauten. Er begriff, dass eine Reform des antiquierten Rundfunk- und Fernsehwesens der lokalen Geschäftswelt nützen würde und zu einer gesunden Konkurrenz mit den ausländischen Sendern führen würde, was dann auch eintrat.

Allerdings hatte Musharraf die Fähigkeiten der pakistanischen Journalisten, der Wahrheit auf die Spur zu kommen, unterschätzt. Hier tat sich eine neue, jüngere Generation hervor, die vom Filz der Vergangenheit nichts mitbekommen hatte. Historische Krisen wie das Auseinanderbrechen des Landes wurden in den Medien zum ersten Mal öffentlich diskutiert und auch der General sah sich plötzlich einer harten Befragung ausgesetzt. Auf die anfängliche Lockerung der Zensur folgte unvermeidlich der Gegenschlag. Die Erklärung des Ausnahmezustands im Jahre 2007 sollte nicht zuletzt die regelmäßige Berichterstattung der unabhängigen Medien über den Aufstand der Anwälte unterbinden. Geo, der größte Sender, bekam ein mehrmonatiges Sendeverbot. Außerdem erließ die Regierung Vorschriften, die die Nachrichtenberichterstattung ernsthaft behinderten. Musharraf bestand darauf, dass alle Fernsehnachrichtensender eine Verhaltensrichtlinie unterschreiben mussten, wenn sie weitersenden wollten. Darin wurde festgelegt, dass Journalisten, die ihn oder andere Regierungsverantwotliche lächerlich machten, mit Geld- und Gefängnisstrafen belegt werden konnten. »Die Medien sollten nicht agitierten«, ließ Musharraf verlauten. »Sie sollten uns beim Krieg gegen den Terror unterstützen.« Er dachte dabei wahrscheinlich wehmütig an CNN und BBC World.

Der frisch gewählte Informationsminister kündigte im April 2008 an, dass diese Gesetze wieder aufgehoben würden, um die völlige Pressefreiheit wiederherzustellen.

Die enge Wechselbeziehung zwischen Innen- und Außenpolitik trat in Pakistan immer offen zutage. Anstatt seine Außenpolitik von den Interessen einer Großmacht abhängig zu machen, sollte man sich auf die südasiatische Region konzentrieren und versuchen, dort einen gemeinsamen außenpolitischen Ansatz zu finden. Eine Annäherung an Indien und die Schaffung einer Südasiatischen Union, einer besseren und kohärenteren Version der EU, liegt im langfristigen Interesse der gesamten Region und würde allen fünf Ländern Vorteile bringen. Zu einer Zeit, da die Vereinigten Staaten dabei sind, bestehende Staaten aufzubrechen und Klientelnationalismen wie etwa im Kosovo, Kroatien und Kurdistan zu fördern, könnte eine wachsende regionale Zusammenarbeit zu einer friedlichen Lösung der Tamilenfrage und des Streits um Kaschmir, einer Senkung der Rüstungsausgaben und einer Verbesserung des Sozialstandards in allen Ländern der Region führen. Um ausgewogenere Beziehungen zu den Vereinigten Staaten und China herzustellen, sollte Südasien nicht den Puffer zwischen diesen beiden Großmächten spielen, sondern als autarke und unabhängige Region agieren. Pakistans Beziehungen zu China sind ein wichtiger Faktor in dieser Gleichung.

In den letzten Jahren wurden sie vor allem durch die immensen Investitionen symbolisiert, die die Chinesen in den Umbau Gwadurs, eines kleinen Fischerhafens an der Makranküste in Belutschistan, in einen großen Überseehafen steckten. Chinas Vizepremier Wu Bangguo wurde extra eingeflogen, um am 22. März 2002, sechs Monate nach der amerikanischen Besetzung Kabuls, den Grundstein für die neuen Hafenanlagen zu legen. Nach dem Ende der Arbeiten, das noch im Jahr 2008 erfolgen soll, wird Gwadur der größte Tiefseehafen der Region sein, den die Chinesen als Flottenstützpunkt und Ölterminal am Persischen Golf, aus dem zwei Drittel ihrer Energieeinfuhren stammen, nutzen können. Einige US-amerikanischen Geheimdienstanalytiker befürchten bereits, dass diese Flottenbasis mit ihrem schnellen Zugang zum Indischen Ozean den Chinesen strategische Vorteile verschaffen könnte. Diese Ängste werden von der Gegenseite erwidert: Peking empfindet bereits großes Unbehagen beim Gedanken an die Stützpunkte und Armeen, die die Vereinigten Staaten jetzt in der Nähe der chinesischen Grenze in Afghanistan unterhalten. Dies war auch einer der Gründe, warum der chinesische Ministerpräsident im April 2005 Pakistan besuchte, um 22 Abkommen zu unterzeichnen, die den Beziehungen zwischen beiden Ländern einen neuen Anschub geben sollten. Ein Jahr später reiste Musharraf nach Peking. Die offizielle Agenda umfasste Handelsfragen und die Terrorismusbekämpfung, aber es dürfte feststehen, dass man sich auch ausführlich über Afghanistan und den pakistanischen Wunsch nach ziviler nuklearer Zusammenarbeit unterhalten hat. Viele in der pakistanischen Militärführung betrachten China als ihren »Allwetterfreund« und als verlässlicheren Partner als Washington, das schon mehr als einmal ein Waffenembargo gegen Pakistan verhängte, wobei die letzten Beschränkungen erst nach dem 11. September aufgehoben wurden.

Die augenblickliche Besessenheit des Westens vom Islam hat nur teilweise etwas mit dem 11. September zu tun. Der eigentliche Grund ist das Öl und die Tatsache, das ein Großteil davon unter Ländern liegt, die von Muslimen bewohnt werden. Die westlichen Analytiker sollten diesen Islam als das betrachten, was er ist: eine Weltreligion, die in keiner Weise monolithisch ist. Als Religion wie als Kultur schließt er zahlreiche lokale Traditionen in sich ein, die sich sehr voneinander unterscheiden, wie jene im Senegal und in Indonesien, in Südasien und der arabischen Halbinsel, dem Maghreb und China. Er enthält alle Farben des Regenbogens und seine Kultur ist bis heute dynamisch und pulsierend. Saudi-

Arabien, Ägypten und Indonesien brachten drei der besten Romanschriftsteller des 20. Jahrhunderts hervor: Abdalrachman Munif, Nagib Machfus und Pramoedya Ananda Toer. Südasien hat der Welt Dichter von unvergleichlicher Qualität geschenkt wie Ghalib, Iqbal und Faiz. Der Senegal und der Iran brachten eine Autorenkino hervor, das sich mit den besten Filmen in Europa vergleichen kann und Hollywood oft sogar überlegen ist. Das man dies im 21. Jahrhundert überhaupt noch erwähnen muss, zeigt die Provinzialisierung des Westens, der unfähig ist, über seine eigenen Interessen hinauszusehen, und der die Welt gar nicht kennt, die er verleumdet.

Im Reich der Politik sind die Verhältnisse düsterer: Indonesien, der größte muslimische Staat der Welt, besaß einst die weltgrößte Kommunistische Partei mit einer Million Mitgliedern und Sympathisanten. Sie wurden alle von General Suharto mit dem Segen der heutigen Islamophoben ausgelöscht. Und wer vernichtete die irakischen Kommunisten mit ihrer Führung, zu der Sunniten, Schiiten, Juden und Christen gehörten? Ein von den Amerikanern unterstützter Saddam Hussein. Die Unterdrückung, der Zusammenbruch des kommunistischen Systems und die neue ökonomische Orthodoxie hinterließen in vielen Teilen der islamischen Welt ein Vakuum. Als Folge davon wandten sich viele der Religion zu. Eine Artikelserie über Ägypten, die im Februar 2008 in der *New York Times* erschien, wies darauf hin, dass die zunehmende Arbeitslosigkeit in der Mittelschicht viele junge Menschen in die Moscheen treibt. Dasselbe trifft in etwas geringerem Maße auch auf Pakistan zu. Die Religion linderte einigen die Schmerzen.

Auch der politische Islam hat ganz unterschiedlichen Gestalten und Farbschattierungen. Die NATO-Islamisten in der Türkei mit ihrer liberalistischen Wirtschaftspolitik sind ein Liebling des Westens. Die Muslimbruderschaft in Ägypten würde auch gerne mit den Vereinigten Staaten zusammenarbeiten, was allerdings die Meinungsunterschiede bezüglich Palästina erschweren. Immerhin ist der Gazastreifen direkter Nachbar. Anderswo tauchen gegenwärtig neue Kräfte und Gesichter auf, die alle etwas gemeinsam haben. Muqtada, Haniya, Nasrallah und Ahmadinedschad haben ihren Aufstieg damit begonnen, dass sie die Zentren organisierten: in Bagdad und Basra, Gaza und Dschenin, Beirut und Sidon, Teheran und Schiras. Die Hamas, die Hisbollah, die Sadr-Brigaden und die Basidschi haben ihre Wurzeln in den Slums. Der Kontrast zu den Hariris, Chalabis, Allawis, auf die sich der Westen stützt

– Millionäre aus Übersee, korrupte Banker und Mittelsmänner der CIA – könnte deutlicher nicht sein. Ein radikaler Wind weht von den Hinterhöfen und Hütten der Verdammten dieser Erde, die inmitten eines sagenhaften Ölreichtums vegetieren müssen, her. Die Beschränktheiten dieses Radikalismus, solange er noch im Koran gefangen bleibt, liegen auf der Hand. Nächstenliebe und Solidarität sind unendlich bessere Antriebe als imperiale Habgier oder die Unterwürfigkeit der Compradoren. Solange sie aber nur auf die Linderung der sozialen Ungleichheit und nicht auf deren Behebung aus sind, werden sie früher oder später von der bestehenden Ordnung aufgesogen werden. Visionäre, die fähig sind, nationale oder glaubensmäßige Schranken zu überwinden, die ein Gemeinschaftsgefühl entwickeln können und über das Selbstbewusstsein verfügen, dieses auch an andere weiterzugeben, sind bisher noch nicht aufgetaucht.

Und dann gibt es noch al-Qaida, deren Bedeutung allerdings im Westen weit übertrieben wird. Sicherlich verübt sie weiterhin sporadische Terroranschläge, denen Unschuldige zum Opfer fallen. Trotzdem stellt sie keine ernsthafte Bedrohung der US-amerikanischen Macht dar. Sie ist nicht einmal entfernt mit den antikolonialistischen Befreiungsbewegungen vergleichbar, die Großbritannien, Frankreich und den Vereinigten Staaten das Leben in Afrika oder Indochina so schwer machten. Die gegenwärtigen Turbulenzen beschränken sich auf die Gebiete des Nahen und Mittleren Ostens, wo seit zwanzig Jahren oder mehr die amerikanische Macht nie richtig zum Tragen kam: das Westjordanland, der ba'athistische Irak und Khomeinis Iran. Wirklich verankert in dieser Region sind die Amerikaner in Ägypten, Saudi-Arabien, den Golfstaaten und dem Jemen. Die Tatsache, dass sie Muslime sind, hat Amerikas traditionelle Klientel nie davon abgehalten, bei der Stange zu bleiben und den Amerikanern bei regionalen Konflikten ihre Unterstützung zukommen zu lassen. Pakistan hat für seine Zugehörigkeit zu dieser Gruppe einen ziemlichen Preis bezahlen müssen.

Es ist töricht, den »globalen Islam« als »Wasiristan im Großformat« zu bezeichnen, wie es viele westliche Kommentatoren gerne tun. Tatsächlich meinen sie damit, dass der Krieg der USA/NATO in Afghanistan inzwischen in große Schwierigkeiten geraten ist und dass die Neo-Taliban die Grenze überqueren und in Pakistan immer mehr Unterstützung gewinnen. Dieses Phänomen als einen Aspekt des »globalen Islam« zu bezeichnen, ist etwa genauso stimmig, als wenn man die Ermordung der Juden im Zweiten Weltkrieg als Aspekt des »globalen Christentums« darstellen würde.

Bernard Lewis argumentiert gerne, dass die Vereinigten Staaten zum Sündenbock einer muslimischen Welt geworden seien, die damit ihren Niedergang und ihre Probleme erklären wolle. Dieses Argument in einer Zeit vorzubringen, da die westliche militärische und wirtschaftliche Besetzung der arabischen Welt mit Ausnahme Syriens und teilweise des Libanon praktisch abgeschlossen ist, scheint mir unredlich zu sein. Die Gründer al-Qaidas lebten in Saudi-Arabien und Ägypten, bevor sie von Zbigniew Brzezinski, der gegenwärtig ein Berater Barack Obamas in dessen Präsidentschaftswahlkampf ist, nach Afghanistan in den Heiligen Krieg geschickt wurden. Pakistan unterhielt schon immer Beziehungen zu Saudi-Arabien, wobei das Geld immer eine größere Rolle spielte als die Religion. Aber dieses Saudi-Arabien ist auch ein enger Verbündeter Washingtons. Sicher ist auch Bernard Lewis bekannt, dass König Faisal ernsthaft glaubt, dass man Nasser und den gottlosen Kommunismus nur besiegen könne, wenn man die Religion zum tragenden Pfeiler der saudi-arabischen Gesellschaftsordnung mache und sie dann rücksichtslos gegen den Feind einsetze. Für ihn war der Islam bedroht und musste an allen Fronten verteidigt werden. Dies gefiel natürlich seinen Alliierten in Washington, die ihm deshalb auch durchgehen ließen, dass er nach dem Jom-Kippur-Krieg von 1973 ein Ölembargo gegen den Westen verhängte, was danach niemand mehr versucht hat.

Selbst nachdem das saudische Öl 1980 verstaatlicht wurde, hielt Washingtons Politik- und Militärelite ihr Versprechen aufrecht, das gegenwärtige saudi-arabische Regime und seinen Staat zu verteidigen, koste es, was es wolle. Warum, fragten sich damals manche, konnte sich der saudi-arabische Staat nicht selbst verteidigen? Die Antwort war einfach: Der Clan der Saudis lebte in ständiger Angst und wurde vom Gespenst der radikalen Nationalisten verfolgt, die 1952 in Ägypten und sechs Jahre später im Irak die Macht ergriffen hatten. Die Saudis beschränkten daraufhin die Größe der nationalen Armee und Luftwaffe auf das absolute Minimum, um die Gefahr eines Staatsstreichs möglichst klein zu halten. Ein Großteil der Rüstungsgüter, die sie gekauft haben, um dem Westen einen Gefallen zu tun, rosten in den Waffenlagern friedlich vor sich hin.

In den späten 1970er- und 1980er-Jahren hatte die pakistanische Armee auf Kosten der saudischen Staatskasse große Truppenkontingente gesandt, um die königliche Familie Saud im Falle innerer Unruhen zu schützen. Dann kam nach dem ersten Golfkrieg das US-Militär ins Land. Es ist noch immer dort. Von den US-Luftwaffenbasen in Saudi-Arabien und Qatar aus wurde schließlich der Luftkrieg gegen den Irak geführt. Jetzt war endgültig jeder Anschein von Unabhängigkeit verloren gegangen. Die saudischen Prinzen konnten die Amerikaner nur noch bitten, nicht öffentlich zu machen, was kaum noch ein Geheimnis war. Tatsächlich gab es kaum Fernsehbilder von Flugzeugen, die vom saudischen Boden aus in Richtung Irak starteten.

In Verbindung mit dem »Sündenbock«-Argument wird seit einiger Zeit auch von Muslimen, vor allem solchen, die im amerikanischen Wissenschaftsbetrieb Karriere machen wollen, eine »neue« Idee ins Feld geführt. Ihrer Meinung nach findet dieser Kampf nicht zwischen dem Islam und den Vereinigten Staaten, sondern innerhalb des Islam selbst statt. In Wirklichkeit bedeutet das nur, dass durch die Unterstützung und den starken Schutz, den die Vereinigten Staaten ihren Freunden in der Muslimwelt angedeihen lassen, denjenigen, die diesen Klientelstatus ablehnen, nur noch der aktive Widerstand übrigbleibt. Da aber die Nationalisten und die Linke praktisch vollständig verschwunden sind, fällt diese Aufgabe jetzt den unterschiedlichen islamistischen Gruppen zu. Eine davon ist al-Qaida, die aber nur eine winzige Minderheit im großen Haus des Islam darstellt. Dies ist aber nichts Neues. Der Islam war noch nie vereint.[80] Das einzige Mal, wo es ihm gelang, seine Armeen zu vereinigen, war unter dem kurdischen Sultan Salah al-Din, der im 12. Jahrhundert Jerusalem von den Kreuzrittern zurückgewann und dessen alten Status einer Stadt für alle drei Völker des Buches wiederherstellte.

Es wäre töricht zu erwarten, dass der »Islam« mehr als etwa das Christentum oder das Judentum, der Hinduismus oder Buddhismus mit einer Stimme sprechen würde. Der Aufstieg der islamistischen Bewegungen mit ihren extremistischen Splittergruppen ist eine moderne Erscheinung, ein Ergebnis der letzten 50 Jahre Weltgeschichte. Diese Phase geht auch wieder vorbei, selbst im südlichen Wasiristan, wenn die militärische Besetzung eines Teils der muslimischen Welt endlich beendet wird. Es gibt größere Probleme auf dieser Welt. Den Islam zum Sündenbock der US-amerikanischen außenpolitischen Desaster zu machen, ist ebenso schädlich wie die Instrumentalisierung der Religion während des Kalten Kriegs, als die Vereinigten Staaten selbst zum ersten Mal ihre absolute Treue zum Religiösen betonten. Der Grund dafür war offensichtlich. Die Religion sollte dazu dienen, in der Dritten Welt Unterstützung für den Kampf gegen den gottlosen kommunistischen Feind zu mobilisieren. Präsident Truman nutzte die Religion als Waffe gegen die Sowjetunion. Im Jahr 1952 erkannte der Oberste Gerichtshof der Vereinigten Staaten eine höhere Autorität als sich selbst an, als er feststellte: »Wir sind eine religiöses Volk, dessen Institutionen ein höchstes Wesen voraussetzen.« Das Wort »religiös« und nicht etwa »christlich« benutzte man, um einen gemeinsamen Block mit den Muslimen möglich zu machen. Präsident Eisenhower wiederholte diesen Gedanken im Jahr 1954: »Unsere Regierung ergibt keinen Sinn, wenn sie nicht auf einen tief empfundenen religiösen Glauben gegründet ist – und mir ist egal, welcher es ist.«[81] In Pakistan und anderen muslimischen Staaten wie Ägypten und Jordanien unterstützte der United States Information Service (USIS) ganz offen die Muslimbruderschaft und die Jamaat-i-Islami und ihre Studentenorganisationen. Dieser Prozess erreichte seinen Höhepunkt während des ersten Afghanistankriegs, als General Zia, unterstützt von Washington, spezielle dschihadistische Gruppen gründete, bewaffnete und ausbildete, um gegen die Gottlosen in Afghanistan Krieg zu führen. Wasiristan war damals ein groß geschriebener Antikommunismus. Die Vereinigten Staaten dachten, sie könnten jetzt ihre Hände in Unschuld waschen und sich leise zurückziehen. Der pakistanische Staat durfte sich nun mit der unappetitlichen Erbschaft herumschlagen. Dann kam der Gegenschlag des 11. Septembers, der im Gegensatz zu den von Präsident George W. Bush damals geäußerten Ansichten kein Angriff des irrationalen Bösen auf die reine Unschuld, sondern das Ergebnis früherer Ereignisse war.

Im Jahr 2003 fasste ich nach einer längeren Reise nach Pakistan in einem Artikel für eine Zeitschrift meine Eindrücke zusammen:

> »Die Armee ist jetzt die einzige wirkliche Regierungsinstitution. Ihre Herrschaft über das Land ist vollkommen. Aber wie lange lässt sich das aufrechterhalten? ... Das Schicksal von Musharrafs Diktatur hängt vom Zusammenspiel dreier Faktoren ab. Als Erstes ist der Zusammenhalt der Armee selbst entscheidend. In der Vergangenheit hat sie sich niemals, weder vertikal noch horizontal, aufgespalten. So ist auch die Disziplin, mit der sie die 180-Grad-

Wendung der Afghanistanpolitik mitgemacht hat, trotz der kleinen Zuwendungen, mit denen man sie ihr versüßte, bisher ausgesprochen beeindruckend. Es ist allerdings auch nicht unmöglich, dass eines Tages ein patriotischer Offizier sein Land von seinem aktuellen Tyrannen befreien wird, so wie einst Zia auf mysteriöse Weise auf den Weg in die Dschehenna geschickt wurde. Im Augenblick erscheint ein solches Ende allerdings eher unwahrscheinlich. Nachdem es die Erniedrigung, die Taliban im Stich lassen zu müssen, überstanden hat, wird das militärische Oberkommando wohl auch jeden weiteren Gehorsamsakt gegenüber dem Pentagon mit eiserner Stirn ertragen.

Wie steht es nun mit einer parlamentarischen Opposition gegen die Militärherrschaft? So ärgerlich der Ausgang der Wahlen vom Oktober 2002 trotz allen Wahlbetrugs für Musharraf gewesen sein muss, bieten die Parteien, die gegenwärtig die politische Landschaft in Pakistan beherrschen, wenig Grund zu der Hoffnung, dass sie gegen ihn rebellieren könnten. Der duckmäuserische Opportunismus der Bhutto- und Sharif-Clans kennt fast keine Grenzen. Die islamistische Front, die sich in Peschawar und Quetta gebildet hat, macht zwar mehr Lärm, hat aber auch nicht mehr Prinzipien. Bargeld und Vergünstigungen lassen ihre Proteste ganz schnell verstummen. Die Unzufriedenheit im Volk ist zwar weiterhin groß, ihr fehlen allerdings alle geeigneten Kanäle sich landesweit Ausdruck zu verschaffen. Man würde gerne glauben, dass ihr Verhalten in der Regierung die PPP und Sharifs Clique für immer und ewig diskreditiert hat, aber die Erfahrung lässt befürchten, dass bei einem Sturz des gegenwärtigen Regimes kaum etwas diese Phönixe des Filzes daran hindern wird, sich erneut zu erheben, schon allein deswegen, weil es an jeder progressiveren Alternative mangelt …

Wenn Musharraf in der Innenpolitik scheitern sollte, wird sein Lehnsherr ihn ohne Bedenken fallen lassen. Die Pax Americana kann ihre Kriege von allen möglichen Strohmännern führen lassen. Es wird ein Aufstand im Maßstab der Volksbewegung von 1969 nötig sein, um Pakistan von diesen Leuten zu befreien.«[82]

Die späteren Ereignisse haben dieser Analyse nicht widersprochen, allerdings mit einer Ausnahme. Man konnte damals unmöglich die so angenehme wie unerwartete Überraschung voraussagen, die das Land mit dem Aufstand der Richter und Anwälte erleben durfte. Er führte im ganzen Land zu neuer Hoffnung, und die ausführliche Medienberichterstattung über diese Bewegung stellte Musharraf bloß. Für die anschließenden Repressionsmaßnahmen benötigte er eine zivile Verbrämung, weshalb ihm nichts anderes übrig blieb, als einem von den Vereinigten Staaten vermittelten Deal mit der kürzlich verstorbenen Benazir Bhutto zuzustimmen. Inzwischen war er im ganzen Land weitgehend diskreditiert. Die Ausrufung des Ausnahmezustands war für viele seiner Anhänger der letzte Strohhalm. Bhuttos Ermordung ließ seine Unbeliebtheit noch weiter wachsen. Die Niederlage folgte auf dem Fuß.

Trotz aller Unregelmäßigkeiten waren die allgemeinen Wahlen vom Februar 2008 für Musharraf sowie die islamistische Allianz ein schwerer Schlag. Letztere verlor ihre Hochburg an die säkulare Awami National Party, die Erben zweiten Grades des alten Ghaffar Khan, der den Paschtunen den Wert der Gewaltlosigkeit und den Kampf gegen den Imperialismus gelehrt hatte. Die Volkspartei wurde mit 120 der 342 Sitze umfassenden Nationalversammlung stärkste Partei, dicht gefolgt von Sharifs Muslimliga mit 90 und der ANP mit 13 Sitzen. Die Pro-Musharraf-Muslimliga gewann 51 und die MQM 25 Sitze. Es war eine deutliche Niederlage. Ohne die Manipulationen am Wahltag wäre es eine völlige Schlappe gewesen, vor allem für die MQM in Karatschi, wo die Partei durch offene Gewalt und Manipulationen aufgefallen war. Die religiöse Koalition konnte 6 Mitglieder ins Parlament senden. Selbst wenn die Jamaat-i-Islami die Wahl nicht boykottiert hätte, wäre diese Zahl wohl kaum größer gewesen.

Bis zur Ermordung von Benazir Bhutto war der Wahlkampf vor sich hingedümpelt. Die großen Parteien hatten in der Innen- wie in der Außenpolitik kaum politische oder ideologische Gegensätze. Die Volkspartei hatte ihren Populismus schon vor langer Zeit aufgegeben. Die miteinander verbundenen wichtigsten Angelegenheiten waren Musharrafs Präsidentschaft und die Wiedereinsetzung des während des Ausnahmezustands abgesetzten Obersten Richters und anderer Personen. Die PPP war in dieser Frage gespalten. Einer ihrer punjabischen Veteranen, Aitzaz Ahsan, war eine zentrale Figur in dieser Kampagne. Dagegen war der Witwer Bhutto von demselben Gericht zu einer Gefängnisstrafe verurteilt worden. Seitdem hasste er diese Richter. Auf einem Treffen der Parteiführer im April 2008 hatte er dies auch Ahsan deutlich gemacht, der einige Wochen später aus fadenscheinigen Gründen als Präsident der Anwaltskammer zurücktrat.

Das bevölkerungsmäßig sechstgrößte Land der Welt, ein Nuklearstaat, steht nicht kurz vor einer Machtergreifung der Dschihadisten. Wenn die Neo-Konservativen in der Bush-Regierung oder ihre Nachfolger ihre Schreckensprophezeiungen erfüllt sehen wollen, müssen sie nur Teile Pakistans besetzen, seine Nuklearanlagen zerstören und dem Volk ein Marionettenregime vor die Nase setzen. Die irakische Hölle würde sich dann ganz rasch nach Osten verlagern.

Die entzückten Politiker der PPP und die triumphierende Muslimliga einigten sich schnell auf eine Koalition und beschlossen, die Ministerien zwischen sich aufzuteilen. Erwartungsgemäß wählte Nawaz Sharif, der selbst nicht im Parlament saß, erprobte, treue Parteigänger für die Arbeit aus, die vor ihnen lag. Zardari, dem das Testament seiner verstorbenen Frau die Parteiführung übertragen hatte, musste den neuen Ministerpräsidenten bestimmen. Während ihres Exils hatte Benazir Bhutto einen liebenswürdigen und bedingungslos treuen Grundbesitzer aus dem Sindh zu ihrem Platzhalter in Pakistan gemacht. Es wurde jetzt allgemein angenommen, dass die PPP ihn zum Ministerpräsidenten vorschlagen würde. Makhdoom Amin Fahim, Pir (Gottesmann) und Grundbesitzer in einem, kann man kaum als Sozialliberalen bezeichnen. Selbst für Pakistan einzigartig ist die Tatsache, dass alle seine vier Schwestern mit dem Koran verheiratet sind. Fahims Familie behauptet, von den ersten Muslimen abzustammen, die den Subkontinent betreten haben. Es waren dies die Kohorten des Muhammad bin Kasim, die den Sindh im Jahre 711 einnahmen. Die Frauen im frühen Islam besaßen und vererbten Land genauso wie die Männer, eine Tradition, die im Sindh Wurzeln schlug. Die dortigen Landbesitzer erdachten dann eine raffinierte Lösung, die verhindern sollte, dass Frauen in eine fremde Familie einheirateten und damit ein Stück des Familienlandes verloren ging. Die jungen Erbinnen wurden dann buchstäblich mit dem Koran verheiratet. Dies bewahrte die Jungfräulichkeit der Mädchen, die ihnen wiederum magische Heilkräfte verlieh. Vor allem verblieb dadurch ihr Besitz unter der Kontrolle ihrer Väter und Brüder. Das Problem war so auf höchst fromme Weise gelöst worden.

Zardari entschied sich aus geopolitischen Gründen gegen Fahim. Er glaubte, ein punjabischer Grundbesitzer sei besser geeignet, das Land zu führen, und wählte einen weiteren Gottesmann und Politiker aus der durch ihre Heiligen bekannten Stadt Multan aus. Seine Wahl fiel auf Yousaf Raza Gillani, einen Politiker, der immer auf der Höhe des pakistanischen Zeitgeists war und der aus demselben Holz wie viele seiner Altersgenossen geschnitzt ist. Gillanis Qualitäten hatte bereits General Zia-ul-Haq erkannt. Wie Nawaz Sharif wurde er zu einem frühen Günstling des Diktators, der ihm treu in verschiedenen Ausschüssen diente, die zur Absicherung des Regimes bestimmt waren. Nach Zias Tod war Gillani ein loyaler Anhänger der Muslimliga, überwarf sich aber mit Nawaz Sharif und trat der Volkspartei bei. Er lehnte mehrere Angebote der Chaudhrys von Gujrat ab, zu ihnen überzuwechseln. Sein Instinkt trog ihn nicht. Seine Loyalität zur PPP, als diese nicht an der Macht war, wurde ihm nun vom Paten der Partei durch ein Politgeschenk vergolten.

Die Lage im Land der ständigen Diktaturen und korrupten Politiker mag zweifellos oft deprimierend sein, sie hat aber auch ihre positiven Seiten. So hat sie das Interesse an den Geschichten aus der Volksliteratur einer früheren Zeit der Muslimherrschaft in diesem Lande wiederbelebt. Die folgende Geschichte, die von einem Geschichtenerzähler des 16. Jahrhunderts stammt, habe ich bei meinem Besuch in Lahore im Jahre 2007 gehört. Sie bietet mit einigen kleinen Modifikationen eine gute Zusammenfassung des Lebens im heutigen Pakistan: Ein Mann gibt seiner Unzufriedenheit mit der Entscheidung eines untergeordneten Richters lautstark Ausdruck. Dieser fordert ihn dann etwas irritiert auf, beim *Qadi* [ein höherer Richter] Berufung einzulegen. Der Mann antwortet: »Aber der ist doch Euer Bruder, er wird mir nicht zuhören.« Der Richter sagt: »Dann geh doch zum *Mufti* [ein muslimischer Rechtsgelehrter].« Der Mann antwortet: »Aber der ist doch Euer Onkel.« Der Richter sagt: »Geh zum Minister.« Der Mann antwortet: »Aber der ist doch Euer Großvater.« Der Richter sagt: »Dann geh zum König.« Der Mann antwortet: »Eure Nichte ist mit ihm verlobt.« Der Richter, der jetzt vor Wut kocht, sagt: »Dann geh zur Hölle.« Der Mann antwortet: »Dort regiert Euer verehrter Vater. Er wird dafür sorgen, dass mir auch dort keine Genugtuung widerfährt.«

Außerdem gibt es noch die Satiriker, Schriftsteller und Dichter dieses Landes. Die meisten von ihnen haben sich immer geweigert, mit dem Singen aufzuhören. Sie sind das kollektive Gewissen des Landes und ohne sie wäre das Leben freudlos und öde. Sie lassen sich nicht zum Schweigen bringen und sehen oft den Sieg schon in Zeiten der Niederlage. Der punjabische Dichter und Romanschriftsteller Fakhar Zaman, der während Zias Diktatur im Gefängnis saß, will die Hoffnung nicht aufgeben:

Wie kann der, der sein Augenlicht verlor, malen?
Wie kann der, der seine Hände verlor, schnitzen?
Wie kann der, der sein Gehör verlor, komponieren?
Wie kann der, dessen Zunge man herausschnitt, singen?
Wie kann der, dessen Hände gefesselt sind, Gedichte schreiben?
Und wie kann der, dessen Füße gebunden sind, tanzen?
Wie kann einer mit verstopfter Nase und geknebeltem Mund den Duft der Blumen einatmen?
Aber all dies ist wirklich geschehen.
Ohne Augen haben wir gemalt.
Ohne Hände haben wir Standbilder geschnitzt.
Ohne Gehör haben wir Musik komponiert.
Der Zunge beraubt, sangen wir.
Mit Handschellen gefesselt, schrieben wir Gedichte.
Mit gebundenen Beinen tanzten wir.
Und der Duft der Blumen durchdrang unsere verschlossenen Nasen und unseren geknebelten Mund.

Anmerkungen

Abschnitt 1:
1 Ähnliche Ideen waren zur gleichen Zeit auch in Europa in Umlauf und wurden zum Beispiel später von Oliver Cromwell dazu benutzt, den englischen König Karl I. zu stürzen und hinrichten zu lassen.
2 Zitiert in: Mukulika Banerjee, *The Pathan Unarmed*, Oxford 2000. Diese Untersuchung eines indischen Wissenschaftlers ist die umfassendste Geschichte der Rothemdenbewegung und ihrer Anführer, wird aber von den meisten pakistanischen Historikern und Sozialanthropologen ignoriert, da sie den Gründungsmythen des Landes widerspricht.

Abschnitt 2:
3 Quaid-i-Azam bedeutet »Großer Führer«, eine Bezeichnung, die im Deutschen zwar etwas bedenklich klingen mag, die Jinnah aber als Ehrenbezeichnung von seinen eigenen Anhängern verliehen wurde.
4 Ich fand es schon immer seltsam, dass bisher kein indischer Filmemacher, inspiriert von Eisensteins Klassiker *Panzerkreuzer Potemkin*, einen Film über diese äußerst dramatische Meuterei gedreht hat, wohingegen mehrere Filme den Aufstand gegen die Briten im Jahre 1857 behandelt haben.
5 *Harijan* vom 7. April 1946.
6 Jinnah selbst war die Religion als solche überhaupt nicht wichtig, aber er nutzte sie ähnlich wie Ben Gurion und die zionistischen Führer in Palästina, um mit ihrer Hilfe einen Staat zu gründen. Im Gegensatz zu seinen israelischen Pendants ließ er es allerdings nicht zu, dass religiöse Gesetze das Privatleben der Bürger dieses neuen Staates bestimmten.
7 Meine Mutter, die damals ein aktives Mitglied der Kommunistischen Partei und sehr stolz auf ihren Briefwechsel mit Jawaharlal Nehru war, erinnerte sich zum Beispiel zeitlebens daran, wie sie sich einmal im

April 1947, hochschwanger mit meiner Schwester, allein zu Hause aufhielt und von einem lauten Pochen an die Wohnungstür erschreckt wurde. Als sie öffnete, überkam sie nackte Panik, da sie dachte, jetzt gleich ermordet zu werden. Vor ihr stand ein riesiger Sikh. Als er die Angst auf ihrem Gesicht sah, verstand er die Situation und sprach sie mit leiser, ruhiger Stimme an. Tatsächlich wollte er sich nur nach der genauen Lage eines ganz bestimmten Hauses in einer Nachbarstraße erkundigen. Meine Mutter erklärte ihm den Weg. Er dankte ihr herzlich und ging seiner Wege. Meine Mutter aber glühte vor Scham. Wie konnte ausgerechnet sie, die wirklich von jedem Vorurteil gegenüber anderen Volksgruppen frei war, eine derartige Reaktion zeigen? Sie war da allerdings beileibe nicht die Einzige.

8 The Ambassador in Karachi to the Secretary of State (Der US-Botschafter in Karatschi Paul H. Alling an den US-Außenminister Marshall), 22. März 1948, 845F.00/3-2248, zitiert in: M. S. Venkataramani, *The American Role in Pakistan,* Lahore 1984.

9 *Report of the Court of Inquiry on the Punjab Disturbances of 1953,* Lahore 1954.

Abschnitt 3:

10 Tariq Ali, *Pakistan: Military Rule or People's Power?*, London und New York 1970.

11 Die von Khalid Hassan ins Englische übersetzten Briefe wurden zum ersten Mal vom Verlag Shalimar Books in Islamabad einige Wochen vor dem 11. September veröffentlicht.

12 Leitartikel der *New York Times* vom 12. Oktober 1958.

13 Gustav F. Papanek, *Pakistan's Development, Social Goals and Private Incentives,* Cambridge, Mass. 1967.

14 Keith B. Griffin, »Financing Development Plans in Pakistan«, in: *Pakistan Development Review,* Winter 1965.

15 Ayub Khans Pressechef und Informationssekretär Altaf Gauhar, ein schlauer, zynischer Höfling, hatte als Ghostwriter dieses wirklich schreckliche Buch verfasst, das langatmig, krude, geschwätzig und voller Halbwahrheiten war. Die ganze Sache ging in seinem Heimatland nach hinten los. Bald wurden in den Universitäten Untergrundpamphlete verteilt, die bissige Satiren über dieses Machwerk enthielten. Ayub selbst hatte nach dem Vorbild des Vorsitzenden Mao vorgeschlagen, dass die Pakistaner »dieses Buch studieren, verstehen und

danach handeln sollten ... Es enthält Material, das gut für die Menschen ist.« Allerdings war der chinesische Bildungsstand so hoch, dass die meisten Leute das miese Kleine Rote Buch tatsächlich lesen konnten. In Pakistan dagegen waren 75 Prozent der Bevölkerung Analphabeten und vom Rest konnte nur eine winzige Elite englische Texte lesen. Zwar brachte man dann auch eine Urdu-Ausgabe heraus, die aber nur von Regierungsangestellten gekauft wurde. Man hielt es nicht für nötig, Geld für eine Bengali-Version zu verschwenden, wobei dies die einzige sinnvolle Entscheidung in dieser ganzen Angelegenheit war.

16 Für einen Bericht über meine eigene frühe Verwicklung in die Erstellung dieses Manifests und meine Beziehungen zu Bhutto siehe Tariq Ali, *Fundamentalismus im Kampf um die Weltordnung. Die Krisenherde unserer Zeit und ihre historischen Wurzeln*, Kreuzlingen und München 2002, S. 318–321.
17 Zulfiqar Ali Bhutto, *If I am Assassinated*, New Delhi 1979.
18 Karl von Vorys, *Political Development in Pakistan*, Princeton 1965.
19 Siehe C. H. Philipps (Hg.), *Select Documents on the History of India and Pakistan*, London 1962, Bd. IV, S. 518ff.
20 A. A. K. Niazi, *The Betrayal of East Pakistan*, Karatschi 1999. Diese und andere selbstbezogene Memoiren über diese Zeit machen deutlich, dass die in diese Tragödie verwickelten Generäle nichts gelernt und nichts vergessen haben. Weiterhin geht es nur um sie. Jedermann ist schuld außer ihnen. Und natürlich gab es auch keine Kriegsverbrechen oder Massaker. Wenn überhaupt, waren das Militär und seine bengalischen Razakar-Einheiten (Kollaborateure) die Opfer.
21 Erschienen in *Le Monde*, Paris, am 31. März 1971. Das Interview war einige Wochen zuvor von einem Korrespondenten der Agence France Press geführt worden.
22 Tariq Ali, »Pakistan: After The December Elections, What Next?«, in: *The Red Mole*, 1. Januar 1971, S. 10.
23 Die von der Völkerrechtskommission der Vereinten Nationen formulierten Nürnberger Prinzipien lassen daran keinerlei Zweifel. Dort werden Kriegsverbrechen folgendermaßen definiert:
»Verletzungen der Kriegsgesetze oder -gebräuche, darunter, ohne darauf beschränkt zu sein, Ermordung, Misshandlung oder Deportation zur Sklavenarbeit oder zu einem anderen Zweck von Angehörigen der Zivilbevölkerung von oder in besetzten Gebieten, Ermordung oder Misshandlung von Kriegsgefangenen oder Personen auf hoher See,

Tötung von Geiseln, Plünderung öffentlichen oder privaten Eigentums, mutwillige Zerstörung von Städten oder Dörfern oder jede durch militärische Notwendigkeit nicht gerechtfertigte Verwüstung.«
Verbrechen gegen die Menschlichkeit sind:
»Mord, Ausrottung, Versklavung, Deportation oder andere unmenschliche Handlungen, begangen an einer Zivilbevölkerung, oder Verfolgung aus politischen, rassischen oder religiösen Gründen, wenn diese Handlungen oder Verfolgung in Ausführung eines Verbrechens gegen den Frieden oder eines Kriegsverbrechens oder in Verbindung mit einem Verbrechen gegen den Frieden oder einem Kriegsverbrechen begangen werden.«

24 Gul Hassan Khan, *Memoirs*, Karatschi 1993.
25 »Bengal is the Spark«, Kommentar in der *New York Times* vom 2. Juni 1971.
26 Phillips Talbot, »The Subcontinent: Menage A Trois«, in: *Foreign Affairs*, Bd. 50, Nr. 4, Juli 1972, S. 698–710.
27 Major General A. O. Mitha, *Unlikely Beginnings: A Soldier's Life*, Karatschi 2003.
28 Für eine detailliertere Kritik siehe Tariq Ali, *Can Pakistan Survive?*, London 1983, S. 102 ff.
29 Eine kleine Gruppe von punjabischen Mittelklassesozialisten rettete die Ehre ihrer Provinz, indem sie sich der belutschischen Widerstandsbewegung anschloss. Einer von ihnen, Johnny Dax, der Sohn eines hinduistischen höheren Luftwaffenoffiziers, wurde gefangen genommen, gefoltert und umgebracht. Die anderen überlebten. Zu ihnen gehörten Asa und Rashid Rheman (Ersterer war der legendäre Guerillaführer Chakar Khan), sowie Najam Sethi (der gegenwärtige Herausgeber der *Daily Times*) und der Journalist Ahmed Rashid. Dies war zweifellos ihre größte Stunde.
30 *Business Recorder* vom 29. Januar 2008.
31 Adrian Levy und Catherine Scott-Clark, *Deception*, London 2008. Dies ist die bisher vollständigste und am besten recherchierte Darstellung von Pakistans Weg zur Atommacht.
32 »Oral History Interview with Henry Byroade«, 1988, Truman Library Archives.
33 Ramsey Clark, »The Trial of Ali Bhutto and the Future of Pakistan«, in: *The Nation*, 19.–26. August 1978.
34 Tariq Ali, *Can Pakistan Survive?*, a. a. O.

35 Francis Fukuyama, »The Security of Pakistan: A Trip Report«, Rand, Santa Monica, September 1980.
36 Eine der Banken, über die die Heroinmafia ihr Geld wusch, war die 1991 von der Bank von England offiziell geschlossene BCCI (Bank of Credit and Commerce International).
37 Mohammed Yousaf und Mark Adkin, *The Bear Trap: Afghanistan's Untold Story*, London 1992. Deutsche Übersetzung: *Die Bärenfalle. Der Kampf der Mudschaheddin gegen die Rote Armee*, Düsseldorf 1992. Dieses Buch sollte zur Pflichtlektüre der NATO-Truppen in Afghanistan erklärt werden, da heute genau dieselben Taktiken gegen sie angewendet werden.
38 Joe Stephens und David B. Ottaway, »The ABCs of Jihad in Afghanistan«, in: *Washington Post* vom 23. März 2002.
39 Ahmad Rashid, »Accept Defeat by Taliban, Pakistan tells NATO«, in: *Daily Telegraph* vom 30. November 2006. Rashid schreibt: »Um beim NATO-Gipfel in Riga Fortschritte zu machen, muss die NATO vor allem durch den Druck der Vereinigten Staaten Pakistan zum Aufdecken seiner Karten bewegen. Man muss Islamabad dazu drängen, die Taliban-Führung auszuliefern und mehr Truppen zur Aufstandsbekämpfung einzusetzen. Gleichzeitig muss man Mr. Karzai davon überzeugen, dass er etwas aktiver werden muss.«
40 Barbara Crosette, »Who Killed Zia?«, in: *World Policy Journal*, Herbst 2005.
41 Zitiert in: *The Economist* vom 12. Dezember 1981. Als ich im Jahr 1970 im allerersten Satz meines Buches *Pakistan: Military Rule or People's Power?* als Erster diesen Vergleich zog, war die Empörung vor allem unter eher rechts eingestellten Pakistanern groß.
42 »Get America out of the way and we'll be OK«, Interview mit Harinder Baweja, in: *Tehelka Magazine* vom 2. Februar 2008.
43 Eine faszinierende Beschreibung dieser und zahlreicher anderer Episoden der pakistanischen Militärgeschichte findet sich bei Shuja Nawaz, *Crossed Swords: Pakistan, Its Army and the Wars Within*, Karatschi, in Kürze erscheinend.
44 Pervez Musharraf, *In the Line of Fire*, New York und London 2005, liefert uns die offizielle Version der Ereignisse in Pakistan in den letzten sechs Jahren. Während Altaf Gauhar in Ayubs Memoiren regelrechten Unsinn aufnahm, vermied sein Sohn Humayun Gauhar, der dieses Buch redaktionell betreute, die offensichtlichen Fallgruben. Der gelin-

de gesagt »flotte« Lebensstil des Generals wird zwar etwas heruntergespielt, aber es wird doch deutlich, dass er die religiösen und gesellschaftlichen Pflichten nicht gar so ernst nimmt.
45 *New York Times* vom 4. August 2007.
46 Mariane Pearl, *Ein mutiges Herz. Leben und Tod des Journalisten Daniel Pearl*, Frankfurt a. M. 2004, auf dessen Grundlage im Jahre 2007 ein Hollywoodfilm, *A Mighty Heart*, deutsch: *Ein mutiger Weg*, gedreht wurde.

Abschnitt 4:
47 Zu ihrer Ehre sei allerdings angemerkt, dass sie auch die Hilfe großzügig anerkannte, die sie von Hussain Haqqani erhalten hatte, einem früheren Jamaat-i-Islami-Aktivisten und Zia-Sympathisanten, der sich später der PPP anschloss und eine akademische Stellung in den Vereinigten Staaten antrat, gleichzeitig aber immer noch Benazir und seit einiger Zeit Zardari beriet. Seine Interessen und die der Vereinigten Staaten stimmten dabei immer überein, weshalb er wahrscheinlich auch zum neuen pakistanischen Botschafter in den Vereinigten Staaten ernannt wurde.
48 Im Jahr 1968 veröffentlichte eine rechte, militärfreundliche Klatschpostille aus Lahore einen Schmähartikel gegen mich, in dem behauptet wurde, dass ich »an Sexorgien in einem französischen Landhaus« teilgenommen hätte, »die von [meinem] Freund, dem Juden Cohn-Bendit organisiert wurden. Alle fünfzig Frauen im Swimmingpool waren Jüdinnen.« Leider war daran überhaupt nichts wahr. Trotzdem waren meine Eltern überrascht, wie viele Leute ihnen zu meiner offensichtlichen Manneskraft gratulierten.
49 *London Review of Books* vom 15. April 1999.
50 »House of Graft: Tracing the Bhutto Millions … A Special Report« von John F. Burns, in: *The New York Times* vom 9. Januar 1998.
51 Interview in: *Newsweek* vom 12. Januar 2008.

Abschnitt 5
52 Colonel H. C. Wylly, *From the Black Mountains to Waziristan*, London 1912.
53 Ebenda.
54 Tariq Ali, *Fundamentalismus im Kampf um die Weltordnung. Die Krisenherde unserer Zeit und ihre historischen Wurzeln*, Kreuzlingen und München 2002, Kapitel III, 1: »Kashmirs Geschichte«.

55 Diese Zeitungen waren Teil der Progressive-Papers-Ltd.-Kette, zu der auch eine urdusprachige politisch-kulturelle Wochenzeitung *Lail-o-Nahar* (»Tag und Nacht«) gehörte. Besitzer und Herausgeber dieser mit Jinnahs Unterstützung im Jahre 1946 in Lahore gegründeten Zeitungen waren linke Intellektuelle, von denen einige sogar Sympathisanten oder Mitglieder der winzigen pakistanischen Kommunistischen Partei waren. Dazu gehörten der Dichter Faiz Ahmed Faiz und die Literaturkritiker Sibte Hasan und Ahmed Nadeem Qasmi. Mein Vater Mazhar Ali Khan war Herausgeber und Chefredakteur der *Pakistan Times*. Ich fand erst neulich in seinen Unterlagen einen Brief des US-Botschafters, in dem dieser wegen eines »US-feindlichen« Leitartikels eine Einladung zum Dinner zurücknahm. Die gesamte Kette, die für jedes pakistanische Regime ein ständiges Ärgernis darstellte, wurde im April 1959 von Ayub Khans Militärdiktatur übernommen.
56 Zulfiqar Ali Bhutto, *Pakistan and Alliances,* Lahore 1972.
57 Ebenfalls anwesend waren Mustafa Khar und Mumtaz Bhutto, beides treue Mitglieder der PPP. Wir wechselten schnell das Thema, als General Yahyas Sohn angekündigt wurde. Ich hatte gerade einen ziemlich scharfen »Brief aus Pakistan« für das Satiremagazin *Private Eye* verfasst, in dem ich neben dem Vater auch den Sohn angegriffen hatte. Als er mich sah, wandte er sich an Bhutto und fragte: »Sir, wer, glauben Sie, schreibt eigentlich diese Lügen über meine Familie im *Private Eye*?« Bhutto antwortete mit einem Augenzwinkern: »Fragen Sie Tariq. Er lebt ja dort.« Yahya junior schaute mich auffordernd an. »Ich habe keine Ahnung«, gab ich zur Antwort, »aber ich vermute, es ist ihr Chefredakteur Richard Ingrams, der sich in der Welt ziemlich gut auskennt.« Nachdem er gegangen war, brachen wir alle in Gelächter aus. Dass diese surreale Unterhaltung überhaupt stattfinden konnte, erstaunt mich heute noch mehr als damals.
58 Das Buch war *The Nehrus and the Gandhis: An Indian Dynasty*. Deutsche Ausgabe: Tariq Ali, *Die Nehrus und die Gandhis. Eine indische Dynastie,* Kreuzlingen/München 2005.
59 Shireen M. Mazari, »US Yearns for Pak Capitulation«, in: *The News,* Islamabad, 8. März 2008.

Abschnitt 6:
60 Als ich nach Zapateros Wahlsieg im März 2008 Madrid besuchte, erzählte mir ein höherer Regierungsbeamter, dass sie einige Monate vor der Wahl einen völligen Abzug aus Afghanistan erwogen hätten, dann aber von den Vereinigten Staaten ausmanövriert worden seien, die Spanien versprochen hätten, sein Militärchef sei als Kommandeur der NATO-Truppen vorgesehen und ein Abzug aus Kabul könne diese Möglichkeit zunichtemachen. Die Spanier verzichteten auf den Abzug, nur um dann zu entdecken, dass man sie ausgetrickst hatte.
61 *The New York Times* vom 5. November 2006.
62 Siehe u. a. »The Good War, Still to be Won«, in: *The New York Times* vom 20. August 2007; »Gates, Truth and Afghanistan«, in: *The New York Times* vom 12. Februar 2008; Francis Fukuyama (Hg.), *Nation-Building: Beyond Afghanistan and Iraq*, Baltimore 2006; und verschiedene Berichte der International Crisis Group.
63 *The New York Times* vom 5. November 2006.
64 *The Guardian* vom 10. Oktober 2001.
65 Greg Flakus, »Afghan Soldiers Train At US Army Base«, *Voice of America*, 25. März 2008.
66 Susanne Koelbl, »Teufelskreis am Hindukusch«, in: *SPIEGEL special* 6/2006 vom 7. September 2006.
67 S. Frederick Starr, »Sovereignty and Legitimacy in Afghan Nation-Building«, in: Francis Fukuyama (Hg.), *Nation-Building: Beyond Afghanistan and Iraq*, a. a. O.
68 Barnett Rubin, »Saving Afghanistan«, in: *Foreign Affairs*, Bd. 86, Nr. 1, Januar–Februar 2007, S. 8 ff.
69 *The New York Times* vom 5. November 2006.
70 Rory Stewart, »The Value of their Values«, in: *The New York Times* vom 7. März 2007.
71 Dr. Ajmal Maiwandi: www.xs4all.nl/~jo/Maiwandi.html.
72 Mike Davis, *Der Planet der Slums*, Berlin 2007. Diese Arbeit beschreibt auf brillante Weise, wie die Globalisierung unsere Welt verändert.
73 Ein klassisches Beispiel von Blindheit und Doppelmoral war die Erklärung, die US-Verteidigungsminister Robert Gates am 24. Februar 2008 in Australien abgab, als man ihn um einen Kommentar zum Einmarsch türkischer Truppen in den Irak bat, die dort eine kurdische Organisation bekämpften, die von der »internationalen Gemeinschaft« als »terroristisch« eingestuft wird: »Unsere Erfahrungen im Irak und

in Afghanistan zeigen, dass man die militärische Komponente dadurch ergänzen muss, dass man sich ernsthaft der Beschwerden von Minderheitengruppen annimmt. Diese wirtschaftlichen und politischen Maßnahmen sind äußerst wichtig, da die Menschen ab einem bestimmten Punkt gegen militärische Angriffe unempfindlich werden. Wenn man sie dann nicht mit derartigen nichtmilitärischen Initiativen vermengt, werden die militärischen Anstrengungen bald nichts mehr bewirken können ... Ich möchte die Türkei dringend darum bitten, die irakische Souveränität zu beachten.«

74 Barnett R. Rubin, »Afghanistan: A US Perspective«, in: Ivo Daalder, Nicole Gnesotto und Philip Gordon (Hg.), *Crescent of Crisis. U.S.-European Strategy for the Greater Middle East,* Washington 2006.
75 Elizabeth Rubin, »Battle Company is Out There«, in: *The New York Times* vom 24. Februar 2008.
76 Paul Gallis, »NATO in Afghanistan. A Test of the Trans-Atlantic Alliance«, CRS Report for Congress, Updated Version: 6. Mai 2008.
77 Julian Lindley-French, »Big World, Big Future, Big NATO«, in: *NATO Review,* Winter 2005.

Abschnitt 7:
78 Dennis Kux, *The United States and Pakistan, 1947–2000: Disenchanted Allies,* Washington und Baltimore 2001. Hierbei handelt es sich um eine nützliche und nüchterne, wenngleich nicht völlig umfassende Darstellung der »strategischen Beziehung«.
79 *Economist Intelligence Unit,* »Pakistan, Afghanistan«, London 2002, S. 26.
80 Ich habe dies ausführlich dargelegt in: *Fundamentalismus im Kampf um die Weltordnung. Die Krisenherde unserer Zeit und ihre historischen Wurzeln,* Kreuzlingen und München 2002.
81 *The Christian Century* 71, 1954.
82 *New Left Review* 19, Januar–Februar 2003.

Namensregister

Abdullah Shah 208, 210f.
Abdul Aziz 28
Abdul Rashid Ghazi 28, 30
Ahmadinedschad, Mahmud 187, 310
Ahmed, Mahmood 173f. 176
Ahsan, Aitzaz 196, 200, 316
Akthar, Haq Nawaz 153
Al-Gaddafi, Muammar 143
Ali, Laiq 234
Allings, Paul A. 60
Amin, Hafizullah 147
Arif, K. M. 131
Armitage, Richard 174f., 295, 297ff.
Attlee, Clement 53
Azad, Maulana Abul Khan 63f.
Azam, General 67
Aziz, Shaukat (»Shortcut«) 23, 28, 186

Babar, Naseerullah 164, 281f.
Basit, Hafiz Abdul 27
Bhashani, Maulana 89
Bhutto,
    Benazir 12, 19f., 45, 140, 143, 150, 161ff., 172, 185, 191ff., 197, 199, 201ff., 216f., 220, 222ff., 246, 299, 301, 307, 316f., 326
    Bilawal Zardar 223
    Fatima 209ff.
    Mumtaz 125, 304, 327
    Murtaza 161, 203f., 207ff.
    Shahnawaz 204f.
    Zardari 166f., 189, 208, 211ff., 223, 326
    Zulfiqar Ali 68, 79, 85, 96, 100, 120, 161, 169, 171, 202, 204, 217, 222, 233, 239f., 307, 323, 327
Bin Laden, Osama 33, 159, 171, 173, 175, 248, 256, 265, 267
Biswa, Tipu 107, 112
Bizenjo, Ghaus Bux 127f.
Bokhari, Naeem 22
Breschnjew, Leonid 147
Brzezinski, Zbigniew 137, 146, 148f., 312
Brown, Gordon 191
Bunn, Matthew 249, 251
Bush, George W. 24, 174, 260, 314
Butt, Ziaudin 171f.
Byroade, Henry 139f., 324

Carter, Jimmy 147
Césaire, Aimé 86
Chaudhry,
    Manzoor Elahi 154
    Pervez Elahi 205
    Shujaat Hussein 157

Zahoor Elahi 154ff., 204
Chaudhry, Muhammad 22
Cheney, Dick 138, 259f., 276
Chruschtschow, Nikita 239
Clinton, Bill 169, 172, 180, 296
Curzon, Lord 94, 299

Dean, John Gunter 160f.
Dostum, Raschid 272

Fahim, Makhdoom Amin 317
Faisal, Turki Bin 157, 238, 312
Faiz, Faiz Ahmed 55ff., 74, 119, 310, 327
Fukuyama, Francis 148, 325, 328

Gandhi,
    Indira 109f., 114, 244
    Mahatma 38f., 51
    Rajiv 160, 249
Gates, Robert 214, 328
Gauhar, Altaf 89, 322, 325
Gillani, Yousaf Raza 318
Gorbatschow, Michail 159
Graham, Bob 173f.
Griffin, Keith B. 83, 322
Gul, Hamid 165, 218

Hanif, Mohammed 198
Haq, Abdul 150, 158
Haq, Fazle 150
Hassan, Gul 107, 116f., 324
Hazelhurst, Peter 113
Hikmet, Nazim 55
Hussein, Saddam 310

Ijaz-ul-Haq 30
Ilyas, Maulana 21

Iqbal, Muhammed 58
Iran, Schah von 127

Jalib, Habib 90, 91, 243
Jelzin, Boris 23, 159
Jinnah,
    Fatima 82
    Mohammed Ali (Quaid-i-Azam = Großer Führer) 17, 48, 321
Jintao, Hu 31

Kakar, Wahid 166
Kalabagh, Nawab von 92, 129
Kansi, Aimal 221f.
Karamat, Jehangir 167, 295ff.
Karzai,
    Hamid 44f., 187, 193, 266, 273
    Ahmad Wali 44
Kasuri, Ahmed Raza 119
Kasuri, Mahmud Ali 85, 202
Kayani, Ashfaq 185, 188, 225
Kayani, Ashraf 46
Khalilzad, Zalmay 268, 269
Khan, A. Q. 135, 218
Khan, Akbar 74, 126, 271
Khan, Ali Kuli 168f., 187
Khan, Ayub 62, 74ff., 79, 80f., 89f., 92f., 96, 239ff., 322
Khan, Ghaffar 37ff., 42, 46, 316
Khan, Ghulam Ishaq 206
Khan, Ismail 274
Khan, Liaquat Ali 48, 75, 216
Khan, Khan Qurban Ali 76
Khan, Tikka 96, 131
Khan, Zafrullah 64, 237
Khattak, Afrasiab 43
Kipling, Rudyard 36, 237
Kissinger, Henry 90, 136,ff.

Kossygin, Alexej 85
Kurtz, Stanley 231

Leghari, Farooq 165ff., 169, 210f.
Lodhi, Maleeha 174
Ludhianvi, Sahir 52

MacMunn, Sir George 72
Mahmood, Bashirudin 135
Mahmood, Mufti 40
Malik, Rehman 191
Manto, Abid (= Saadat) Hasan 24, 56f., 78
Massud, Ahmed Schah 272f., 275
Matin, Abdul 112
Maududi, Abul Ala 40
Mazari, Shirin 252f., 327
Mengal, Ataullah 127
Minto, Lord 49
Mirza, Iskander 62, 77
Mitha, A. O. 115ff., 324
Mohammed, Ghulam 62, 76f., 234
Mohammed, Maulana Faqir 33
Mubarak, Hosni 193
Mubarakmand, Samar 135
Munir, Ahmed Khan 135
Musharraf, Pervez 157, 168, 180, 191, 223, 296, 325
Mushtaq, Maulvi Hussain 141, 156, 204

Nazimudin, Khwaja 76
Negroponte, John 191, 200, 224, 293
Nehru, Jawaharlal 17, 38, 51f., 63, 125, 235f., 239, 242, 321
Neruda, Pablo 55
Niazi, »Tiger« 96, 107, 115, 323

Nixon, Richard 90
Noon, Feroze Khan 235

Obama, Barack 260f., 290, 297f.
Odir, Saeed 132
Omar, Mullah 164, 173, 176f., 267f.

Patterson, Anne 189, 301
Pearl, Daniel 179ff., 183, 326
Pervez, Tariq 27
Powell, Colin 175, 179, 284
Primakow, Jewgenij 159, 163
Prinz Daud 145
Pritam, Amrita 57

Qadir, Manzur 79
Qasuri, Mian Mahmud Ali 126
Qasuri, Kushid Mahmood 285
Qureshi, Nawab Sadiq Hussain 134, 163

Rabbani, Burhanuddin 272f.
Rahman, Akhtar Abdul 146
Rahman, Mujibur Scheich (auch: »Mujib«) 89f., 98f., 102, 105, 114f., 127
Raphael, Arnold 160
Rice, Condoleezza 177, 199
Rumsfeld, Donald 138, 260

Saeed al-Awad Asseri, Ali 32
Sahib, Khan 37
Sayyaf, Abd al-Rabb 273
Schah, Zahir 263f.
Scheffer, Joop 289
Schewardnadse, Eduard 163
Shah, Bulleh 33

Shah, Safdar 142
Shamim, »Tantchen« 31
Sharif,
   Nawaz 20, 45, 162f., 168, 172f., 179, 187, 192f., 201, 204, 224f., 293, 296, 299, 307, 317f.
   Muhammad 153
   Shabbaz 153
Sheikh, Omar Saeed 182, 185
Shoaib, Mohammed 79, 82f.
Stewart, Rory 280, 328
Suhrawardy, H. S. 103

Usmani, I. H. 135

Vance, Cyrus 136

Yakub, Sahibzada 163
Yousaf, Mohammed 158, 318, 325

Zia-ul-Haq (= General Zia) 17, 19, 131f., 140, 144, 147, 149, 153, 156, 159f., 169f., 172, 194, 246, 314, 318
Zinni, Anthony 295f.